Das Männer-Menü

ECON Unterhaltung

Zum Buch:

»›Wißt ihr, was uns wirklich fehlt, ist eine Speisekarte voller Männer, die wir nur zu bestellen bräuchten. Ein Männer-Menü sozusagen. Das würde alles so viel leichter machen.‹

›Absolut‹, sagt Dixie. ›Eine Karte, auf der die Typen entsprechend ihrer Qualitäten aufgelistet wären. Manche bloß als Appetitanreger, andere als Dessert.‹

›Und wieder andere‹, sagt Diva mit einem lüsternen Grinsen, ›als richtiges Fünf-Gänge-Menü.‹«

Der Autor:

Ursprünglich wurde dieses Buch unter dem Namen Laramie Dunaway veröffentlicht. Doch alle Bemühungen des Verlages und der Presse, die Autorin zu öffentlichen Auftritten oder auch nur zu einem Fototermin zu bewegen, scheiterten – denn Laramie Dunaway ist eigentlich der Englisch-Professor Raymond Obstfeld . . .

Inzwischen veröffentlicht Obstfeld ausschließlich unter seinem eigenen Namen. Er lebt und arbeitet in Kalifornien.

Raymond Obstfeld

Das Männer-Menü

Roman

Aus dem Amerikanischen
von Birgit Moosmüller

ECON Taschenbuch Verlag

Dieses Buch ist gedruckt auf 100 % Recyclingpapier.

Deutsche Erstausgabe

© 1995 by ECON Taschenbuch Verlag GmbH, Düsseldorf
© 1990 by Laramie Dunaway
First published in the United States of America by Warner Books Inc., New York
Titel des amerikanischen Originals: *Hungry Women*
Aus dem Amerikanischen übersetzt von: Birgit Moosmüller
Umschlaggestaltung: Molesch/Niedertubbesing, Bielefeld
Titelabbildung: ZEFA, Düsseldorf
Lektorat: Gisela Klemt
Gesetzt aus der Sabon
Satz: Dörlemann Satz, Lemförde
Druck und Bindearbeiten: Ebner Ulm
Printed in Germany
ISBN 3-612-27205-5

Erster Teil

Hochspannung

In dem alle Unklarheiten
über den Unterschied zwischen
Sex und Tod
beseitigt werden

1 Barcelona Lee sitzt am wackligsten Tisch im *Hamburger Hamlet* und wartet auf ihre beste Freundin, um ihr etwas vorzulügen. Lügen macht Barcelona nervös. Sie muß an die Nachrichtenmeldung denken, die sie auf der Herfahrt im Radio gehört hat; demnach unternehmen jährlich mehr Frauen als Männer einen Selbstmordversuch, aber mehr Männer haben damit auch Erfolg. Sie fragt sich, ob das bedeutet, daß Frauen sich dümmer anstellen, oder ob sie einfach klüger sind. Um sich die Zeit zu vertreiben, beschließt sie, die Richtigkeit der Meldung zu überprüfen, indem sie eine Aufstellung derjenigen Frauen aus ihrem Freundeskreis macht, die schon einmal mit Selbstmord gedroht haben.

Für jede Freundin, die laut verkündet hat, sich umbringen zu wollen, die es in Wirklichkeit aber nie tun würde, plaziert Barcelona eine gebratene Zucchini auf dem Rand ihres Tellers. Danach stapeln sich vier Zucchinischeiben wie verkrustete Rückenwirbel übereinander. Für jede Freundin, die damit gedroht hat und die ihre Drohung eventuell wahrmachen könnte, reißt sie von dem Salatblatt in ihrem Hamburger ein Stück ab, etwa von der Größe eines Rosenblütenblattes, und macht damit einen neuen Stapel. Zwei. Für die, die einen gescheiterten Selbstmordversuch hinter sich haben, stapelt sie Gurkenscheiben. Zwei. Für die, die es tatsächlich getan haben – die sich durch aufgeschnittene Pulsadern, Gas oder Tabletten in die ewigen Jagdgründe befördert haben –, verwendet sie Maraschinokirschen. Eigentlich hat sich nur eine einzige Frau aus ihrem Bekanntenkreis tatsächlich das Leben genommen. Darlene. Darlene erhängte sich am 16. August, dem Jahrestag von Elvis Presleys Tod, mit einem Verlängerungskabel im Gästezimmer ihres Hauses.

Barcelona fischt die grellrote Kirsche aus ihrer Diet Coke und rollt den Stengel zwischen den Fingern hin und her, während sie überlegt, wo sie die Frucht am besten plaziert.

Plötzlich schämt sie sich über ihre eigene Morbidität, steckt die Kirsche in den Mund und genießt saugend ihre köstliche Süße. Ausnahmsweise macht sie sich einmal keine Gedanken darüber, was der rote Farbstoff E 120 ihren Innereien antut.

»Hast du schon bestellt?« fragt Trina, die plötzlich auftaucht und sich auf den Stuhl gegenüber Barcelona gleiten läßt. Der Tisch wackelt erneut, und der Stapel aus gebratenen Zucchinischeiben kippt um. Trina sieht immer aus, als würde sie gerade von jemandem verfolgt. Sie trägt elegante Kostüme von Liz Claiborne und Anne Klein, wirkt aber trotzdem immer zerknittert wie ein hastig gemachtes Bett. Ihr Make-up ist ungleichmäßig, als hätte sie es mit dem Spachtel aufgetragen, während sie gerade eine steile Treppe hinaufließ. Auch ihr Haar wirkt zerzaust; die widerspenstigen schwarzen Locken sehen aus, als hätte sie sie nur mit den Fingern in Form gebracht. Trotzdem strahlt Trina eine gewisse Sinnlichkeit aus, die ihre Wirkung auf Männer nie zu verfehlen scheint. Trina beäugt die Überreste von Barcelonas Hamburger und runzelt die Stirn. »Oje. Bin ich viel zu spät?«

»Zwanzig Minuten.«

»Shit, das ist ja viel zu pünktlich für meine Verhältnisse.«

»Aber nicht für meine. Schließlich muß ich zurück zur Arbeit.« Die erste Lüge.

»Du kannst dir doch irgendeine Ausrede einfallen lassen. Ich nicht. *The Candidate* möchte, daß ich etwas über Stadträtin Bennington ausgrabe.«

»Dreck?«

»Was sonst? Dreck ist das Schmieröl im Getriebe der modernen Politik. Habe ich gerade erfunden. Tiefgründig, hm? Hey, Bedienung!« Trina schnippt mit ihren abgebrochenen Fingernägeln nach einer schlanken jungen Frau, deren Rock so kurz ist, daß man das farblich passende, kastanienbraune Höschen darunter sehen kann. »Suppe und Salat. Ranch Dressing. Ein Glas Weißwein.« Mit diesen Worten reicht sie der Bedienung die Speisekarte zurück. Als das Mädchen geht, sieht Trina ihr nach und zieht ein Gesicht. »Jesus, ich hasse es, einer Achtzehnjährigen in die Möse starren zu müssen, während ich mein Essen bestelle. Wer entwirft hier eigentlich die Outfits für die Bedienungen? Die Lebenslänglichen aus San Quentin?«

»Wie geht's *The Candidate*?« fragt Barcelona. Trina arbeitet als PR-Frau für Cory Meyers, einen Politiker Marke Kennedy, der gerade für

»Du meine Güte, Barcy!« Trina sieht sie angewidert an. »Ich wußte gar nicht, daß du heute deinen masochistischen Tag hast. Steck doch lieber den Kopf in deinen Kühlschrank und knall die Tür zu. Dann sparst du wenigstens das Benzin.«

»Jetzt beruhige dich wieder, ja?«

»Wird *Luna* auch dabei sein?« Sie sagt den Namen, als handle es sich dabei um eine Geschlechtskrankheit.

»Weiß ich nicht. Ist mir auch egal.«

»Ach ja, stimmt. Ist ja auch egal.«

Barcelona schließt ihren blauen 1977er Chrysler auf, ein überdimensionales Gefährt, das sie letztes Jahr von ihrer Großmutter geerbt hat. Die anderen nennen es »die Kutsche«. Sie setzt sich hinters Steuer. In ihrem Auto gibt es keine Schalensitze, sondern eine durchgehende Bank, die so lang und hart ist wie eine katholische Kirchenbank. Sie könnte sämtliche Darsteller aus *Die zwölf Geschworenen* hier drinnen Platz nehmen lassen; dann hätten sie endlich mal einen echten Grund, sich aufzuregen.

»Komm nicht wieder zu spät, okay?« sagt sie zu Trina. »Wir treffen uns sowieso nur alle zwei Wochen. Wenn du zu spät kommst, gibst du uns allen das Gefühl, daß wir dir egal sind.«

»Ihr seid mir nicht egal, ganz bestimmt nicht. Ehrlich, euch Mädels zuliebe würde ich heute abend sogar auf ein Date mit einem virenfreien und kinderlieben Millionär ohne Bindungsängste verzichten.«

»Wirklich?«

»Fast.« Sie zwinkert, drückt zum Abschied Barcelonas Arm und schlägt die Wagentür zu. »Bis heute abend, Kleines. Es wird bestimmt super. Mein Ehrenwort.«

Barcelona sieht Trina nach, die zielstrebig den Gehsteig überquert. Ihre Absätze klacken auf dem Asphalt, als wollten sie bei jedem Schritt Funken sprühen. Trina ist eine von den gebratenen Zucchinis, ein angedrohter Selbstmord. Das Ganze liegt inzwischen sechs Monate zurück. Sie hatte Barcelona zu Hause angerufen, kurz nach ein Uhr morgens. Barcelona hatte noch Essays korrigiert und nebenbei ferngesehen. David Letterman amüsierte sich gerade über die idiotischen Kunststücke, die manche Leute ihren Hunden beibrachten. Barcelona hatte auf den OFF-Knopf ihrer Fernbedienung gedrückt. »Das Leben ist zum Kotzen«, hatte Trina gesagt, ohne Barcelonas Hallo abzuwarten. »Das Leben ist zum Kotzen, aber ich kotze nicht mehr mit.« Sie hatte traurig gelacht. »Hör zu, diese Geschichte wird dich umhauen. Die Mini-Serie meines Lebens. Ich komme gerade von einem Date mit diesem Typen nach Hause, den ich letzte Woche kennengelernt habe, bei dem Dinner zu Ehren des Gouverneurs. Egal, jedenfalls ist es unsere erste Verabredung, und wir haben in einem protzigen französischen Restaurant draußen im Valley zu Abend gegessen. Er bringt mich nach Hause, in seinem neuen Mercedes, einer mit diesem typischen Neuwagengeruch. Habe ich schon erwähnt, daß der Typ einen gottverdammten Smoking trug? Er sah großartig aus, wie Harrison Ford bei der Oscar-Verleihung. Jedenfalls, wir sind schließlich bei mir. Wir trinken den bescheidenen Weißwein, den ich noch im Kühlschrank habe, und knabbern dazu ein bißchen Brie. Wir küssen uns. Küssen uns ein bißchen heftiger. Lassen ein wenig unsere Zungen spielen. Okay, so weit – so gut. Wie glaubst du, geht es weiter? Hm?« Barcelona hatte gerade zu einer Antwort angesetzt, aber Trina war ihr zuvorgekommen. »Du denkst sicher an ein bißchen Grabschen und Streicheln, ein zärtliches Vorspiel, Hände, die Oberschenkel hinaufgleiten, Lippen, die an Ohrläppchen knabbern, und Knöpfe, die plötzlich wie von selbst aufspringen; die Musik schwillt an, ebenso er, und schließlich geht es richtig zur Sache. No, Sir. Weit gefehlt. Dieser Typ küßt mich zweimal. Gibt mir zwei verdammte Küsse. Noch dazu halbherzige. Als nächstes verlangt er, ich soll es ihm besorgen. Nein, nicht später. Jetzt gleich. Macht seinen Reißverschluß auf und entblößt seine haarige Brust. Der Kerl wollte sich nicht mal ganz ausziehen, kannst du dir das vorstellen?« Nun folgte ein langer, müder Seufzer. »Weißt du, Barcy, wenn das alles ist, was einem bleibt, wenn man über dreißig und geschieden ist, dann verabschiede ich mich lieber gleich. Und das meine ich ernst.« Damit hatte sie aufgelegt. Barcelona hatte sie sofort zurückgerufen. Sie hatten sich ein paar Minuten unterhalten. Trina schien sich etwas zu beruhigen. Barcelona hatte ihr angeboten, rüberzukommen und bei ihr zu übernachten. Trina hatte gelacht und gesagt, sie sei zu alt für eine Pyjama-Party. Es gehe ihr schon wieder besser, sie werde jetzt ins Bett gehen; außerdem habe sie am nächsten Morgen eine Menge zu tun.

Barcelona hatte nicht einschlafen können und David Letterman wieder eingeschaltet, aber sie war zu nervös gewesen, um sich zu konzentrieren. Sie hatte noch einmal Trinas Nummer gewählt, aber es war besetzt gewesen. Am nächsten Tag erfuhr sie von Diva, daß Trina bei Dixie angerufen und ihr dieselbe Geschichte erzählt hatte. Dixie war sofort losgebraust und die ganze Nacht bei Trina geblieben. »Ich wäre auch rübergefahren«, hatte Barcelona Diva erklärt. »Aber sie hat gesagt, ich solle zu Hause bleiben.«

»Dasselbe hat sie zu Dixie auch gesagt«, hatte Diva geantwortet. »Dixie ist trotzdem rübergefahren.«

Seitdem fühlt sich Barcelona jedesmal ein bißchen schuldig, wenn sie Trina sieht. Vielleicht hätte sie Trinas Protest ignorieren und auch hinüberfahren sollen. Erwartete man das nicht von einer richtigen Freundin? Aber Barcelona ist nicht aufdringlich. Sie nimmt die Leute beim Wort. Bei Dixie ist das etwas anderes, sie ist Polizistin. Sie ist es gewohnt, die Dinge in die Hand zu nehmen. In Notsituationen blüht sie erst so richtig auf.

Barcelona schaltet das Radio an. Janis Joplin singt gerade »Get It While You Can«. Anschließend kommen Nachrichten, und Barcelona hört noch einmal die Meldung über die Selbstmorde. Sie muß an Darlene denken, den geglückten Selbstmord. Darlene war keine richtige Freundin gewesen, bloß eine Nachbarin, etwa im selben Alter wie sie. Gelegentlich kam es vor, daß Barcelona gerade den Wagen in die Garage fuhr, wenn Darlene mit ihrem Hund Gassi ging, einem hellbraunen Lhasa Apso namens Foxy. Sie sahen sich nie an, wenn sie sich grüßten und kurz über die Hausverwaltung oder ähnliches plauderten. Statt dessen starrten sie beide auf den Hund, der gerade das Bein hob oder sich hinkauerte, um sein großes Geschäft zu erledigen, das Darlene dann sofort mit sauber zugeschnittenem Zeitungspapier aufhob und in eine braune Papiertüte stopfte. Barcelona muß lächeln, als sie daran denkt, wie Darlene mit einer Papiertüte voller Scheiße vor ihr stand und das Parkproblem diskutierte. Plötzlich wird Barcelona bewußt, daß sie die Gesichtszüge des Hundes wahrscheinlich besser beschreiben könnte als die von Darlene, wenn sie jemand danach fragen würde.

Von Zeit zu Zeit läuft Barcelona jetzt Darlenes Ehemann Dave in die Arme, und ihre Gespräche gleichen fast aufs Wort denen, die sie früher mit Darlene geführt hat; wieder starren beide auf den Hund, der wie früher auf dem Rasenstreifen kauert und Grimassen schneidet. Auch die Papiertüte voller Scheiße gibt es noch.

In Westwood wird der Verkehr dichter, und Barcelona konzentriert sich auf ihr überdimensionales Gefährt, um nicht an Eric denken zu müssen. Aber jedes Geschäft, an dem sie vorbeifährt, erinnert sie daran, daß sie und Eric in dieser Gegend oft zusammen einkaufen waren. Da ist der Nike-Laden, in dem sie sich Turnschuhe im Partnerlook gekauft hatten. Seine waren nach einem halben Jahr hinüber. Ihre standen immer noch wie neu im hintersten Winkel ihres Kleiderschranks, zusammen mit dem neuen Tennisschläger, den Skiern und der Handballausrüstung. Er wollte immer, daß sie mehr sportlichen Ehrgeiz entwickelte, so wie er. Daß sie zusammen als gemischtes Doppel an Wettkämpfen teilnahmen. Aber sie hatte sich nie gerne als große Sportlerin gesehen. Das lag ihr einfach nicht, sie fühlte sich dabei immer unbehaglich und nervös.

Jetzt, wo sie nicht mehr zusammen waren, ging sie jeden Tag ins Fitneßstudio zur Jazzgymnastik. Sie hatte die sechs Pfund wieder abgespeckt, die sie nach der Trennung zugenommen hatte, und darüber hinaus weitere acht Pfund, die sie während der sechs Jahre, die sie zusammen waren, immer schon hatte abnehmen wollen. Sie muß daran denken, daß Dixie seit längerem versucht, sie dazu zu überreden, gemeinsam mit ihr Gewichte zu stemmen. Dixie ist in erstaunlicher Form. Sie hat ihr einmal die positiven Auswirkungen des Gewichthebens demonstriert, indem sie ein Vierteldollarstück mit den Pobacken vom Boden aufhob. Barcelona glaubt nicht, daß sie dem schon gewachsen ist. Ihr Bauch ist flach, ihr Hintern fest. Was kann man vom Leben mehr erwarten?

Sie folgt dem Wilshire Boulevard, vorbei an der Einfahrt zum San Diego Freeway, der sie später wieder heim nach Orange County bringen wird. Trina braucht nicht zu wissen, daß es außer ihrem gemeinsamen Mittagessen noch einen anderen Grund gibt, warum sie heute in L. A. ist. Nicht, ehe Barcelona weiß, was die ganze Geheimnistuerei soll.

Gestern nachmittag war sie von einem ungewöhnlichen Anruf überrascht worden.

»Können Sie morgen früh kurz vorbeischauen?« hatte ihre Agentin gefragt.

»Vormittags unterrichte ich.«

»Dann nach dem Mittagessen?«

Barcelona telefonierte nur selten mit ihrer Agentin, und noch seltener trafen sie sich. Das hier war sehr ungewöhnlich. »Warum? Was ist los?«

»Wir sprechen morgen darüber. Zwei Uhr, paßt das? Es ist wirklich wichtig.«

Deshalb ist sie jetzt hier und manövriert ihre Riesenkutsche zwischen den Luxusschlitten von Beverly Hills hindurch, bis sie endlich eine Parklücke findet. Sie parkt den Wagen und geht die zwei Blöcke bis zu dem Gebäude, in dem das Büro ihrer Agentin liegt. Es gibt dort eine Parkgarage, aber die hat sie bewußt gemieden. Sie mag das hohle Echo nicht, das ihre Absätze in solchen Tiefgaragen machen. Den nachhallenden Klang von Leere.

Sie geht an dem schläfrigen Wachmann vorbei, der ihr mit seinem matschigen Sandwich zuwinkt. Sie lächelt ihn an, während ihr der Geruch von Thunfischsalat in die Nase steigt, und eilt zum Fahrstuhl. Dort warten bereits zwei gepflegt wirkende junge Männer in Straßenanzügen. Beide sind Ende zwanzig, etwa fünf Jahre jünger als sie. Ihre tristen, aber teuren Anzüge deuten auf eine wichtige Position in irgendeiner Firma hin. Sie hat sich immer noch nicht daran gewöhnt, daß so viele verantwortliche Posten inzwischen mit Leuten besetzt sind, die jünger sind als sie selbst.

Als sich die Fahrstuhltür öffnet, geht einer der Männer als erster hinein, während ihr der andere die Tür aufhält. Sie nickt und spürt beim Eintreten, wie sein Blick von ihren Knöcheln aufwärts gleitet, ihre Oberschenkel und ihren Hintern abtastet, dort einen Augenblick fragend verweilt, um dann weiter nach oben zu gleiten und in halber Höhe ihres Rückens abzuspringen. Als die Tür zugeht und der Aufzug sich in

Bewegung setzt, nehmen die beiden Männer ihr Gespräch über irgendein Immobiliengeschäft drüben in Riverside County wieder auf, ohne weiter auf Barcelona zu achten. Das ist ein neues Phänomen, etwas, das ihr in den letzten vier Jahren, seit sie dreißig geworden ist, immer häufiger passiert. Junge Verkäufer um die zwanzig, die früher drei oder vier ältere Kundinnen stehenließen, um erst sie zu bedienen, lassen sie jetzt mit den anderen warten. Sie ist immer noch attraktiv, hat bei gleichaltrigen und älteren Männern nach wie vor viel Chancen, aber sie vermißt die besondere Aufmerksamkeit, die sie immer von den jungen Männern bekam. Wann hatte sie wohl die Grenze überschritten und war auf die andere Seite übergewechselt?

Barcelona steigt im achtzehnten Stock aus. Einen Moment lang sieht sie sich suchend um. Sie war schon so lange nicht mehr hier, daß sie nicht einmal sicher ist, ob sie sich im richtigen Stockwerk befindet. Langsam geht sie den Gang hinunter und liest die Namensschilder. Keines kommt ihr bekannt vor, nichts klingt vertraut. J. G. HEIM, PRODUCER. LAURA LISTER, DDS. HAROLD K. BARRETT, ATTORNEY. Zu einigen der Büros steht die Tür offen, und sie sieht in große, perfekt durchgestylte Räume mit mehreren jungen Sekretärinnen, die alle besser angezogen sind als sie selbst. Das ganze Stockwerk riecht nach neuen Teppichen.

Ihre Achseln sind inzwischen klatschnaß; kalte Schweißtropfen laufen ihr die Rippen hinunter. In ihrem Magen rumort es. Demnach muß sie auf dem richtigen Weg sein. Diese Nervosität ist der Grund, warum sie sich nie mit ihrer Agentin trifft. Barcelona ist froh, eine Agentin zu haben. Obwohl sie bereits sechs Science-fiction-Romane veröffentlicht hat, war bisher keiner besonders erfolgreich. Bescheidene Vorschüsse und bescheidene Verkaufszahlen erlauben ihr einen etwas höheren Lebensstandard, als sie sich mit ihrem Dozentinnengehalt normalerweise leisten könnte, aber sie verdient längst nicht genug, um ein Büro in einem Gebäude wie diesem unterhalten zu können.

Wenn sie einen Roman fertig hat, schickt sie ihn an Grief, ihre Agentin. Nach ein paar Monaten, spätestens nach einem Jahr, bekommt sie einen Brief mit irgendwelchen Verträgen, die sie unterschreibt, ohne sie zu lesen, und ein weiteres Jahr später taucht das Buch dann in den Paperback-Abteilungen der Buchhandlungen auf. Wie durch Zauberhand. Barcelona zieht es vor, die Sache auf diese Weise zu sehen. Besser, die Finger vom Voodoozauber des Bücherverlegens zu lassen. Sie beschwert sich nie über zu niedrige Vorschüsse oder schlechte Verkaufszahlen. Sie ist froh, daß ihre Bücher überhaupt verlegt werden, genießt den besonderen Status, den ihr das in den Augen ihrer Studenten verleiht und die Fanbriefe, die von Zeit zu Zeit aus Kansas City oder Jacksonville eintrudeln und meist an Mr. B. Evans Lee adressiert sind; und sie genießt den respektvollen Blick neuer Bekannter, wenn sie erfahren, daß sie Schriftstellerin ist.

Sie sieht das Eckbüro am Ende des Gangs und weiß, ohne das goldene Namensschild gelesen zu haben, daß es Griefs Büro ist. Sie zögert, denn sie weiß genau, warum Grief sie heute hergebeten hat. Um sie loszuwerden. Um sie aus der Agentur zu werfen. Nimm deine blöden Science-fiction-Bücher und verscherble sie selbst. Die bringen ja nicht mal das Geld für meine Briefmarken ein. Barcelona lehnt sich gegen die Wand und durchwühlt ihre Tasche, bis sie eine Rolle Pfefferminzbonbons findet. Sie reißt die Verpackung auf, schiebt sich das oberste Bonbon in den Mund und beißt fest darauf. Sofort hat sie den bittersüßen Geschmack auf der Zunge.

Sie geht weiter den Gang hinunter. Die Tür zum Büro ist geschlossen. Auf dem goldenen Schild steht in großzügiger, verschnörkelter Schrift: *Grief Fenton-Happs, Literary Agent*. Barcelona drückt die Tür auf und geht hinein.

Griefs junge Sekretärin, die der Bedienung aus dem Hamburger Hamlet sehr ähnlich sieht, erklärt gerade einem Anrufer, daß Ms. Fenton-Happs heute nachmittag nicht im Büro sei, aber gleich morgen früh zurückrufen werde. Barcelonas Magen zieht sich kurz zusammen, und sie fragt sich, ob sie am falschen Tag gekommen ist.

Aber plötzlich taucht Grief auf. Grinsend und auf Zehenspitzen schleicht sie an ihrer Sekretärin vorbei, die immer noch telefoniert und ihre Chefin verleugnet. Sie winkt Barcelona, ihr ins Büro zu folgen. Während Barcelona hinter ihr hergeht, bemerkt sie, daß Grief keine Schuhe trägt. An der Innenseite ihres linken Fußes ist eine knubbelige, pilzförmige Ausbuchtung zu sehen. Als sie Grief eingeholt hat, begrüßt diese sie mit einer freundschaftlichen Umarmung und sagt: »Ich freue mich so, Sie zu sehen, Barcy.«

»Ich freue mich auch.«

»Dieser Schwachkopf am Telefon glaubt, ich würde ihm den heißen neuen Autor, den ich gerade übernommen habe, für 'ne Tüte Popcorn und 'nen Fingerfick verkaufen. Das kann er vergessen.« Sie läßt sich in ihren Sessel fallen. Auf ihrem riesigen Schreibtisch herrscht ein unvorstellbares Chaos. Sie sieht Barcelona eine ganze Weile nachdenklich an, als müßte sie sich den Grund ihres Treffens erst wieder ins Gedächtnis rufen. Schließlich lehnt sie sich vor und lächelt. »Also, Barcy, was wollen Sie zuerst hören, die gute oder die schlechte Nachricht?«

2

Trina stürzt, ohne anzuklopfen, in das Büro von *The Candidate*. Sie wedelt mit dem Memo, das sie gerade auf ihrem Schreibtisch gefunden hat. »Was zum Teufel soll das heißen?«

Er sieht von seinem Schreibtisch auf und lächelt. »Nette Begrüßung.«

»Hier steht, ich soll jemanden feuern.«

»Stimmt. Egal, wen. Du hast die Qual der Wahl.« Sein Zahnpastalächeln wird noch breiter und enthüllt noch mehr Zähne, die so regelmäßig und weiß sind, als seien sie Kronen. Plötzlich wird Trina klar, daß er seinen Erfolg als Politiker nicht zuletzt diesen Zähnen verdankt. Jemand mit solchen Zähnen ist sehr vorsichtig und praktiziert vorbeugende Mundpflege. Das sind Eigenschaften, die die Leute an einem Spitzenpolitiker schätzen.

»Wovon redest du überhaupt?« fragt Trina. »Wieso willst du jemanden feuern?«

»Weil wir uns kein Team mit fünf Vollzeitleuten mehr leisten können.«

»Aber die Spenden steigen ständig«, erinnert sie ihn.

»Ja, und ich weiß, daß ich das dir zu verdanken habe.« Obwohl es fast nicht möglich ist, wird sein Lächeln noch eine Spur breiter, und sie sieht weitere perfekte Zähne. Sie fragt sich, ob seine Zähne sich im Hals fortsetzen, seinen Magen auskleiden, sich durch Dünn- und Dickdarm ziehen, um schließlich hinten wieder zum Vorschein zu kommen. Wenn sie ihm die Hosen herunterziehen und sich über ihn beugen würde –

würde sein Hintern dann nach ihr schnappen wie die klappernden Gebisse, die man in Scherzartikelläden kaufen konnte?

»Was soll denn dieser Scheiß? Wieso willst du jemanden feuern?«

»Du hörst dich an wie Jack Lemmon in *Mr. Roberts*. Erinnerst du dich, wie er am Ende in James Cagneys Büro platzt und ihn zur Rede stellt? Meine absolute Lieblingsstelle in dem Film.«

»Alter Schleimer. Spar dir deinen Charme für die Wähler. Wir sind doch schließlich nicht bankrott. Du tust ja gerade so, als würde dein ganzes Geld für mein Gehalt draufgehen.«

Er lacht. »Wir wissen beide, daß du unterbezahlt und überarbeitet bist. Glaub bloß nicht, daß ich nicht zu schätzen weiß, was du alles für mich getan hast.«

Die Art, wie er dieses »schätzen« sagt und dazu süffisant lächelt, läßt sie vermuten, daß er damit auf den Sex anspielt, den sie kürzlich unter der Dusche hatten, aber sie ist sich nicht sicher. Plötzlich wird ihr klar, daß sie nicht einmal sicher ist, ob sie überhaupt in einem Motel waren und Sex hatten oder ob sie das einfach nur geträumt hat. Sie überlegt, ob sie ihn danach fragen soll, entscheidet sich aber dagegen.

The Candidate gähnt lange und laut. Von allen Männern, die sie je kennengelernt hat, ist er der einzige, der selbst dann noch umwerfend aussieht, wenn er gähnt. Er lehnt sich in seinem Sessel zurück, schlingt die Finger ineinander und reckt die Arme über dem Kopf. Mehrere Finger krachen. Das Geräusch scheint ihn zu überraschen, und er betrachtet aufmerksam seine Knöchel, während er die Finger erneut ineinanderschiebt und langsam noch einmal krachen läßt. Dabei wirkt sein Blick angespannt, so, als warte er auf den genauen Moment, in dem sich die Knöchel unter der straffen Haut aus dem Gelenk heben. Zwei Knöchel knacken, und er lehnt sich mit einem Seufzer zurück. Seine wissenschaftliche Neugier ist befriedigt.

Trina setzt sich auf das Ledersofa gegenüber. Ihr Kopf schmerzt. Sie weiß nicht, wie sie hergekommen ist. Das letzte, was sie deutlich vor sich sieht, ist der Moment, als sie sich vor dem Hamburger Hamlet in Westwood von Barcelona verabschiedete. Sie muß in ihr Auto gestiegen und hergefahren sein, aber sie kann sich nicht daran erinnern, den Schlüssel ins Zündschloß gesteckt und den Gurt angelegt zu haben.

Auch an die Fahrt und das anschließende Parken kann sie sich nicht erinnern. Ihr Blick fällt auf ihre Hände, und sie sieht, daß sie einen zerknitterten und halb zerriebenen roten Parkschein vom Parkplatz am Ende der Straße in der Hand hält. Ihr Daumen ist ganz rot vom Reiben. Demnach muß sie ihr Auto dort geparkt haben, auch wenn sie keine Erinnerung daran hat.

»Alles in Ordnung, Trina?« fragt *The Candidate*; er steht auf und kommt zu ihr herüber.

Sie starrt auf seinen Schreibtisch, ein ultramodernes Exemplar mit einer Glasplatte als Schreibfläche und schwarzen Drahtkörben als Schubladen. Sie kann ohne Mühe in jede Schublade hineinsehen. Das ist Teil seines offenen Ich-hab-nichts-zu-verbergen-Images.

»Trina, ist alles in Ordnung?« fragt er noch einmal. Er klingt ehrlich besorgt. Sie bemerkt, daß er keine Socken trägt. Sie hat ihn schon mehrmals wegen dieser Angewohnheit kritisiert. »Wo sind deine Socken?« fragt sie plötzlich. Sie sagt das in demselben Ton, den sie bei Karyn, ihrer zwölfjährigen Tochter, anschlägt. *The Candidate* ist zweiundvierzig.

»Du siehst ein bißchen blaß aus«, sagt er und beugt sich über sie.

»Einen solchen Aufzug könntest du dir vielleicht leisten, wenn das die Wahlkampfkampagne von Jerry Brown wäre. Aber wir wollen doch nicht, daß dir dasselbe passiert wie ihm. Denk dran – bloß nicht wie ein Spinner aussehen. Wenn du so rumläufst, meinen die Leute, du machst dich über sie lustig. Das lassen sie dir nicht durchgehen. Du darfst sie belügen und bestehlen, aber du darfst dich nicht über sie lustig machen.«

Er geht zum Mineralwassertank hinüber, läßt einen Pappbecher vollaufen und bringt ihn ihr. »Trink das.«

Sie nimmt einen Schluck. »Laß uns aus seinen Fehlern lernen, ja?«

»Klar. Socken tragen und auf keinen Fall mit Rock-Queens ausgehen.« Er setzt sich neben sie aufs Sofa. Er duftet dezent nach Rasierwasser. »Fühlst du dich jetzt besser?«

»Ich fühle mich gut. Nur ein bißchen komisch im Kopf. Ich habe das Mittagessen ausgelassen.« Sie trinkt aus. Er nimmt den Pappbecher, knüllt ihn zu einer Kugel zusammen und zielt damit quer durch den

Raum auf den Plexiglas-Mülleimer. Der Papierball prallt vom Rand des Eimers ab und rollt unter seinen Schreibtisch.

»Hättest du etwas dagegen, wenn wir deine Wurfversuche mal zurückstellen und erst über dieses blöde Memo reden? Wir treten gerade in die Endphase des Wahlkampfes ein, und da brauchen wir mehr Leute und nicht weniger.«

»Und wir werden sie bekommen. Später. Jetzt brauchen wir erst einmal zwei Dinge. Erstens« – er streckt seinen Daumen hoch – »müssen wir das Team so weit reduzieren, daß wir es uns leisten können, das neue Infoblatt zu verschicken. Das wird uns hoffentlich so viel Geld einbringen, daß wir wieder mehr Leute einstellen können. Und zweitens« – er läßt einen weiteren Finger hochschnellen – »müssen wir unsere Angestellten daran erinnern, daß sie genau das sind – Angestellte. Manchmal führen sie sich auf, als wären sie Kreuzritter.«

»Was ist daran so schlimm?«

»Wir liegen in den Meinungsumfragen nicht so weit vorne, wie wir alle gehofft haben. Deswegen sind sie deprimiert und lassen sich hängen. Sie brauchen einen anständigen Schuß Motivation.«

»Das hier hat aber mehr etwas von einem Kopfschuß.«

»Da hast du verdammt recht. Es soll sie daran erinnern, daß wir ihnen ein Gehalt zahlen und daß sie, wenn sie dieses Gehalt auch weiterhin bekommen wollen, gefälligst dafür zu arbeiten haben. Von jetzt an heißt es hier: Sekt oder Selters.«

Trina holt sich einen zweiten Becher Wasser, nippt kurz daran und tupft dann ein paar Tropfen mit den Fingerspitzen auf ihre Augenlider. Das hilft. Sie mag das Team und sie weiß, daß alle auf das Geld angewiesen sind. »Kannst du nicht einfach mit ihnen reden? Sie mit einer deiner berühmten Reden aufrütteln?«

»Ich bin nicht für meine Aufrüttel-Reden berühmt. Ich bin berühmt für meine . . .« Er zögert einen Augenblick und lacht dann. »Eigentlich bin ich für gar nichts berühmt. Deswegen bin ich auch gerade dabei, diese Wahl zu verlieren.«

Trina schleudert ihre Schuhe von sich und reibt die Zehen am Teppich. »Rede trotzdem mit ihnen.«

»Taten sagen mehr als Worte. Da kannst du jeden Wähler fragen.«

»Auch beschissene Taten?«

»Vor allem beschissene Taten.«

Trina seufzt. Plötzlich schießt ihr das Bild durch den Kopf, wie sie auf dem Parkplatz des Hamburger Hamlet in ihr Auto steigt. Ihre Hand faßt ans Zündschloß. Sie schaltet das Radio ein. Das Bild verschwimmt.

»Hast du einen Filmriß oder so was?« fragt er. »Du wirkst total geschafft.«

Sie sieht zu ihm hinüber und schüttelt den Kopf. »Typisch *Great Pretender*: Dem großen Anwärter auf den Thron von L. A. entgeht nichts.«

»Es stimmt zwar, daß ich auf den Thron von L. A. scharf bin, aber ich sehe mich lieber als großen Kämpfer – als *Great Contender* sozusagen. Und daß ich mich so nennen darf, habe ich dir zu verdanken.«

Plötzlich schießt Trina ein weiterer Erinnerungsfetzen durch den Kopf: Sie sieht sich selbst, wie sie in den Parkplatz am Ende der Straße einbiegt und sich von dem jungen Mexikaner mit dem Ferkelgesicht, der unverhohlen auf ihre Brüste starrt, einen Parkschein geben läßt. Das Bild verblaßt, und sie konzentriert sich auf *The Candidate*. »Also, wen soll ich feuern? Hast du eine Präferenz, was Geschlecht oder Rasse angeht?«

»Die Entscheidung liegt bei dir. Mir ist es ganz egal. Bloß nicht Trudi. Sie ist die einzige, die die Bestellungen fürs Mittagessen nicht durcheinanderbringt.«

»Du kannst manchmal ein richtiger Mistkerl sein«, sagt Trina.

»Ja, aber ein Mistkerl auf der richtigen Seite. Deswegen arbeitest du doch für mich, oder etwa nicht?«

»Ich bin eine Söldnerin. Nur am Geld interessiert.«

»Das hättest du vielleicht gerne. Aber ich kenne dich besser.«

»Ach ja, tust du das?« Sie starrt ihm direkt in die Augen.

Er sieht sie einen Augenblick lang nachdenklich an. »Nein, wahrscheinlich nicht.«

Sein Lächeln verschwindet abrupt, und ihr wird plötzlich klar, daß ihm das mit den Entlassungen genausowenig gefällt wie ihr. Und ihr wird außerdem klar, daß er recht hat. Jetzt, da die Wahlen immer näherrücken und er nicht als sicherer Gewinner dasteht, wird das Team tatsächlich nachlässiger. Jemanden zu feuern ist ein preiswertes Anreizprogramm.

Er nimmt einen Stift und beginnt damit auf den Rand seiner Kaffeetasse zu trommeln. »Also gut. Vorausgesetzt, wir berücksichtigen bereits die neuesten Meinungsumfragen, Leitartikel und noch alles, was du in den letzten Tagen auf den verschiedenen Damentoiletten aufgeschnappt hast – wie siehst du meine Chancen, diese verdammte Wahl tatsächlich zu gewinnen?«

»Willst du die Wahrheit hören oder eine schwungvolle Rede?«

»Ich hoffe, das ist in diesem Fall ein- und dasselbe!« Er lächelt jetzt wieder, aber sie sieht das Aufflackern von Angst in seinen Augen. Sie hat es zu irgendeinem Zeitpunkt in den Augen sämtlicher Kandidaten gesehen, für die sie jemals gearbeitet hat, sogar bei denen, die in den Meinungsumfragen weit vorne lagen. Es ist, als hätten sie in dem Moment eine Zukunftsvision von sich selbst; wie sie alles verloren haben und erniedrigt, splitternackt und zitternd vor Millionen hämisch lachender Menschen stehen. Trina bewundert alle Männer und Frauen, die sich um ein Amt bewerben, selbst diejenigen, mit deren Politik sie nicht einverstanden ist. Was für einen enormen Mut es doch erfordert, das alles durchzustehen. Sie hat diesen Mut nicht, hat ihn nie gehabt. Das einzig Mutige, was sie je getan hat, war, Karyn zu bekommen.

»Also?« fragt er. »Wie dick ist die Suppe?«

»Willst du Zahlen und Tabellen oder nur die nackten Tatsachen?«

»Kommt darauf an, wessen nackte Tatsachen es sind.«

»Deine Chancen stehen ziemlich gut. Mit ein bißchen Glück.«

Er denkt eine Weile über ihre Worte nach; dabei nickt er vor sich hin, als diskutiere er innerlich mit sich selber, und trommelt weiter mit dem Stift auf dem Rand seiner Kaffeetasse herum. Als er schließlich zu ihr aufblickt, strahlt sein Gesicht vor Energie und Entschlossenheit. »Dann werden wir also für ein bißchen Glück sorgen müssen, nicht wahr?« sagt er. »Und das bedeutet: noch härter arbeiten.«

»Also noch mehr Schmutz ausgraben.«

»Je härter man arbeitet, desto mehr Glück hat man.« Er ändert das Tempo seines Trommelwirbels und singt: »Work all night till de morning come.«

»Du spinnst«, meint Trina lachend.

Er beugt sich zu ihr herüber und zupft ein Stück Blattsalat von ihrem Schoß. »Das ist wirklich viel sinnvoller als eine Nelke.« Er schiebt sich den Salat in den Mund und kaut laut darauf herum.

Trina muß wieder lachen. Zugegeben, es macht Spaß, mit ihm zusammenzusein. Er sieht nicht nur gut aus, sondern ist darüber hinaus gutmütig, witzig und einfühlsam. Sex mit einem solchen Mann müßte einem eigentlich im Gedächtnis bleiben. Trotzdem ist sie sich immer noch nicht sicher. Sie glaubt sich daran erinnern zu können, wie das heiße Wasser über ihren Rücken und zwischen ihre Pobacken lief. Wie sie ihre Hände flach gegen die nassen Fliesen preßte und in leicht gebückter Haltung die Beine etwas spreizte, als er in sie eindrang. Aber sie kann sich nicht daran erinnern, wie er sich in ihr angefühlt hat. Ist sie gekommen? Und er? Vielleicht hat sie alles nur geträumt.

Er beugt sich erneut zu ihr herüber, und sie befürchtet schon, daß er noch mehr Essensreste auf ihr finden wird. Das ist bei ihr nichts Ungewöhnliches. Jedesmal, wenn sie vom Essen kommt, hat sie von allem, was sie gegessen hat, eine kleine Kostprobe am Körper. Aber seine Hand legt sich freundschaftlich und besorgt auf ihre Schulter. Selbst durch ihre Schulterpolster kann sie die Kraft seiner Finger spüren. »Vielleicht solltest du mal ein paar Tage freinehmen, Trina.«

»Ja, gerne. Der ideale Zeitpunkt für einen Urlaub. Am Höhepunkt der gottverdammten Wahlkampagne.«

»Ein, zwei Tage werden die erhabene Stadt Los Angeles nicht umbringen. Und mich auch nicht. Fahr doch übers Wochenende nach Palm Springs hinunter. Dayna kann für dich einspringen.«

Dayna ist seine Frau, und auch seine offizielle Wahlkampfmanagerin. Doch obwohl sie ihrem Mann für die Wahl Erfolg wünscht, hat sie die täglich anfallenden Aufgaben in letzter Zeit zunehmend an Trina abgetreten. Schon seit Wochen hat sich Dayna nicht mehr im Wahlkampfbüro blicken lassen.

»Ich glaube wirklich, du arbeitest zuviel«, sagt er.

»Erst glaubst du, die anderen arbeiten nicht hart genug, und jetzt glaubst du, ich arbeite zuviel. Du mußt dich schon entscheiden.«

»Die anderen sind Angestellte, Trina. Du bist eine Freundin.«

Demnach müssen wir es doch getan haben, denkt sie. »Es geht mir gut. Wirklich.«

»Du siehst aus, als hättest du diese Nacht in deinen Klamotten geschlafen, um dann heute morgen in der gleichen Montur aufzustehen und zur Arbeit zu gehen.«

»Hey, das ist mein persönlicher Look! Er erfordert eine Menge Mühe, dieser dekadente Jeder-kann-mich-haben-Look.«

Er steht auf, geht wieder zu seinem Schreibtisch hinüber und kratzt sich an seinem sockenlosen Fußknöchel. Er wirft einen Blick auf die Papiere auf seinem Schreibtisch. »Wen auch immer du feuerst, du kannst sie in circa einer Woche wieder einstellen. Aber das darfst du ihnen natürlich nicht sagen. Sonst ist der ganze Effekt zum Teufel.«

Er zieht den obersten Ablagekorb heraus, greift unter einen Stapel Papiere und zieht ein Paar Socken hervor. Der Glasschreibtisch hat also doch seine Geheimnisse, denkt sie. Er schleudert seine Schuhe von sich und beginnt die Socken anzuziehen. »Schau her, Ma, Socken!«

Trina steht auf und geht zur Tür. Sie hat sie schon fast hinter sich zugezogen, als sie, einem plötzlichen Impuls folgend, noch einmal den Kopf hineinstreckt und fragt: »Nur fürs Protokoll – täusche ich mich oder haben wir beide es neulich tatsächlich unter der Dusche miteinander getrieben?«

3 »Entscheiden Sie sich, Barcy«, sagt Grief. »Ich muß ihm irgend etwas antworten.«

»Ich weiß nicht, was ich sagen soll«, antwortet Barcy.

»Denken Sie sich etwas aus, meine Liebe. Er kann jeden Augenblick hier sein.«

Barcelona versucht sich zu konzentrieren, aber sie kann den Blick nicht von Griefs Füßen abwenden. Die knollenförmige Ausbuchtung an ihrem linken Fußballen fasziniert sie. Der Strumpf spannt darüber wie über dem Gesicht eines Bankräubers. Sie stellt sich vor, daß es sich dabei um den versteinerten Fötus der Zwillingsschwester handelt, die Grief nie gekannt, nach der sie sich aber immer gesehnt hat. Sie blickt auf und bemerkt, daß Grief sie erwartungsvoll anstarrt. Barcelona zuckt mit den Schultern. »Was soll ich tun?«

»Tun? Tun Sie, was immer Sie wollen, meine Liebe. Es ist Ihr Leben, Ihre Karriere. Es liegt ganz bei Ihnen.« Grief wirkt amüsiert. Sie klingt immer ein bißchen herablassend. Vielleicht kommt das daher, weil sie so groß ist, denkt Barcelona, schließlich blickt sie schon seit mehr als vierzig Jahren auf die anderen herunter. Sie ist mindestens eins fünfundachtzig groß, dabei aber so schlank und fest gebaut wie eine Marmorsäule. Ihre Haut ist blaß und zart, und das feine, seidige Haar ist so blond, daß es fast weiß wirkt. Sie trägt eine schwarze Bundfaltenhose, dazu eine weiße Piratenbluse; Barcelona fällt auf, daß Grief dieselbe Farbkombination auch bei allen anderen ihrer Treffen getragen hat. Schwarze Hose, weiße Bluse oder weiße Hose und schwarze Bluse. Manchmal eine Perlenkette.

»Sie sehen irgendwie anders aus«, sagt Barcelona.

»Ja?« fragt Grief erwartungsvoll.

»Ich weiß nicht genau, wieso – einfach anders. Aber vielleicht täusche ich mich auch. Ich habe Sie ja schon ein paar Jahre nicht mehr gesehen.«

»Nein, nein, Sie haben ganz recht. Es ist tatsächlich etwas anders. Sie sind die erste, der es auffällt. Ich hätte mir denken können, daß Sie es merken würden.«

Barcelona fühlt sich jetzt gedrängt zu erraten, was es ist; sie betrachtet Griefs Gesicht, sucht nach einem Zeichen, findet aber nichts. Sie zuckt mit den Schultern. »Ich komme nicht drauf.«

»Die Augen«, hilft Grief ihr auf die Sprünge. Sie lehnt sich vor, damit Barcelona es besser sehen kann.

»Ein neues Make-up?«

»Eyeliner. Aber es ist kein Make-up. Es ist eine Tätowierung.«

»Sie haben sich die Augen tätowieren lassen?«

»Gefällt es Ihnen?«

Barcelona lehnt sich noch weiter nach vorne. Ihre eigenen Augen tränen und brennen bei dem Gedanken. »Es sieht aus wie Make-up, vielleicht ein bißchen dicker als früher.«

»Es ist großartig. Ich muß nie wieder Eyeliner auflegen. Und nichts kann verlaufen. Selbst wenn ich schwimmen gehe oder aus der Dusche komme, ist alles noch da.«

»Aber die Tätowiernadel, so nahe am Auge! Ich glaube nicht, daß ich das könnte.«

»Unsinn. Da ist überhaupt nichts dabei. Das einzige, was mir fehlt, ist das Verschmieren und Verlaufen, wenn ich weine. Früher sah ich dann immer aus wie ein Harlekin, und das brachte meinen Mann dazu, sich sofort zu entschuldigen und mir ein teures Geschenk zu kaufen. Jetzt weine ich viel seltener. Irgendwie lohnt es sich nicht mehr.« Sie lacht, als wolle sie damit andeuten, daß sie nur Spaß macht.

Das Telefon auf ihrem Schreibtisch klingelt, und Grief nimmt ab. »Ja, Bette? Okay, geben Sie uns noch eine Minute und schicken Sie ihn dann herein.« Sie legt auf und lächelt Barcelona an. »Er ist da. Haben Sie noch irgendwelche Fragen an mich?«

Barcelona denkt angestrengt nach. Tausende von Fragen prallen in ihrem Kopf gegeneinander wie Autoskooter, aber keine davon verharrt lange genug, um sich fassen zu lassen. Die gute Nachricht, hat ihr Grief vor etwa einer Viertelstunde erklärt, sei, daß sie gleich einen Filmproduzenten treffen würde, der möglicherweise daran interessiert sei, einen ihrer Romane als Grundlage für einen Spielfilm zu nehmen. Barcelona hatte zu strahlen begonnen. »Das ist ja großartig! Und die schlechte Nachricht?«

»Das weiß ich noch nicht«, hatte Grief geantwortet. »Aber bei diesen Typen gibt es immer eine schlechte Nachricht. Früher oder später.«

Barcelona starrt auf die Tür. Sie fühlt sich wie ein Matador, der darauf wartet, daß der Stier losgelassen wird.

»Sind Sie bereit?« fragt Grief.

Barcelona nickt. »*Olé.*«

Die Tür geht auf, und Bette führt einen Mann herein. Barcelona ist verblüfft. Obwohl sie noch nie einem leibhaftigen Produzenten begegnet ist, hat sie sich darunter immer einen fetten Mann mit Doppelkinn vorgestellt, der ständig eine dicke, feuchte Zigarre pafft und bei jeder Gelegenheit lächelt. Was Barcelona jetzt so verblüfft, ist die Tatsache, daß der Mann vor ihr ganz genau so aussieht. Rund, mit dicken Lippen, kleinen Händen und einem großen Lächeln kommt er herein und packt Barcelonas Hand, während sie sich aus ihrem Sessel erhebt.

»Das ist also die junge Dame, die uns alle reich machen wird«, sagt er. Er läßt ihre Hand los und zieht an seiner Zigarre. »Entschuldigen Sie die Zigarre, aber mein Arzt hat mir eine strenge Diät verordnet, und von der bekomme ich Mundgeruch. Ketose. Dagegen helfen nur Zigarren.«

»Roger«, sagt Grief und begrüßt ihn mit einem schnellen Kuß auf die Wange, »das hier ist Barcelona Lee. Besser bekannt als B. Evans Lee. Barcy, das ist der berühmt-berüchtigte Roger Carlyle.«

Roger Carlyle lacht in sich hinein, als gefalle ihm das Schurken-Image, auf das Grief eben angespielt hat. Er deutet mit einem fetten Finger auf Barcelona und grinst. »Ich hab Ihr Buch gelesen, Ms. Lee. Hab' das ganze Ding in einem durchgelesen. Die gute Grief hat es mir schon vor zwei Jahren geschickt, aber damals hab ich es in irgendein Regal gesteckt und nie einen Blick hineingeworfen. Ich will ehrlich zu Ihnen sein – ich lese nicht besonders gern. Vor allem keine Sciencefiction. Raumschiffe, *Warp*-Geschwindigkeit, lauter verrücktes Zeug. Jesus.« Er macht eine abfällige Handbewegung. »Aber letzte Woche ruft mich ein Freund an, eigentlich ist er eher ein Informant, ein Spion. Wenn man in diesem Geschäft erfolgreich sein will, braucht man Spione. Es ist ein richtiger Krieg, der da abläuft. Sie glauben wahrscheinlich, ich mache Spaß, aber das stimmt nicht.« Er lacht rauh, ein Lachen, das fast gurgelnd klingt. »Jedenfalls hat mir mein Informant den Hinweis gegeben, daß Lynda Kramer in die Stadt kommt, um mögliche Filmprojekte zu begutachten.«

»Lynda Kramer«, wiederholt Barcelona beeindruckt. Lynda Kramer ist zur Zeit die wohl gefragteste junge Schauspielerin Amerikas. Obwohl sie erst Mitte Dreißig ist, hat sie bereits mit allen bekannten Schauspielern zusammengearbeitet und in zahlreichen Filmen mitgespielt.

»Lynda hatte sich ein Jahr zurückgezogen, um ihre Tochter zu bekommen; die ganze Zeit über hat sie sich in der Londoner Wohnung ihres Mannes vergraben. Wollte nicht einmal einen Blick in ein Drehbuch werfen. Jetzt startet sie ihr Comeback und hat verlauten lassen – zumindest gegenüber meinem Informanten, der zu ihrem Umfeld gehört –, daß sie gerne einen futuristischen Film machen würde, etwas, das Klasse hat und eine Botschaft vermittelt. Wie *Das letzte Ufer* oder *Uhrwerk Orange*, so in diesem Stil. Einfach, aber mit Herz.«

Roger Carlyle steht immer noch vor Griefs Schreibtisch, und Barcelona steht etwa einen halben Meter vor ihm. Die Mischung aus Zigarrenrauch und Mundgeruch läßt sie ein bißchen taumeln. Es ist, als würde ihr Gesicht in einen Aschenbecher gedrückt.

»Setz dich, Roger, setz dich«, sagt Grief und dirigiert ihn zu dem Stuhl gegenüber von Barcelonas. Sie sieht Barcelona an. »Und du auch.« Barcelona sitzt bereits, während Roger langsam sein Gewicht in den Sessel senkt; seine runden Knie krachen. Barcelona bemerkt, daß er eine steife, chemisch gereinigte schwarze Jeans mit perfekter Bügelfalte und dazu ein schwarzes Polohemd trägt, wahrscheinlich, um seinen Umfang zu kaschieren. Auf seinen Schultern entdeckt sie ein paar Schuppen. Sie stellt sich vor, wie er sich heute morgen angezogen hat, daß er nackt vor dem Spiegel stand und überlegte, ob er sich für das weiße Hemd entscheiden soll, auf dem man die Schuppen nicht sieht, oder für das schwarze, das den Bauch kaschiert. Wie lang hatte er wohl so dagestanden und seinen nackten Wabbelbauch und den rieselnden Skalp betrachtet, während er die Pros und Kontras abwog?

»Jedenfalls rufe ich daraufhin die gute Grief an, weil ich mich dunkel an ein Sci-fi-Buch erinnern kann, das sie mir mal andrehen wollte. Und sie erzählt mir, Sie hätten inzwischen ein noch besseres Buch geschrieben –«

»*Hochspannung*«, wirft Grief ein.

»Ja. *Hochspannung*. Großartiger Titel. Also lese ich es in einem durch, wie ich schon gesagt habe. Und bin begeistert. Verschlinge eine Seite nach der anderen. Mitten in der Nacht wacht meine Frau auf und kann gar nicht fassen, daß ich lese. Noch dazu etwas, das nicht nach Drehbuch aussieht. Sie glaubt, daß es etwas Pornographisches ist, reißt es mir aus der Hand, liest ein paar Zeilen, nickt, gibt es mir zurück und legt sich wieder hin. Das Ganze war irrsinnig komisch.« Er muß wieder lachen, und Barcelona lächelt, um ihm zu zeigen, daß sie das Kompliment zu schätzen weiß.

»Was hat Lynda denn dazu gesagt?« fragt Grief.

»Ich bin vor zwei Tagen zu ihr rüber und hab' ihr ein Exemplar von *Starkstrom* auf den Schreibtisch geknallt. Gestern hat sie mich angerufen und wollte darüber reden. Ich bin gleich zu ihr hin.« Plötzlich hält er inne, um sich wieder seiner Zigarre zu widmen. Ein Schachzug, der, wie Barcelona sofort klar ist, dazu dienen soll, die Spannung zu erhöhen. Es funktioniert. Sie würde ihn am liebsten anschreien, so sehr brennt sie darauf zu erfahren, was Lynda Kramer davon hielt.

»Jedenfalls«, fährt er fort, »möchte Lynda ein Drehbuch sehen.«

»Ah«, sagt Grief und lehnt sich lächelnd in ihrem Sessel zurück.

»Ja.« Roger Carlyle nickt.

Barcelona wartet darauf, daß er weiterredet, aber er lehnt sich ebenfalls mit einem zufriedenen Grinsen zurück. Sie sieht zu Grief hinüber, die auch vor sich hin nickt. Die beiden sehen aus wie zwei Menschen, die gerade miteinander Sex gehabt haben.

»Was passiert als nächstes?« fragt Barcy.

»Tja, das hängt ganz davon ab.« Roger Carlyle drückt seine Zigarre in einem Aschenbecher aus, der die Form einer schlafenden Katze hat. Er zieht eine Packung Minzbonbons aus der Tasche, nimmt zwei heraus und schiebt sie sich in den Mund. »Von da an könnte sich die Sache in viele Richtungen entwickeln. Wir legen ihr ein Drehbuch vor, sie mag es nicht, wir lassen es neu schreiben oder vergessen das Projekt. Oder sie mag es und verlangt eine zweite Version. Oder das Drehbuch gefällt dem Studio nicht. Oder es gefällt allen, aber das Studio bekommt einen neuen Direktor, bevor die Dreharbeiten beginnen, und der neue Studioboß gibt uns den Laufpaß. Aber« – er kreuzt seine Wurstfinger und lächelt – »wenn Gott es gut mit uns meint, geht das Ganze in Produktion, und wir drei hier sind in dieser Stadt plötzlich heiße Ware.«

Barcelona gefällt die Vorstellung, eine heiße Ware zu sein. Als sie vorhin in dieses Büro gekommen war, hatte Grief eine beiläufige Bemerkung über irgendeinen heißen jungen Autor gemacht, und Barcelona hatte ein eifersüchtiges Nagen in der Magengegend gespürt. Sie selbst hatte damals nur so zum Spaß mit dem Schreiben begonnen, als Ausgleich zur akademischen Langeweile ihres Studiums. Ihr Spezialgebiet an der Uni war mittelenglische Literatur, die mittelalterlichen Werke, die zwischen 1150 und 1500 in England entstanden. Oft hatte sie bis tief in die Nacht hinein gearbeitet, über altenglischen Texten gebrütet und die Abhandlungen irgendwelcher obskurer Literaturwissenschaftler gelesen, die sich über die homosexuellen Rhythmen im Londoner Dialekt Chaucers ausließen. Oder über das Zehennagelmotiv bei Malory. Unermüdlich hatte sie die angestaubten Texte von Lowland Scots studiert, die Balladen, Liedtexte und Mirakelspiele, die jahrhundertelang mündlich weitergegeben worden waren, bis sie schließlich – oft unvollständig – niedergeschrieben wurden. Dann hatte gegen Ende des fünfzehnten Jahrhunderts William Caxton in Westminster seine Druckerpresse aufgestellt. Über diese Dinge zu lesen und zu schreiben war lange Zeit Barcelonas Lebensinhalt gewesen.

Aber während ihres letzten Jahres an der Uni, nachdem ihre Dissertation über John of Trevisas Übersetzung von Higdons *Polychronicon* fertig war, ertappte sie sich plötzlich immer öfter dabei, daß sie Short stories, Gedichte und Charakterstudien niederkritzelte – alles, was ihr Spaß machte, denn plötzlich wußte sie wieder, wie es gewesen war, einfach nur Freude an einer Geschichte zu haben, früher, bevor sie angefangen hatte, jedes Werk wie bei einer Autopsie auseinanderzunehmen. Eine der Short stories wollte einfach kein Ende nehmen. Sie hatte nie Science-fiction gelesen, abgesehen von den paar Klassikern, die ihr Freunde voll fanatischer Begeisterung aufgedrängt hatten. Sie hatte sich aber nie wirklich dafür erwärmen können. Trotzdem kam es, daß ihre Geschichte, eigentlich nur als moderne Version einer Ballade aus dem dreizehnten Jahrhundert gedacht, in Kalifornien ihren Anfang nahm und schon bald vom Planeten Erde in eine andere Galaxie abdriftete. Plötzlich war sie eine Science-fiction-Autorin.

»Der nächste Schritt wird also sein«, sagt Roger Carlyle gerade, »Lynda ein möglichst gutes Drehbuch vorzulegen. Danach sehen wir weiter.«

»Wer wird denn das Drehbuch schreiben?« fragt Barcelona.

»Sie«, antwortet Roger Carlyle mit einem Augenzwinkern.

Barcelona sieht zu Grief hinüber. Grief nickt lächelnd. Barcelona will sich anders hinsetzen und knallt dabei mit dem Knöchel an die Seite von Griefs Schreibtisch. Spiralenförmig schießt der Schmerz durch ihr

Bein und dann hoch in den Magen. Äußerlich läßt sie sich nichts anmerken.

»Ich habe noch nie ein Filmdrehbuch geschrieben, Mr. Carlyle. Ich habe noch nicht mal eines gelesen.«

»Das läßt sich leicht ändern. Ich lasse Ihnen ein Dutzend Drehbücher aus meinem Büro rüberschicken. Irgendwelche Trottel, die viel weniger begabt sind als Sie, machen als Drehbuchautoren ein Heidengeld. Stellen Sie sich vor, was Sie mit Ihrem Talent da alles erreichen können!«

Barcelona macht sich keine Sorgen wegen des Drehbuchs. Sie vertraut auf ihre Fähigkeit, jede literarische Form zu meistern. Sie denkt nicht einmal an das Drehbuch. Sie denkt an Lynda Kramer, die hinreißende, intelligente und talentierte Lynda Kramer. Sie stellt sich vor, wie sie selbst auf dem Set steht und mit Lynda plaudert, vielleicht sogar einen Einkaufsbummel mit ihr macht oder auf dem Set ihr Baby hält, während Lynda eine neue Szene probt. Sie würde das nie laut sagen, aber sie hält Lynda Kramer für eine Frau, die ihren Geschlechtsgenossinnen zum Thema Frausein so einiges verraten könnte. Jedesmal, wenn Männer ein Foto von ihr sehen, stoßen sie einen Seufzer aus, der in etwa bedeutet: »Wenn ich doch nur . . .«

Sie fragt: »Glauben Sie, daß Lynda Kramer tatsächlich einverstanden sein könnte? Diesen Film zu machen, meine ich.«

»Sie ist zumindest interessiert«, antwortet er. »Das ist immerhin ein erster Schritt.«

Nun tritt Grief in Aktion. Sie steht auf, führt Roger Carlyle zur Tür, verspricht, sich morgen wegen des Vertrages bei ihm zu melden. Zum Abschied zwinkert er Barcelona noch einmal zu, nicht anzüglich, sondern auf eine Art, die zum Ausdruck bringen soll, daß er alles unter Kontrolle hat.

Als sie mit Grief allein ist, fragt Barcelona: »Was halten Sie davon?«

»Das Honorar ist beschissen, und er ist ein Arschloch.«

Barcelona sieht sie erstaunt an. »Er hat gelogen?«

»Lügen ist etwas Relatives.« Grief setzt sich in den Sessel, in dem vorher Carlyle gesessen hat. Sie rutscht unbehaglich hin und her, als hätte er dem Stuhl irgend etwas Schreckliches angetan. »Er hat insofern die Wahrheit gesagt, als Lynda Kramer wahrscheinlich tatsächlich interessiert ist. Aber es ist noch kein Studio daran beteiligt, und es gibt bisher auch noch keinerlei Budget. Das bedeutet, daß Roger es vorerst selber finanziert. Und das ist einer der Gründe, warum er bereit ist, Sie als Drehbuchautorin zu engagieren. Sie kann er mit Pfennigbeträgen abspeisen.«

»Was verstehen Sie unter einem Pfennigbetrag?«

»Zehntausend Dollar.«

»Das ist mehr, als ich für den ganzen Roman bekommen habe.«

»Die Hälfte davon geht an Ihren Verleger, meine Liebe. Der hat sich fünfzig Prozent an den Filmrechten vorbehalten. Sie bekommen fünftausend, abzüglich meiner zehn Prozent.«

Barcelona denkt an die 163 Dollar auf ihrem Konto. »Ich beklage mich nicht. Es ist immerhin eine Chance, später mehr Geld zu machen, oder?«

»Klar. Wenn der Film tatsächlich zustandekommt, bekommen Sie weitere hunderttausend. Von denen natürlich wieder fünfzig Prozent an den Verleger gehen. Der Rest gehört Ihnen.«

»Abzüglich Ihrer zehn Prozent.«

»Abzüglich meiner zehn Prozent.«

»Sie meinen also, ich sollte es lieber nicht machen?«

Grief lacht. »Ihre Naivität ist bezaubernd, Barcy.«

»Wie meinen Sie das?«

»Natürlich sollten Sie es machen. Carlyle ist ein widerlicher Typ, aber er ist immerhin bereit, etwas von seinem eigenen Geld zu riskieren, um die Sache ins Rollen zu bringen. Das bedeutet, daß es ihm wirklich einen Versuch wert ist. Falls der Film durch ein Wunder tatsächlich zustandekommt, werden Sie für etwa achtundvierzig Stunden der neue Liebling Hollywoods sein. Außerdem werden sich Ihre Romane besser verkaufen. Aber bis wir Carlyles Geld tatsächlich zu Gesicht bekommen, haben wir es erst einmal mit dem zu tun, was man in Hollywood ›good air‹ nennt.«

Barcelona findet, daß »good air« ein ziemlich berauschendes Zeug ist. Die Aussicht, mehr Geld zu verdienen, macht sie ganz aufgeregt. Sie hatte das bisher nie wirklich in Betracht gezogen, weil es nicht im Bereich des Möglichen zu sein schien. Jetzt, da sich das geändert hat, ist sie erstaunt, wie sehr sie auf einmal zu fiebern beginnt. Sie würde am liebsten schnurstracks nach Hause fahren und mit dem Drehbuch beginnen.

»Du meine Güte«, sagt Grief plötzlich. »Sie bluten ja!«

Barcelona sieht an sich hinunter und entdeckt, daß die verkrustete Stelle, an der sie sich gestern beim Rasieren geschnitten hatte, wieder blutet. Es ist dieselbe Stelle, die sie sich vorher an Griefs Schreibtisch gestoßen hat. Das Blut sickert durch ihre Strumpfhose wie ein Tintenfleck. Grief bietet ihr Pflaster und Peroxyd an, aber Barcelona lehnt beides ab. Sie geht zu ihrem Wagen zurück, sieht sich um, um sicherzugehen, daß niemand kommt, und zieht ihre Strumpfhose aus. Im Erste-Hilfe-Kasten findet sie Verbandsmull und Klebeband; damit verarztet sie die kleine Wunde, obwohl sie bereits zu bluten aufgehört hat. Sie läßt ihr Kleid so, wie es ist, über die Oberschenkel hochgeschoben, und genießt das Gefühl von Verdorbenheit, während sie den Freeway ohne Slip und Strumpfhose hinunterfährt und ihr die Lüftung Kühle zwischen die Schenkel bläst. Sie spürt, wie ihre Schamhaare knistern. Sie stimmt »Get It While You Can« an und versucht, Janis Joplins Gequetschten-Kehlkopf-Stil zu imitieren.

Nach zwei Strophen beginnt Barcelonas Hals zu schmerzen. Jedesmal, wenn sie Janis Joplin nachmacht, wird sie nach kürzester Zeit heiser und bringt kein Wort mehr heraus. Sie fischt ein Pfefferminzbonbon aus dem Aschenbecher, in dem sie auch Kleingeld, einzeln verpackte Zahnstocher und eine kleine Plastikdose mit nach Minze schmeckender Zahnseide lagert. Sie fängt an, darüber nachzudenken, wie sie ihren Roman in ein Drehbuch umarbeiten wird. Viele Ideen schießen ihr durch den Kopf. Ihr wird klar, wie viel sie an dem Buch wird ändern müssen: Ganze Personen werden dem Rotstift zum Opfer fallen, ganze Handlungsstränge gestrichen werden müssen. Aber das stört sie nicht. Die Herausforderung reizt sie. Sie stellt sich vor, wie ihr Lynda Kramer die Hand schüttelt und sagt: »Das ist das Drehbuch, auf das ich seit Beginn meiner Karriere gewartet habe.« Barcelona macht im Geiste eine Liste mit all den Leuten, denen sie am Abend der Oscar-Verleihung danken wird.

Sie schaltet das Radio ein und sucht nach einem passenden Sender.

Jackson Browne sagt ihr ebensowenig zu wie Willie Nelson, die Stray Cats oder Bon Jovi. Nichts davon ist diesem besonderen Moment angemessen. Genauso muß es sein, die Musik zu einem Film auszusuchen, denkt sie: Die Musik muß zur Stimmung passen. Sie drückt den Suchknopf, der jeden Sender fünf Sekunden lang anspielt, bevor er automatisch den nächsten Sender sucht. Erst kommt Phoebe Snow, dann Iggy Pop, Tom Waits, The Bangles, Jazz, Werbung. Dann ist plötzlich Janis Joplin mit »Down On Me« zu hören. Obwohl das keiner von ihren Lieblingssongs ist, findet sie trotzdem, daß es ein verblüffender Zufall ist und daß es deshalb Unglück bringen würde, diesen Sender ebenfalls zu überspringen. Barcelona drückt den Knopf, der den Suchlauf beendet.

Aus irgendeinem Grund muß sie plötzlich an Darlene und ihren Hund denken, Foxy. Vor ihrem geistigen Auge sieht sie sich und Darlene, wie sie beide den Hund beobachten, während der sich hinkauert und sein Geschäft verrichtet. Bei der Vorstellung muß sie lachen, bis ihr schließlich Tränen die Wangen hinunterlaufen. Barcelona fühlt sich auf einmal sehr niedergeschlagen. Die düstere Stimmung trifft sie unvorbereitet und macht die Luft im Wagen dick und drückend. Sie schaltet die Klimaanlage an.

Um die depressive Stimmung abzuschütteln, konzentriert sie sich wieder auf ihr Drehbuch und auf Lynda Kramer, die ideale Frau. Aber am meisten konzentriert sie sich darauf, wie Erics Gesicht aussehen wird, wenn sie ihm heute abend diese Neuigkeit berichtet. Der Gedanke daran läßt sie lächeln und ihre Traurigkeit vergessen. Sie fängt wieder an, »Get It While You Can« zu singen, diesmal allerdings in ihrer eigenen Stimmlage.

4 Trina hockt auf dem gesprungenen Toilettensitz und pinkelt. Als sie fertig ist, spreizt sie ihre Knie und wirft einen Blick in die Schüssel. Ihr Urin ist leuchtend gelb, wie Zitronenbaiser. Sie lächelt, weil das bedeutet, daß die Vitamine wirken. Auf Dixies Drängen hin nimmt sie seit sechs Monaten Joe-Weidner-Vitaminpillen – seit jenem Abend, an dem sie von Selbstmord gesprochen hat. Natürlich hätte sie etwas so Idiotisches nie im Leben durchgezogen; es tat ihr einfach nur gut, es zu sagen. Es laut auszusprechen machte daraus immerhin eine reale Alternative.

Das alles hat sie auch Dixie erklärt, aber als Antwort bekam sie nur jenes skeptische Cop-Nicken und vier riesige Gläser voll Vitaminpillen. Dixie ist davon überzeugt, daß es kein Problem gibt, das sich nicht durch Vitamine und hartes Fitneßtraining beheben läßt. Jeden Morgen stürzt Trina sechs wie Rattendreck aussehende Kügelchen mit einer Dose Diet Cherry Coke hinunter. Trina muß zugeben, daß sie, seit ihr Urin so leuchtend und fröhlich aussieht, selbst auch fröhlicher geworden ist. Was es doch ausmacht, einen sichtbaren Beweis dafür zu haben, daß man etwas Gutes für sich tut! Trina weiß natürlich, daß sie sich damit nur etwas vormacht, aber da sie ihren Lebensunterhalt damit verdient, den Leuten etwas vorzumachen, tendiert sie eher dazu, ihre eigene Technik zu bewundern, als das Ergebnis in Frage zu stellen.

Trina reißt eine Menge Klopapier ab, viel mehr, als eigentlich nötig ist, und tupft sich damit trocken. Rob, ihr Ex-Mann, hatte sich immer beschwert, daß sie zuviel Klopapier benutzte. »Eine halbe Rolle«, sagte er für gewöhnlich und beugte sich über sie, während sie auf dem Klo saß. »Eine halbe Rolle, um deine Muschi trockenzukriegen, und dann noch eine dreiviertel Rolle, um dir den Hintern abzuwischen. Wenn das so weitergeht, können wir uns deine Verdauung bald nicht mehr leisten.« Dann lachte er jedesmal, die Daumen in die Gesäßtaschen seiner Jeans eingehakt. Aber Trina wußte genau, daß er es ernst meinte; auch wenn er dazu lachte. »Es geht mir ja gar nicht um das blöde Papier«, sagte er oft. »Ich verdiene über hunderttausend im Jahr. Wir können uns jede Menge Toilettenpapier leisten.« Irgendwie schaffte es Rob immer, die magische Zahl »hunderttausend im Jahr« in die meisten ihrer Streitgespräche einzubauen. Hunderttausend im Jahr war genau das doppelte von dem, was sein Vater im erfolgreichsten Jahr seines Lebens verdient hatte, ehe er vor drei Jahren an Prostatakrebs starb. »Es geht mir ja gar nicht um das Papier, sondern um das, was es verrät. Eine verschwenderische Einstellung. Genausogut könntest du in der Wohnung den ganzen Tag das Licht brennen lassen, während du zur Arbeit bist. Oder das Bügeleisen angeschaltet lassen. Was nicht nur verschwenderisch, sondern darüber hinaus ziemlich gefährlich wäre. Wenn sich das Eisen nun nicht von selbst abschalten würde?«

»Aber es schaltet sich von selbst ab«, antwortete sie dann immer. »Und wenn nicht?« hatte er stets in bedeutungsvollem Ton zurückgefragt.

Trina steht vorsichtig auf, ohne ihre Strumpfhose hochzuziehen, und hüpft vom Badezimmer zum Bett hinüber. Sie fühlt sich wie eine gefesselte Geisel, die es geschafft hat, sich von ihrem Knebel zu befreien, und nun versucht, die Hintertür zu erreichen. Es ist unbequem, sich auszuziehen, während man auf dem Klo sitzt. Die eichene Klobrille hat einen Sprung, der die gleiche Form hat wie der auf der Liberty Bell, und wenn man sich in eine bestimmte Richtung dreht, klemmt man sich darin die linke Pobacke ein. Trina läßt sich auf den Rand des Bettes fallen und streift sich die Strumpfhose von den Beinen. Ihr Kleid hängt bereits an einem der Bettpfosten. Jeder der vier Pfosten ist mit einer Auswahl ihrer Kleidungsstücke dekoriert. Wenn man im Uhrzeigersinn um ihr Bett herumgeht, kann man genau verfolgen, was sie im Lauf dieser Woche angehabt hat.

Nur noch mit einem BH bekleidet, läßt sich Trina auf ihr Bett zurücksinken. Wenn sie allein ist, genießt sie es, bis auf den BH nackt zu sein. Ihre Brüste sind groß und schwer, mit weißen Dehnungsstreifen, die sich zickzackförmig von ihren Brustwarzen nach hinten ziehen wie die Zickzackblitze in den Cartoons. Der BH stützt ihre Brüste und verbirgt die störenden Streifen. Eines Tages wird sie sie von einem Schönheitschirurgen verkleinern lassen, das hat sie sich fest vorgenommen.

Sie wirft einen Blick auf ihren Radiowecker. Halb sechs. Noch zwei Stunden bis zu dem Treffen mit Barcelona, Dixie und Diva. Zum Glück muß sie Barcy nicht erzählen, daß sie sich wegen *The Candidate* geirrt habe.

Drei Stunden zuvor war sie sich da noch nicht so sicher gewesen.

»*Was?*« hatte er ungläubig gerufen, nachdem sie ihn gefragt hatte, ob sie Sex miteinander gehabt hätten. »Was hast du gerade gesagt?«

»Ich habe da so eine vage Erinnerung. Du und ich in einer dampfenden Dusche. Mir ist bloß eins nicht ganz klar: Ist es tatsächlich passiert, oder habe ich es mir nur eingebildet?«

»Verarschst du mich jetzt?«

»Nein.«

Er lächelte nicht einmal, sondern zog nur eine seiner Kaschmir-Augenbrauen hoch. »Ist dir eigentlich klar, wie wenig schmeichelhaft diese Frage ist? Vor allem gesetzt den Fall, wir hätten wirklich Sex miteinander gehabt.«

»Ob das für dich schmeichelhaft ist oder nicht, ist mir im Moment ziemlich egal. Ich würde nur gern wissen, wo mein Gedächtnis geblieben ist.«

Nun lächelte er. »Ich schätze, in diesem Fall wäre die klügste Antwort: ›Nein, wir waren nicht miteinander unter der Dusche.‹«

»Nerv mich jetzt nicht, Cory. Ich meine es ernst.«

Seine Miene wirkte plötzlich besorgt. »Du meinst es tatsächlich ernst.« Er setzte sich auf und nahm eine förmliche Haltung ein. »Ja, Trina, wir haben uns unter der Dusche im Travel Lodge geliebt. Hinterher wollten wir eigentlich ins Bett, um es nochmal zu machen, aber wir mußten zurück ins Studio.«

Trina hatte einen langen, erleichterten Seufzer ausgestoßen. Sie verlor also nicht den Verstand, sondern hatte nur kleine Aussetzer. Fünfzehn Minuten später, nachdem sie sein Büro verlassen hatte, war es ihr zum erstenmal gelungen, das ganze Ereignis Revue passieren zu lassen. Plötzlich war die Erinnerung wieder da. Sie konnte ihn in sich spüren, seinen harten, drängenden Penis, der versuchte, weiter vorzudringen, als es körperlich möglich war, ein besessener Goldgräber auf der Suche nach der Hauptader. Daran hatte sie denken müssen, als sie unter der Dusche standen; sie hatte zu lachen begonnen, und mit ihrem Lachen hatte sie ihn aus sich herausgedrängt.

Plötzlich weiß Trina, warum sie neuerdings so vergeßlich ist. Was der wirkliche Grund dafür ist. Natürlich, es liegt ja auf der Hand: Sie ist schwanger! Ihre Periode ist erst in einer Woche fällig, aber sie weiß mit hundertprozentiger Sicherheit, daß sie schwanger ist. Sie weiß es einfach. Und sie weiß auch, wer der Vater ist.

»Hi«, sagt eine vertraute Stimme. Trina blickt sich im Schlafzimmer um, entdeckt aber niemanden. Dann wird ihr klar, daß sie die Augen geschlossen hat. Sie öffnet sie und sieht auf den Radiowecker. Viertel nach sechs. Sie hat fünfundvierzig Minuten geschlafen. Sie setzt sich rasch auf und faßt sich an die Stirn, weil ihr das Blut so schnell in den Kopf schießt, daß ihr schwindlig wird. Sie zieht die Bettdecke über ihren nackten Körper. »Was tust du hier?« fragt sie, ohne ihn anzusehen.

»Karyn abliefern«, antwortet Rob.

»Danke. Also dann, bis in zwei Wochen.«

»Du siehst gut aus. Wie geht es dir?«

»Ich nehme zu viel Klopapier.«

»Ich hätte dir einen Vorrat anlegen sollen.« Er lacht über seinen lahmen Witz, und sie sieht einen Augenblick lang zu ihm hinüber.

»Also dann, bis in zwei Wochen«, wiederholt sie. Auf dem Bett entdeckt sie einen Ohrring, der herausgerutscht sein muß, während sie eingenickt ist. Sie schiebt ihn wieder in ihr Ohrloch.

»Irgendwie habe ich das Gefühl, daß du mich loswerden willst«, sagt er und grinst.

»Für einen Typen, der nur hunderttausend im Jahr verdient, kapierst du ziemlich schnell.«

Sein Grinsen verschwindet. Trina verdient inzwischen 125 000 Dollar im Jahr, und er weiß das. »Fuck you, Trina«, sagt er und geht. Seine neue Lederjacke gibt bei jeder Bewegung ein knirschendes Geräusch von sich. Sie hört, wie Karyn sich an der Haustür von ihm verabschiedet und die Tür hinter ihm schließt.

»Karyn!« ruft Trina.

Karyn kommt ins Zimmer gerannt. Sie wirft sich neben Trina aufs Bett. »Du hast ihn schon wieder geärgert.«

»Verklag mich doch!«

Karyn wirft einen Blick auf die Nacktheit ihrer Mutter, dann auf die Berge von Kleidungsstücken rund um das Bett. »Hier sieht's vielleicht aus, Mom! Wie in einer Bärenhöhle.«

»Zum Ordentlichsein brauche ich dich.«

»Du brauchst nicht mich, sondern ein Hausmädchen.«

»Wer weiß, vielleicht besetze ich die Stelle ja mit dir.«

Karyn reckt die Nase in die Luft und guckt ihre Mutter hochnäsig an. »Da mußt du dich schon an meinen Agenten wenden.«

Sie lachen beide. Trina nimmt Karyn in den Arm. Karyn wehrt sich anfangs dagegen, von ihrer Mutter umarmt zu werden. Das ist ein Teil ihres Spiels. Dann gibt sie auf und erwidert die Umarmung, indem sie sich gegen Trina fallen läßt und ihren Kopf auf genau dieselbe Stelle an Trinas Schulter legt, wo er während der letzten zwölf Jahre schon viele tausend Male gelegen hat. Trina stellt sich immer vor, daß ihr Schulterknochen an der betreffenden Stelle inzwischen leicht eingedellt ist und auf diese Weise eine genau passende Wiege für Karyns Kopf abgibt. Karyns linkes Ohr ist gleich vor Trinas Nase, und Trina riecht Karyns besonderen Duft, einen Duft, der leicht und zugleich erdig ist und der sie an einen exotischen chinesischen Tee erinnert. Selbst mit verbundenen Augen könnte Trina ihre Tochter aus einer Schar von tausend kleinen Mädchen herausriechen.

»Du wirst zu spät kommen«, sagt Karyn und löst sich von ihr.

Die Umarmung ist viel zu schnell beendet, aber Trina hütet sich, ihre Tochter wieder einzufangen. Wenn sie das versuchte, würde Karyn sich steif machen und ungeduldig werden, und das ist für Trina das Schlimmste auf der Welt.

»Was habt ihr denn heute in der Schule gemacht?« fragt sie ihre Tochter.

»Das Übliche.«

»Und was ist das Übliche?«

»Du weißt schon, was man in der Schule halt so macht.«

»Oh, du meinst das sinnlose Insichhineinstopfen von Informationen, die im wirklichen Leben unmöglich von Nutzen sein können?«

Karyn nickt. »Sag ich doch. Was man in der Schule halt so macht.«

Trina zieht ein strenges Elterngesicht, und Karyn kichert triumphierend. Keine von beiden wird jemals müde, dieses Spiel zu spielen.

Trina steht auf. Sie ist sich bewußt, daß Karyn ihren Körper studiert. Manchmal erwischt sie ihre Tochter dabei, wie sie mit einem fast schon ängstlichen Ausdruck ihre Brüste betrachtet, als wären sie eine Strafe, riesige Tumoren, mit denen sie, Karyn, hoffentlich nie geschlagen sein würde. Der Rest von Trinas Körper ist relativ normal. Ihr Hintern ist nicht so straff wie der von Dixie oder Barcy, aber auch nicht so schwabbelig wie der von Diva. Ihre Beine sind einfach Beine. Nicht dünn, aber auch nicht fett. Ihre Taille ist nicht gerade die einer Wespe, aber ihre Rundungen sitzen an den richtigen Stellen. Sie hat das, was die Männer eine sinnliche Ausstrahlung nennen. Sie selbst betrachtet sich als überreif.

»Mom?«

Trina geht ins Bad hinüber und dreht das Wasser auf.

»Hmmm?«

»Was bedeutet das Wort ›affektiert‹?«

»In welchem Zusammenhang hast du es denn gehört?« Sie fragt das, weil sich Karyn oft nach der Bedeutung von Fremdwörtern erkundigt, sie aber gelegentlich falsch ausspricht. So könnte sie jetzt genauso gut affektisch, affektiv oder affiziert meinen.

»In der Schule hat jemand behauptet, mein Name sei affektiert.«

»Warum?«

»Weil er ein ›y‹ hat, wo eigentlich ein ›e‹ sein sollte.«

»Was hast du geantwortet?«

Karyn zögert, und Trina weiß, daß sie krampfhaft nach einer passenden Lüge sucht.

»Los, heraus mit der Wahrheit. Was hast du geantwortet?«

»Fickt euch ins Knie.«

Trina lacht. »Hast du deinem Vater davon erzählt?«

»Nein.«

»Gut.« Im selben Moment spürt Trina einen leichten, stechenden Schmerz in ihrer linken Seite, der schnell wieder verschwindet – einen kleinen Stich, mehr nicht. Das hat sie immer dann, wenn sie etwas Lustiges mit Rob teilen möchte und ihr plötzlich einfällt, daß das nicht mehr geht. Sie spürt den Schmerz immer an derselben Stelle, so, als wäre sie damals bei der Scheidung durch einen kleinen chirurgischen Eingriff von ihrem Mann getrennt worden und hätte an dieser Stelle eine Narbe zurückbehalten. »Karyn mit einem ›y‹ ist ein alter und ehrwürdiger Name mit einer langen und ehrenwerten Tradition. Du bist nach einer österreichischen Prinzessin benannt worden, die drei blaue Hunde und zwölf rote Katzen hatte. Alle Leute in Österreich waren ganz vernarrt in sie. Eines Tages ritt ein gutaussehender Ritter ins Dorf –«

Karyn hört ihr gar nicht zu. »Ich habe ihnen gesagt, daß Lynda Kramer schließlich auch ein ›y‹ hat, wo eigentlich ein ›i‹ sein sollte, und daß ich deswegen das gleiche Recht auf ein ›y‹ habe. Habt ihr mich nach Lynda Kramer benannt?« Ihre Frage klingt hoffnungsvoll.

Obwohl Lynda Kramer der Zeitschrift *People* zufolge noch völlig unbekannt war und in Yale Theaterwissenschaft studierte, als Karyn auf die Welt kam, nickt Trina zustimmend, weil die Mitschüler ihrer Tochter damit sicher mehr anfangen können als mit einer österreichischen Prinzessin mit blauen Hunden und roten Katzen.

In Wirklichkeit hat Karyns ›y‹ tatsächlich etwas Affektiertes. Rob wollte damals unbedingt einen besonderen Namen für seine Tochter. Er arbeitet in der Werbebranche und hat den Namen seiner Tochter auf dieselbe Weise ausgesucht, wie er es für ein Produkt gemacht hätte. »Es gibt Studien, die belegen, daß die Leute Produkte bevorzugen, die mit ›K‹ beginnen. Du kennst doch die Schuhmarke Keds? Was, glaubst du, bedeutet das Wort? Nichts. Ursprünglich hätten sie Peds heißen sollen, du weißt schon, wegen *pedes*, dem lateinischen Wort für Füße. Aber die Marktforschung hat ergeben, daß die Kunden den Buchstaben ›K‹ bevorzugen.« Trina hatte nicht groß widersprochen, weil sie mit ihrem eigenen Namen, Trina Bedford, Jr., ähnliche Erfahrungen gemacht hatte. Das mit dem ›junior‹ war die Idee ihrer Mutter gewesen; sie glaubte, daß dieser Zusatz Trina helfen würde, im Geschäftsleben ernster genommen zu werden. Ihre Mutter war – und ist – Vizepräsidentin einer Versicherung, Prudential Insurance. Trina hatte ihren Mädchennamen Bedford auch nach der Heirat mit Rob Barre beibehalten, um das ›junior‹ nicht aufgeben zu müssen. Ihre Mutter hatte recht gehabt. Die Leute nahmen sie tatsächlich ernster.

Trina geht wieder ins Bad hinüber, um nach dem Wasser zu sehen. Als die Wanne voll ist, streift sie ihren BH ab und steigt hinein.

Auf der Ablage rund um die Wanne sieht es aus wie nach einer Explosion in einem Chemielabor. Kleine Pfützen Haarbalsam und verschiedenfarbige Shampoos sprenkeln die weiße Oberfläche. Drei Seifenstückchen von der Dicke einer Kreditkarte kleben am Wannenrand. Ein Kopfhautmassagegerät aus braunem Plastik thront auf dem Heißwasserhahn, geschmückt mit Knäueln aus verfilztem schwarzem Haar. Dieser Anblick erinnert sie wieder einmal daran, daß sie eine neue Putzfrau einstellen muß.

»Darf ich dir den Kopf waschen?« fragt Karyn und kniet sich neben die Badewanne.

»Eigentlich wollte ich mir die Haare gar nicht waschen. Ich bin sowieso schon spät dran.«

»Mann, da wären die anderen aber schockiert!«

»Unverschämtes Luder«, sagt Trina und spritzt Karyn mit den Fingerspitzen Wasser ins Gesicht.

Karyn kichert, und dieses Kichern klingt in Trinas Ohren so süß und rührend, daß ihr Tränen in die Augen steigen. Sie taucht ihren Kopf ins Wasser und reicht Karyn das Aloe-vera-Shampoo. »An die Arbeit, Mädchen. Tob dich richtig aus.«

Karyns Finger graben sich in Trinas Haar wie hungrige Würmer, die es auf ihre Kopfhaut abgesehen haben. Gelegentlich schrubbt Karyn zu fest und reißt ihr ein paar Haare aus. Trina jault auf. »Hey, willst du, daß ich eine Glatze bekomme?«

»Ja, Daddy bekommt schließlich auch eine. Dann könnt ihr beide mit Glatze rumlaufen.«

Es gab eine Zeit, da hätte Trina sogar eine Glatze in Kauf genommen, um wieder mit Rob zusammenzukommen. Das war die alte Trina gewesen. Die Trina der Prä-Vitamin-Phase. Bevor ihr Urin eine so fröhliche Farbe bekam. Jetzt schließt sie nur die Augen und lehnt sich zurück. Karyns Finger graben und kratzen so fest, daß sie sich fragt, ob ihre Kopfhaut vielleicht schon blutet. Sie riskiert einen Blick, aber sofort läuft ihr ein Tropfen Shampoo in die Augen, und sie beginnen zu brennen. Sie spült es nicht aus, und sie bewegt sich auch nicht. Sie möchte Karyn in ihrer Konzentration nicht stören.

Ihre Kopfhaut kribbelt, und ein Schauer läuft ihr über den Rücken und dann weiter die Beine hinunter bis in die Zehenspitzen. Trotz des dampfenden Badewassers ist es ein eisiger Schauer. Karyns Finger in ihrem Haar zu spüren ist die beste Definition von Glück, die sie sich vorstellen kann. Sie überlegt, ob sie Karyn sagen soll, daß sie schwanger ist. Ob sie ihre Freude mit ihr teilen soll. Aber vielleicht sollte sie erst einmal einen Schwangerschaftstest machen lassen. Vielleicht sollte sie abwarten, wie Barcy, Dixie und Diva heute abend beim Essen auf die Neuigkeit reagieren. Sie versucht, sich ihre Reaktionen, ihre Mienen vorzustellen. Diva und Dixie werden begeistert sein und sie beglückwünschen. Barcy wird vorsichtige Fragen stellen und keine Gefühlsregung zeigen.

»Wir werden ja sehen«, sagt sie laut.

»Du murmelst schon wieder vor dich hin, Mom«, sagt Karyn und gräbt ihre Finger noch tiefer in Trinas Haar.

»Die Mini-Serie meines Lebens, Kleines«, sagt Trina und schließt die Augen.

5

Als Barcelona sich der Straße mit Erics Haus nähert, tauchen am Horizont drei Militärhubschrauber auf. Vor dem Hintergrund der untergehenden Sonne kommen sie ihr vor wie drei fette Fliegen, die am Himmel festkleben. Flackernd spiegelt sich der Sonnenuntergang auf ihren Propellern. Barcelona muß an *Apocalypse Now* und Martin Sheen denken, wie er betrunken im Bett liegt und sich »This is the End« von den Doors anhört. Sie beginnt den Song zu summen, weil sie findet, daß das die geeignete musikalische Untermalung für ihren Besuch bei Eric ist.

Bald sieht sie schon das Tor des Parkplatzes, der zu seiner Wohnanlage gehört. Es steht weit offen. Vorsichtig lenkt Barcelona ihre Kutsche hinein und umrundet die Gebäude auf der Suche nach einer Parklücke, die groß genug für ihren Wagen ist. Bei jeder Bodenunebenheit gibt der riesige Wagen ein geheimnisvolles Knurren von sich, und Bacelona schöpft wieder einmal Hoffnung, daß er endlich seinen Geist aufgeben möge. Sie möchte diesen Albatros loswerden und sich ein schickes neues Auto kaufen, am liebsten einen Japaner, aber die Kutsche ist das einzige, was sie von ihrer Großmutter geerbt hat, und deswegen fühlt sie sich verpflichtet, den Wagen zu behalten, bis er – wie ihre Großmutter – an Altersschwäche stirbt. Sie hat an dem alten Gefährt nichts verändert, lediglich eine neue Stereoanlage einbauen lassen, und selbst deswegen hat sie ein schlechtes Gewissen.

Barcelona findet schließlich einen Parkplatz, der nicht nur für Kleinwagen gedacht ist. Trotzdem wird es ein brenzliges Unternehmen, denn ihre Kutsche beansprucht fast den ganzen Platz zwischen den Wagen zu beiden Seiten. Die Fahrertür geht gerade noch weit genug auf, daß sie sich hinausquetschen kann. Dabei stößt sie mit den Knöchel gegen die Tür. Es ist derselbe Knöchel, an dem sie sich schon beim Rasieren geschnitten hat, derselbe, den sie sich in Griefs Büro gestoßen hat. Sie beugt sich nach unten und rollt ihre limonengrüne Socke hinunter. Ein winziges Tröpfchen hellroten Bluts quillt durch die Kruste. Sie zieht die Socke wieder hoch.

Eilig geht sie durch die Wohnanlage, vorbei an den riesigen Palmen und den ausladenden Farnen, den laut rauschenden Flüssen und Bächen, die die ganze Anlage durchqueren. Hinter einem Busch sieht sie einen schlanken jungen Mann in einer knappen Speedo-Badehose, der gerade eine Zehe in den Jacuzzi-Pool eintaucht. Ein Mädchen lacht, aber Barcelona kann sie wegen des dichten Laubes nicht sehen. Das Lachen klingt aufreizend, eindeutig erotisch gefärbt. Sogar von hier aus kann sie durch die knappe Badehose des jungen Mannes die Umrisse seines halb erigierten Penis' erkennen. Sie muß an Erics Penis denken. »Zwanzig Zentimeter gehärteter Stahl«, sagte er immer mit Bogart-Stimme, wenn er nackt vor ihr stand und damit auf sie zielte wie mit einem Gewehr. »Stirb, du Kommunistenschwein«, rief er dann meistens. »Rat-a-tat-tat.« Daraufhin packte sie ihn mit festem Griff, und sie ließen sich beide lachend aufs Bett fallen.

Barcelona findet, daß es ein schlechter Zeitpunkt ist, um an Erics Penis zu denken. Eine andere hat jetzt die Hand an seinem gehärteten Stahl. Luna.

Zum Glück hat sie ihren Besuch so gelegt, daß ihr nur zwanzig Minuten bleiben, bevor sie zu ihrem Treffen mit Trina, Dixie und Diva aufbrechen muß. Sie zwingt sich, nicht mehr daran zu denken, wie er immer vor ihr gestanden hat, ihn in der Hand hielt und auf sie zielte. Rat-a-tat-tat. Sie bemerkt, daß sie unbewußt die Finger gekrümmt hat, als hielte sie ihn gerade in der Hand. Sie wischt mit der Handfläche über ihre Jeans.

Die Treppe hoch, erster Stock. Sie klopft. Fast augenblicklich geht die Tür auf.

»Hey«, sagt er. Auf das »Hey« folgt eine peinliche Pause, weil er früher immer »Hey, Baby«, »Hey, Honey« oder »Hey, Sweetheart« sagte. Jetzt sagt er nur noch »Hey«, und die zwei leeren Silben ringen nach Luft wie ein erstickendes Baby.

»Selber Hey«, sagt sie und geht hinein.

Sie umarmen sich linkisch, wobei Barcelona allerdings glaubt, daß nur sie linkisch ist, weil sie nicht weiß, wohin mit ihren Händen. Er scheint keinerlei Problem damit zu haben, sie an sich zu ziehen und dann mit einem Küßchen auf die Wange wieder zu entlassen. Wenn er sie früher im Arm hielt, legte er erst seine Hand auf ihren Po, bevor er sie losließ. Heutzutage jedoch bleiben seine Hände höflich über der Gürtellinie.

»Wo ist Luna?« Sie hatte sich eigentlich geschworen, den Namen nicht als erstes zu erwähnen, aber irgendwie ist ihr die Frage herausgerutscht.

»Sie muß jeden Moment hier sein. Sie hatte heute sehr spät noch eine Vorlesung.«

»Oh? Was für eine Vorlesung?«

»›Die Jüngerinnen Freuds‹. Ein unglücklich gewählter Titel, aber die Vorlesung selbst ist in Ordnung. Ruth Mack Brunswick, Anna Freud natürlich, Helen Deutsch –«

»Melanie Klein, nehme ich an.«

»Klar, die ganze englische Schule.«

Barcelona nickt. Sie kennt sich mit diesen Themen aus. Sie weiß eine Menge, ist sehr belesen und kann sich an fast alles erinnern, was sie jemals gelernt hat. Über Psychologie zu diskutieren fällt ihr viel leichter, als an zwanzig Zentimeter gehärteten Stahl zu denken.

»Einen Drink?« fragt er.

»Alkohol?«

»Weißwein. Irgend so eine Billigmarke. Luna trinkt ihn.«

»Ich passe.« Sie sieht sich im Wohnzimmer um. Obwohl sie noch nie hier war, kommt ihr alles vertraut vor. Der Raum ist klein und schwach beleuchtet, mit einer Tischlampe und einer Stehlampe. Die Möbel sind alt und abgewetzt; die meisten sehen aus, als würden sie sich nach ihrer Pensionierung sehnen. An der Wand steht ein selbstgezimmertes Bücherregal, das mit wissenschaftlichen Büchern über Psychologie, Anthropologie und Sprachwissenschaften vollgestopft ist. Die Namen

Barthes und Lévi-Strauss prangen auf vielen der Buchrücken. Der Raum sieht genauso aus wie der, in dem sie beide während des Studiums gewohnt haben. Es ist eine Studentenwohnung. Im Grunde, denkt Barcelona, paßt das auch, weil Eric zumindest formal immer noch studiert, obwohl er bereits fünfunddreißig ist. Barcelona selbst ist stolze Besitzerin eines Hauses in Irvine, einer Wohnsiedlung etwa acht Meilen südlich von hier. In Irvine heben die Leute die Scheiße ihres Hundes sofort auf oder zahlen eine Strafe an die Hausverwaltung. Die Leute in Irvine haben Deckenbeleuchtungen, die sich von selbst anschalten, wenn man die Zimmer betritt, so daß die Räume immer hell erleuchtet sind. Barcelona ist es keineswegs peinlich, daß sie helle Räume mag und Hundescheiße verabscheut.

»Also, was war denn so wichtig?«

»Meine Güte, du kommst aber schnell zur Sache. Der Begrüßungsfloskeln sind genug gewechselt, was?«

»Ich treffe mich in ein paar Minuten mit Trina und den anderen zum Abendessen.«

»Ah, das vierzehntägige Treffen der Gourmet-Mafia.«

Er lächelt, aber sie erkennt den mißbilligenden Ton. Er findet, ihre Freundinnen entsprechen nicht ihrem Niveau. Sie deutet auf ihre Uhr und sagt: »Ich möchte nicht zu spät kommen.«

»Ich dachte nur, du solltest wissen...«, sagt er, und spricht den Satz nicht zu Ende, während er zu der Resopalanrichte hinübergeht, die die winzige Küche vom Wohnzimmer trennt. Er greift nach einem gebundenen Manuskript, betrachtet es einen Augenblick liebevoll und reicht es ihr dann. »Sie ist fertig. Endlich.«

»Oh, Eric«, sagt sie, ehrlich erfreut. Sie lächelt und küßt ihn auf die Wange. »Das ist ja wunderbar. Mein Gott, das muß ein phantastisches Gefühl sein!«

Er lacht. »Na ja, ich habe jetzt fünf Jahre lang an diesem blöden Ding gearbeitet. Anfangs stellte ich mir immer vor, was für ein tolles Gefühl es sein würde, eine hervorragende wissenschaftliche Arbeit geschrieben zu haben und dafür von den Experten gepriesen zu werden. Nach ein paar Jahren stellte ich mir vor, was für ein tolles Gefühl es sein würde, einen Text geschrieben zu haben, der zumindest ein paar begeisterte

Leser finden würde. In den letzten paar Monaten aber habe ich mir nur noch vorgestellt, was für ein Gefühl es sein würde, endlich fertig zu sein. Einfach nur fertig.«

»Und? Was ist es für ein Gefühl?«

Er grinst. »Ein gutes. Ein verdammt gutes.«

»Kann ich das Exemplar behalten?«

»Das ist das wenigste, was ich tun kann. Du hast so viel für mich recherchiert. Ich weiß nicht, ob ich je fertig geworden wäre, wenn du nicht gewesen wärst.«

Barcelona nimmt den Dank, den er so ehrlich zum Ausdruck bringt, verlegen entgegen. Sie schämt sich ihrer vorherigen Gedanken und fühlt sich schäbig und gemein. Sie wendet ihren Blick von Eric ab und betrachtet stattdessen sein Manuskript. Der Titel lautet: *Versuch einer Semiotik mißhandelter Frauen*. Es ist seine Dissertation, an der er fünf Jahre gearbeitet hat. Das Schriftbild wirkt sehr professionell.

Erics Forschungsgebiet ist ziemlich komplex: der Gebrauch von Sprache in gewalttätigen Haushalten. Er ist der Überzeugung, daß sich Gewalt durch das Studium von Sprachmustern vorhersagen läßt. Dabei spiele es keine Rolle, welchen Bildungshintergrund die einzelnen Mitglieder eines Haushalts hätten oder welchen Umfang ihr Vokabular habe. Das Potential zur Gewalt lasse sich allein schon aus der Kombination bestimmter Worte, Bilder und Phrasen herauslesen. Eric argumentiert sehr überzeugend und ist aus diesem Grund immer der Liebling der Professoren gewesen. Er sieht außerdem sehr gut aus mit seinem schwarzen Haar und dem schlanken Körper eines Rodeo-Cowboys, weshalb er auch schon immer ein Liebling der Frauen war. Allerdings muß Barcelona zugeben, daß Eric sein gutes Aussehen nicht zu seinem Vorteil ausnutzt; er scheint sich seiner Wirkung gar nicht bewußt zu sein.

»Kannst du dir das vorstellen?« fragt er. »Endlich fertig.«

»Kaum zu glauben.«

»Ich muß das verdammte Ding noch vor meinem Komitee verteidigen, aber Dr. Goulart sagt, das sei nur eine Formalität. Ich hab's geschafft. Dr. Eric Jasper Fontaine.«

»Den Jasper würde ich weglassen«, sagt sie und küßt ihn noch einmal auf die Wange. »Das ist großartig, Eric. Wirklich großartig.«

Eric wird jetzt seinen Ph. D. in Psychologie bekommen. Er hat alle nötigen Scheine schon vor fünf Jahren gemacht und sich seitdem mit dieser Dissertation herumgeschlagen. Um seinen Lebensunterhalt zu verdienen, arbeitet er als Vollzeitkraft in einem Haus für mißhandelte Frauen. Er berät sie, tröstet sie und hilft ihnen bei der Jobsuche. Er hat sich außerdem dafür eingesetzt, daß in mehreren ortsansässigen Firmen Kindergärten eingerichtet wurden. Über seinem linken Auge hat er eine dünne weiße Narbe, die seine schwarze Augenbraue durchschneidet. Die Narbe stammt von einer Auseinandersetzung mit einem wütenden Ehemann, der versucht hat, seine Frau aus dem Frauenhaus zu zerren. Eric wollte verhindern, daß er sie mitnahm, da nahm der Mann eine Heftmaschine vom Schreibtisch und zog sie Eric über den Kopf. Im Gegenzug schlug Eric dem Mann mit einem schweren Klebebandhalter ins Gesicht, brach ihm damit die Nase und zerschnitt ihm die Lippe mit dem gezackten Metallrand, der normalerweise zum Abschneiden des Klebebandes gedacht ist. Die Frau blieb, der Mann ging. Eric gibt den Frauen Bücher zu lesen, schlägt ihnen Komponisten vor, deren Musik sich zu hören lohnt, und leiht ausländische Filme für sie aus. Die Bewohnerinnen des Frauenhauses lieben Eric.

Barcelona gibt es nur ungern zu, aber Eric ist ein besserer Feminist als sie. Sie vertreten beide dieselben Prinzipien, aber Eric tut wirklich etwas dafür.

Sie blättert um und sieht ihren Namen. Es ist die Widmungsseite. Da steht: »Für Barcelona, ohne die dieses Buch nicht möglich gewesen wäre. Und für Luna, ohne die es nichts wert wäre.« Sie fühlt sich zugleich geschmeichelt und beleidigt. Lieber wäre sie gar nicht genannt worden als zusammen mit Luna. In ihrem Buch über das Schreiben von Drehbüchern hat sie eine Passage über Drehbuchautoren gelesen, die gegen ihren Willen gemeinsam genannt wurden und vor Gericht gehen mußten, um klären zu lassen, wer das Drehbuch tatsächlich geschrieben hatte. Vielleicht könnte sie in diesem Fall auch vor Gericht ziehen. Wer verdient nun mehr Dank dafür, Eric bei der Fertigstellung dieses Manuskripts geholfen zu haben? Barcelona, die ihn ermutigte, lobte, kritisierte und ihm vier von fünf Jahren bei den Recherchen half? Oder Luna-come-lately, die erst seit einem Jahr Teil seines Lebens ist und mit ihren zwanzig Jahren noch zu jung sein dürfte, um ihm beim Verfassen des Manuskripts eine echte Hilfe gewesen zu sein?

»Was sagst du dazu?« fragt Eric und grinst glücklich, während Barcelona auf die Widmungsseite starrt.

Sie blickt zu ihm auf und sieht sein strahlendes, jungenhaftes Lächeln; ihr wird klar, daß er nicht im Entferntesten ahnt, daß er sie verletzt hat. Er denkt nur an das Kompliment, das er ihr damit machen wollte. Trotz all seiner Arbeit mit Frauen, all seinem Mitgefühl und all seiner Hilfsbereitschaft hat er letztendlich kein Gespür dafür, was tief in ihrem Inneren vorgeht. Er versteht nicht, daß die sechs Jahre, die sie zusammengelebt haben, Vorrang haben. Obwohl sie sich in gegenseitigem Einvernehmen getrennt haben, findet Barcelona, daß er ihre frühere Beziehung trivialisiert hat, indem er knappe drei Monate nach ihrer Trennung Luna kennengelernt und gleich geheiratet hat. Vor allem, weil er während jener sechs Jahre genauso felsenfest wie sie von den Mängeln der Institution Ehe überzeugt war.

Barcelona hat Luna erst ein einziges Mal gesehen, aus der Ferne, im Einkaufszentrum, wo Eric und Luna bei Forty Carrots saßen und sich ein Joghurteis mit Früchten teilten. Sie lasen beide in einer Zeitung, die ausgebreitet auf dem Tisch vor ihnen lag, und diskutierten über das gerade Gelesene miteinander. Genau dasselbe hatten sie und Eric auch oft gemacht. Von dort, wo sie stand, konnte sie nur erkennen, daß Luna jung und hübsch war, mit langem schwarzem Kraushaar und dicken Schmollippen. Lippen, die aussahen, als wäre Luna gerade von einer Biene gestochen worden. Barcelona hatte den starken Drang verspürt, hinüberzugehen und sich zu ihnen zu setzen, war aber in der Lage gewesen, diesen High-School-Instinkt zu unterdrücken. Allerdings unter Aufbietung ihrer ganzen Willenskraft.

»Das ist wundervoll, Eric«, sagt Barcelona und klappt den Deckel zu. »Ich lese es später.«

»Laß mich wissen, was du davon hältst. Deine Meinung bedeutet mir viel.«

»Das werde ich.« Sie wirft erneut einen demonstrativen Blick auf ihre Uhr. »Ich mache mich besser auf den Weg. Die Mädels warten.«

»Ein paar Minuten wirst du doch noch Zeit haben.« Er setzt sich aufs Sofa und deutet auf den danebenstehenden Sessel. »Was hast du in letzter Zeit so getrieben? Wie steht's mit dem Balanceakt zwischen Schreiben und Lehren?«

Barcelona weiß, daß sie jetzt zur Tür gehen sollte, aber ihre Füße bewegen sich zum Sessel hinüber, und ihr Hintern sinkt in das viel zu weiche Kissen. Der Sessel riecht nach Fett, wie eine Mischung aus den letzten fünfzig Mahlzeiten, die in der Küche gekocht worden sind. In der Kitchenette. »Natürlich gebe ich noch Kurse. Damit kann ich unmöglich aufhören.«

»Immer noch machthungrig, hm?« Er lacht.

Sie lächelt, lädt ihre Bombe, sichtet das Gelände, feuert. »Und die Schriftstellerei läuft ziemlich gut. Gerade hat man mich gebeten, ein Drehbuch von *Hochspannung* zu schreiben. Für Lynda Kramer.«

Er nickt, scheint aber nicht besonders beeindruckt. Sein Nicken läßt eher an das eines Professors denken, dessen bester Student ihm eine Antwort gegeben hat, die dem, was er hören wollte, zwar nahekommt, es aber nicht genau trifft. »Paß auf, daß du deine Prioritäten richtig setzt.«

»Wie meinst du das?«

»Vor allem anderen bist du immer noch Dozentin. Du hast deinen Studenten gegenüber eine gewisse Verantwortung.«

»Erzähl du mir nichts von meiner Verantwortung, Eric. Ich weiß, was ich bin. Ich bin Dozentin und Schriftstellerin. Nicht das eine vor dem anderen. Sondern eine Kombination aus beidem. Dozentin, Schrägstrich, Schriftstellerin. Genauso wie ich eine Frau *und* Amerikanerin bin.«

»Beruhige dich, Barcy! Ich wollte dich damit nicht kritisieren. Ich spreche doch nur von Balance, das ist alles. Es ist oft nicht leicht, alles unter einen Hut zu bringen.«

Sein Blick ist ruhig und gütig, der eines Therapeuten. »Wirst du deinen eigenen Namen benutzen?«

»Ich benutze immer meinen eigenen Namen.«

»Du weißt, wie ich es meine. Deinen vollen Namen. Damit die Leser wissen, daß du eine Frau bist.«

Das ist ein alter Streitpunkt zwischen ihnen, aber sie läßt sich trotzdem wieder darauf ein. »Was für einen Unterschied macht das schon, Eric, solange sie meine Arbeit mögen?«

»Machst du dir da nicht selbst was vor, Barcy?«

»Es ist eine rein geschäftliche Entscheidung, weiter nichts. Versuch nicht, daraus eine moralische Frage zu machen.«

»Hältst du es nicht für eine moralische Frage, wenn du dein Geschlecht verheimlichst, dein wahres Selbst verbirgst?«

Sie ignoriert seine Frage. »Hast du *Hochspannung* überhaupt gelesen?«

Einen Moment lang weicht er ihrem Blick aus, sieht zur Küche hinüber; dann blickt er ihr wieder direkt in die Augen. »Du weißt, daß ich nicht genug Zeit habe, solche Bücher zu lesen. Ich muß mich mit ernsthafteren Texten beschäftigen.«

»Ah, meine Bücher sind also nicht ernsthaft.«

»Das habe ich nicht gesagt.«

»Genau das hast du gesagt.«

Er schüttelt den Kopf. »Du versuchst mir das Wort im Mund umzudrehen, Barcy. Ich wollte sagen, daß ich keine Zeit mehr habe, Unterhaltungsliteratur zu lesen. Bloß weil du Schuldgefühle hast, weil du deine Begabung auf Trivialliteratur verschwendest –«

»Stirb, du Kommunistenschwein«, sagt sie und streckt ihre Hand genau so vor, wie er es immer getan hat, wenn er aus Spaß mit seinem Ding auf sie zielte. »Rat-a-tat-tat.«

»Was soll das nun wieder heißen?« Er ist wütend und bekommt einen roten Kopf.

»Das mußt du schon selbst herausfinden. Du bist doch der Psychoquassler.«

»Spiel keine Spielchen mit mir, Barcy.«

»Dann benutze deine Bildung auch nicht wie deinen Schwanz. Benutze sie als Werkzeug, nicht als Waffe.«

Er steht auf, geht langsam zur Küche hinüber, reißt die Kühlschranktür auf und steckt den Kopf hinein. Er kommt mit einer Dose Multivitaminsaft zurück.

»Vielleicht sollten wir das Thema lieber beenden.«

»Vielleicht.«

Die Wohnungstür geht auf, und eine junge Frau mit langem Kraushaar und roten Schmollippen steht in der Tür und nimmt ihren Rucksack ab. Sie sieht jünger und schöner aus, als Barcelona sie in Erinnerung hatte.

»Ah, Honey«, sagt Eric. »Barcy, du hast meine Frau noch nicht kennengelernt.« Die Art, wie er »meine Frau« sagt, zeigt, daß er ihr damit noch eine verpassen will. »Honey, das ist Barcelona. Barcy, Luna.«

»Hallo«, sagt Barcelona.

»Hi.« Lunas Lächeln wirkt ehrlich erfreut. Sie wirft ihren Rucksack auf den Boden und geht schnell hinüber, um Barcelona die Hand zu schütteln. »Ich habe alle deine Bücher gelesen, mußt du wissen.«

»Oh?« Barcelona ist überrascht. Sie sieht zu Eric hinüber, aber er hat seinen Blick in die Ferne gerichtet und tut so, als hätte er nicht zugehört.

»Himmel, ja! Ich habe angefangen, deine Bücher zu lesen, als ich in der High-School war. Lange bevor ich Eric kennenlernte. Ich habe sie immer mittags in der Cafeteria verschlungen. Und bin nach wie vor begeistert. Ich will dir wirklich nicht schmeicheln, aber ich habe Eric bestimmt schon ein Dutzend Mal gebeten, mich dir vorzustellen, aber er hat es bisher nicht geschafft.«

Barcelona weiß nicht, was sie sagen soll. Also sagt sie: »Ah.«

»Du darfst wirklich nicht glauben, daß ich zu diesen Sci-fi-Spinnern gehöre, den Trekkies oder wie sie alle heißen. Oh Gott, das muß sich furchtbar blasiert anhören. Vergiß es. Laß uns nochmal von vorn anfangen.« Sie läßt sich neben Eric aufs Sofa fallen. Eric lehnt sich zu ihr hinüber, um sie zu küssen, aber sie tut so, als bemerke sie es nicht. Barcelona wird klar, daß Luna ihren Gast nicht in Verlegenheit bringen will. Es ist eine einfühlsame Geste, und Barcelona ist ihr dafür dankbar. Eric lehnt sich mit verärgerter Miene zurück.

»Ist es nicht zum Kotzen«, sagt Luna, »was für einer Gehirnwäsche man in Sachen Kunst unterzogen wird? Wie sie einem einzutrichtern versuchen, was Kunst ist und was nicht? Apropos Kunst, wer ist eigentlich für die Umschlaggestaltung deiner Bücher zuständig? Mit der betreffenden Person würde ich mal ein Wörtchen reden. Du meine Güte.«

»Ich weiß.« Barcelona nickt.

»Als meine Freundin mir zum erstenmal eines deiner Bücher zu lesen gab, warf ich einen Blick auf den Umschlag und war schon bedient. Eine nackte Nymphomanin mit einem Schwert, die auf dem Schwanz eines Drachens reitet –«

»*Die Schönheitsreise.*«

»Ja! Ich sagte meiner Freundin, daß ich diesen sexistischen Mist auf keinen Fall lesen würde. Aber ich mußte ihr versprechen, wenigstens mal reinzuschauen. In jener Nacht habe ich das ganze Buch verschlungen, von der ersten bis zur letzten Seite. Eine großartige Story.«

»Du hast es in deinem ersten Jahr als Dozentin geschrieben, nicht wahr, Barcy?« fragt Eric. »Als wir die Wohnung drüben in der Hudson Street hatten.«

»Ja. Du fandest das Buch zu lang. Zu viele Ereignisse.«

»Aber das stimmt doch gar nicht. Daß Schriftsteller immer so ein selektives Gedächtnis haben müssen! Ich sagte nur, die Figuren würden zu viel umherlaufen, ohne über die Bedeutung ihres Handelns nachzudenken.«

Luna lacht. »Gerade darum geht es doch, Eric. Nicht alle Menschen analysieren vorher, was sie tun. Und hinterher müssen sie unter den Folgen ihres Tuns leiden. Wie im richtigen Leben.«

»Wie im richtigen Leben mancher Leute«, berichtigt er.

Sie lacht wieder, und diesmal klingt ihr Lachen tief und kehlig. »Mein Gott, Barcy, war er auch schon so ein Snob, als du mit ihm zusammengelebt hast?«

»Ich glaube, er ist noch schlimmer geworden«, sagt Barcelona.

Inzwischen scheint Eric die Aufmerksamkeit zu genießen. »Jaja, hackt nur auf dem armen Eric herum. Immer auf die Kleinen!«

»Immer auf die, die es verdienen«, sagt Luna und tätschelt liebevoll sein Knie.

»Möchtest du nicht zum Essen bleiben, Barcy?« fragt Luna sie dann.

»Das geht leider nicht. Ich bin mit ein paar Freundinnen verabredet. Ich komme sowieso schon zu spät.«

»Dann ein andermal«, sagt Luna.

»Klar.« Barcelona eilt aus der Wohnung. Nachdem sie in der Halle einen ziemlich üppigen und verwildert aussehenden Busch umrundet hat, wirft sie einen Blick über die Schulter zurück und sieht gerade noch, wie Eric Luna küßt. Seine Hand liegt auf ihrem Po.

6 Barcelona hastet durch das schummrig beleuchtete Restaurant und zieht die Blicke mehrerer aufgeschreckter Gäste auf sich. Hier drin ist noch weniger Licht als in Erics düsterer Wohnung, und sie muß sich zwischen den Tischen, Gästen und Kellnern hindurchtasten. In ihrer Eile stößt sie mit ihrem wehen Knöchel an einen Stuhl. Schmerz schießt durch ihr Bein. Sie spürt, daß sich die Kruste unter der Socke gelöst hat. Aber Unpünktlichkeit kann sie noch weniger ertragen als Schmerz, und deswegen stürzt sie weiter, fest entschlossen, wenigstens ein paar Sekunden ihrer Verspätung wettzumachen.

»Tut mir leid, daß ich so spät dran bin«, sagt sie, als sie noch zwei Meter vom Tisch entfernt ist. Trina, Diva und Dixie nippen bereits Rotwein; die Speisekarten liegen aufgeschlagen vor ihnen. Eine halbleere Karaffe steht mitten auf dem Tisch. Ihr eigenes Gedeck ist noch unberührt, die rosa Leinenserviette steckt, wie eine Tulpe gefaltet, in einem sauberen Weinglas. Barcelona setzt sich eilig, greift nach der Serviette und breitet sie auf ihrem Schoß aus.

»Ich mußte Eric noch ausgiebig zu seiner Dissertation beglückwünschen.«

»Unwichtig«, sagt Trina. »Erst sollten wir uns um die wesentlichen Dinge kümmern. Unterschreib das hier.« Trina reicht Barcelona eine rosa Leinenserviette. Auf der Serviette prangt in großen, mit Eyeliner geschriebenen Lettern: WIR, DIE UNTERZEICHNENDEN, BESTÄTIGEN HIERMIT, DASS BARCELONA LEE EVANS HEUTE, AM DONNERSTAG, DEM 23. APRIL, NICHT NUR ZU SPÄT GEKOMMEN IST, SONDERN – SAGE UND SCHREIBE – MEHR ALS FÜNFZEHN MINUTEN SPÄTER ALS TRINA BEDFORD, JR. Die anderen haben bereits in aufwendig verschnörkelter Schrift unterzeichnet. Das Dokument sieht aus wie die amerikanische Verfassung.

Barcelona nimmt den Eyeliner, den Trina ihr hinhält, und setzt schnell ihren Namen darunter. »Okay«, sagt sie und reicht Trina die Serviette zurück, »aber ich bezahle nicht für die Serviette.«

»Ich auch nicht«, antwortet Trina mit einem Zwinkern und stopft die Serviette rasch in ihre Tasche.

»Also weißt du, Trina«, sagt Dixie. »Zwing mich nicht, außerhalb meiner Dienstzeiten eine Verhaftung vorzunehmen. Das Gefängnisleben würde dir nicht gefallen. Da gibt's kein Henna, um die grauen Haare zu tönen.«

»Guck mal, wer da spricht.« Trina streckt die Hand aus und hebt eine Locke von Dixies sandblondem Haar. »*These roots were made for walking.*«

Alle vier lachen, einschließlich Dixie.

Diva lacht auch, sagt dann aber: »Das verstehe ich nicht.«

»Der Song«, erklärt Dixie. »Erinnerst du dich? ›These Boots Are Made for Walking.‹«

»Ja, Nancy Sinatra. Aber was hat das mit Haarwurzeln zu tun?«

»Jesus, Diva«, seufzt Trina und schüttelt den Kopf.

»Trina will damit sagen, daß meine Haarwurzeln vom vielen Blondieren schon ganz spröde sind. So spröde, daß sie fast gehen könnten.«

»Ich wußte gar nicht, daß du dir das Haar blondierst.«

»Tue ich ja auch nicht«, antwortet Dixie.

Diva runzelt die Stirn. »Dann verstehe ich es erst recht nicht.«

Barcelona schenkt sich von dem Rotwein ein. »Den Gegner erniedrigen und der Lächerlichkeit preisgeben. Eine männliche Unterwerfungstechnik.«

Trina nickt. »Ja, wie in den Filmen, wo zwei Typen sich wegen einer Lappalie halb totschlagen, hinterher wie verrückt zu lachen anfangen und sofort wieder die besten Kumpels sind.«

»Ja, und dann heben sie ihre Gläser und prosten sich mit geschwollenen und blutverschmierten Gesichtern zu.«

»Ein Glas Bier wäre jetzt nicht schlecht«, sagt Diva.

»Heute habe ich in der City Hall drüben einen Witz gehört«, sagt Trina. »Warum haben Frauen eine Möse?«

»Den kenne ich schon«, sagt Dixie.

»Ich kenne ihn noch nicht«, sagt Diva. »Warum?«

»Damit die Männer einen Grund haben, mit ihnen zu reden.«

»Ich habe ihn ein bißchen anders gehört«, sagt Dixie. »Demnach haben Frauen Mösen, damit die Männer kein Kopfgeld auf sie aussetzen.«

»Meine Version ist blöd«, sagt Trina. »Deine ist widerlich.«

»Stimmt«, pflichtet ihr Dixie bei. »Ich habe meine am Bahnhof gehört. Ob von einem Cop oder einem Gangster, weiß ich nicht mehr genau.«

Barcelona lacht, und ihr wird bewußt, wie wohl sie sich plötzlich fühlt. Ihr Unbehagen wegen Eric und Luna ist so gut wie verschwunden. Und auch ihre Nervosität wegen des Drehbuchs schwindet langsam.

»Ist euch schon aufgefallen, daß man neuerdings fast nur noch AIDS-Witze hört?« fragt Trina.

»Das ist ja pervers«, sagt Diva. »Außerdem habe ich selbst noch keinen einzigen AIDS-Witz gehört.«

»Dir erzählen die Leute keine Witze, weil du sie nie verstehst.«

Diva nickt. »Das stimmt. Ich komme mir jedesmal furchtbar dumm vor.«

»Du bist nicht dumm«, sagt Dixie. »Die Witze sind dumm.«

Barcelona sieht zu Dixie hinüber; es beeindruckt sie immer wieder, wie einfühlsam Dixie ist. Fast schon unheimlich.

»Aber es ist wirklich komisch, daß Witze immer in solchen Zyklen auftreten«, sagt Trina. »Erinnert ihr euch noch an die vielen Witze über tote Babys, die kursierten, als wir Kinder waren? Was ist der Unterschied zwischen einer Wagenladung Babys und einer Wagenladung Bowlingkugeln? Bowlingkugeln kann man nicht mit der Mistgabel abladen. Lauter solches Zeug.«

»Ich erinnere mich noch gut an die Polenwitze, die vor ein paar Jahren ›in‹ waren«, sagt Diva.

»Und jetzt die AIDS-Witze. Und Kondom-Witze. Der Pressesekretär von Senator Grodin, Herman Fordham, hat mir kürzlich ein paar Kondomwitze erzählt: Ein Typ zieht sich Kondome über die Ohren. Warum?«

»Über die Ohren?« wiederholt Diva entgeistert.

»Weil er gehört hat, daß man sich AIDS auch durch Ohralsex holen kann.«

Dixie prustet los, und Barcelona spuckt vor Lachen eine Himbeere aus. Diva sagt: »Den verstehe ich. Er ist nicht besonders lustig, aber ich verstehe ihn.«

Barcelona schenkt allen nach und leert dabei die Weinkaraffe. Sie muß wieder daran denken, daß Eric seine Hand heute genauso auf Lunas Po gepreßt hat wie früher auf ihren. Sie fragt sich, ob er wohl auch Comicfiguren auf Lunas Brüste zeichnet, wie er es früher immer bei ihr gemacht hat. Irgendwie brachte er es dabei jedesmal fertig, die Brustwarze als Mittelpunkt in die Zeichnung einzubeziehen. Bugs Bunny mit einer Karotte, deren Spitze aus ihrer Brustwarze bestand. Elmar Fudd auf der Jagd nach Daffy Duck, auf dessen Schwanz eine Zielscheibe aufgemalt war, deren Zentrum ihre aufgerichtete Brustwarze bildete. Wenn sie nicht sowieso aufgerichtet war, saugte er so lange daran, bis sie hart wurde, »für den 3-D-Effekt.«

»Wissen Sie schon, was Sie möchten, meine Damen?« fragt der Ober. Er ist jung, vielleicht Mitte Zwanzig, und er hat sein feines blondes Haar mit viel Schaum zu einem Lockenberg aufgetürmt, der ihn aussehen läßt, als hätte er eine Portion Spaghetti auf dem Kopf. Er lächelt selbstbewußt wie ein Gigolo. Er weiß, daß er gut aussieht, und hält sich außerdem für charmant. Offensichtlich kann er es kaum erwarten, die etwas älteren, reiferen Damen an seinem Tisch mit diesem Charme zu beglücken. Das passiert ihnen oft. Jungs, die glauben, sie täten diesen älteren Frauen einen Gefallen, indem sie sie mit Aufmerksamkeiten überschütten, mit erotischen Schwingungen überfluten. Er lächelt Barcelona an, und sie lächelt zurück, weil sie weiß, daß Trina diesem Jungen seine Selbstgefälligkeit nicht durchgehen lassen wird.

Ich glaube, wir sind so weit, nicht wahr, *meine Damen*«, sagt Trina. Sie läßt das Wort Damen auf der Zunge zergehen.

»Was darf ich Ihnen bringen?« fragt der Ober, während er gemächlich seinen Stift aus der Tasche zieht, als wäre das Aufschreiben der Bestellung nur eine von der Geschäftsführung geforderte Formalität. Ein Mann wie er würde doch nie ein Wort vergessen, das von solchen Frauen kommt. Sein Lächeln kreist um den Tisch wie ein schnüffelnder

Hund, bis sein Blick schließlich an Trina hängenbleibt. Schnell wendet er den Blick von ihrer Oberweite ab und sieht ihr direkt in die Augen, um nicht den Anschein zu erwecken, als würde er auf ihren Busen starren. Arme Trina, denkt Barcelona, jeder schaut zuerst auf ihre Brüste, sogar die Frauen. Vor allem die Frauen. Trina hat den perfekten Busen, von dem alle Männer träumen, sobald sie wissen, was ein Busen ist – genau die Größe und Form, die in allen Zeitschriften, Filmen und Romanen als perfekt beschrieben wird.

»Wir hätten gerne noch eine Karaffe Wein«, sagt Trina.

»Natürlich«, sagt er, während er schreibt. »Und vielleicht eine kleine Vorspeise? Ich könnte Ihnen *Calamari Marinati* oder *Lumache Borgogno* empfehlen. Ersteres sind, wie der Name schon sagt, marinierte Calamari auf einem Salatbett. Letzteres sind unsere eigenen Schnecken mit Knoblauch und Weißweinsoße. Eine Köstlichkeit, meine Damen.« Er ist jetzt ganz in seinem Element; sein breites Lächeln läßt keinen Zweifel daran, wie sehr er seine Rolle genießt.

Trina blickt zu ihm auf und lächelt honigsüß zurück. »Sie sind ein sehr gutaussehender junger Mann«, sagt sie.

Das Lächeln des Obers wird noch breiter, aber sein Gesicht rötet sich ein wenig. Er ist sichtlich verlegen. So viel Offenheit verstößt gegen die Spielregeln.

»Sie machen ziemlich viel Sport, stimmt's?«

Der Ober sieht sie verwirrt an. Sein Lächeln hat einiges an Breite verloren. »Baseball, und ein bißchen Football.«

»Und Sie haben vor, ans College zu gehen, wenn Sie mit der High-School fertig sind?«

»Ich bin schon am College«, sagt er steif. »Am Sand Coast College, als Teilzeitstudent.«

Barcelona, die allmählich Mitleid mit ihm hat, tut so, als würde sie sich mit ihrer Serviette den Mund abwischen, um ihn nicht ansehen zu müssen. Diva tut ihrerseits so, als würde sie trinken, aber Barcelona sieht, daß sie die Lippen fest gegen den Glasrand gepreßt hat, um nicht loszuprusten. Nur Trina und Dixie starren den Ober unverwandt an; beide machen dabei durchaus freundliche Mienen.

»Hören Sie, junger Mann«, fährt Trina fort, »ich fände es wirklich schade, wenn ein Junge wie Sie, der sein ganzes Leben noch vor sich hat, leichtsinnig seine Zukunft aufs Spiel setzt.«

»Wie bitte? Ich weiß gar nicht, wovon Sie sprechen.«

»Ich spreche über das Ausschenken von Alkohol. Sie wissen doch, daß Sie über achtzehn sein müssen, um alkoholische Getränke ausschenken zu dürfen?«

»Natürlich.« Aus seiner Stimme klingt eine Mischung aus Ärger und Angst. Trinas Stimme klingt autoritär, als besäße sie geheime Informationen über ihn. »Ich bin vierundzwanzig«, platzt er heraus.

»Können Sie das beweisen? Officer Cooper hier wird Ihre Angaben sicher gerne überprüfen.« Trina nickt Dixie zu, die ihren Dienstausweis aus der Tasche zieht.

»Ja, verdammt noch mal.« Der Ober greift nach seiner Geldbörse, läßt dabei seinen Stift in einen Korb mit Knoblauchbrot fallen, fischt den Stift wieder heraus, läßt seinen Bestellblock fallen, hebt ihn wieder auf. Schließlich schafft er es doch, seine Börse herauszuziehen, und hält Dixie und Trina seinen Führerschein hin. Sie studieren das Dokument, betrachten erst das Foto und dann ihn, wiederholen das Ganze ein paarmal.

»Okay, Bobby«, sagt Trina.

»Robert«, sagt er.

»Wir würden jetzt gerne bestellen.«

»Der Alte hat sich also mit dem Lockenstab seiner Frau gebrutzelt?« fragt Trina. Barcelona hatte ihnen von einem wahrhaft haarsträubenden Todesfall erzählt, über den sie morgens in der Zeitung gelesen hatte.

»Ja«, sagt sie. Sie schneidet ihre *Petti di pollo al Marsala* in kleine, mundgerechte Happen. Dann spießt sie ein Stück Huhn und zwei Pilze auf und schiebt sich den Bissen in den Mund. Bevor sie zu kauen beginnt, preßt sie das Essen mit der Zunge gegen den Gaumen und genießt den Hauch Marsala-Wein.

»Vielleicht war es Selbstmord«, mutmaßt Diva. Sie stochert in ihrem Spinatsalat – *insalata di spinachi caldo* – herum. Sie ist die Jüngste und Pummeligste von ihnen und ißt immer Salat. Trotzdem hat sie noch kein Pfund verloren, seit Barcelona sie kennt.

Dixie schüttelt den Kopf. »Selbstmörder entscheiden sich nur selten für diese Todesart.«

»Ich wünschte, es wäre Selbstmord gewesen«, sagt Trina. »Sobald die Zeitungen und das Fernsehen von solchen Geschichten Wind bekommen, hagelt es abfällige Kommentare und clevere Pointen. Alles wird in dem Fall darauf hinauslaufen, daß Frauen mit ihren Schönheitsutensilien eine Gefahr für die Männer darstellen. Weibliche Eitelkeit bedroht Gesundheit der Männer, etwas in der Art. Wartet's nur ab.«

»Jetzt übertreibst du aber«, sagt Dixie.

»Dixie, Publicity ist mein Job. Ich weiß, was bei den Leuten zieht und was nicht. Und ich weiß, daß diese Story ganz nach ihrem Geschmack sein wird. Du wirst schon sehen.«

Dixie zuckt mit den Achseln. Sie konzentriert sich auf ihre *bistecca al pepe*, Pfeffersteak mit Cognac und Sahne, die ihr Bobby, der Ober, mit Schmollmiene am Tisch zubereitet hat. Sie schneidet ein Stück von ihrem Steak ab, spießt es mit der Gabel auf und betrachtet es einen Moment, ehe sie es in den Mund schiebt. Barcelona kommt es vor, als würde sie Beweismaterial untersuchen. Weil Trina Dixie ein Essen schuldet, hat sie zu Bobby/Robert gesagt, er solle ihr das teuerste Gericht auf der Karte bringen. Dixie ist die Kleinste von ihnen. Eins sechzig. Zugleich hat sie den besten Körper. Unter ihrem weiten blauen Pullover und der weißen Hose verbergen sich muskelbepackte Arme und Beine. Jeden Tag nach Dienstschluß – und sogar an ihren freien Tagen – stemmt sie Gewichte. Sie geht nur zweimal im Monat nicht zum Training: dann nämlich, wenn sie sich wie heute zum Essen treffen. Barcelona macht mit ihr Jazzgymnastik und hat sie hinterher im Umkleideraum schon oft nackt gesehen. Sie kann nicht anders, als jedesmal wieder bewundernd auf die Ausbuchtungen und Wellen, die harte Muskelkraft von Dixies Körper zu starren. Sie wünschte, sie hätte Dixies Disziplin.

»Wünschen die Damen ein Dessert?« fragt der Ober. Er lächelt, aber von seiner früheren Selbstgefälligkeit ist nichts mehr zu spüren. Er ist nur noch höflich.

Barcelona hat ein schlechtes Gewissen, weil sie vorher so gemein zu ihm waren. Sie will ihn ein bißchen dafür entschädigen. »Was würden Sie empfehlen?«

Er wirft ihr einen mißtrauischen Blick zu; anscheinend vermutet er eine neue Falle. Seine Stimme klingt flach und zögernd. Er bemüht sich jetzt mehr um Sachlichkeit als um Charme. »Vielleicht einen Früchtebecher, um den Gaumen zu erfrischen.«

»Sehr gut.«

»Früchtebecher für alle«, sagt Trina.

»Für mich bitte nicht«, mischt sich Diva ein. »Nur einen Kaffee.«

Nachdem der Ober gegangen ist, erklärt Diva: »Ich habe übrigens beschlossen, Vegetarierin zu werden. Bei mir gibt's kein Fleisch mehr.«

»Seit wann?«

»Seit gestern. Vorgestern habe ich zum letztenmal Fleisch gegessen.«

»Stimmt doch gar nicht«, widerspricht Trina. »Eben hast du welches gegessen.«

»Nein, habe ich nicht. Ich hatte Spinatsalat.«

»In dem Salat war doch Schinken!«

»Das war kein richtiger Schinken«, sagt Diva und starrt auf die Stelle, wo eben noch ihre Salatschüssel stand. »Heutzutage nimmt doch niemand mehr richtigen Schinken.«

Barcelona versetzt Trina unter dem Tisch einen Tritt. Trina sagt: »Stimmt. Meistens nehmen sie jetzt Tofu. Das hatte ich ganz vergessen.«

Diva findet ein verirrtes Stück Schinken und untersucht es mit dem Fingernagel. »Schwer zu sagen.«

Dixie lehnt sich herüber und preßt ihren Finger auf das Schinkenstück. Es bleibt an ihrem Finger kleben, und sie schnippst es vor sich auf das Tischtuch. Sie nimmt einen Löffel und zerdrückt den Schinken zu braunem Brei. Dann untersucht sie ihn eingehend, schnuppert daran, als handle es sich dabei möglicherweise um eine illegale Droge; schließlich probiert sie die Masse mit einem lauten, schmatzenden Geräusch. »Tofu«, verkündet sie.

Diva lächelt erleichtert. »Da bin ich aber froh. Ich kann die Vorstellung, jemals wieder ein Tier zu essen, einfach nicht ertragen. Ständig sehe ich ihre Gesichter vor mir. Ich weiß, daß das kindisch ist und eure Meinung von mir nur noch bestätigen wird, aber ich fühle mich jedesmal wie eine Mörderin, wenn ich Fleisch esse. Meine neue Grundregel lautet, niemals etwas zu essen, das Lippen hat.«

»Großer Gott!« sagt Trina. »Schätzungsweise sind wir Menschen die einzigen Lebewesen, die wegen der Nahrung, die sie zu sich nehmen, Schuldgefühle entwickeln. Keine andere Spezies käme auf die Idee, sich deswegen den Kopf zu zerbrechen. Stellt euch doch mal einen Ameisenbären vor, der sagt: ›Oje, jedesmal, wenn ich Ameisen schlürfe, sehe ich vor meinem geistigen Auge ihre armen kleinen Ameisengesichter!‹«

»Damit machst du es dir aber ziemlich leicht, Trina«, sagt Diva.

»Nein, das tue ich nicht. Ich versuche nur, das Ganze sachlich zu sehen.« Trina leert ihr Weinglas. »Wir sind doch alle Teil eines gigantischen Kreislaufs. Wir alle ernähren uns voneinander, sterben, werden zu Dünger, und dann geht das Ganze von vorne los. Wie bei einem großen Kartenhaus. Manchmal ist die Herzdame ganz unten, aber irgendwann stürzt das Haus in sich zusammen, und wenn es neu aufgebaut wird, ist sie vielleicht ganz oben. Das spielt überhaupt keine Rolle, denn egal, wie oft das Haus gebaut wird, egal, um wieviel hübscher und stabiler es ist, es stürzt trotzdem immer wieder ein und wird immer wieder neu aufgebaut. Das ist der große Kreislauf des Lebens. Wir pinkeln alle in denselben Topf.«

»Deswegen kriegst du heute auch keinen Wein mehr, Trina«, sagt Diva.

»Nicht wahr, Barcy, du weißt, was ich meine?«

Barcelona zuckt mit den Schultern. Sie will sich jetzt nicht mit diesem Problem auseinandersetzen müssen. Sie empfindet oft so wie Diva, aber sie hat es bisher immer geschafft, dieses Gefühl zu verdrängen, sobald die Steaks serviert wurden.

»Und was ist mit dem Gemüse?« fragt Trina. »Das hat doch auch mal gelebt und sich vermehrt.«

»Das ist etwas anderes. Pflanzen denken nicht.«

»Woher willst du das wissen? Es ist erwiesen, daß sie klassische Musik mögen und es gerne haben, wenn man mit ihnen spricht, genau wie wir Menschen auch. Vielleicht denken sie im Moment gerade über einen Aufstand nach.«

»Jetzt hört schon auf, Mädels«, sagt Barcelona. »Was soll's? Wenn Diva Gemüse essen will, dann laßt sie doch. Und du, Diva, genieße es.«

Dixie, die während dieses Wortwechsels seltsam ruhig geblieben ist, taucht ihre Serviette in ihr Wasserglas und wischt sich damit über die Lippen. »Mir macht das ganze Essen überhaupt keinen Spaß mehr.« Sie sagt das so sachlich, daß alle es zunächst für einen Scherz halten.

Diva lacht. »Du wirst wohl nicht drum rumkommen.«

»Das Essen macht dir keinen Spaß mehr?« wiederholt Trina. »Was genau meinst du mit ›keinen Spaß‹?«

»Ich weiß nicht«, sagt Dixie. »Irgendwie habe ich auf nichts mehr so richtig Appetit. Ich verspüre kein Hungergefühl mehr.«

»Du bestellst eine Zwanzig-Dollar-Vorspeise und hast nicht mal Hunger?« Trina tut so, als wäre sie empört.

Dixie lehnt sich in ihrem Stuhl zurück und schiebt die Ärmel ihres Pullovers hoch. Barcelona betrachtet ihre muskulösen Unterarme. Die Haut spannt über den Muskeln, die Venen treten leicht hervor. »Ich muß essen, das ist mir schon klar. Ich hungere mich auch nicht zu Tode oder so was. Es macht mir nur einfach keinen Spaß mehr.«

»Versuch's mal mit Schokolade«, schlägt Diva vor. »Schokolade ist ein richtiges Allheilmittel.«

»Vielleicht solltest du zum Arzt gehen«, meint Barcelona. Sie hat wegen Dixies Geständnis ein ungutes Gefühl. Sie fühlt sich hilflos, genau wie damals, als Trina mit Selbstmord gedroht hat.

»Mir fehlt nichts. Ich finde die ganze Esserei bloß furchtbar langweilig.«

»Vielleicht trainierst du zu viel«, sagt Trina. »Vielleicht stemmst du zu viele Gewichte und zu wenig Männer.«

»Du nimmst doch wohl keine Hormone, oder?« fragt Diva.

Dixie lacht. »Nein, ich nehme keine Hormone. Ich möchte Kondition und keinen Schnurrbart.«

»Es könnte eine Allergie sein«, meint Barcelona.

Diva pflichtet ihr bei. »Ich habe irgendwo einen Artikel über Lebensmittelallergien gelesen.« Diva ist berühmt für ihre kleinen Informationshappen aus irgendwelchen obskuren Artikeln aus noch obskureren Zeitschriften. Weil sie als Werbe-Sängerin oft lange herumsitzen muß, während irgendwelche aufnahmetechnischen Vorbereitungen im Gange sind, hat sie immer eine Zeitschrift in der Tasche. »Vielleicht reagierst du allergisch auf weißes Mehl oder so was.«

»Glaubst du?« fragt Dixie hoffnungsvoll. »Du meinst, Weißbrot und solche Sachen?«

»Schon möglich. Du solltest ein paar Tests machen lassen, um sicherzugehen.«

»Ich werde mich darum kümmern«, sagt Dixie, und Barcelona weiß, daß sie sich wirklich darum kümmern wird, weil Dixie immer tut, was sie sagt. Sie ist von ihnen diejenige, die am meisten Power und ihr Leben am besten im Griff hat. Barcelona bewundert sie dafür. Sie beide haben sich vor drei Jahren kennengelernt, als Dixie am College einen Kurs über mittelalterliche Lyrik belegt hatte, der von Barcelona geleitet wurde. Barcelona hatte ein Dutzend zeitgenössische Gedichte mit ähnlicher Thematik zum Vergleich mitgebracht. Die Gedichte gefielen Dixie, obwohl sie kein Gespür für ihre Komplexität besaß. Am wenigsten konnte sie sich für diejenigen zeitgenössischen Gedichte begeistern, die sich nicht reimten und kein strenges Metrum aufwiesen. Deshalb bezeichnete sie sich scherzhaft als kriminalistische Versmaßfetischistin, und alle lachten. Barcelona bewunderte sie wegen dieser Selbsterkenntnis. Die eigentliche Analyse der Gedichte langweilte Dixie; sie verglich diese Tätigkeit mit einem intellektuellen Kreuzworträtsel.

Nach einer Sitzung lud Barcelona Dixie ein, sich der Gruppe anzuschließen.

»Was für eine Art von Gruppe ist das?« hatte Dixie gefragt.

»Nur ein paar Freundinnen.«

»Doch hoffentlich kein Emanzen-Club. Ich habe keine Lust, dauernd über die Männer zu meckern. Ich habe nichts gegen Männer.«

Barcelona hatte gelacht. »Keine von uns hat etwas gegen Männer, Dixie. Das Ganze hat überhaupt nichts mit Männern zu tun. Wir sind nur ein paar Freundinnen, die sich zweimal im Monat zu einem lukullischen Mahl in einem sündhaft teuren Restaurant treffen. Nichts weiter.«

Diva hatte damals noch nicht zur Gruppe gehört. Glenda Carson war die vierte im Bunde gewesen. Aber sie war mittlerweile nach Tucson umgezogen. Trina brachte Diva mit, nachdem sich die beiden bei einer Wohltätigkeitsveranstaltung kennengelernt hatten, die Trina zu Werbezwecken organisiert hatte. Diva war bei der Show als Sängerin aufgetreten. Diva war ein Spitzname, den ihr Trina verpaßt hatte. In Wirklichkeit hieß sie Dianne Klosterman.

Diva zieht eine Zigarette aus der Tasche. Die Zigarette ist so knorrig und schwarz wie eine frisch ausgegrabene Baumwurzel. Diva röstet die Spitze mit ihrem Bic. Es scheint ewig zu dauern, bis sie brennt.

»Ich kann gar nicht glauben, daß du immer noch diese Dinger rauchst«, sagt Trina und wedelt sich den Rauch aus dem Gesicht. »Für deine Gesundheit wäre es wahrscheinlich besser, du würdest stattdessen zehn Kühe verspeisen. Schätzungsweise ist sogar Kuhscheiße wesentlich gesünder als das Zeug da.«

»Sie machen meine Stimme kehliger.« Mit tiefer Stimme singt Diva ein paar Takte von »Girls Just Want to Have Fun«; allerdings singt sie es langsam und lasziv, mit Marlene-Dietrich-Akzent: »Girls juz vant to hahv fun.«

»Das klingt ziemlich gut«, sagt Dixie.

»Ich *bin* ziemlich gut«, sagt Diva. »Besonders gut bin ich für Erdnußbutter. Dafür werbe ich zur Zeit.«

»Ach ja, die Rundfunkwerbung«, sagt Barcelona. »Trina hat es mir erzählt.«

»Ja, ich singe mit drei anderen weißen Mädchen Background, während irgend so ein schwarzes Huhn die Leadstimme trällert. Sie wollten einen Soulsound, um den schwarzen Markt anzusprechen oder so. Shit, Mann, ich kann verdammt guten Soul singen.« Sie legt ihre braune Zigarette in den Aschenbecher und singt zur Melodie von Aretha Franklins »Respekt«: »*P-E-A-N-U-T, show your little nuts to me. B-U-T-T-E-R, eat you while we're in the car.*«

Alle lachen, aber eigentlich klingt sie gar nicht besonders soulig. Eher wie Petula Clark.

»Na, kann ich Soul singen oder nicht?« Das ist keine Frage, sondern eine Feststellung, so daß ihr niemand antwortet. Diva zieht wie verrückt an ihrer Zigarette.

»Ich bin gebeten worden, ein Drehbuch zu schreiben«, verkündet

Barcelona. Sie sagt das sehr rasch, weil sie nicht weiß, wie sie ihnen die Neuigkeit mitteilen soll, ohne angeberisch zu klingen.

»Jesus«, sagt Trina und grinst. »Das ist ja großartig.«

»Du machst Witze«, sagt Diva. Ihr Lächeln hat etwas Hartes. Sie kann ihren Neid nicht ganz verbergen.

»Wann hat man dir das Angebot gemacht?« fragt Dixie.

Barcelona erzählt ihnen die ganze Geschichte. Sie widersteht der Versuchung, das Ganze auszuschmücken und nach mehr klingen zu lassen, als es ist. Sie schließt mit den Worten: »Die Sache ist noch ziemlich vage.«

»Besser etwas Vages mit Lynda Kramer als etwas Fixes mit irgend jemand anderem«, erklärt Diva entschieden. Da sie hauptberuflich als Sängerin arbeitet, gilt sie in ihrer Runde seit jeher als Expertin für den Bereich Showbusineß.

»Oh Gott, mir ist gerade etwas eingefallen«, sagt Trina, während sie melodramatisch nach Luft schnappt.

»Die Szene in *Hochspannung*, wo die Frau mit dem außerirdischen Botschafter im Raumschiff Sex hat. Das waren ich und Rob im Flugzeug von L. A. nach San Francisco. Ich hätte dir das nie erzählen sollen. Jetzt wird es jeder sehen.«

»Das warst du?« fragt Diva überrascht.

»Eigentlich war es Robs Idee. Die einzige gute Idee, die er je hatte. Ich glaube, damals haben wir Karyn gezeugt.«

Die Früchtebecher und der Kaffee treffen ein. Diva nippt an ihrem Kaffee und zündet sich noch eine von ihren knorrigen schwarzen Zigaretten an. Barcelona und Trina essen ihren Früchtebecher. Dixie gräbt ihren Löffel in das Eis, um daraus ein Gesicht zu formen, ißt aber nichts. Trina ist mit ihrem Becher schon fertig, schnappt sich den von Dixie und beginnt ihn auszulöffeln. »Shit, bevor du noch mehr Schneemänner daraus machst, esse ich ihn lieber.« Sie schiebt sich ein paar Löffel voll in den Mund und redet dann weiter; ihre Zunge und ihre Lippen sind von dem Eis ganz orangefarben. »Irgendwie gefällt mir die Vorstellung, auf diese Weise unsterblich zu werden. Stellt euch das mal vor: Lynda Kramer spielt etwas, das mir passiert ist. Vielleicht heuern sie mich ja als Beraterin an, was meinst du?«

Barcelona lächelt. »Ich würde mich nicht darauf verlassen.«
»Dann eben nicht.« Eifrig löffelt sie den Rest des Früchtebechers in den Mund.

*

»Irgendwelche neuen Gauner in eurem Leben?« fragt Dixie in die Runde.

Barcelona sieht zu Trina hinüber. Trina zwinkert ihr zu, sagt aber nichts. Da weiß Barcelona, daß *The Great Pretender* ein Geheimnis zwischen ihnen bleiben soll.

»Immer dasselbe«, sagt Diva und zündet sich die dritte schwarze Zigarette an. Diva hat einen Freund namens Calypso, der bei ihr wohnt. Er behauptet, ein halber Jamaikaner zu sein, aber Diva bezweifelt das. Calypso spielt als Drummer bei einer Band hier aus der Gegend, *Fast Lane*. »Calypso möchte, daß wir heiraten und Kinder bekommen.«

»Jesus«, sagt Trina. »Was für eine schreckliche Vorstellung.«

»So schlimm ist er nun auch wieder nicht«, sagt Diva halbherzig. Dann seufzt sie. »Er hat schon Namen für die Kinder ausgesucht. Sport, wenn es ein Junge wird, Spring, wenn es ein Mädchen wird.«

»Klingt nach Hundenamen«, sagt Dixie.

»Nicht wahr? Genau das habe ich auch gesagt. Daraufhin hat er lachend gesagt, daß wir uns dann vielleicht lieber ein paar Hunde anschaffen sollten. Ich glaube, er will einfach nur etwas haben, an das er diese Namen loswerden kann.«

Trina gähnt. »Laß uns heute abend nicht über Männer reden. Zu langweilig.«

»Bin gleich wieder da«, sagt Barcelona und steht auf. Sie greift nach ihrer Tasche und eilt Richtung Toilette. Der Druck auf ihre Blase wird mit jedem Augenblick größer. Sie biegt ein paarmal falsch ab, bevor sie endlich den versteckten Gang findet, der an den Telefonen vorbei zu den Toiletten führt. Auf beiden Türen prangt eine Silhouette, aber die beiden Gestalten ähneln sich so, daß sie nicht mit Sicherheit sagen kann, was Männlein und was Weiblein ist. Eine kleine alte Frau, deren geschwollene Fußknöchel mit elastischen Verbänden umwickelt sind, schiebt sich an ihr vorbei und öffnet eine der Türen. Barcelona folgt ihr.

Sie sitzt auf dem Klo und stellt erstaunt fest, daß es keine Graffiti an den Wänden gibt. Genauso erstaunt ist sie, als sie feststellt, daß es auch kein Klopapier gibt. Beides entdeckt sie erst, als sie bereits zu Pinkeln begonnen hat. Sie ist froh, daß sie sonst nicht muß. Die Trennwand zur benachbarten Kabine reicht nicht ganz bis zum Boden, und sie kann von ihrem Platz aus den linken Fuß der alten Frau sehen. Der Verband um ihren Knöchel ist so fest gewickelt, daß die Haut darüber wulstig hervortritt. Die Frau macht ein Geräusch, das sich anhört wie Weinen, aber plötzlich hört das Geräusch auf, die Spülung wird betätigt, und die Frau verläßt die Toilette, ohne sich die Hände zu waschen. Barcelona fragt sich, ob sie überhaupt Zeit hatte, richtig aufs Klo zu gehen. Als sie selbst fertig ist, durchwühlt sie ihre Tasche nach einem Taschentuch, findet ein zerknülltes, das mit Lippenstift beschmiert ist, dreht es um und wischt sich mit der sauberen Seite trocken.

Sie beugt sich über das Waschbecken und wäscht sich die Hände. Als hinter ihr die Tür aufgeht, wirft sie einen Blick in den Spiegel. Es ist Dixie.

»Was sollte denn der Quatsch vorhin? Wieso ißt du nichts mehr?« fragt Barcelona.

»Ich habe nicht gesagt, daß ich nichts mehr esse. Nur, daß ich kein Hungergefühl mehr habe.«

»Du solltest zum Arzt gehen. Im Ernst.«

»Vielleicht ist es nur etwas Psychisches. Ich meine, manchmal habe ich Hunger, aber bis ich dann etwas gekocht haben, ist mir der Appetit längst wieder vergangen.«

»Dann geh ins Restaurant.«

»Das ist noch schlimmer. Da zahle ich dann Geld und hab trotzdem keine Lust, das Zeug zu essen. Außerdem sind es ja nicht nur die Speisen an sich. Die ganze Esserei geht mir auf die Nerven. Das Beißen, Kauen, Schlucken. Das alles ist irgendwie ekelhaft, wenn man mal richtig darüber nachdenkt.« Sie tritt an den Spiegel und zieht den Kragen ihres dunkelblauen Pullovers herunter. An ihrem Hals ist ein kleiner blauer Fleck zu sehen.

»Was ist das denn?«

»Genau das, wonach es aussieht. Ein Knutschfleck.«

»Ein Knutschfleck?«

»Eine Begleiterscheinung meines Undercover-Auftrags an der High-School. Ich soll eine Gruppe von Jugendlichen unterwandern, die im Verdacht stehen, Drogen zu verkaufen.«

»Und? Dealen sie wirklich mit Drogen?«

»Der Kopf der Gruppe, ein gewisser Joseph Little, macht im Jahr vielleicht zweihunderttausend Dollar.« Sie deutet auf ihren Knutschfleck. »Er steht auf mich.«

»Das klingt gefährlich, Dixie.«

Dixie zuckt mit den Achseln. »Nicht besonders. Vorerst soll ich ihn gar nicht auffliegen lassen, sondern nur Beweismaterial sammeln, vielleicht eine Woche lang. Dann verschwinde ich wieder.« Sie nimmt eine Reisezahnbürste aus der Tasche, zieht den Deckel ab, drückt ein bißchen Zahnpasta darauf und putzt sich die Zähne. Sie spricht trotzdem weiter. »Kriegt deine Mutter immer noch diese obszönen Anrufe?«

»Ich weiß es nicht. Ich habe schon eine Weile nicht mehr mit ihr gesprochen.«

»Hat sie getan, wie ich geraten habe, und sich mit der Polizei in Verbindung gesetzt?«

»Ich habe es ihr gesagt, aber wer weiß, ob sie es tatsächlich befolgt hat. Sie hat ihren eigenen Kopf. Außerdem sind das alles nur Kleinstadt-Cops. Die würden ihr höchstens raten, ihre Nummer zu ändern und dafür zu sorgen, daß sie nicht im Telefonbuch steht. Und das habe ich ihr auch schon geraten.«

»Aber das will sie nicht, stimmt's?« Dixie spült ihre Zahnbürste ab, schiebt den Deckel drauf und steckt sie wieder in ihre kleine schwarze Tasche. Anschließend betrachtet sie im Spiegel ihre Zähne.

»Stimmt. Ich glaube, sie hat Angst, irgendeine lang verschollene Freundin, die sie schon seit zwanzig Jahren nicht mehr gesehen hat, könnte plötzlich den Drang verspüren, sie anzurufen und sie dann nicht erreichen.«

Dixie lehnt sich weiter zum Spiegel vor und untersucht den Knutschfleck noch genauer. »Jesus, der Kleine hat vielleicht einen Biß, was?«

»Ich habe schon schlimmere gesehen.«

»Und ich habe schon schlimmere verteilt.« Sie lacht. Es ist schön, sie lachen zu hören, fast als würde man unerwartet ein paar Takte eines Lieblingssongs hören. »Das ist natürlich schon lange her. Inzwischen bin ich aus dem Alter raus.«

Barcelona lächelt. »Natürlich. Ich auch.«

»Natürlich.« Sie lacht wieder, und dann gehen sie gemeinsam zu ihrem Tisch zurück.

»Diva hat da so einen Typen kennengelernt«, eröffnet ihnen Trina, als sie sich gerade wieder hinsetzen. »Das müßt ihr euch anhören. Erzähl es ihnen, Diva.«

»Keine große Sache, nur so ein Typ«, sagt sie und lächelt dabei aber anzüglich.

»Ja«, sagt Trina. »Nur so ein Typ mit einer Zunge, die nachweislich zwanzig Zentimeter lang ist.«

»Was meinst du mit ›nachweislich‹?« fragt Dixie.

»Er hat sie für mich abgemessen«, erklärt Diva.

»Fang von vorne an«, sagt Trina. »Als er sich an dich herangemacht hat.«

»Okay. Es war letzte Woche, als ich die Werbung für dieses Kreditinstitut gemacht habe, ihr wißt schon, wo ich singe wie Bette Midler.« Sie schnippt die Asche von ihrer schwarzen Zigarette. »Wir machten gerade eine Pause, es gab irgendwelche idiotischen Probleme mit der Filmkopie. Jedenfalls kommt da dieser Sound-Typ auf mich zu, der in dem Aufnahmestudio arbeitet, und will sich mit mir verabreden. Er ist nicht gerade umwerfend. Sieht ein bißchen so aus wie der Typ, der im Fernsehen immer für Kameras wirbt.«

»John Newcombe?« fragt Barcelona.

»Nein.«

»Ben Cross?« fragt Trina.

»Nein«

»Laurence Olivier?« fragt Dixie.

»Gott, nein. Der ist doch viel zu alt. Der Typ ist jung, in meinem Alter. Jedenfalls sage ich nein, und daß ich einen Freund habe, mit dem ich zusammenlebe. Er sagt, das sei ihm egal, und mir werde es auch bald egal sein. Daraufhin streckt er die Zungenspitze heraus. ›Zwanzig Zentimeter‹, sagt er. ›Größer als das, was die meisten Männer in der Hose haben.‹. Ich wollte ihn auslachen, aber er streckt sie noch einmal raus, nur diesmal ganz, und das Ding kommt auf mich zu und will kein Ende nehmen. Glaubt mir, vor Schreck muß ich gleich ein paar Schritte zurückgewichen sein. Dann fährt er das Maßband aus, das er am Gürtel hängen hat und mißt die Zunge ab. Ohne jeden Zweifel, zwanzig Zentimeter, genau, wie er gesagt hat.«

Alle vier lachen.

»Ich könnte ihn zum Präsidenten machen«, sagt Trina.

»Er hat bestimmt das Zeug dazu«, sagt Dixie.

»Vor allem hat er die Zunge dazu.« Trina lehnt sich vor und kratzt mit ihrem Löffel den letzten Rest von Barcelonas Früchtebecher zusammen. »Bilde ich es mir nur ein, oder wird die Welt da draußen tatsächlich immer abgedrehter?«

»Wir werden bloß älter«, sagt Barcelona.

»Bullshit«, sagt Trina. »Nichts ist mehr, wie's mal war, Kinder. Vor allem nicht in Sachen Liebe.«

»Trina hat recht«, sagt Diva. »Mir laufen in letzter Zeit nur noch seltsame Typen über den Weg. Ich bin wirklich froh, daß ich Calypso habe.«

»Ja«, sagt Trina. »Ein Geschenk des Himmels.«

»Du magst ihn nicht, weil er ein Farbiger ist.«

»Nein«, sagt Trina. »Ich mag ihn nicht, weil er ein Volltrottel ist. Barcy mag ihn nicht, weil er ein Farbiger ist.«

»Daß er ein Farbiger ist, ist mir völlig egal«, sagt Barcelona. »Ich mag ihn nicht, weil er ein Blutsauger ist. Dixie ist diejenige, die ihn nicht mag, weil er ein Farbiger ist.«

Dixie schüttelt den Kopf. »Ganz im Gegenteil – das ist das einzige, was ich an ihm mag.«

Diva lacht. »Also, um euch die Wahrheit zu sagen: Ich glaube gar nicht, daß er wirklich ein halber Jamaikaner ist, wie er immer sagt. Seine Dreadlocks sind in Wirklichkeit eine Dauerwelle. Ich habe eigentlich versprochen, niemandem davon zu erzählen, aber das Ganze ist einfach zu verrückt.«

Alle vier lachen.

Diva seufzt und pafft wieder ihre schwarze Zigarette. Ihre Fingernägel sind in einem metallischen Pinkton grundiert und mit winzigen grünen Palmen bemalt, die aus der Nagelhaut zu wachsen scheinen. »Ich weiß nicht. Ihr Mädels habt leicht reden. Ihr seht alle drei phantastisch aus. Aber ich bin zu fett, um einen von den wirklich guten Männern abzubekommen.«

»Das ist doch Bullshit«, sagt Trina. »Und weißt du, warum?«

»Weil es einem guten Mann nichts ausmachen würde, daß ich fett bin?«

»Nein. Weil es gute Männer gar nicht gibt.« Trina beginnt laut zu lachen und zieht damit die Blicke der Gäste an den Nachbartischen auf sich.

»Ich dachte, wir sollten heute abend nicht über Männer reden«, sagt Dixie. »Kam der Vorschlag nicht sogar von dir, Trina?«

»Man hat mich überstimmt.«

Diva deutet auf den Ringfinger an Dixies linker Hand. Dixie trägt einen einfachen goldenen Ring. »Ich kann gar nicht glauben, daß du diesen Ring tatsächlich an diesem Finger trägst.«

»Warum nicht? Er hat einmal meiner Mutter gehört.«

»Warum nicht? Weil alle Jungs die Finger von dir lassen werden, weil sie glauben, du bist verheiratet.«

»Das ist längst überholt«, sagt Trina. »Ich glaube, heutzutage fühlen sie sich dadurch eher noch ermutigt. Sie denken, daß du auf Abwechslung scharf bist, aber keine feste Bindung willst.«

»Ich trage ihn, um die Arschlöcher bei der Arbeit abzuschrecken«, sagt Dixie.

»Die Cops oder die Verbrecher?«

»Die Arschlöcher«, wiederholt Dixie.

Trina kichert. »Ich habe immer noch Hunger. Hey, Bobby!« Sie winkt dem vorbeikommenden Ober. »Kann ich nochmal die Dessertkarte haben?« Er nickt steif und eilt davon.

»Bist du betrunken?« fragt Diva.

»Wieso, bin ich zu laut?«

»Nicht lauter als sonst«, antwortet Dixie.

»Das ist aber schade. Heute war nämlich kein gewöhnlicher Tag.« Trina hält inne und sieht sie auf eine seltsame Art an. Barcelona glaubt, daß sie gleich etwas Wichtiges sagen wird, aber der Moment geht vorüber, und Trina lächelt. Sie ist nicht betrunken.

Der Ober kommt zurück und reicht Trina die Dessertkarte. Er zieht wieder ab.

Trina leckt sich die Lippen, während sie die Karte studiert. »Mein Gott, klingt das alles gut.«

»Davon wird man bloß dick«, sagt Diva und zündet die nächste schwarze Zigarette an.

»Ist euch schon mal aufgefallen, daß es immer viel besser klingt, als es dann tatsächlich schmeckt?« fragt Dixie.

»Ja, du hast recht«, pflichtet Barcelona ihr bei. »Selbst wenn es gut schmeckt, schmeckt es doch nie ganz so gut, wie man erwartet hat.«

Trina nickt. »Das hält uns aber nicht davon ab, es trotzdem zu bestellen, oder? Wißt ihr, was uns wirklich fehlt, ist eine Speisekarte voller Männer, die wir nur zu bestellen bräuchten. Ein Männer-Menü sozusagen. Das würde alles so viel einfacher machen.«

»Absolut«, sagt Dixie. »Eine Karte, auf der die Typen entsprechend ihrer Qualitäten aufgelistet wären. Manche bloß als Appetitanreger, andere als Dessert.«

»Und wieder andere«, sagt Diva mit einem lüsternden Grinsen, »als richtiges Fünf-Gänge-Menü.«

»Wie wäre es zum Beispiel damit?« fragt Trina. »Rinderrippchen à la Jack. Riesige, fleischige Koteletts, die die ganze Nacht brauchen, bis sie fertig sind.«

Barcelona lacht. »Mit saftigem, buttrigem Mais auf einem steifen Kolben. Von der Seite gebraten.«

»So mag ich es am liebsten«, sagt Diva.

Sie spielen eine Weile mit der Idee, wobei jede versucht, die Beschreibungen der anderen zu übertrumpfen. Als der Ober zurückkommt, um Trinas Bestellung entgegenzunehmen, erklärt sie, daß sie nun doch keine Nachspeise mehr wolle, und verlangt stattdessen die Rechnung. Während sie auseinanderdividieren, wer was zu zahlen hat, spielen sie weiter das Männer-Menü-Spiel.

Diva legt einen Zwanzigdollarschein in die Mitte des Tisches. »Ich finde, wir sollten das wirklich machen.«

»Was machen?«

»Diese Speisekarte. Mit Männern drauf.«

»Das ist doch verrückt.«

»Nein, ist es nicht«, sagt Diva. »Wir alle kennen und treffen viele Männer. An manchen ist man selber interessiert, an anderen nicht. Aber vielleicht hätte dann eine von den anderen Interesse.«

»Das klingt ein bißchen nach High-School.«

»Du hast keine Ahnung, wie es heutzutage an der High-School zugeht«, sagt Dixie.

»Es klingt überhaupt nicht nach High-School«, sagt Trina. »Es klingt nach einer geschäftlichen Transaktion. Diva spricht von einem Netzwerk.«

»Ja, von einem Netzwerk«, sagt Diva zögernd, als wüßte sie nicht so recht, was das Wort in diesem Zusammenhang bedeutet.

»Genau«, sagt Trina. »Wir sind schließlich alle berufstätige Frauen. Wenn wir denselben Beruf hätten, würden wir uns gegenseitig helfen, würden uns Jobs oder Kunden zuspielen, solche Sachen. Warum sollten wir nicht versuchen, dasselbe auch in unserem Privatleben zu tun?«

»Meinst du das ernst, Trina?« fragt Barcelona.

»Sie meint es ernst«, antwortet Diva.

Dixie gibt allen heraus, behält aber jeweils einen Anteil fürs Trinkgeld ein. Sie reicht Diva zwei Dollarnoten zurück. »Ich weiß nicht, wieso du so scharf auf die Sache bist, Diva. Du lebst doch mit einem Typen zusammen.«

Diva stopft das Geld in ihre Tasche. »Wir leben zwar zusammen, aber es ist trotzdem nichts wirklich Festes.«

»Gerade hast du noch übers Kinderkriegen gesprochen. Erinnerst du dich an Sport und Spring?«

»Ja, da hast du natürlich recht.« Diva senkt den Kopf und starrt eine Weile in ihre Tasche. Dann sieht sie lächelnd wieder auf: »Ich kann doch trotzdem mal einen Blick drauf werfen, oder? Ich brauche mich ja mit keinem von den Typen wirklich zu treffen. Außerdem ist Calypso in letzter Zeit nur noch an Analsex interessiert. Allmählich glaube ich, daß er insgeheim schwul ist.«

»Jesus, Diva«, sagt Trina, »wir haben gerade gegessen.«

Barcelona sagt: »Meine Güte, mit jemandem zusammenleben ist auch nicht mehr das, was es mal war.«

Dixie reicht Barcelona fünf Dollar. »Worüber reden wir eigentlich? Über eine richtige Speisekarte mit Männernamen drauf?«

»Ja«, sagt Trina. »Mit ihren Namen und einer kurzen Beschreibung, die im Stil einer Speisekarte gehalten sein muß. Wir können die Preisspalte benutzen, um ihr Einkommen anzugeben. Teuer bedeutet, daß sie das Geld nur so scheffeln. Eine mittlere Preisklasse heißt, daß sie in der Lage sind, in Yuppieland ihre Rechnungen zu bezahlen. Billig bedeutet, sie sind Künstler und wollen lieber etwas von deinem eigenen Geld ausgeben. Ich werde das Ganze auf meinem Computer tippen.«

»Auf mich müßt ihr dabei verzichten«, sagt Barcelona. »Das ist mir zu abgedreht.«

»Jetzt komm schon, Barcy«, sagt Trina. »Es ist doch nur zum Spaß.«

»Ja, du könntest ein paar von deinen Professoren-Kollegen mit uns teilen.«

»Die kann ich dir aus dem Stegreif beschreiben. ›Gebratenes Hühnerschnitzel à la Tweed. Zäh und trocken. Getränke und Dessert nicht inbegriffen.‹«

»Nicht schlecht.« Dixie lacht.

Barcelona sieht Dixie an. »Du willst doch wohl nicht bei diesem Schwachsinn mitmachen, oder?«

»Warum nicht? Ich kenne ein paar Cops, die von Interesse sein könnten. Und dann sind da natürlich noch meine neuen Freunde von der High-School. Ihr könnt zur nächsten Knutsch-Fete kommen.«

»Gib deinem Herzen einen Stoß, Barcy«, sagt Diva.

Barcelona schüttelt den Kopf, gibt dann aber seufzend nach. »Also gut, ich helfe mit, das Menü zusammenzustellen, aber bestellen werde ich nichts.«

»Das wird wahrscheinlich keine von uns«, sagt Trina. »Aber es macht Spaß, es sich vorzustellen.«

»Was ist mit verheirateten Männern? Nehmen wir die auch mit auf?«

fragt Diva. »Angenommen, es handelt sich um ein besonderes Prachtexemplar?«

»Nein«, sagt Barcelona.

»Das ist aber nur recht und billig«, widerspricht Trina. »Wenn sie ein regelmäßiges Einkommen und einen Schwanz haben, warum nicht.«

»Nein«, sagt Dixie. »Barcelona hat recht. Keine verheirateten Männer.«

»Es sei denn, sie leben von ihrer Frau getrennt«, schlägt Trina als Kompromißlösung vor.

Dixie zuckt mit den Schultern.

Während sie durch das Restaurant zum Ausgang gehen, hört Barcelona zu, wie die anderen weiterdiskutieren. Sie amüsieren sich königlich, aber Barcelona glaubt nicht, daß sie je übers Reden hinauskommen werden. Von Zeit zu Zeit werden Trina oder Diva als Entrée lustige Beschreibungen irgendwelcher Männer zum besten geben, und sie alle werden etwas zu lachen haben.

Dixie und Diva eilen zu ihren Autos. Trina trödelt ein bißchen, um Barcelona noch ein Stück begleiten zu können.

»Shit, sieh dir dieses Arschloch an«, sagt sie plötzlich und löst sich von Barcelona. Ein roter Porsche ist schräg über zwei Parkplätze geparkt. »Ich mußte in Cambodia parken, weil es hier so voll war, und der Kerl besetzt gleich zwei Plätze«

»Er will eben nicht, daß sein Wagen einen Kratzer abbekommt.«

»Fuck him.« Trina geht zu dem Wagen hinüber, bückt sich neben dem Hinterreifen und schraubt die Ventilkappe ab. »Schau mal, ob du einen kleinen Stein für mich findest«, sagt sie.

»Was tust du da?« fragt Barcelona.

»Der hier geht.« Trina hebt ein winziges Steinchen vom Boden auf, steckt es in die Kappe und schraubt sie wieder auf das Ventil. Barcelona hört, wie langsam die Luft aus dem Reifen entweicht. Trina richtet sich auf und wischt sich die Hände sauber. »Arschloch.«

Barcelona sieht ein Pärchen aus dem Restaurant kommen und zieht Trina weiter. »Warum hast du das gemacht?«

»Im Namen von Wahrheit und Gerechtigkeit, und für den American Way of Life.« Sie lächelt. »Und weil es mir gutgetan hat.«

Zweiter Teil

Netzwerk

Worin die Freundinnen festlegen,
wie man aus Männern
ein Männer-Menü macht

7 Diva wacht auf, weil sie plötzlich spürt, wie ihre Hand von ihrer Brust gehoben wird. Sie ist zu verwirrt, um die Augen zu öffnen. Jemand hält sie am Handgelenk und bewegt ihre Hand nach oben, bis ihre Knöchel das Bettuch streifen; dann bewegt sich die Hand in horizontaler Richtung weiter. Schließlich senkt sie sich langsam auf eine ziemlich ausgeprägte Erektion. Sie spürt, wie ihre Hand um einen dicken Schaft gelegt wird, wie ihre Finger einer nach dem anderen gekrümmt werden. Sowohl die Hand, die die ihre in Position bringt, als auch die Erektion selbst fühlen sich sehr warm an.

Sie setzt sich auf und sieht zu Calypso hinüber. »Was zum Teufel machst du da?«

Er grinst. »Ich habe einen Ständer.«

»Wie schön für dich.« Sie zieht ihre Hand weg und steht auf. Daß sie nackt ist, ist ihr keineswegs peinlich, obwohl sie nur eins dreiundsechzig groß, dafür aber achtzig Kilo schwer ist. Fünfzehn Zentimeter kleiner und zehn Pfund schwerer als Calypso. Das Gewicht steckt bestimmt nicht in ihren Brüsten; ihr Busen ist klein, aber trotzdem schwabbelig. Ihr Bauch hängt ein bißchen, ebenso ihre Arme, ihr Hintern, ihre Oberschenkel. Sie macht seit drei Jahren Diät, hat seitdem aber noch kein Gramm abgenommen. Sie war bei vielen Ärzten in der Hoffnung, daß es mit den Drüsen zu tun haben könnte und sich durch Medikamente vielleicht beheben ließe. Der letzte Arzt zuckte nur mit den Achseln und sagte: »Also, Sie sind nun mal von Natur aus fett. Damit müssen Sie leben.«

Diva geht zu der schäbigen alten Stereoanlage hinüber.

Offiziell steht die Anlage im Wohnzimmer, aber da nur ein Paravent aus Reispapier das Schlafzimmer vom Wohnzimmer trennt, ist die Unterscheidung bedeutungslos. Sie knipst den Schalter an. Einer der Lautsprecher gibt ein leises Brummen von sich, das sie schon seit zwei Jahren tapfer ignoriert. Auf dem Plattenteller liegt bereits eine Platte; sie drückt auf Start, obwohl sie sich nicht daran erinnern kann, welche es ist. Als sie Laura Nyro hört, beginnt sie erfreut mitzusingen, während sie in die Küche hinübergeht. »*Surry down to a stone soul picnic/There'll be lots of time and wine . . .*«

Der Kühlschrank ist fast leer. Eine halbe Tüte Magermilch, die schon seit zwei Tagen abgelaufen ist, drei Becher Magerjoghurt, ein Glas Erdnußbutter, die sie für die Werbung gestern bekommen hat, außerdem ein paar knollige gelbe Kürbisse. Sie hatte Calypso gestern zwanzig Dollar dagelassen. Davon sollte er ein bißchen Gemüse einkaufen, aber er hat es wie immer vergessen. Wenn sie jetzt in seiner Jeans nachsähe, würde sie die zwei Zehner zusammengeknüllt in der Hosentasche finden, zusammen mit ein oder zwei Gitarrenplektren, ein paar Münzen und vielleicht einem halben Joint. Er ist kein schlechter Mensch, trinkt nicht und nimmt auch keine harten Drogen oder solchen Mist. Er ist einfach nur vergeßlich.

Die eisige Luft aus dem Kühlschrank streicht über ihre nackte Haut, und ihre Brustwarzen werden hart. Aus irgendeinem Grund legt sie eine Hand schützend zwischen ihre Beine, als sie sich in den Kühlschrank beugt. Sie entdeckt eine offene Dose Diet Rite Cola. Sie trinkt. Es schmeckt fade und zuckerig. Sie trinkt trotzdem aus. Dann spült sie die Dose im Spülbecken, bevor sie in den Mülleimer wirft. Sie müssen mit dem Müll jetzt sehr vorsichtig sein. Die Ameisensaison ist angebrochen.

Das einzige Fenster der Wohnung befindet sich im Wohnzimmer. Die Wohnung ist so klein, daß dieses Fenster von überall aus zu sehen ist, egal, wo man gerade steht. Es geht auf den östlichen Parkplatz des Wohnkomplexes hinaus. Von der anderen Seite des Gebäudes hat man einen Blick auf die Straße, auf eine Reihe Strandhäuser, und schließlich auf ein kleines Stück Strand und Meer. Die Wohnungen dort drüben kosten 45 Dollar mehr, wegen des Blicks. Diva kann sich den Blick nicht leisten. Ihr reicht es, das Meer auf der anderen Seite zu wissen, ganz in ihrer Nähe.

Der ganze Komplex ist ziemlich heruntergekommen. Auf dem Flur riecht es ranzig, als hätten die Leute toten Fisch und faulendes Gemüse unter dem ohnehin schon ziemlich schimmelnden Teppich gelagert. Überall riecht es stark nach Dope. Der Waschraum ist gefährlich, nicht nur für die Bewohnerinnen, von denen letztes Jahr zwei vergewaltigt wurden, sondern auch für die Wäsche. Die Waschmaschinen haben mehr von Mixgeräten, die Trockner mehr von Flammenwerfern. Der Parkplatz ist ein Umschlagplatz für Diebesgut und Drogen. Aber Diva muß um ihres Seelenheils willen nahe am Strand leben, und das hier ist das Billigste, was sie finden konnte, obwohl es immer noch einen Großteil von dem verschlingt, was sie im Monat verdient. Hier unten ist ständig etwas los. Ein ständiges Hin und Her. Selbst an diesem Morgen, an einem normalen Wochentag, eröffnet ihr der Blick aus dem Fenster keine Menschenmassen auf dem Weg zur Arbeit, sondern statt dessen drei Jungs mit Surfboards und Surfanzügen auf dem Weg zum Strand.

Sie geht wieder ins Schlafzimmer hinüber, aber Calypso ist nicht mehr im Bett. Vom Schlafzimmer führt ein kleiner, etwa fünf Fuß breiter Gang ins Bad. Das ist ihr Kabinett. Sie geht durchs Kabinett ins Bad. Calypso sitzt nackt auf dem Klo und holt sich einen runter. Er grinst sie an, macht aber weiter.

»Turnt dich das an?« fragt er und streichelt über seinen Penis.

»Ja. Ich bin schon ganz naß.« Sie beugt sich übers Waschbecken, dreht den Hahn auf und sprenkelt Wasser auf ihre Ponyfransen. Sie sind zu lang, sie will sie schon seit ein paar Tagen schneiden. Heute vormittag muß sie zum Probesingen für eine Autowerbung. Da will sie gut aussehen. Sie zieht eine Schublade auf, kann die Schere aber nicht finden. »Wo ist die Schere?« fragt sie Calypso.

Seine Augen sind geschlossen, während er langsam, aber rhythmisch fortfährt, an seinem Penis auf- und abzufahren. »Weiß ich nicht.«

Diva stöbert noch ein bißchen in der Schublade herum. Schließlich entscheidet sie sich für eine Nagelschere. Sie wickelt mehrere Strähnen ihres nassen Haars um die Finger, zieht das Haar straff und schneidet alles Überstehende ab. Das Waschbecken füllt sich mit braunen Fransen.

»Oh, Mann, Diva«, stöhnt Calypso. »Das ist vielleicht gut.«

Sie schnippelt weiter. Sie muß an Barcelona und den Filmdeal mit Lynda Kramer denken. Sie ist sehr neidisch. Nicht, daß Barcelona ihren Erfolg nicht verdient hätte, aber sie selbst hätte ihn genauso verdient. Sie denkt an die vielen Jahre, die sie nun schon singt, an das endlose

Probesingen und die vielen Plattenfirmen, bei denen sie während der letzten paar Jahre die Klinken geputzt hat. Sie hätte auch mal ein bißchen Erfolg verdient. Sie will schließlich nicht ihr ganzes Leben lang für die Radiowerbung singen. Ihr steht der Sinn nach Rock'n'Roll. Sie will ein eigenes Album aufnehmen. Sie will bei Tower Records hineinmarschieren und ihre eigene CD ganz vorn unter den Hits der Woche sehen.

»Ooooh«, sagt Calypso. Sein Atem geht jetzt flacher, seine Hand fährt immer schneller auf und ab. Sie wirft einen Blick zu ihm hinüber. Seine Augen sind immer noch geschlossen. An der Spitze seines Penis' entdeckt sie ein paar Tropfen cremigen Spermas. Seine Hand bewegt sich jetzt so schnell, daß ihr schon vom Hinsehen schwindelig wird. Seine Lippen sind vor Konzentration fest aufeinandergepreßt. Verdammt, das ist tatsächlich sexy. »Also gut, in Gottes Namen«, sagt Diva schließlich, schiebt seine pumpende Hand weg und ersetzt sie durch ihre eigene. Sie kniet sich neben ihm auf den Boden und fängt an, ihre Hand rhythmisch auf- und abzubewegen. Im selben Rhythmus preßt er sein Becken gegen ihre Faust; sein knochiger Hintern wippt auf dem Toilettensitz auf und ab. Schon nach einigen wenigen Stößen biegt er den Rücken durch und schreit: »Ihreeeeee«, was im Slang der Jamaikaner soviel heißt wie »Cool.« Sein dickes, klebriges Sperma schießt nur so heraus, genau auf Divas linke Brust. Der Rest tröpfelt zwischen ihre Finger.

Er lehnt sich gegen den Klodeckel und wischt sich mit gelbem Klopapier sauber. Diva wäscht sich die Hände. »Na also«, sagt sie. »Glücklich?«

»Wenn du mich so direkt fragst: Ja.«

Sie lacht. Es entspricht nicht ihrem Wesen, wegen irgendeiner Sache lange wütend zu sein. »Du hättest dein Gesicht sehen sollen. Du hast ausgesehen wie ein kleiner Junge, der es zum erstenmal macht.«

»Jedes Mal ist wie das erste Mal. Genauso gut.«

»Ist das wahr? Wirklich? Ist es immer gut, wenn du onanierst?«

»Ja, ist es. Es ist, als würde man bei einem Test jedesmal hundert Punkte erreichen.« Er steht auf und geht ins Schlafzimmer hinüber. Er findet die Unterhose, die er gestern angehabt hat, und schlüpft hinein. Sie ist schwarz und von Calvin Klein. Es ist die einzige Unterhose, die er besitzt, neben drei Jeans, vier Hemden, zwei Paar Schuhen, drei Paar Socken und einer weißen Smokingjacke, die mal nach einer Party liegengeblieben ist, bei der seine Band gespielt hat. »Ist es bei dir nicht immer gut?« fragt er. »Wenn du's dir selber machst, meine ich.«

»Nicht immer. Manchmal habe ich Schwierigkeiten zu kommen. Dann muß ich mich richtig konzentrieren. Es ist schwierig, sich zu konzentrieren und gleichzeitig zu reiben.«

»Hmmm, ich verstehe, was du meinst.« Er zieht seine Jeans an. Calypso ist so dünn, daß seine Jeans am Hintern auch dann noch weit sind, wenn er die kleinste Größe trägt. Er kommt wieder ins Bad, während sie gerade ihre Zahnbürste auswäscht. Er wuschelt mit den Fingern durch seine Dreadlocks. Zu seiner blassen, sommersprossigen Haut wirken sie albern, wie eine Shirley-Temple-Perücke.

»Wie findest du mein Haar?« fragt er.

Sie legt die Zahnbürste weg und geht ins Schlafzimmer hinüber. Sie fängt an, das Bett zu machen.

»Ich meine es ernst, Mann.« Dann verlegt er sich wieder auf seinen jamaikanischen Akzent. »*How you like de hair?*«

»Deine Dreadlocks sehen eher aus wie Deadlocks.«

Er betrachtet sich eine Weile im Spiegel, wirft den Kopf erst auf die eine, dann auf die andere Seite. Er zuckt mit den Achseln und lacht. »Dir werd ich's zeigen, von wegen Deadlocks.« Er läuft ins Schlafzimmer zurück und springt aufs Bett. Er faßt Diva um die Taille und zieht sie auf sich. Seine Zunge scheint überall gleichzeitig zu sein: auf ihren Hüften, ihren Beinen, ihren Brustwarzen, ihren Augenlidern. Sie kichert, während er sich hin- und herwälzt und dabei unablässig ihre Haut leckt.

»Aufhören!« ruft sie, obwohl sie hofft und weiß, daß er nicht aufhören wird.

»Deadlocks-Patrouille«, sagt er und leckt und leckt und leckt.

Sie spürt seine rauhe Zunge auf ihrem Hintern, dann zwischen ihren Pobacken, schließlich direkt in ihrem Anus. Zuerst zuckt sie verlegen zurück. Doch er zieht sie wieder zu sich her und leckt an derselben Stelle weiter. Als ihr klar wird, daß sein Schwanz noch nicht wieder hart genug ist, um ihr an dieser Stelle nahe zu treten, entspannt sie sich und genießt das, was er tut. Er arbeitet sich weiter nach unten vor und schafft es sogar irgendwie, sie umzudrehen, ohne auch nur eine Sekunde mit dem Lecken aufzuhören. Sein Kopf ist jetzt zwischen ihren Beinen, seine Zunge kreiselt eine Weile in ihr, um dann spielerisch auf ihrer Klitoris herumzutrommeln. Seine Zunge schlägt so rhythmisch gegen ihre Haut, als spielte er Schlagzeug. Jetzt wirft er seinen Kopf hin und her, wobei seine Zunge jedesmal über ihre Klitoris streift.

Sie bebt vor Vergnügen. Atemlos ringt sie nach Luft. »Du Hurensohn aus Haut und Knochen!« ruft sie, während sie seinen Kopf fest an sich zieht und seine Nase dabei gegen ihr Schambein preßt.

Er hebt den Kopf und kichert: »Du pummelige Pygmäe!«

»Knochiger Knackarsch!«

»Fettfick!«

Als sie ihre Oberschenkel immer fester gegen seinen Kopf preßt, weiß er, daß sie gleich kommen wird. Er erhöht das Tempo, schiebt seinen Daumen tief in ihre Vagina und bearbeitet mit der Zunge ihre Klitoris. Sie stöhnt und verharrt einen Augenblick wie gelähmt, bevor ihre Beine plötzlich kerzengerade vorschießen: Dabei hat sie ihre Zehen so sehr angezogen, daß sie geradewegs Richtung China deuten.

Hinterher geht sie unter die Dusche, und als sie wieder herauskommt, ist Calypso weg. Die zwei Zehner, die sie ihm gestern gegeben hat, liegen auf dem Küchentisch. Darunter steckt ein Zettel, auf dem steht: »Wie wär's mit einer Pizza zum Abendessen?«

Sie setzt sich aufs Sofa. Abgesehen von dem Handtuch, das sie sich um den Kopf geschlungen hat, ist sie immer noch nackt. Sie fängt an, eine alte Nummer des Rolling Stone durchzublättern. In den Stellenangeboten werden Songwriter gesucht. Keine Sängerinnen. Augenblick mal, denkt sie. Das ist es! Alle wichtigen Entscheidungen in Divas Leben sind in Momenten plötzlicher Inspiration gefallen; diesmal ist der Augenblick der Erleuchtung so überwältigend, daß sie auf dem Sofa mit fast derselben Intensität erschauert wie vorher, als sie Calypsos Zunge in sich spürte.

Eine Songschreiberin. Genau das wird sie werden. Sie wird es weiterhin mit dem Singen versuchen, aber von nun an das Songschreiben mit auf die Liste ihrer Talente nehmen, und das wird sie für die Plattenfirmen attraktiver machen. Sie wird sein wie Joni Mitchell, Laura Nyro, Phoebe Snow.

Sie springt auf und fängt an, die Wohnung zu putzen. Jede Entscheidung, ein neues Leben zu führen, erfordert erst einmal einen Hausputz. Einen richtigen Neuanfang. Als sie das Bett frisch bezieht, lächelt sie, weil sie daran denken muß, wie gut der Sex mit Calypso heute morgen war. Einen so intensiven Orgasmus hat sie schon lange nicht mehr erlebt. Einen Moment lang hatte sie das Gefühl, als hätte sie Calypso durch ihre Vagina geradewegs in ihre Gebärmutter gesaugt, und wenn sie sich nicht mit aller Kraft bemüht hätte, wieder zur Besinnung zu kommen, dann hätte sie als nächstes das gesamte Wohnhaus eingesaugt, dann den Strand, den Ozean, und noch vieles mehr. Wie ein schwarzes Loch im Universum. Gott, es ist einfach unbeschreiblich gewesen.

Nachdem sie das Bett frisch bezogen hat, sammelt sie Calypsos Sachen ein und stopft sie in eine Mülltüte. Die weiße Smokingjacke paßt nicht mehr hinein, deswegen faltet sie sie sauber zusammen und legt sie obenauf. Dann steckt sie einen Zettel mit einer Nachricht ans Revers: *Lieber Calypso, aus der Pizza heute abend wird leider nichts. Und bitte zieh aus. Ich fange ein neues Leben an. Diva.*

8 Dixie sitzt mit Melody Krauss, ihrer neuen Freundin aus der Algebrastunde, in der Mensa und stochert in ihrem Mittagessen herum. Melody sprüht sich ständig den Inhalt einer Flasche Opium-Parfüm in den Mund und ist davon schon ziemlich betrunken. Die Opium-Flasche ist mit Southern Comfort aufgefüllt. Sie hat mehrfach angeboten, Dixie ebenfalls in den Mund zu sprühen, und Dixie hat sie einmal gelassen, gleich nach der Sportstunde.

»Gott, ist das Zeug gut«, sagt Melody und sprüht sich wieder in den Mund.

»Ich wünschte, ich könnte dasselbe über das hier sagen«, meint Dixie und schiebt mit ihrer Gabel lustlos den Kartoffelbrei hin und her. Vorher hat sie ein bißchen von dem Mais und noch weniger vom Roastbeef gegessen. »Wir hätten doch zu Burger King gehen sollen.«

»Da fehlt nur ein wenig Würze.« Melody kichert. Sie besprüht Dixies Roastbeef mit ihrem Opium-Atomisateur. Der ganze Tisch liegt unter einem Southern-Comfort-Nebel. Etwas davon landet auf Dixies Arm, und sie schleckt es ab.

»Hmm. Mein Kompliment an den Koch.«

Melody lacht, verstummt aber plötzlich, als sie eine Lehrerin auf ihren Tisch zukommen sieht. Auch Dixie entdeckt Mrs. Filborne, die zu ihrem grell karierten Rock eine farblich völlig unpassende gestreifte Bluse trägt, und spürt ein Aufflackern von Angst. Wieder einmal registriert sie mit Erstaunen das für den Undercover-Cop so typische »Wir-gegen-sie«-Syndrom. Sie identifiziert sich mit den Jugendlichen, teilt ihre Ressentiments gegen die Lehrer, sogar gegen die, die sie eigentlich mögen. Dasselbe ist ihr passiert, als sie als Undercover zu den Nutten ging. Damals konnte sie spüren, wie die Angst vor der Polizei langsam aufkeimte. Das ist keineswegs ungewöhnlich; man wird vor jedem Auftrag erneut davor gewarnt. Trotzdem ist sie erstaunt, wie schnell das immer wieder passiert.

Mrs. Filborne, die Geschichtslehrerin, bleibt an ihrem Tisch stehen. Sie ist dunkelhäutig, hat eine Fünf-Zentimeter-Afrofrisur und eine kleine Lücke zwischen ihren Vorderzähnen.

»Mr. Peterson möchte dich sehen«, sagt sie zu Dixie.

»Weswegen?« fragt Dixie.

Mrs. Filbornes strenge Augen werden schmal. »Das hat er mir nicht gesagt. Ich schreibe dir einen Passierschein aus.«

Während Mrs. Filborne den rosa Schein ausfüllt, sieht Dixie mit einem Achselzucken zu Melody hinüber, um ihr zu verstehen zu geben, daß sie keine Ahnung hat, worum es bei der Sache geht. Melody stopft eilig ihren Opium-Vaporisator in die Tasche. Ihr Blick ist ängstlich. Schließlich ist Mrs. Filborne fertig, reißt den rosa Passierschein von ihrem Block und reicht ihn Dixie. »Jetzt gleich, Dixie.«

»Ja, Ma'am«, sagt Dixie.

Mrs. Filborne mustert Dixie mit einem abschätzenden Blick. Sie hat Dixie erst zweimal während der Geschichtsstunde gesehen, und Dixie hat sich beide Male gehütet, sich freiwillig zu melden. Trotzdem spürt Dixie, daß sich das Urteil der Frau schon jetzt wie Zement erhärtet.

Neues Mädchen, hängt mit Melody herum, einer allseits bekannten Säuferin; verkehrt außerdem mit Joseph Little, dem Drogenschieber. Kurzer Rock und zu viel Make-up. Streunerin, hohles Püppchen, Junkie. Dixie spürt, wie Mrs. Filbornes Augen einen dicken Strich durch ihren Namen machen, sie von der Liste der guten Schüler streichen. Tatsächlich fühlt sich Dixie in diesem Moment wie eine Versagerin, ein hoffnungsloser Fall. Sie empfindet plötzlich schreckliche Wut auf diese Frau, ein Gefühl, das durch ihre frustrierende Position noch verstärkt wird.

»Jesus, Dixie, was hast du angestellt?« fragt Melody, nachdem Mrs. Filborne weitergegangen ist.

»Nichts. Ich habe gar nichts angestellt.« Dixie lächelt nervös. »Tja, ich gehe jetzt wohl besser.«

»Viel Glück.«

»Ja, danke. Bis dann.« Dixie macht sich auf den Weg zum Büro des Direktors. Ihre Wut legt sich allmählich wieder. Sie versteht Mrs. Filbornes eigene Frustration. Zu viele Schüler, von denen die meisten ständig betrunken, mit Drogen vollgepumpt oder einfach nur gleichgültig sind. Dabei ist dies keine städtische Schule, wo die Kinder zwangsweise mit dem Bus abgeholt werden oder von der Wohlfahrt leben. Dies ist Newport Beach, und die Schüler tragen bunte, teure Boutique-Klamotten. Ihre Eltern sind gebildet. Auf dem Schülerparkplatz stehen Luxusschlitten, die zusammengenommen bestimmt mehr als eine Million wert sind. Auf dem Parkplatz der Lehrer stehen ausschließlich japanische Kleinwagen.

»Komm herein, Dixie«, sagt Mr. Peterson, der Direktor. Während er um sie herumgeht und die Tür schließt, deutet er auf den Sessel vor seinem Schreibtisch. Er ist ein gutaussehender Mann Anfang Vierzig, der bereits leichte Geheimratsecken hat. Er ist der einzige an der Schule, der ihre wirkliche Identität kennt.

Dixie setzt sich. »Ja, Mr. Peterson?«

Er spricht leise, fast schon im Flüsterton. Das tun viele Leute, wenn sie mit Polizisten sprechen, von denen sie wissen, daß sie undercover arbeiten. »Was haben Sie bisher herausgefunden?«

»Nicht viel mehr, als Sie sowieso schon wußten. Sie haben hier an der Schule einen regen Drogen- und Alkoholhandel.«

»Verdammt.« Er wirkt niedergeschlagen.

»Ich erzähle Ihnen damit doch nichts Neues. Sie wußten, was hier abläuft. Deswegen bin ich ja hier.«

»Ja, ja, ich weiß. Ich dachte nur, oder besser gesagt, ich hoffte . . .« Seufzend lehnt er sich in seinem Sessel zurück. »Ich weiß nicht.«

»Sie hofften, es handle sich um einen Irrtum oder vielleicht um einen Einzelfall, in den nur ein oder zwei Schüler verwickelt wären.«

Er lächelt. »Sie haben das wohl schon öfter erlebt.«

»Ein paarmal.«

Peterson und Dixie haben sich vorher erst einmal kurz gesehen, im Polizeipräsidium. Da war er sehr nervös gewesen.

»Ich bin mir nicht sicher, ob das notwendig ist«, hatte er damals zu Captain Janeway gesagt.

»Nun, Peterson«, hatte Captain Janeway geantwortet, »die Mitglieder ihres Schulaufsichtsrates sind da anderer Meinung. Sie haben uns schließlich hinzugerufen.«

»Es ist eine schwierige Situation«, sagte Peterson. »Allein schon von der rechtlichen Lage her. Gott, außerdem ist es so verdammt hinterhältig. Ich weiß, ich weiß, die Dinge sind außer Kontrolle geraten. Ich habe es mit Drogenprogrammen versucht, habe Anonyme-Alkoholiker-Treffen speziell für Schüler organisiert. Das alles scheint ja auch zu helfen.«

»Nicht schnell genug für den Schulaufsichtsrat, fürchte ich«, sagte Dixie.

»Ja, der Schulaufsichtsrat.« Er nickte nachdenklich. Captain Janeway hatte dann die geplante Vorgehensweise erklärt, wie Dixie als Undercover eingeschleust werden würde, daß sie sich darauf beschränken würde, lediglich die Namen der Dealer herauszufinden, wie sie eine Weile deren Gewohnheiten beobachten würde, um schließlich die Kollegen in Uniform auf den Plan zu rufen und die Schuldigen dingfest zu machen. Das werde hoffentlich ausreichen, um ein paar von den Gelegenheitskonsumenten abzuschrecken.

»Wahrscheinlich wird es nichts bringen«, sagte Captain Janeway, »aber wir sollten es trotzdem versuchen. Auf jeden Fall haben wir nicht vor, die ganze Schülerschaft hinter Schloß und Riegel zu bringen.«

Mr. Peterson stand auf. »Dafür bin ich ihnen dankbar.« Dann sah er

Dixie an, als hätte er sie gerade erst entdeckt. Er runzelte die Stirn. »Ich weiß, Sie kennen Ihr Geschäft, Captain Janeway . . .«

»Aber?« fragte Captain Janeway.

»Aber ich habe nun schon seit zwanzig Jahren mit High-School-Schülern zu tun. Das geht nicht gegen Sie, Ms. Cooper, aber Sie sehen einfach nicht wie ein High-School-Mädchen aus.«

»Sie meinen, ich bin zu alt?«

Verlegen stammelte er: »Sie sind natürlich nicht alt im Sinne von alt. Ich meine, Sie sind sehr attraktiv. Wie alt sind Sie, siebenundzwanzig, achtundzwanzig?«

»Dreiunddreißig.«

»Oh. Da sehen Sie es, Sie wirken viel jünger. Aber siebzehn, achtzehn, das wäre sogar von siebenundzwanzig aus schon ein großer Sprung. Bestimmt haben Sie noch jüngere Beamte, junge Leute, die gerade von der Polizeiakademie kommen?«

»Sie sehen doch sicher fern, Mr. Peterson. Krimis, stimmt's?« fragte Captain Janeway.

Mr. Peterson grinste.

»Ich stelle mir vor, ihr studierten Typen seht alle PBS, diese britischen Importe.«

»Manchmal«, sagte Mr. Peterson. »Wenn nicht gerade die Lakers spielen und ich ›Immer wenn sie Krimis schrieb‹ schon gesehen habe.«

»Glauben Sie mir«, hatte Captain Janeway das Gespräch beendet und ihm die Hand geschüttelt. »Sie werden Sergeant Cooper nicht wiedererkennen, sobald sie als Undercover unterwegs ist.«

Während sie jetzt in Mr. Petersons Büro sitzt, könnte Dixie schwören, daß er gerade an dieselbe Szene gedacht hat.

»Wirklich erstaunlich«, sagt er und blinzelt sie an. »Sie sehen aus wie achtzehn.«

»Jede Menge Augen-Make-up, und Ponyfransen bis tief in die Stirn, um die Falten zu verdecken. Lange Ohrringe, die die anderen davon abhalten, zu sehr auf meine Haut zu achten. Und dazu der kurze Rock, der sie noch ein bißchen von meinem Gesicht ablenkt.«

Mr. Peterson wirft einen Blick auf ihre glatten, unbestrumpften Beine.

»Bei mir funktioniert es.«

Dixie steht auf. »Sonst noch etwas, Mr. Peterson?«

»Kevin, bitte.«

»Wir belassen es vorerst besser bei Mr. Peterson. Das hilft mir, nicht aus der Rolle zu fallen.«

»Verstehe. Vielleicht sollte ich Sie eine Stunde nachsitzen lassen, damit es echt aussieht.«

Sie lächelte. »Das wäre zuviel des Guten.« Dixie wendet sich zum Gehen. »Es ist wahrscheinlich das beste, wenn Sie mich nicht mehr zu sich rufen, Mr. Peterson. Captain Janeway wird Sie über unsere Fortschritte auf dem laufenden halten.«

»Okay, wie Sie wollen. Viel Glück.«

Dixie verläßt sein Büro. Viel Glück. Dasselbe hatte Melody zu ihr gesagt.

Dixie macht einen Abstecher ins Mädchenklo.

Dort ist sie einen Augenblick allein. Sie starrt in den Spiegel und trägt vorsichtig die Wimperntusche auf, um damit fünfzehn Lebensjahre wegzutuschen. Sie merkt plötzlich, wie selten und kostbar ein solcher Moment des Alleinseins hier ist. Genauso fühlte sie sich, als sie im Gefängnis als Wärterin gearbeitet hat. Niemals allein. Sie hat den Gedanken noch nicht zu Ende gedacht, als drei Mädchen hereinkommen, die sich angeregt unterhalten. Zwei gehen aufs Klo, die dritte nimmt ihre Ohrringe heraus, ersetzt sie durch ein anderes Paar, zuckt mit den Schultern, probiert zusätzlich ein weiteres Paar, zuckt wieder mit den Schultern und fügt schließlich auch das ursprüngliche Paar hinzu. An jedem Ohr hängen jetzt drei Ohrringe. Während der ganzen Pinkel- und Ohrringetauschaktion haben die drei Mädchen keine Sekunde zu reden aufgehört.

Dixie betrachtet ihre Augen im Spiegel, während sie sie mit Eyeliner umrandet. Sie hat Glück, und sie weiß es. Ihre Mutter stammt aus Iowa, aber ihr Vater ist Chinese. Seinen chinesischen Genen verdankt sie die glatte Haut und die leicht schräggestellten Augen, die sie viel jünger aussehen lassen, als sie tatsächlich ist. Das ist einer der Gründe, warum Captain Janeway sie so gerne als Undercover-Ermittlerin einsetzt. Ihr Altersrepertoire reicht von achtzehn bis vierzig. Lynda Kramer, die berühmte Schauspielerin, könnte hier draußen im richtigen Leben noch so einiges von ihr lernen. Wer hier eine Vorstellung vermasselt, der wird nicht von den Kritikern gekillt, sondern vom Publikum.

Die meisten Leute übersehen das Asiatische in ihrem Gesicht, weil sie sandfarbenes Haar hat. Die Haarfarbe hat ihre Mutter beigesteuert. Die und acht Jahre Klavierstunden, ehe sie an einem malignen Melanom starb, das sich in ihren Schamhaaren versteckt hatte. Das Erstaunliche daran war, daß Dixies Vater, einem Internisten, nie aufgefallen war, daß seine Frau an ihrer Muschi ein Mal hatte, das schwarz und häßlich wurde. Dixie hatte immer gespürt, daß es zwischen ihren Eltern nicht zum besten stand, aber erst nach dem Tod ihrer Mutter wurde ihr klar, wie tief der Riß gewesen war.

Dixie und ihr Vater hatten sich nie besonders nahegestanden, aber bei ihren letzten Besuchen hatte sie jedesmal das Gefühl gehabt, einem Fremden gegenüberzustehen. Inzwischen hatte sie keinen Kontakt mehr zu ihm, abgesehen von einem kurzen Anruf an seinem Geburtstag oder zu Weihnachten.

Der Name Dixie war die Idee ihrer Mutter gewesen. Ein Name, der zutiefst amerikanisch klang, so daß jeder sie für eine waschechte Amerikanerin halten mußte. Cooper war der Name von Dixies Mann. Nach der Scheidung hatte sie ihn behalten.

»Machst du Bodybuilding, oder was?« fragt das Mädchen mit den vielen Ohrringen und betrachtet Dixies muskulöse Beine.

»Ja«, antwortet Dixie. »Ich begleite meine Mutter zum Training.«

Eines der Mädchen kommt aus dem Klo; sie zieht gerade den Reißverschluß ihres Rockes hoch.

»Hast du keine Angst?« fragt das Ohrring-Mädchen.

»Wovor?«

»Ich weiß nicht – daß du die Jungs abschreckst. Daß du es übertreibst.«

Das andere Mädchen, das immer noch mit ihrem Reißverschluß beschäftigt ist, pflichtet ihr bei. »Tim sagt, Mädchen mit Muskeln sind ätzend.«

Das dritte Mädchen kommt aus dem Klo. »Ich finde, es sieht cool aus. Ich hätte auch gern solche Muskeln.«

Sie haben Dixie völlig aus ihrer Unterhaltung ausgeklammert; als sie den Raum verlassen, diskutieren sie immer noch über das Thema. Dixie hört das Wort »lesbenmäßig«, bevor sich die Tür hinter ihnen schließt.

Sie geht den Gang hinunter, bleibt an ihrem Garderobenschrank stehen, um ihr Geschichtsbuch zu holen, und macht sich auf den Weg zum Klassenzimmer. Sie kommt an der Cafeteria vorbei und verzieht das Gesicht, als ihr der künstliche Geruch des Kantinenessens in die Nase steigt. Sie muß an das Essen gestern abend im Restaurant denken und wünscht, sie hätte mehr davon gegessen. Dann fällt ihr Trinas Idee mit dem Männer-Menü wieder ein, und sie muß lächeln. Vielleicht sollte sie Kevin Peterson auf die Speisekarte setzen. Er sieht nett aus, auch wenn er sein Haar so streng zurückgekämmt trägt und mit den Geheimratsecken ein bißchen wie ein Adler wirkt. Er ist intelligent, hat Sinn für Humor, ist kein Gauner . . .

»Hey, Dixie!« Joseph Little, der Herr der edlen Drogen, geht plötzlich neben ihr. Er sieht auf typisch kalifornische Art gut aus, hat sonnengebleichtes Haar und trägt ein buntes Hemd, eine lässig geknotete Seidenkrawatte, königsblaue Hosenträger, ein sportlich weites Leinenjackett und eine protzige Gumby-Uhr mit goldenem Band. »Wohin des Weges?«

»Geschichte.«

»Die Welt, wie Filborne sie sieht, was?« Seine Hand gleitet ihren Rücken hinunter.

»Ich glaube, sie mag mich nicht.«

»Sie mag niemanden, es sei denn, er ist tot und man kann ihn zitieren.« Seine Hand liegt auf ihrem Po. Die Finger kratzen über den Stoff ihres Rocks.

Sie windet sich aus seinem Arm. »Ich stehe sowieso schon auf Petersons Abschußliste. Ich kann keinen Ärger mehr gebrauchen.«

»Du bist immer noch wütend wegen dieses kleinen Knutschflecks, stimmt's?« Auf der Suche nach dem Fleck legt er eine Fingerspitze an ihren Hals. Er reibt über die Stelle, und sie zuckt leicht zurück. »Da ist er ja. Du hast ihn mit Make-up abgedeckt. Wie züchtig!«

»Ich bin noch nicht so lange hier, Jo. Ich will keinen schlechten Ruf bekommen.«

»Einen schlechten Ruf?« Er lacht. »Wie altmodisch. Das hört sich an wie die Filme in den Fünfzigern.«

Dixie hat plötzlich Angst, alles zu verderben. »Fuck you, man«, sagt sie und geht ein paar Schritte schneller.

»Hey, tut mir leid.« Er holt sie ein und läuft wieder neben ihr her. »Ich kann manchmal eine ziemliche Nervensäge sein. Aber ich meine es nicht so. Ich mag dich einfach, das ist alles. Was ist schon dabei.«

Dixie schaut ihn an. Er sieht wirklich phantastisch aus. Und ist noch dazu ein Einserschüler. Seine Eltern scheinen glücklich verheiratet zu sein; beide sind berufstätig. Seine ältere Schwester hat vor drei Jahren ihren High-School-Abschluß gemacht und studiert seitdem Architektur in San Luis Obispo. Aber wenn Dixie ihn jetzt gegen die Wand schleudern und durchsuchen würde, würde sie zweifellos Kokain, Marihuana, Tabletten und vielleicht sogar Heroin bei ihm finden. Bisher deutet nichts darauf hin, daß er das Zeug auch selbst nimmt; er scheint es nur zu verkaufen. Die Frage ist nur, von wem kauft er es?

»Ich mag dich auch, Jo«, sagt Dixie. »Aber du kannst wirklich eine ziemliche Nervensäge sein.«

Er lächelt. »Ich arbeite daran. Ich rechne damit, bis zum Sommer völlig nervensägenfrei zu sein.«

Dixie lacht, küßt ihn auf die Wange und schlüpft dann in ihr Klassenzimmer.

9 Trina sitzt hinter zwei völlig zerlumpten Typen. Sie riechen wie Möbelpolitur mit Zitronenaroma. Beide sind unrasiert und kratzen sich dauernd mit ihren dreckigen, abgebrochenen Fingernägeln am Hals. Allein vom Zusehen juckt es Trina schon am ganzen Körper, und sie ertappt sich dabei, daß sie sich ebenfalls am Hals kratzt. Trotzdem bleibt sie an ihrem Platz, weil sie sich hinter diesen beiden so schön verstecken kann. Sie ist nämlich als Spionin unterwegs.

Vierzig Minuten nach zehn verliest der Protokollführer erneut die Namensliste. Eigentlich sollte die Sitzung des Los Angeles City Council um zehn beginnen, aber solche Sitzungen fangen nie pünktlich an. Ein Quorum von zehn der fünfzehn Stadtratsmitglieder ist nötig, damit die Sitzung überhaupt eröffnet werden kann. Bisher sind erst acht erschienen, darunter auch die Person, der Trina nachspioniert: Carla Bennington.

Stadträtin Bennington sitzt an ihrem Tisch und telefoniert. Während sie spricht, studiert sie durch ihre Bifokalbrille die rosafarbenen Telefonnotizen, die ihr eine Assistentin nacheinander reicht. Plötzlich wirft sie den Kopf vergnügt zurück und lacht in die Sprechmuschel. Ihr Lachen hallt fröhlich zwischen den polierten Marmorwänden des Raumes wider. Einer der anderen Stadträte blickt von seiner Zeitung auf und lächelt, bevor er wieder zu seiner Lektüre zurückkehrt.

Carla Bennington legt den Hörer auf, reicht ihrer Assistentin zwei von den Zetteln zurück und beginnt, irgendwelche Unterlagen zu studieren, die vor ihr auf dem Tisch liegen. Selbst von hier aus kann Trina die Energie dieser Frau spüren. Sie ist sechsundvierzig und hat langes schwarzes Haar, das ihr ordentlich über die Schultern fällt. Von ihrem spitzen Haaransatz zieht sich eine graue Strähne bis zu ihrer linken Schulter. Die Strähne wird nach unten immer schmaler und verliert sich schließlich im Schwarz des restlichen Haars. Sie scheitelt es wie früher Joan Baez in der Mitte und trägt dazu schlichte, gerade geschnittene Kostüme, die an ihrem schlanken Körper hängen, als wären sie ihr ein paar Nummern zu groß. Sie trägt keine Ringe, nur eine einfache Timex-Uhr und Ohrringe, die überhaupt nicht zu ihrem Gesicht, ihrem Haar und ihrer Kleidung passen. Sie sieht aus wie eine Mutter, die von Kopf bis Fuß mit den Muttertagsgeschenken ihrer Kinder ausstaffiert ist.

Trina vermerkt all das in ihrem Notizbuch.

Der Protokollführer liest erneut die Namensliste vor; endlich ist ein Quorum erreicht. Noch ein paar weitere verwahrlost aussehende Männer und Frauen schlurfen herein und nehmen im Zuschauerraum Platz. Heute steht eine Diskussion über die Obdachlosen auf dem Programm. Mehrere gutgekleidete Geschäftsmänner aus Chinatown sind darüber beunruhigt, daß die Stadt dort Obdachlose in Hotels untergebracht hat. Beide Parteien werden ihren Standpunkt vortragen. Dabei wird streng darauf geachtet werden, daß niemand die maximale Redezeit von fünf Minuten überschreitet.

Trina steht auf und geht. Jetzt, da Carla Bennington für die nächsten paar Stunden beschäftigt ist, kann sie sich an die Arbeit machen. Sie geht die Treppe hinauf und den Gang entlang. Bei einem öffentlichen Telefon macht sie halt, um ihren Gynäkologen anzurufen. Sie läßt sich für morgen nachmittag einen Termin geben. Obwohl sie bereits mit Sicherheit weiß, daß sie schwanger ist, will sie es sich offiziell bestätigen lassen. Nachdem sie aufgelegt hat, sucht sie nach dem Büro, in dem ihr heimliches Treffen stattfinden soll.

»Du hast dich verspätet«, sagt Howdy, als Trina sein Büro betritt.
»Wieviel?«
Howdy sieht auf die Uhr. »Um eine Stunde.«
»Mann, das ist für meine Verhältnisse doch nicht viel!«
»Da hast du allerdings recht.« Er nickt.

Trina geht um seinen Schreibtisch herum, beugt sich zu ihm hinunter und küßt ihn auf die Stirn. Anschließend wischt sie mit den Fingerspitzen den Lippenstift von seiner Haut. Sie fährt sich mit der Zunge über die Lippen, als koste sie etwas. »Benutzt du inzwischen Feuchtigkeitscreme, Howdy?«

»Zähl die Falten, Sweetheart. Eine für jeden Geburtstag und nochmal zwei für jedes Jahr, das wir miteinander gegangen sind.«

»Wir sind nur zwei Monate miteinander gegangen, du Witzbold. Zwei Sommermonate lang, während eines Ferienkurses, und das auch nur, weil die anderen Studenten im Kurs fast alle Lahmärsche waren.«

»Superlahmärsche.« Lachend steht er auf. »Laß uns woanders reden, okay? Wo wir ungestört sind.«

»In Ordnung.«

Sie folgt ihm den Gang hinunter. Obwohl sie es leicht übertrieben findet, eine solche Nacht-und-Nebel-Aktion daraus zu machen, spielt sie sein Spielchen mit. Howdy White arbeitet für Stadtrat Nicastro, so daß im Grunde nichts dabei ist, wenn er mit jemandem aus dem Team von *The Great Pretender* Cory Meyers spricht. Der Haken an der Sache ist, daß Howdy mit Lila Steinmann verlobt ist, der hübschen Assistentin, die Carla Bennington ihre rosafarbenen Telefonnotizen gereicht hatte.

Howdy führt Trina durch mehrere düstere Gänge, deren schummrige Deckenlampen sich kaum in den glänzenden Marmortüren widerspiegeln. Sie kommen an den Büros mehrerer Stadträte vorbei, die an den Türen kleine Schilder mit den jeweiligen Namen und Distrikten hängen haben. Unterwegs sagt keiner von ihnen ein Wort. Kaum jemand unterhält sich je auf dem Gang. Dort tragen die Stimmen so weit.

Schließlich bleibt Howdy vor einem Büro ohne Schild stehen. Er klopft. Als niemand antwortet, öffnet er die Tür. In dem Raum sind mehrere Schreibtische aufeinandergestapelt. Auch Stühle und Kisten türmen sich entlang der Wand.

»Wir beeilen uns besser«, sagt Howdy. »Councilman Shea geht während der Pause gerne hier herein, um einen Joint zu rauchen.«

»Du machst Witze!«

»Nein.« Howdy sieht sie mit ernster Miene an. »Er hat Nierenkrebs. Die Chemotherapie macht ihn fertig. Das Dope scheint zu helfen.«

Trina weiß von dem Krebs. Sheas Posten steht noch nicht wieder zur Wahl, aber sie ist bereits von zwei hoffnungsvollen Kandidaten angesprochen worden, die vorhaben, sich um das Amt zu bewerben, sobald er stirbt oder abtritt.

Howdy macht eine ausladende Geste. »Sie wollen aus diesem Raum entweder einen Kindergarten für den Nachwuchs von Angestellten machen oder hier einen weiteren Konferenzraum einrichten. Das kommt ganz darauf an.«

»Das kommt worauf an?«

»Auf den Ausgang der Wahl. Alle Pläne liegen auf Eis, bis wir wissen, wer drinnen und wer draußen ist.«

»Du bist ja fest im Sattel. Nicastro braucht nicht mal einen richtigen Wahlkampf zu führen.«

»Willst du mir ein schlechtes Gewissen machen?«

»Ein bißchen, ja. Er ist solch ein Fiesling.«

»Ja, aber ein Hispano-Fiesling. Und ich bin der Alibi-Jude in seinem Team. Er kandidiert diesmal gegen zwei andere Hispano-Amerikaner, eine schwarze Frau und zwei weiße Geschäftsleute. Jeder von den anderen wäre besser als Nicastro, aber er ist bereits so lange im Amt, daß sie ihn schon beim Griff in die Kasse ertappen müßten, um ihn ausbooten zu können.«

»Nach allem, was ich so höre, wäre das nicht mal unmöglich.«

Howdy lächelt. »Dann würde ich ja arbeitslos werden.«

Jetzt kommen sie allmählich zum Thema. Trina nimmt einen der aufeinandergestapelten Stühle und setzt sich. »Es gibt andere Leute, für die du arbeiten könntest.«

»Oh?« Er versucht, unschuldig zu wirken, aber der Gott der Unschuld hat ihn schon vor langer Zeit verlassen. Er sieht dadurch nur noch verschlagener aus.

»Wie ich höre, ist in Carla Benningtons Team keine Stelle mehr frei«, sagt Trina. »Obwohl du da ja Beziehungen hast.«

»Sie ist mit ihren jetzigen Leuten sehr zufrieden.«

»Nach dieser Wahl wird es neue Stadträte geben.«

»Sicher, aber die haben alle schon ein treues Team.«

»Für einen cleveren, gut informierten Mann findet sich immer ein Platz.«

»Habe ich darauf dein Wort?«

Trina zögert. Sie hat noch nicht mit *The Candidate* darüber gesprochen. Aber sie ist sicher, daß er keine Einwände haben wird. »Wenn das, was du weißt, für uns von Nutzen ist.«

»Ah, das große ›Wenn‹.«

»Was hattest du erwartet? Bedingungsloses Angebot?«

Howdy schwingt sich auf einen der Schreibtische. »Dein Wort genügt mir, Sweetheart.«

Trina mustert ihn neugierig. Gestern noch konnte sie sich nicht erinnern, ob sie ein paar Tage zuvor Sex mit *The Candidate* gehabt hatte. Aber heute erinnert sie sich mit unnatürlicher Klarheit an das einzige Mal, als sie mit Howdy White geschlafen hat. In seinem Zimmer an der University of Redlands. Sie hatte an einem Schaumzäpfchen herumgefummelt. Er sah zu, wie sie es einführte, und machte dabei ein leicht säuerliches Gesicht. Während des eigentlichen Geschlechtsverkehrs, bei dem ihre Beine senkrecht in die Höhe ragten, war sein Zimmergenosse betrunken ins Zimmer getorkelt, in jeder Hand einen Six-Pack Dosenbier. Sie hatte aufgeblickt und über Howdys schweißglänzenden Rücken hinweg – beziehungsweise zwischen ihren Beinen hindurch – den taumelnden Zimmergenossen angestarrt. Sie versuchte

Howdy darauf aufmerksam zu machen, rief seinen Namen und kniff ihn in den Arm, aber er schien das alles nicht zu bemerken; vielleicht hielt er ihr Kneifen auch für ein Zeichen von drängender Leidenschaft, denn er beschleunigte seinen Rhythmus. Der Zimmergenosse zwinkerte Trina grinsend zu, bevor er leise den Raum verließ und die Tür hinter sich zuzog.

Einer der Gründe, warum sie sich getrennt hatten, war, daß sie danach keinen Ort mehr fanden, wo sie miteinander hätten schlafen können. Trinas Zimmer kam nicht in Frage, weil ihre Zimmergenossin ein Hypochonder war und den Raum nur für ihre Seminare verließ. Hinterher kam sie sofort zurückgerannt, um ihre Medikamente einzunehmen und sich hinzulegen. Howdys Zimmer kam nicht in Frage, weil Trina den Gedanken nicht ertragen konnte, seinen Zimmergenossen wiederzusehen. Irgendwie regelte sich dann alles von selbst. Howdy begann, Gretchen Fowler den Hof zu machen, deren Zimmergenossin die Universität mitten im Semester wegen Hepatitis verlassen hatte, so daß Gretchen ein Zimmer ganz für sich allein besaß. Und Trina hatte schließlich Howdys Zimmergenossen geheiratet, Rob Barre.

Als sie Howdy allerdings jetzt betrachtet, findet Trina, daß er einen perfekten Kandidaten für das Menü abgibt. Schlaksig, gut angezogen, dicker Schnurrbart, sehr intelligent. Ja, er ist verlobt, aber das bedeutet ja nur, daß er prinzipiell zum Heiraten bereit ist. Bis sich etwas Besseres bietet.

»Wann steigt eure Hochzeit?« fragt Trina.

»Wir haben noch keinen Termin festgelegt. Lila will erst mal warten, bis die Wahl vorbei ist.«

»Und du?«

»Ich bin auch fürs Warten.«

Der perfekte Mann für Barcy, entscheidet Trina. Klug, aber nicht zu kopflastig, pflegeleicht, aber kein Märtyrertyp. Nicht so wie Eric.

»Ich habe nicht viel Zeit, Trina«, sagt Howdy.

»Dann sag mir, was du weißt.«

»Sind wir uns einig, daß ich, falls Cory siegt, eine Stelle in seinem Team bekomme, die meiner jetzigen Position entspricht?«

»Einverstanden.«

»Plus zehn Prozent Gehaltserhöhung.«

»Fünf Prozent.«

»Shit, Trina, wir sind alte Schulfreunde.«

»Nicht ganz. Ich war an der ›Schule der harten Bandagen‹, Howdy.«

»Sag lieber Korsagen statt Bandagen, das trifft es eher.« Er runzelt die Stirn.

Sie grinst. »Fünf Prozent.«

Er seufzt. »Also gut. Lila ist nicht gerade gesprächig, wenn es um Carla geht. Genaugenommen ist sie der Frau so ergeben, wie man es nur sein kann. Lila ist in der Hinsicht immer noch ein bißchen naiv. Wenn es sie schon gegeben hätte, als Eugene McCarthy kandidierte, wäre er wahrscheinlich Präsident geworden. Sie hat sogar bei Gary Harts Wahlkampf mitgearbeitet, bevor es zu dem großen ›Sexposé‹ kam – du weißt schon, Bumsen in Bimini.« Er grinst und schüttelt den Kopf. »Sie wird es auch noch lernen.«

»Ich dachte, du hast nicht viel Zeit«, sagt Trina trocken.

»Also gut, was ich weiß, ist folgendes: Carla steht jeden verdammten Morgen gegen fünf Uhr auf, sogar am Wochenende, und joggt ungefähr acht Meilen. Manchmal leistet ihr dabei ihr Ex-Mann Phil Gesellschaft. Ist das nicht süß? Sie sind seit vier Jahren geschieden, aber das hat ihr kein bißchen geschadet. Wenn überhaupt, hat es ihre Popularität nur noch erhöht. Frau in den besten Jahren, attraktiv und sexy, und noch dazu ungebunden.«

»Das alles weiß ich längst, Howdy.«

»Laß mich auf meine Art erzählen, ja?« In seiner Stimme klingt ein harter Unterton mit, aber er lächelt schnell wieder, um keine Mißstimmung aufkommen zu lassen. Howdy läßt sich nicht gerne herumkommandieren; diese Eigenschaft teilt er mit vielen Menschen, die klüger und fähiger sind als die Personen, für die sie arbeiten. Aber Howdy ist auch klug genug, um zu wissen, daß er selbst nicht die Art von Persönlichkeit ist, die eine Wahl gewinnen kann. Er ist zu direkt und zu intellektuell. Das schreckt die Wähler ab. »Sie hat zwei Töchter. Erin studiert am University College von L. A., Alice arbeitet als Kellnerin in Venice Beach und lebt mit einem Performance-Künstler zusammen.«

»Ah, ein Künstler. Drogen?«

»Wahrscheinlich. Aber ich weiß nichts Genaues.«

»Was tut Carla dagegen?«

»Was kann sie schon tun? Lila sagt, es frißt sie auf. Alice ist zweiundzwanzig, hat nach einem Jahr das College verlassen und seitdem mit verschiedenen Männern zusammengelebt, die auf die eine oder andere Weise alle Künstler waren.«

»Festnahmen?«

»Sie wurde einmal wegen eines defekten Rücklichts angehalten. Auf dem Boden des Wagens fand die Polizei einen halb gerauchten Joint. Es sah so aus, als hätte sie ihn gerade ausgedrückt. Sie nahmen sie fest, aber sobald sie wußten, wer sie ist, ließen sie sie mit einer Verwarnung laufen.«

»Hat Carla die Cops bestochen?«

»Nein. Sie erfuhr erst von der Sache, als Alice schon wieder auf freiem Fuß war. Und wenn du mich fragst – sie hätte sie auch dann nicht bestochen, wenn sie davon gewußt hätte.«

»Jetzt hör aber auf, Howdy. Schließlich setzt sie sich dafür ein, daß Cops ihre Überstunden bezahlt bekommen. Das gibt ihr ziemlich viel Macht.«

»Und das ist vielleicht auch der Grund, warum die Cops Alice laufen ließen. Ich sage ja bloß, daß Carla sie nicht darum bitten mußte und wahrscheinlich auch nicht darum gebeten hätte.«

Trina seufzt. »Bis jetzt sieht es nicht so gut aus für deinen neuen Job, mein Lieber. Kein Mensch ist so sauber. Sie ist attraktiv, sexy, klug und mächtig. Mit wem treibt sie es?«

»Sie trifft sich hie und da mit einem Mann. Immer in der Öffentlichkeit und immer mit solchen, die unverfänglich sind. Insgesamt sind es drei: David Kraft, der Elektronikmillionär; Stephen Pomadeer, der millionenschwere TV-Produzent; Evan Frankel, der millionenschwere Schönheitschirurg.«

»Ich entdecke den gemeinsamen Nenner. Ist *da* vielleicht was im Busch? Vielleicht ein paar private Wahlkampfspenden?«

»Nichts, wovon Lila wüßte.«

»Was ist mit dem Schönheitschirurgen? Ein kleines heimliches Face-Lifting?«

»Nichts, wovon Lia wüßte.«

»Was zum Teufel weiß Lila eigentlich?« fragt Trina frustriert.

Howdy lächelt, und Trina weiß, daß er sich noch etwas aufgespart hat.

»Carla nimmt sich ab und zu ein Wochenende frei.«

»Wow, nicht zu glauben. Alle mal herhören!«

Howdy lacht. »Nein, ich meine, sie fährt dann übers Wochenende weg, manchmal auch während der Woche. Dabei hinterläßt sie nie eine Adresse oder Telefonnummer. Statt dessen ruft sie zweimal täglich in ihrem Büro an, für den Fall, daß es irgend etwas Wichtiges gibt.«

»Wie oft macht sie das?«

»Mindestens einmal im Monat.«

Trina überlegt. »Vielleicht hat sie einfach das Bedürfnis, ab und zu mal rauszukommen. Stadträtin zu sein ist ein anstrengender Job, und sie hängt sich ziemlich rein.«

»Klingt, als würdest du sie mögen«, meint Howdy grinsend.

»Sie ist gut. Das heißt nicht, daß jemand anderer nicht besser wäre.«

»Hey, mich mußt du nicht überzeugen. Was mich angeht, ist derjenige besser, der mein Gehalt bezahlt.«

»Wohin, glaubst du, fährt sie? Hat Lila jemals irgendwelche Vermutungen geäußert?«

»Manchmal, wenn wir nackt im Bett liegen, denken wir uns die haarsträubendsten Geschichten aus. Geheime Verbindungen zu kolumbianischen Drogenhändlern, mit deren Hilfe sie ihre Kampagnen finanziert; blutjunge Surfer, die sie mit nach Hawaii nimmt; zwei Männer, die nur schwarze Socken und Lederkapuzen tragen, und sie allein in einem Keller in Pasadena. Danach machen Lila und ich dann Liebe.«

»Danke, daß du mich an diesem intimen Moment hast teilhaben lassen.« Trina steht auf und beginnt nervös auf- und abzugehen. »Das ist höchst ungewöhnlich. Ich frage mich, wo sie hinfährt, was sie dort tut.«

Plötzlich geht die Tür auf, und Stadträtin Carla Bennington steht im Türrahmen. Sie sieht erst Howdy und dann Trina an. Ihr Gesicht ist ausdruckslos. Sie schiebt ihr Haar, einschließlich der grauen Strähne, hinters Ohr.

»Howdy, Howdy«, sagt sie.

»Hallo, Councilwoman Bennington.« Howdy ist aufgesprungen und wirkt äußerst schuldbewußt. »Kennen Sie Trina Bedford, von der Bedford Agency?«

»Ich freue mich, Sie kennenzulernen«, sagt Stadträtin Bennington mit einem Blick auf Trina.

Ohne zu zögern, geht Trina zu ihr hinüber und schüttelt ihre Hand. Sie ist größer und vollbusiger als Carla, und sie nutzt ihre Größe und ihren Brustumfang, um die Peinlichkeit der Situation zu überwinden. »Ich freue mich auch, Sie kennenzulernen, Councilwoman.«

Stadträtin Bennington sieht zu Howdy hinüber. »Ich bin auf der Suche nach Councilman Shea. Haben Sie ihn gesehen?«

Howdy schüttelt den Kopf. »Nein, heute noch nicht.«

»Danke.« Sie wendet sich wieder Trina zu, ohne eine Miene zu verziehen. »Viel Glück«, sagt sie. Dann geht sie hinaus und zieht die Tür hinter sich zu.

Trina fragt sich, wie sie das gemeint hat. Viel Glück bei der Wahlkampfkampagne? Oder viel Glück dabei, etwas über mich herauszufinden?

»Jetzt bekomme ich aber große Schwierigkeiten«, sagt Howdy und runzelt die Stirn. »Lila wird mich bei lebendigem Leibe zerfleischen.«

»Sag ihr die Wahrheit – daß du für mich spioniert hast.«

»Ich komme noch besser weg, wenn sie glaubt, daß wir es hier miteinander getrieben haben. Das ist ihr immerhin verständlich. Carla zu verraten ist viel schlimmer.«

»Wie ich die Frau einschätze, wird sie es Lila wahrscheinlich gar nicht erzählen.«

Er denkt einen Moment über ihre Worte nach. »Du hast recht. Ich habe wohl nichts zu befürchten.« Er öffnet die Tür, dreht sich dann aber noch einmal um und droht ihr mit dem Finger. »Du bist also diejenige, die Probleme hat. Carla weiß jetzt, daß du herumschnüffelst.« Er lächelt sie an. »Und wie ich dich kenne, wirst du weiterschnüffeln, nicht wahr?«

Trina schiebt ihn lachend auf den Gang hinaus. »Jedes Mal, wenn ich mit dir allein in einem Zimmer bin, platzt irgend jemand herein. Kannst du mir das erklären?«

»Das liegt daran, daß du jedes Mal, wenn du mit mir allein in einem Zimmer bist, etwas Unanständiges tust.«

Schweigend geht Trina neben Howdy den Gang hinunter. »Ja«, sagt sie schließlich. »Ich werde weiterschnüffeln.«

10

»Ich verstehe es wirklich nicht«, sagt Ben. »Vielleicht bin ich einfach zu blöd.«

Barcelona sagt: »Sie müssen mehr Geduld haben.«

Ben Leopold nickt unsicher. Er ist zweiundsechzig Jahre alt, hat also noch drei Jahre bis zur Pensionierung. Er repariert Fotokopierer für Xerox. Seine Fingernägel sind bemerkenswert sauber, aber leicht gerillt, so, als würden sie regelmäßig mit einer zu harten Bürste geschrubbt. Er ist in Barcelonas Lyrik-Seminar, wo sie zur Zeit John Miltons *Samson Agonistes* behandeln.

Barcelona sitzt hinter ihrem braunen Metallschreibtisch. Ihr Büro befindet sich im literaturwissenschaftlichen Trakt des Colleges. Ben sitzt niedergeschlagen neben ihr und starrt auf seine Seminararbeit über die bildhafte Sprache in John Miltons Lyrik. Das abziehbare Klebeband, mit dem die Seiten zusammengehalten sind, kräuselt sich bereits, weil er vor lauter Kummer ständig daran herumzupft.

Sie sieht auf die ordentlichen roten Korrekturen auf der ersten Seite seiner Arbeit, ihre Anmerkungen am Rand, in denen sie ihm erklärt, was er falsch gemacht hat. Die Note ist auf der letzten Seite verborgen, aber sie kann sie durch die oberen fünf Seiten hindurch sehen, als besäße sie Röntgenaugen. C minus.

»Nun«, sagt er, »wenn ich nicht zu blöd bin, dann bin ich eben zu alt.«

»Jetzt hören Sie aber auf, Ben. Dieses Spielchen haben wir doch beide nicht nötig.«

Er wirft einen Blick durch den schmalen gläsernen Streifen neben der Tür. Der Glaseinsatz verläuft vom Boden bis zur Decke und ist etwa einen Fuß breit. In das Glas ist grober Maschendraht eingelassen. Ben deutet auf die Tür des Sekretariats, die durch den Glasstreifen zu sehen ist. »Letztes Semester habe ich euren Kopierer repariert. Ihr Literaturwissenschaftler bringt es fertig, das Ding einmal im Monat kleinzukriegen – wie, weiß ich nicht. Bei der Gelegenheit habe ich gehört, wie Sie sich mit ein paar Studenten über Lyrik unterhielten, und da dachte ich mir, zum Teufel, in ein paar Jahren werde ich pensioniert, und eigentlich habe ich von kaum etwas eine Ahnung, außer von Kopierern. Also habe ich mich in Ihr Seminar eingeschrieben.« Er fährt mit seiner bleichen Hand durch das kurze graue Haar. »Wie dumm von mir.«

»Ist das jetzt die Stelle, wo ich sagen muß: ›Einem alten Hund kann man keine neuen Tricks mehr beibringen‹?«

Ben lächelt. »Würde das was helfen?«

»John Milton war dreiundsechzig, als er *Samson Agonistes* fertigschrieb. Und er war blind.«

»Sie sind genau wie mein Sohn, Sie lassen keine meiner Entschuldigungen gelten.«

Barcelona nimmt ihm die Arbeit aus der Hand und geht die Fehler Punkt für Punkt durch. Ben Leopold beugt sich über den Schreibtisch und hört ihr zu. Er nickt, stellt Fragen, widerspricht gelegentlich und lacht gutmütig über seine eigenen Formulierungen. Durch den Glasstreifen sieht Barcelona, daß draußen vor dem Büro noch ein Student wartet; gerade späht er herein. Sie hält vier Finger hoch als Zeichen, daß es noch vier Minuten dauert, und scheucht ihn mit einem Winken von der Bürotür weg. Ben wirft einen Blick über die Schulter und sieht den anderen Studenten davongehen.

»Ich glaube, ich sollte jetzt gehen«, sagt er.

»Nur keine Eile. Verstehen Sie meine Anmerkungen jetzt besser?«

»Klar«, sagt er. »Ich bin ja nicht blind.«

Sie lacht. »Schreiben Sie die Arbeit um, dann ändere ich Ihre Note.«

»Und wenn die Arbeit hinterher noch schlechter ist?«

»Dann gebe ich Ihnen eine noch schlechtere Note.«

»Sie könnten wirklich ein bißchen netter zu mir sein, junge Dame. Immerhin bin ich Witwer, und verfügbare Junggesellen sind heutzutage dünn gesät. Erst letzte Woche habe ich gelesen, daß bei den über Dreißigjährigen acht Frauen auf einen Mann kommen. Noch ein paar Jahre, dann werden Sie mich richtig attraktiv finden.«

»Wir sehen uns im Seminar, Ben.«

»Habe ich schon erwähnt, daß ich eine ansehnliche Rente bekomme?«

»Wie ansehnlich?« fragt sie.

Er lacht und geht. Der andere Student, Grant Treemond, kommt herein. Er ist achtzehn, schlaksig und sehr ernst. Er hat ein ramponiertes Skateboard unter dem Arm. Abgesehen von einer langen Strähne am Hinterkopf, die er geflochten und mit einem hellgrünen Schnürsenkel umwickelt hat, ist sein Haar so kurz geschoren, daß er fast kahl wirkt. »Ich möchte mit Ihnen über meine Arbeit reden«, sagt er und läßt sich auf den Stuhl fallen. Er schiebt sich das Skateboard unter die Füße und schaukelt damit hin und her.

»Du hast doch Note A für die Arbeit bekommen, Grant«, sagt Barcelona zu ihm.

»A minus«, korrigiert er sie. »Trotzdem bin ich mit einem Teil ihrer Kommentare nicht einverstanden.« Er zieht die Arbeit aus seinem Rucksack. Er hat sie zu einem kleinen Rechteck von der Größe einer Eintrittskarte gefaltet. Er faltet sie auseinander und breitet sie auf ihrem Schreibtisch aus. Auf den Blättern ist kaum Rotstift zu sehen. Es war die beste Arbeit des Seminars. »Auf Seite zwei«, sagt er, »wo ich Homers Blindheit und die Blendung des Zyklopen mit Miltons Blindheit und der Blendung Samsons vergleiche. Das hat Ihnen nicht gefallen.« Barcelona und Grant diskutieren über seine These.

Die Bürotür geht auf, und Harley Buss, der Leiter des Fachbereichs Englisch, streckt den Kopf herein. »Wie ich höre, bist du auf dem besten Weg, reich und berühmt zu werden.«

»Hi, Harley.«

Er schiebt ein jeansblaues Bein durch die Tür. In der Hand hält er eine dampfende Tasse Kaffee. Er hat schläfrige blaue Augen, perfekt frisiertes grauschwarzes Haar und eine leise, freundliche Stimme. Barcelona und Harley sind seit ein paar Monaten locker miteinander liiert – seit den letzten Weihnachtsferien, um genau zu sein. An Weihnachten hat Harleys Freundin ihn verlassen, um Schauspielerin zu werden. Harley ist fünfundvierzig, die junge Schauspielerin zweiundzwanzig, eine ehemalige Studentin aus seinem Shakespeare-Seminar, das er regelmäßig veranstaltete, bevor er die Leitung des Fachbereichs übernahm. Nach ihrem Umzug nach L. A. war er so niedergeschlagen, daß sich alle im Fachbereich Sorgen um ihn machten. Eines Tages hatte

Barcelona nach ihrem Seminar in seinem Büro vorbeigeschaut, um ihn ein bißchen aufzuheitern. Das Ganze endete damit, daß sie sich für den Abend zum Essen verabredeten. Er ist ausgesprochen klug und charmant, und auf eine jungenhafte Art gutaussehend. Nach ein paar Wochen schliefen sie das erste Mal miteinander; Barcelona wäre durchaus schon eher dazu bereit gewesen, aber er hatte nie den entscheidenden Schritt getan. Als sie schließlich doch miteinander ins Bett gingen, war es von seiner Seite aus ein bißchen lethargisch gewesen. Wie ein Handwerker, mußte sie immer wieder denken. Als hätte er ein Standardrepertoire an Techniken, eine sexuelle Checkliste, die er Punkt für Punkt durchging und abhakte. Hinterher lagen sie im Bett und sahen fern, und er machte witzige Bemerkungen über die Shows. Sie lachte, bis sie nicht mehr konnte, und genoß diesen Teil des Abends viel mehr als vorher den Sex.

»Dann haben wir also demnächst eine Berühmtheit im Haus«, sagt Harley, der immer noch zwischen Tür und Angel steht.

»Oh?«

»Ich rede von dem Drehbuch. Für Lynda Kramer.«

»Ah«, sagt sie.

»Sie schreiben ein Drehbuch für Lynda Kramer?« fragt Grant.

»Ich versuche es.«

Harley nippt an seinem dampfenden Kaffee. »Ißt du mit mir zu Mittag?«

»Vielleicht.« Sie will sich nicht zieren, sie mag es nur einfach nicht, wenn andere Dozenten während einer Besprechung in ihr Büro platzen und sich über den Kopf des Studenten hinweg mit ihr unterhalten, als wäre er gar nicht vorhanden.

»Wir sind stolz auf dich«, sagt Harley. Er nippt an seinem Kaffee, zwinkert ihr zu und ist verschwunden.

»Sie werden ein Vermögen machen«, sagt Grant und schnappt sich seine Arbeit. »Dann brauchen Sie sich nicht mehr mit so langweiligen Arbeiten über Milton herumschlagen. Nutzen Sie die Chance, Mann.« Dann ist er ebenfalls verschwunden.

In Windeseile hat die Nachricht die Runde gemacht. Barcelona selbst hat bisher nur ihrer Kollegin Susan Mesa davon erzählt, mit der sie das Büro teilt. Wie an jedem Morgen während der letzten sechs Jahre hatten sie auch an diesem Morgen Neuigkeiten ausgetauscht. Jetzt aber weiß es jeder. Barcelona hat nichts dagegen; bisher haben ihr schon ein halbes Dutzend Fakultätsmitglieder gratuliert. Das überrascht sie mehr als alles andere, denn es handelt sich um dieselben Leute, die sich bisher standhaft geweigert haben, ihre Romane zu lesen, weil sie sie nicht für »ernsthafte« Literatur hielten. Nachdem Barcelona ihren ersten Roman verkauft hatte, war sie so aufgeregt gewesen, daß sie eine kleine Party für ihre Kollegen von der Uni gab. Sie hatte den Gemeinschaftsraum ihres Appartmenthauses gemietet. Eric hatte eine Holztür über den Billardtisch gelegt, so daß sie ihn als Tisch benutzen konnten, um darauf den Aufschnitt, die Dips und den billigen Champagner zu servieren. Alle kamen und gratulierten ihr. Während der nächsten paar Wochen rechnete sie damit, daß sie das Buch irgendwann erwähnen würden, daß sie ihr sagen würden, ob es ihnen gefallen habe oder nicht. Schließlich fragte sie von sich aus nach und stellte fest, daß keiner ihrer Kollegen es gelesen oder auch nur gekauft hatte. »Ich lese keine Science-fiction«, hatten ein paar von ihnen gesagt. Andere hatten versprochen: »In den Sommerferien, ganz bestimmt.«

Und daran hatte sich nie etwas geändert. Die anderen hielten sie längst für reich; sie hatten keine Ahnung, wie gering ihr Anteil an den Buchverkäufen war. Wenn sie sich nach den Seminaren mit den anderen Dozenten auf einen Drink traf, erwarteten sie immer, daß sie die Rechnung bezahlte. Irgendwann ging sie nicht mehr mit.

Jetzt überlegt Barcelona sogar, ob sie mit dem Unterrichten aufhören soll. Die Idee ist ihr so plötzlich gekommen, daß sie selbst überrascht ist. Nie zuvor hat sie einen solchen Schritt auch nur in Erwägung gezogen. Eine so drastische Veränderung. Sie hält sowieso nicht viel von Veränderungen, und schon gar nicht von drastischen. Trotzdem findet sie es aufregend, daß sie überhaupt gewagt hat, so etwas zu denken. Obwohl sie längst nicht soviel Geld verdient, wie die anderen meinen, verdient sie doch genug, um ohne ihr Dozentinnengehalt auszukommen. Und jetzt, da sie ein Drehbuch schreibt, scheinen sich überall neue Chancen für sie aufzutun. Während sie ihre Unterlagen in ihren Aktenkoffer räumt, kommt sie zu dem Schluß, daß sie durchaus ohne Grants lädiertes Skateboard und Bens gerillte Fingernägel leben könnte.

*

Barcelona ißt Zwiebelringe. In dem Edelrestaurant hier heißen sie »Zwiebelbeignets«, aber das liegt nur daran, daß sie sehr fein geschnitten sind. Ansonsten haben sie nicht die geringste Ähnlichkeit mit irgendwelchen Beignets. Harley Buss sitzt ihr gegenüber und ißt Fettuccine.

»Warum arbeitest du eigentlich gar nicht mehr als Dozent, Harley?« fragt sie ihn. Sie geht davon aus, daß es jetzt erlaubt sein muß, diese Frage zu stellen, nachdem sie die erste halbe Stunde ihres gemeinsamen Mittagessens damit verbracht haben, über Debbie zu sprechen, seine frühere Freundin, die Schauspielerin. Sie war am Abend zuvor bei ihm vorbeigekommen, um ein paar Sachen zu holen, die sie vergessen hatte. Sie weinte, sagte, daß er ihr fehle und daß sie wünschte, sie wären wieder zusammen. Als er ihr vorschlug, doch wieder einzuziehen, hatte sie hysterisch zu schreien begonnen, daß er schon wieder damit anfange, daß er versuche, »ihre beruflichen Ambitionen zunichte zu machen«.

»Wirst du aus dieser Frau noch schlau?« hatte er Barcelona gefragt, nachdem sie bestellt hatten. Ihr war inzwischen klar, daß sie bei jedem ihrer Treffen erst einmal über Debbie sprechen mußten oder darüber, wie gut Harley ohne Debbie klarkam. Jedesmal bat er Barcelona um ein Urteil zum Verlauf ihrer Trennung.

»Hast du denn wirklich versucht, ihre beruflichen Ambitionen zunichte zu machen?«

»Was für berufliche Ambitionen? Sie wollte Schauspielerin werden.«

Barcelona wußte nicht, was sie dazu noch sagen sollte. »Sollte sie dann nicht in Los Angeles leben oder in New York?«

»Ich wollte Kinder. Sie auch. Wir wollten beide welche.«

»Hat sie einen Agenten? Wenn sie eine professionelle Schauspielerin werden will, braucht sie unbedingt einen Agenten.«

»Sie hat eine Mappe. Photos, die sie in verschiedenen Outfits und Stimmungen zeigen. Sie ist ein paarmal zum Vorsprechen nach L. A. gefahren, aber hinterher erzählte sie jedesmal, daß es unerträglich gewesen sei. So erniedrigend. Ich wollte ihr diese Dinge ersparen.«

»*Fänger im Roggen*, hm?«

»Vielleicht hatte Holden in dieser Beziehung nicht ganz unrecht.«

Dann war ihr Essen gekommen, und Barcelona sagte nichts mehr. Sie aß ihr leicht verkohltes Hühner-Sandwich.

»Weißt du«, sagte er, »ich habe sie ein paarmal auf der Bühne erlebt. In Stücken, die hier am Ort aufgeführt wurden. Tschechows *Drei Schwestern*. Und noch irgendwas, ach ja, *Luv* von Murray Schisgal. Um ehrlich zu sein, ich fand sie nicht besonders gut.«

»Ich glaube nicht, daß das der springende Punkt ist, Harley.«

Er saugte eine verirrte Fettuccina ein und nickte. »Ich weiß. Der springende Punkt ist, daß ich zu alt für sie bin. Ich weiß, daß sich manche Leute über unseren Altersunterschied das Maul zerrissen haben, bestimmt hätte ich an ihrer Stelle das gleiche getan. Was wurde denn eigentlich am College geredet? Daß ich vor Frauen in meinem Alter Angst hätte, an meiner eigenen Männlichkeit zweifelte, Big Daddy spielen wolle? Raus damit! Du kannst es mir ruhig sagen.«

»Genau das.«

»Die Leute verstehen das nicht. Ich meine, ich war schließlich schon zweimal verheiratet, beide Male mit Frauen in meinem Alter; die eine hatte einen gottverdammten Doktortitel, die andere arbeitete in einem Kreditinstitut und verdiente wesentlich mehr als ich. Ich habe also keine Angst vor starken, klugen Frauen. Ich wollte bloß eine richtige Familie, verdammt noch mal. Frau, Kinder, ein Haus, das ganze Drum und Dran. Und jetzt habe ich bloß dieses verfluchte Haus.« Das Haus, dachte Barcelona, ist das eigentlich Traurige an der ganzen Geschichte. Harley hatte sein altes Haus verkauft und ein großes in Laguna Hills gekauft, mit fünf Schlafzimmern, einem großen Hof und jeder Menge Platz für Kinder. Er und Debbie hatten sich dafür entschieden, nachdem sie sich ein Jahr lang ein Haus nach dem anderen angesehen hatten. Jetzt war er allein dort eingezogen und hatte noch dazu die Ratenzahlungen am Hals. »Das Haus macht alles nur noch schlimmer«, sagte er. »Ständig muß ich an die Kinder denken, die wir dort bekommen wollten.«

Bei jeder ihrer Verabredungen fängt er von Kindern an. Barcelona fühlt sich dabei immer unbehaglich. Sie hat das Gefühl, daß er sie irgendwie ausfragen, daß er ihre Meinung zum Thema Kinder hören möchte. Aber sie hat zu diesem Thema keine Meinung, und das ist auch der Grund, warum sie sich unbehaglich fühlt. An manchen Tagen ist sie sicher, daß sie bald Kinder haben möchte, am nächsten Tag ist sie heilfroh, keine zu haben.

Barcelona wiederholt ihre Frage. »Warum bist du als Dozent ausgestiegen?«

»Ich bin nicht ausgestiegen, ich bin Leiter des Fachbereichs geworden. *The Big Enchilada.*«

»Aber du unterrichtest doch nicht mehr, du kümmerst dich nur noch um die Verwaltung.«

»Du fängst doch jetzt wohl nicht an, auf mir herumzuhacken, oder? Dozenten gegen Verwaltungsleute, dieser ganze Mist.«

»Nein. Ich bin bloß neugierig. Du warst ein hervorragender Dozent. Ich habe von den Studenten immer nur Gutes über deine Seminare gehört. Sie mochten dich, und soweit ich es beurteilen konnte, haben sie auch eine ganze Menge von dir gelernt.«

Sein Blick wird wehmütig. »Ich war gut. Aber dann lockten Geld, Macht und Sex, die Bewunderung meiner Kollegen, selbst Menschenopfer in meinem Namen. Da konnte ich einfach nicht widerstehen!« Er gackert wie ein verrückter Pirat. Dann fragt er lachend: »Warum fragst du? Hast du denn vor, dich fürs große Geld zu entscheiden? Willst du uns verlassen und nach Hollywood gehen?«

»Fuck you.«

»Aha, da habe ich wohl eine empfindliche Stelle getroffen.«

Barcelona schüttelt den Kopf. »Dieselben Fakultätsmitglieder, die immer so verächtlich über meine Bücher geredet haben, gratulieren mir jetzt, weil ich ein Drehbuch schreibe. Ein Drehbuch, überleg doch mal, die kommerziellste aller literarischen Formen!«

»Die beeindruckt eben der Glamour, das Geld.«

»Na toll. Und du findest das überhaupt nicht heuchlerisch?«

»Doch, natürlich, aber bei dir klingt es wie eine Verschwörung. Vergiß nicht, ich selbst habe auch nur einen einzigen deiner Romane gelesen.«

»Du bekennst dich wenigstens zu deiner Oberflächlichkeit«, sagt sie.

»Bitte hör auf, deine Schmeicheleien machen mich ja ganz verlegen.«
Er lacht und bezahlt die Rechnung. Sie erhebt keine Einwände.

Draußen setzen sie sich neben den Brunnen und genießen die Sonne.

»Ich muß nach Hause«, sagt sie. »Ruhm und Reichtum und Lynda Kramer rufen nach mir.«

»Nur ein paar Minuten«, sagt er, legt den Kopf zurück und sieht direkt in die gleißende Sonne. Als er den Blick wieder ihr zuwendet, blinzelt er. Ein paar Minuten lang sitzen sie schweigend nebeneinander, und Barcelona denkt, wie angenehm das doch ist. Dieses Gefühl hat nichts mit Sex oder Leidenschaft, Herzrasen oder feuchten Slips zu tun. Es ist einfach nur angenehm. Einfach schön. Aus irgendeinem Grund muß sie an Trinas Menü denken; sie fragt sich, ob sie Harley mit auf die Karte setzen soll. Sie stellt sich vor, daß Trina oder Dixie mit ihm ausgehen. Mit Diva und ihm würde es nie funktionieren. Barcelona empfindet kein bißchen Eifersucht. Vor ihrem geistigen Auge sieht sie sie miteinander im Bett liegen. Sie sieht Trinas große Brüste über seinem offenen Mund hin- und herschwingen. Nichts. Sie sieht, wie sich die Muskeln an Dixies stählernen Oberschenkeln anspannen, während sie ihr Becken gegen seines preßt. *Nada*. Trotzdem kann sie unmöglich bei einer so lächerlichen Sache mitmachen. Einem Männer-Menü. Oh Gott.

Sie beobachtet Harley, der seinerseits die vorübergehenden Frauen beobachtet. Das Restaurant schmiegt sich zwischen zwei riesige verspiegelte Bürohochhäuser. Die Wolken spiegeln sich in den Gebäuden und lassen sie irgendwie ehrerbietig aussehen, bescheiden, was ihre eigene Existenz betrifft. Zwei Totempfähle, die ehrfürchtig der Natur huldigen. Barcelona lächelt über diesen Gedanken. Komm bloß nicht auf die Idee, solchen Mist in das Drehbuch zu schreiben, denkt sie.

Gutgekleidete Frauen aus den Bürogebäuden gehen in kleinen oder größeren Gruppen vorbei; sie sind auf dem Weg zum Essen oder kommen schon wieder zurück. Ihre hohen Absätze klacken martialisch. Harley beobachtet sie grinsend.

»Dann ist jetzt also Mädchen-Gucken angesagt, hm?« meint Barcelona.

»Yeah. Das einzig Wahre. So richtig intim und aus der Nähe.«

»Und das ist alles? Einfach nur dasitzen und starren?«

»Naja, manche Typen rufen etwas oder machen unanständige Geräusche, aber bei den wahren Insidern ist das selten. Meistens beschränken wir uns aufs Starren.«

»Woran denkst du dabei? Stellst du dir vor, daß du es mit ihnen treibst?«

Harley wirft ihr einen amüsierten Blick zu. »Das kann ich dir nicht erzählen. Reine Männersache. Es dir zu sagen würde gegen alle Regeln verstoßen. Das wäre so, als würde ein Zauberer seinem Publikum verraten, wie er das Kaninchen verschwinden läßt.«

»Stell dir vor, du würdest meine Recherchen unterstützen.«

Harley seufzt. »Ich mache wahrscheinlich einen großen Fehler, aber meinetwegen. Ich werde meine unzensierten Gedanken mit dir teilen. Du mußt mir aber versprechen, nichts von dem, was ich sage, gegen mich zu verwenden. Vergiß nicht, alles, was ich sage, kommt direkt vom Id, ohne Zensur durch das Über-Ich.«

»Jesus«, sagt sie.

Drei Frauen um die Zwanzig schlendern vorbei. Harley setzt seine Sonnenbrille auf und schaut in die entgegengesetzte Richtung.

»Siehst du«, sagt er, »auf diese Weise kannst du sie anstarren, ohne gleich wie ein Lüstling zu wirken. Du hast die Sonnenbrille auf, damit sie deine Augen nicht sehen können.«

»Höchst raffiniert.«

»Aber der Trick dabei ist, den Blick von ihnen abzuwenden und in die Richtung zu sehen, in die sie gehen. Auf diese Weise bewegen sie sich von dir weg, wenn sie in dein Blickfeld treten, und du kannst auf ihre Beine und ihren Hintern starren, ohne den Eindruck zu erwecken, daß du sie angeglotzt hast. Sie sind rein zufällig in dein Blickfeld geraten.«

»Genial.«

»Genial ist gar kein Ausdruck, Kleines.«

»Okay, aber was denkst du, während du auf ihre Beine und ihren Hintern starrst?«

Sein Blick folgt den drei davoneilenden Frauen. »Sie haben alle einen fetten Hintern. Die Linke hat schöne Fesseln. Die in der Mitte benutzt zuviel Haarspray. Da müßte ich schon betrunken sein, um mit der ins Bett zu gehen. Die ganz rechts sieht aus, als würde sie alles mit sich machen lassen, aber gleichzeitig wirkt sie ziemlich dumm und kichert zuviel. Wahrscheinlich sieht sie sich sämtliche Wiederholungen von ›Three's Company‹ an, und Harvey Korman ist ihr Lieblingsschauspieler.«

Barcelona lacht. »Du bist ein Schwein.«

»Hey, hey, wir haben eine Abmachung.«

»Entschuldige.« Barcelona ist nicht wirklich beleidigt, eher belustigt. Außerdem empfindet sie es seltsam erotisch, Harleys Kommentare über die vorbeigehenden Frauen zu hören.

Vier weitere kommen aus dem Restaurant, in dem sie selbst gerade gegessen haben.

»Oho«, sagt Harley. »Wen haben wir denn da?«

Barcelona fällt auf, daß diese vier, genau wie alle anderen Frauen, die bisher vorbeigekommen sind, ausgesprochen aufwendige Frisuren haben. Jede Menge Locken und Wellen und toupierte Hochfrisuren. Keine von denen käme mit einem einfachen Fön aus. Elektrische Lockenwickler, ein Lockenstab . . . Sie muß an den Lockenstab denken, durch den der alte Mann aus der Zeitung umgekommen ist.

»Sieh dir die an«, sagt Harley grinsend.

»Welche?«

»Die Blondine mit der Hose, die, bei der sich der Slip abzeichnet.«

»Oh.«

»Die würde ich mir aussuchen. Die beiden anderen passen ja kaum in ihre Strumpfhosen. Die Babys sind so drall, daß sie einen Exorzisten brauchen, um da wieder rauszukommen!«

Barcelona muß lachen, und die Blonde dreht sich zu ihr um. Harley wendet sich ab und tut so, als würde er zum Restaurant hinübersehen. Erst als sie nicht mehr guckt, nimmt er seine vorherige Haltung wieder ein. »Du wirst uns noch die ganze Tour vermasseln, Baby.«

»Redest du immer so, wenn du das hier machst?«

»Das bringt mich in Stimmung. Ich gebe vor, ein armer, unwissender, glücklicher Verwandter von mir zu sein. Ein entfernter Verwandter. Der jeden Abend auf ein Bier in derselben Bar vorbeischaut und über die Mädchen redet, die draußen vorbeigehen. Ich fühle mich dann weniger schuldig.« Er deutet wieder auf die Blonde. »Sie ist die einzige, mit der ich wirklich nackt im Bett liegen möchte. Die anderen sollte man gleich zum Mond schießen.«

»Wie arrogant du bist. Glaubst du tatsächlich, daß alle diese Frauen auch scharf darauf sind, mit dir zu schlafen?«

»Klar.« Schweigend starrt er den Frauen nach, bis sie im Bürogebäude verschwunden sind. »Allerdings würde es zwischen uns beiden nie funktionieren.«

Barcelona sieht ihn verblüfft an; einen Moment lang glaubt sie, daß er über sie beide spricht.

»Sie ist die Art Frau, die Hobbys hat. Die mit dem Rucksack steile Berge hinaufhetzt. Oder durch die Gegend radelt und dabei einen dieser bescheuerten Helme mit den kleinen Spiegeln aufhat. Oder noch schlimmer – sie reitet. Ja, genau das ist es wahrscheinlich. Jeden Sonntag würden wir in irgendeinem stinkenden Stall verbringen, uns mit den Fliegen herumschlagen und den Pferden die Scheiße aus den Hufen kratzen. Ich würde zu ihr aufblicken, und sie würde lächeln, mit ihrem Pferd reden wie mit einem Baby und es auf die Schnauze küssen. Nennt man das so? Schnauze?«

»Maul, glaube ich.«

»Wie auch immer.« Er schüttelt den Kopf, und Barcelona ist überrascht, wie wütend er plötzlich zu sein scheint. Er meint das jetzt gar nicht mehr lustig. »Statt gemütlich auf dem Sofa zu liegen, die Sonntagszeitung zu lesen, zum Brunchen zu gehen oder vielleicht eine Matinee zu besuchen, schaufle ich Idiot Stroh oder Heu und quetsche mir meine Eier auf einem Pferderücken.«

»Ich wußte gar nicht, daß Mädchen-Gucken so kompliziert sein kann«, sagt Barcelona.

Er sieht sie an, und langsam kehrt das Lächeln in sein Gesicht zurück. »Es ist nicht so simpel, wie es aussieht.«

Und nicht sehr befriedigend, denkt sie. Harley träumt nicht etwa von sexuellen Eroberungen, während er diese Frauen beäugt. Er blickt in die Zukunft, als würden all diese in Strumpfhosen gezwängten Rümpfe eine riesige fleischige Kristallkugel bilden. Er blickt in die Zukunft und sieht Konflikte, halbherzige Kompromisse, und am Ende die große Katastrophe.

»Vielleicht ist sie verheiratet«, sagt Barcelona, um ihn aufzuheitern. »Ich glaube, ich habe einen Ring gesehen.«

»Vielleicht«, sagt er. »Aber ist sie trotzdem single. Weißt du das denn nicht? Jeder ist heutzutage single oder muß damit rechnen, es zu werden.«

Barcelona wird der Sache allmählich überdrüssig und will aufstehen. Er packt ihren Arm und deutet auf die zwei Frauen, die gerade auf das Restaurant zugehen.

»Oh Gott, sieh dir diese beiden an«, sagt er. »Diese Frisur. Mein Gott, die muß ihr Haar in der Toilettenspülung gewaschen haben. Nach ihrem Gang zu urteilen, hält sie sich für besonders sexy. Die hohen Absätze und die schwarzen Strümpfe.« Er betrachtet sie eingehender. »Hmmm, irgendwie ist sie tatsächlich sexy. Die neben ihr allerdings – Hintern und Beine sind ja ganz passabel, aber im Gesicht hat sie viel zuviel Make-up. Da weiß man gleich, daß sie es zu verbissen versucht. Zu hungrig.«

Barcelona sieht sich die Frau näher an. Sie unterhält sich angeregt mit ihrer sexy Freundin, schafft es aber gleichzeitig, Harley einen Blick zuzuwerfen. Ihre Augen bleiben einen Moment lang an ihm hängen, um dann für den Bruchteil einer Sekunde Barcelona zu fixieren. Genauso schnell sieht sie wieder weg. Barcelona sagt zu ihm: »Sie mag dich.«

»Wow, vielleicht kannst du ihren Bruder anrufen und ihm sagen, daß Harley seine Schwester mag. Dann können wir uns irgendwo auf ein Bierchen treffen.«

Sie ignoriert seinen Scherz. »Was meinst du mit ›zu hungrig‹?«

Harley steht auf und nimmt die Sonnenbrille ab. »Laß uns gehen. Ich habe genug gesehen.«

*

Auf der Heimfahrt denkt Barcelona über das Drehbuch nach. Ein schwarzes Porsche-Cabrio schneidet sie, als sie auf dem Freeway die Fahrbahn wechseln will. Sie hupt ihn an, und der Fahrer dreht sich zu ihr um, lächelt und winkt. »Das Arschloch glaubt, ich will ihn anmachen«, sagt sie laut. Wahrscheinlich denken alle Männer, die ein schwarzes Porsche-Cabrio fahren, daß sämtliche Frauen sie anmachen wollen. Sie überlegt, ob sie seine Stoßstange rammen soll – einfach mal sehen, was er davon hält –, aber sie weiß, daß sie es nicht tun wird. Trotzdem fährt sie so nahe auf, daß er Angst bekommt; zumindest hofft sie das. Auf seiner Stoßstange prangt ein rotschwarzer Aufkleber mit der Aufschrift: *VORSICHT, MEINE DAMEN! MEINER IST VIER METER LANG.* Er winkt in den Rückspiegel, biegt ab und braust davon.

Barcelona widmet sich wieder ihrem Drehbuch. Sie hat schon ein paar Ideen, was sie lassen und was sie kürzen wird und welche Figuren noch stärker ausgearbeitet werden müssen. Sie ist wegen dieses Projekts sehr aufgeregt. Nicht nur wegen der Herausforderung, sondern auch wegen der Möglichkeiten, die es für ihre Zukunft bedeutet. Ihr Leben ist in den letzten zehn Jahren nach einem derart vorhersehbaren Schema verlaufen, daß sie über diese neue Wendung sehr froh ist. Sie hat beschlossen, jede Entscheidung bezüglich ihrer Lehrtätigkeit aufzuschieben, bis sie das Drehbuch fertiggeschrieben hat. Bis dahin werden Sommerferien sein, und sie wird mehr Zeit zum Nachdenken haben. Außerdem wird sie bis dahin auch wissen, ob sie überhaupt in der Lage ist, ein Drehbuch zu schreiben.

Zu Hause angekommen, findet sie vor ihrer Tür ein UPS-Päckchen von Roger Carlyle. Sofort reißt sie das dicke Couvert auf. Drinnen sind drei Drehbücher. Zwei der Filme hat sie gesehen, bei dem dritten handelt es sich um eine Teenager-Sexkomödie, die sie nicht interessiert hatte. Sie schließt die Haustür auf und eilt mit ihrer Beute hinein; sie kann es kaum erwarten, mit dem Lesen anzufangen. Sie überlegt, was Lynda Kramer wohl gerade macht, jetzt in diesem Augenblick. Fragt sie sich, wie das Drehbuch sein wird? Macht sie es sich gerade mit ihrem Mann gemütlich? Oder füttert sie ihre kleine Tochter? Für Barcelona scheint Lynda Kramer in einer Welt zu leben, in der es keine falschen Entscheidungen gibt. Keine Angst und kein Zittern. Wie sie sich auch entscheidet, es ist immer richtig.

Barcelona schnappt sich eine Dose Diät-Apfelsaft und nimmt sie mit hinauf in ihr Arbeitszimmer. Auf dem Weg nach oben blättert sie schon in einem der Drehbücher, um eine Vorstellung davon zu bekommen, wie so etwas formal überhaupt aussieht. Gerade, als sie die Tür zu ihrem Arbeitszimmer öffnen will, klingelt es unten.

»Verdammt«, sagt sie, rührt sich aber nicht von der Stelle. Sie weiß nicht, ob sie aufmachen soll oder nicht. Wahrscheinlich ist es irgendein Schüler, der ihr ein Abonnement des *Register* andrehen will, oder jemand von der Heilsarmee, der Hundertfünfzig-Liter-Mülltüten zu verkaufen hat. Als es noch einmal klingelt, macht sie kehrt und schleicht auf Zehenspitzen die Treppe hinunter. Sie linst durch den Spion und sieht ein verzerrtes Kürbisgesicht. Sofort öffnet sie die Tür.

»Eric?«

»Hey.« Er kommt herein. Sie starren sich einen Moment lang an.

»Was gibt's? Ich bin noch nicht dazu gekommen, deine Dissertation zu lesen.«

Er zuckt mit den Achseln, als wäre seine Dissertation die unwichtigste Sache der Welt. Er seufzt traurig und streckt mit einer freundschaftlichen Geste die Arme nach ihr aus. Sie zögert, macht dann einen Schritt auf ihn zu und umarmt ihn steif. Als sie sich wieder von ihm lösen will, hält er sie fest. Er zieht sie noch enger an sich. Seine Hand gleitet ihren Rücken hinunter und verharrt dann auf ihrem Po.

11 Trina ist unterwegs zu dem Vater ihres Babys. Sie hat ihn seit drei Wochen nicht mehr gesehen, seit dem Tag, an dem er sie geschwängert hat. Sie hatte eigentlich nicht damit gerechnet, ihn jemals wiederzusehen, es sei denn durch Zufall. Jetzt aber hat sie das Gefühl, daß sie es ihm schuldig ist, ihm von dem Baby zu erzählen. Trina kann sich nichts Schlimmeres vorstellen, als eines Tages zu erfahren, daß man ein erwachsenes Kind hat – festzustellen, daß man die Jahre seines Heranwachsens verpaßt hat. Sie erinnert sich daran, vor ein paar Jahren darüber gelesen zu haben, wie Hugh Hefner von der Existenz eines fast erwachsenen Sohnes erfuhr. Alle Zeitungen brachten Photos von ihrer Wiedervereinigung. In der einen Hand hielt Hugh Hefner eine Pfeife, den anderen Arm hatte er um den Jungen gelegt. Beide lächelten. Hugh Hefner machte einen wirklich erfreuten Eindruck. Monate später las sie, daß ein Bluttest ergeben hatte, daß der Junge in Wirklichkeit gar nicht Hugh Hefners Sohn war. Sie fragt sich, ob die beiden sich wohl immer noch sehen.

Trina erwartet nichts von dem Mann, zu dessen Haus sie fährt. Sie ist ganz bestimmt nicht auf sein Geld aus, und sie ist auch nicht an einer Fortdauer der Beziehung interessiert. Es ist lediglich ein Höflichkeitsbesuch.

Ihre sexuelle Begegnung hatte sich völlig unerwartet ergeben. Sie waren beide beim monatlichen Treffen der California Women's Press Associates gewesen. Trina ist dort Mitglied, seit sie als Reporterin für die *Los Angeles Times* arbeitete. Er war einer der drei Gastredner, der einzige Mann in einem Raum voller Frauen. Alle drei hatten im Ausland recherchiert und geschrieben und waren gerade aus irgendeinem entfernten Krisengebiet zurückgekommen.

Dann war Jamison an der Reihe. Jamison Levy war in El Salvador gewesen. Er beeindruckte alle mit seinem Diavortrag über das Leid und Elend in diesem Land.

Trina konnte sich nicht daran erinnern, wer wen angesprochen hatte oder ob sie einander überhaupt vorgestellt worden waren. Irgendwann standen sie einfach nebeneinander an der Bar und plauderten. Er trank Ginger Ale.

»Noch zu früh für Sie?« hatte sie gefragt und an ihrem eigenen Scotch and Soda genippt.

»Für mich ist es immer zu früh«, hatte er lächelnd geantwortet. »Ich bin Alkoholiker.«

»Sie – und die Hälfte der Leute in diesem Raum.«

Er hatte sich prüfend umgesehen. »Wohl eher siebzig Prozent. Fünfzig Prozent wissen es, die übrigen zwanzig wissen es noch nicht. Und was ist Ihr Laster?«

»Klopapier.«

»Wie bitte?«

»Ich benutze zuviel davon.«

Er lachte so herzlich, daß sie auch lachen mußte. »Das ist das erste Mal, daß mir eine Frau so bald etwas Derartiges gesteht.«

»Hey, beruhigen Sie sich wieder. Wir leben schließlich in den Neunzigern.«

»Ich weiß, daß ich eine Weile weg war, aber irgendwie bin ich der Meinung, wir würden noch in den Achtzigern leben.«

»Rein rechnerisch gesehen ja«, sagte Trina. »Aber ich habe im *Esquire*-Magazin gelesen, daß die Jahrzehnte nie termingerecht anfangen. Manche fangen früher an, manche später. Ich habe beschlossen, daß die Achtziger zu langweilig sind und daß wir schon jetzt beginnen sollten, in den Neunzigern zu leben. Vielleicht wird es dadurch interessanter.«

Er hatte sie mit einem seltsamen Ausdruck in den Augen angesehen, und von diesem Moment an wußte Trina, daß sie im Bett landen würden. Sie waren zu seinem Haus in Laguna gefahren, hatten sich geliebt und hinterher nackt im Bett Scrabble gespielt. Sie hatte mit drei Punkten Vorsprung gewonnen. Er rief sie ein paar Tage später an, und sie unterhielten sich vierzig Minuten lang. Sie sprachen eigentlich über nichts Besonderes, aber beide hatten viel gelacht. Sie hatte erwartet, daß er sie bitten würde, mit ihm auszugehen, war aber erleichtert, als er es nicht tat. Das hatte sie selbst überrascht. Er war ein toller Mann, witzig, charmant und noch dazu ziemlich gut im Bett. Aber irgend etwas an ihm machte sie nervös. Vielleicht seine Intensität. Vielleicht fühlte sie sich durch sein berufliches Engagement ein bißchen eingeschüchtert. Er war ein Mann, der sich fast nur unter Menschen bewegte, die tagtäglich eine Tragödie erlebten. Er versuchte, die Welt zu verbessern. Und was tat sie? Sie versuchte, einem Mann mit perfekten Zähnen einen Sitz im City Council zu verschaffen.

Nein, das war unfair. Schließlich setzte sie sich nicht nur deswegen für den Wahlkampf von *The Candidate* ein, weil er sie dafür bezahlte. Sie glaubte an ihn, fand ihn stark, entschlossen, bescheiden, intelligent und gut informiert. Er machte sich Gedanken um die Leute, war aber kein naiver Idealist. Wenn er diese Wahl nicht gewann, dann würde er eben die nächste gewinnen, da war sie ganz sicher. Und danach würde er sich langsam nach oben arbeiten, vielleicht Bürgermeister werden, dann Gouverneur, dann Senator. Er hatte das Zeug dazu.

Sie fährt hoch hinauf in die Hügel von Laguna. An manchen Hängen sieht man noch die Überreste zerstörter Häuser, die nach den wolkenbruchartigen Regenfällen des letzten Jahres mit den Schlammassen heruntergerutscht waren.

Sie erinnert sich an die Straße, aber nicht an die genaue Adresse. Hier sieht jedes Haus anders aus, aber irgendwie ähneln sich doch alle. Jeder versucht mit allen Mitteln, möglichst individuell zu wirken, und gerade das verwischt alle greifbaren Unterschiede. Es ist, als würde man in einer riesigen Kunstgalerie umherfahren, in der lauter riesige abstrakte Skulpturen stehen. Schließlich glaubt sie seinen Wagen zu erkennen, einen verbeulten alten Datsun mit großen Rostflecken auf dem linken hinteren Kotflügel.

Sie geht den Weg zum Haus hinauf und klingelt.

Sie hört, wie drinnen jemand zur Tür kommt und stehenbleibt; sie weiß, daß er jetzt durch den Spion sieht. Sie wendet sich ab und tut so, als würde sie die Büsche neben der Tür betrachten. Sie mag es nicht, wie diese Türspione das Gesicht des Draußenstehenden zu einer grotesken Fratze verzerren. Was er wohl denken würde, wenn er ihre Brüste durch eins dieser Dinger sähe?

Die Tür geht auf, und sie wendet sich ihm zu. Er hat sich ein Badehandtuch um die Hüften geschlungen und frottiert sich mit einem zweiten, kleineren Handtuch das Haar. Beide Handtücher sind bis auf einen einzelnen gelben Längsstreifen schwarz. Sie sehen flauschig und luxuriös aus.

»Trina?« Er sagt ihren Namen, als wäre er überrascht, aber eigentlich klingt er gar nicht so überrascht.

»Hi«, antwortet Trina. »Hast du ein paar Minuten Zeit?«

Er zögert und hebt das linke Handgelenk leicht an, als wolle er auf die Uhr schauen, hält dann aber mitten in der Bewegung inne, wahrscheinlich, weil ihm eingefallen ist, daß er gar keine Uhr trägt. »Klar, komm rein. Ich bin allerdings schon ein bißchen spät dran.«

»Es dauert nicht lange.«

Kaum ist sie eingetreten, als ihr plötzlich bewußt wird, daß sie keine Ahnung hat, wie sie es ihm sagen soll. Einfach nur zu verkünden, daß sie schwanger ist, wirkt reichlich gehässig oder sogar vorwurfsvoll. Wenn sie sich dagegen ihre Freude zu sehr anmerken läßt, könnte er meinen, daß sie ihn mit dem Kind an sich binden will. Trina weiß jetzt, daß sie sich das Ganze viel zu wenig überlegt hat. Was, wenn er sich ebenfalls freut und beschließt, sie heiraten zu wollen? Sie kennt ihn ja kaum und ist ganz bestimmt nicht in ihn verliebt. Womöglich will er, daß sie sich das Sorgerecht teilen, so wie Rob sich mit ihr das Sorgerecht für Karyn teilt. Jedesmal, wenn Rob Karyn abholt, zieht sich Trinas Herz zu einer geballten Faust zusammen und bleibt so, bis er sie wieder nach Hause bringt. Jetzt könnte sich dieser Schmerz auch noch verdoppeln.

Sie braucht ein paar Minuten, um sich wieder zu fangen, um über alles nachzudenken. »Hast du irgendwas zu trinken da?« fragt sie. »Ein Glas Mineralwasser vielleicht. Leitungswasser tut's auch.« Keinen Alkohol mehr, ruft sie sich ins Gedächtnis, nicht einmal Bier oder Wein. Schlecht fürs Baby.

»Klar.« Er geht aus dem Zimmer. Sie betrachtet seinen handtuchumwickelten Hintern, die festen Oberschenkel, die muskulösen Waden. Daß er phantastisch aussieht, steht nach wie vor außer Frage. Egal, wem von beiden das Kind ähnelt, er oder sie wird auf jeden Fall gut aussehen.

Trina blickt sich im Wohnzimmer um, um eine Vorstellung davon zu bekommen, wer dieser Typ eigentlich ist. Bei ihrem letzten Besuch hier war es dunkel gewesen, und sie waren gleich hinauf ins Schlafzimmer gestürzt. Sie ist von der Einrichtung beeindruckt. Die Wände sind mit einer lachsfarbenen Strukturtapete verkleidet. Der Teppich ist aus dikker, flauschiger Baumwolle und sieht immer noch neu aus, obwohl er ihr erzählt hat, daß er schon seit sieben Jahren hier wohnt. Die Bilder an den Wänden sind Original-Ölgemälde, größtenteils riesige abstrakte Formen in leuchtenden Farben, die mit anderen, dunkleren und stärker umgrenzten Formen verschmelzen. Der Name des Künstlers kommt ihr bekannt vor; in irgendeiner Zeitung hat sie einen Artikel über ihn gelesen.

Er kommt mit einem Glas Mineralwasser und Eis zurück. »Du siehst ein bißchen ausgetrocknet aus.«

»Danke für das Kompliment. Du siehst auch gut aus.«

»So, tue ich das?« fragt er grinsend.

Trina lacht. Sie weiß immer noch nicht, was sie machen soll. Soll sie es ihm sagen oder nicht? Fest steht, daß er ein verdammt charmantes Kerlchen ist, ein Ausbund an Charme sozusagen. Aber wenn sie es ihm nicht erzählt, dann würde sie das Baby ganz für sich allein haben, es mit niemandem teilen müssen. Bei dem Gedanken lächelt sie breit. Jamison interpretiert ihr Lächeln falsch; er denkt, daß es an ihn adressiert ist und lächelt zurück.

»Ich möchte ja nicht unhöflich sein, Trina«, sagt er, »aber ich bin wirklich schon spät dran.«

Was tun, fragt sie sich. Eigentlich kennt sie ihn überhaupt nicht. Er ist charmant, ja, ... aber was weiter? Vielleicht gar nichts. Es gibt keine Möglichkeit, das herauszufinden, keine Tests, die sie durchführen kann. Sie kann aber auch nicht einfach gehen, um sich die Sache noch einmal zu überlegen. Sie weiß genau, daß sie es ihm nie sagen wird, wenn sie jetzt geht, weil dann ihr Egoismus nämlich die Oberhand gewinnen wird. Also muß sie sich Klarheit über ihn verschaffen, und zwar jetzt auf der Stelle.

»Ich war zufällig in der Gegend«, sagt sie. »Wollte bloß mal ›hallo‹ sagen. Ich hätte vorher anrufen sollen.« Sie stellt ihr Glas hin, steht auf und steuert auf die Tür zu.

»Nein, das soll doch nicht heißen, daß du gleich davonrennen mußt.« Er bleibt hinter ihr stehen. »Ein bißchen können wir schon noch plaudern.«

Als Trina sich zu ihm umdreht, streift ihre Hand sein Handtuch. »Oh, tut mir leid. Habe ich dir weh getan?«

Es war kein harter Schlag, und sie weiß es. Er schüttelt den Kopf. »Überhaupt nicht.«

»Bist du sicher?« Sie streckt die Hand aus und berührt seinen Bauch; dabei streichen ihre Finger nur ganz leicht über seine warme Haut. Sie läßt ihre Fingerspitzen ein paar Zentimeter nach unten gleiten. Er bekommt eine Gänsehaut.

»Ja, sehr sicher.«

»Dann ist es ja gut.« Sie lehnt sich zu ihm hinüber und stellt sich auf die Zehenspitzen, als wolle sie ihm einen kleinen Abschiedskuß auf die Wange geben. Als er ihr das Gesicht zuwendet, tritt sie plötzlich ganz nahe an ihn heran und schmiegt ihre Hüfte gegen seine Lende. Sie küßt ihn auf die Wange, läßt aber ihre Lippen einen Moment dort verweilen, während sie ihre Hüfte an seinem Schoß reibt. Er dreht den Kopf und küßt sie mitten auf den Mund. Seine Zähne knabbern an ihrer Unterlippe. Er zieht sie in seine Arme und drückt sie an sich. Seine Hand liegt auf ihrem Po. Mit einer Hand schiebt er ihren Rock hoch und streicht über ihren Hintern. Eine rauhe Stelle seiner Haut kratzt über das

Material ihrer Strumpfhose. Die Hand auf ihren Po gepreßt, zieht er sie noch fester an sich und drängt mit dieser Bewegung seine Zunge tiefer in ihren Mund. Sie spürt seinen harten Penis an ihrer Hüfte und lehnt sich leicht gegen ihn.

»Laß uns nach oben gehen«, sagt er.

Er nimmt sie an der Hand und führt sie die Treppe hinauf. Sein Handtuch steht vorne ab. Als sie sich dem Schlafzimmer nähern, hört sie, daß der Fernseher läuft. Sie erkennt die Stimme von David Letterman.

»Die Sendung läuft doch jetzt gar nicht«, sagt Trina mit einem Blick auf ihre Uhr.

»Video«, sagt er. »Ich kann nicht mehr so lange aufbleiben. Ich habe an zu vielen Orten gelebt, wo es nur sporadisch Strom gibt. Wenn man nachts nicht lesen oder fernsehen kann, muß man sich betrinken, bumsen oder schlafen. Das eine ist teuer, das andere gefährlich. Also bleibt nur der Schlaf.«

»Welches von beiden ist teuer, welches gefährlich?« fragt Trina, während sie ihren Rock auszieht und über die Türklinke hängt.

Er läßt sein Handtuch fallen und zieht die weiße Tagesdecke vom Bett, um sie anschließend fein säuberlich zu falten und aufs Fußende des Bettes zu legen; dabei wirkt er sehr konzentriert. Seine Ordnungsliebe hat fast schon etwas Mathematisches. Trina knöpft ihre Bluse auf und zieht sie ebenfalls aus. Sie blickt sich im Zimmer um und stellt fest, daß es ebenso großartig ist wie die Räume unten. Das ist mit das Schönste, wenn man mit einem neuen Liebhaber schläft – sein Schlafzimmer zu erforschen. Während sie auf dem Rand des Bettes sitzt und ihre Strumpfhose abstreift, fühlt sie sich wie eine Archäologin vor einer neuen Ausgrabung. Was für Geheimnisse man über die Bewohner erfahren kann, indem man diese Artefakte studiert! Die Strukturtapete, die erdigen Braun- und Weißtöne, die nur durch die leuchtenden Farbexplosionen der Bilder an den Wänden unterbrochen werden, die Risse aus Licht hinter den verschmelzenden geometrischen Figuren. Trina kommt zu dem Ergebnis, daß der Raum nicht nur so aussieht, als stamme er aus einem Einrichtungskatalog, sondern darüber hinaus zu der saubersten Wohnung gehört, die sie jemals gesehen hat. Sogar die Fußleisten sind hier staubfrei.

David Letterman schaltet den Springbrunnen an, der vor ihm auf dem Tisch steht, und dann wird Werbung eingeblendet.

»Er hat vorher so einen Typen interviewt«, sagt Jamison, während er unter die Decke schlüpft und auf Trina wartet. Das Handtuch hat er inzwischen abgelegt, jetzt läßt sein Penis die Bettdecke hochstehen. »Dieser Typ, sie nennen ihn den wilden Mann oder so ähnlich. Er streift durch den Central Park und ernährt sich von Pflanzen. Erst haben sie ihn festgenommen, aber jetzt lassen sie ihn Führungen veranstalten.«

»Ich habe darüber gelesen«, sagt Trina. Sie trägt nur noch ihren BH. Sie öffnet den Verschluß, dreht Jamison aber den Rücken zu, als sie ihn auszieht. Sie will nicht, daß er sieht, wie ihre riesigen Brüste herausquellen und über ihre Rippen fallen.

»Der Typ zeigte Letterman ein paar von den Pflanzen aus dem Park. Eine davon wird Gichtkraut genannt. Ursprünglich hieß sie Geißkraut, aber im Lauf der Jahre wurde Gichtkraut daraus. Das Witzige an der Sache ist, daß die Leute irgendwann auf die Idee kamen, die Pflanze heiße so, weil sie gegen Gicht wirke. Seitdem essen sie das Zeug – nur, weil sie das Wort falsch aussprechen. All diese Leute essen dieses Kraut wegen eines falsch verstandenen Namens. Stell dir das mal vor.«

»Sag mir den Namen der Rose«, erwidert Trina lachend und kuschelt sich an ihn.

Jamison greift zum Nachttisch hinüber, der vor lauter Möbelpolitur dunkel glänzt, nimmt die Fernbedienung und schaltet den Fernseher aus. Der Videorekorder brummt unter dem dunklen Bildschirm leise weiter.

Verglichen mit dem letzten Mal, ist ihr Sex heute drängender. Beim letzten Mal war er sehr erfinderisch, hatte zwischen seinen verschiedenen Manövern Pausen eingelegt, mit ihr geplaudert und gescherzt. Sie hatten sich endlos gestreichelt und liebkost. Ihr Sex hatte etwas von einer Badewanne gehabt, die langsam mit Wasser gefüllt wird. Diesmal war es eher wie eine Flut, die einen Damm durchbricht. Sie weiß nicht, was ihr besser gefällt.

Schon nach ein paar Minuten ist er in ihr, aber sie will es so, fordert ihn auf, in sie einzudringen. Sie spürt das kühle Laken unter ihren Pobacken, spürt, wie die ganze Feuchtigkeit aus ihr herausströmt. Als er in sie eindringt, tut er es langsam, fast höflich. Trina aber kann nicht warten. Sie biegt ihren Rücken durch und stößt ihm ihre Hüfte entgegen, verschluckt ihn ganz und gar. Er bewegt sich vor und zurück, bis sie keucht, bis es ihr beinahe kommt, dann setzt er ein paar Sekunden lang aus, bevor er von neuem anfängt. Ihre Augen sind geschlossen, und sie sieht sich auf die Küste zuschwimmen. Ihre Freundinnen sitzen im Sand und picknicken. Barcy kocht gerade etwas auf einem kleinen Gaskocher. Trina kann den Rauch sehen, kann beinahe die Barbecue-Sauce riechen. Dixie und Diva spielen Smash-Ball, sie schlagen den kleinen schwarzen Ball mit ihren hölzernen Schlägern hin und her. Jeder Schlag klingt wie ein Gewehrschuß. Diva trägt einen Bikini und sieht aus, als hätte sie abgenommen. Jamison sitzt nackt auf einem Handtuch; seine dunkle Haut glänzt von dem Sonnenöl, das er in seine Oberschenkel massiert. Er winkt Trina, sich ihnen anzuschließen. Trina schwimmt schneller und schneller. Ihr Beinschlag ist kräftig, ihre Arme peitschen durchs Wasser. Der Strand scheint nicht näherzukommen. Da beginnt Jamison, mit den Hüften zu kreisen. Der Strand wechselt die Farbe, hat plötzlich einen gelblichen Schimmer. Jamison beginnt, fester und tiefer zu stoßen, während er keuchend atmet. Trina strengt sich noch mehr an; ihre Arme und Beine ermüden allmählich. Plötzlich schwillt eine große Welle unter ihr an und hebt sie empor. Es ist eine unvorstellbare Welle, zwanzig, dreißig Fuß hoch. Ihr wird ganz schwindelig. Die Welle trägt sie in Windeseile Richtung Strand. Sie ist sicher, daß sie zerschmettert werden wird, wenn die Welle auf dem Sand aufschlägt, aber das ist ihr egal. Die Geschwindigkeit ist berauschend. Gleichgültig, was passieren wird, dieses Gefühl ist es wert.

Als Jamison kommt, bäumt sich sein Körper zuckend auf. Sein Zucken bringt sie auf den Rest des Weges, und sie kommt mit einem lauten Schrei, der ihn erschreckt. Er hebt den Kopf. Unter halbgeschlossenen Lidern sieht sie, wie bestürzt er über das Geräusch ist. Er wirkt verlegen, als hätte sie gefurzt.

»Schau doch nicht so überrascht«, sagt sie.

»Beim letzten Mal hast du nicht geschrien.«

»Das war unser erstes Date. Anständige Mädchen schreien beim ersten Date nicht.«

Er lacht.

»Du bist unglaublich.«

Sie fragt sich, wieso er auf die Uhr sieht und aus dem Bett springt, wenn er sie wirklich so unglaublich findet. Dann wird ihr klar, daß das ein ungerechter Gedanke ist. Er hatte sie gewarnt, daß er spät dran ist. Sie hatte ihn verführt. Wenn er sich jetzt für ein anderes Date anziehen muß, ist das nur recht und billig; sie hatte es von Anfang an gewußt.

Sie bleibt im Bett und sieht ihm zu, während er im angrenzenden Bad hin- und hereilt. Seine Bewegungen sind sehr effektiv, er dreht erst die Dusche auf, geht dann zurück ans Waschbecken und reiht seine Zahnbürste, sein Deo und sein Rasierwasser nebeneinander auf, als wären es Verdächtige bei einer Polizeirazzia. Trina weiß, daß er sie in der Reihenfolge angeordnet hat, in der er sie benutzen wird. Sie findet, daß diese Ordnungsliebe für jemanden, der so viel Zeit in vom Krieg zerrissenen Ländern verbringt, höchst erstaunlich ist. Aber vielleicht ist genau das der Grund, warum er zu Hause so ordentlich ist – vom Chaos zur Ordnung. Ihr selbst wäre diese Besessenheit zuviel, aber für Barcy könnte er genau der Richtige sein. Für Barcy ist es nicht leicht, Menschen kennenzulernen, die ihr intellektuell ebenbürtig sind, obwohl sie das selbst nie zugeben würde. Aber Jamison ist sehr klug.

Trina beschließt, ihm von dem Baby zu erzählen. Er verdient es, Bescheid zu wissen. Dazu kommt, daß er als Auslandskorrespondent sowieso die meiste Zeit auf Reisen sein dürfte und deswegen keinen Wert auf das Sorgerecht legen wird.

»Jamison«, sagt sie.

»Nun red' schon, Kleine.« Er reißt eine neue Packung mit Seife auf und legt sie in die Dusche. Dann reguliert er die Wassertemperatur.

»Ich bin heute hergekommen . . .« Dieser Anfang gefällt ihr nicht. »Ich wollte mit dir darüber reden . . .« Das klingt noch schlimmer.

»Oh, oh«, sagt Jamison und sieht auf seinen Penis hinunter. Als er sich zu ihr umdreht, hält er ihn in der Hand, und sie sieht, daß sein ganzes Glied rot verkrustet ist. Er schnippt mit dem Finger dagegen, und eine rosa Flocke schneit zu Boden.

Trina wirft einen Blick zwischen ihre Beine und sieht das Blut auf ihren Oberschenkeln. Das gelbe Laken hat ebenfalls rosa Flecken. Sie hat ihre Periode bekommen. Sie ist nicht schwanger.

»Warum springst du nicht schnell unter die Dusche?« fragt er. Inzwischen ist er damit beschäftigt, ein Handtuch anzufeuchten.

Trina klettert aus dem Bett und geht zur Dusche hinüber. Sie spürt eine enorme Hitze in ihrem Bauch, als hätte sie gerade ein Kind verloren. Sie weiß, daß das ein dummer Gedanke ist, denn da war kein Kind. Trotzdem ist sie traurig.

Eilig seift sie sich ein und wäscht das Blut weg. Als sie aus der Dusche kommt, hält Jamison in der einen Hand immer noch das feuchte Handtuch, mit dem er das Laken bearbeitet hat. In der anderen Hand hat er einen Fön, mit dem er es systematisch trockenfönt. Offensichtlich rechnet er damit, das Bett heute abend wieder mit jemandem zu teilen, und er hat wohl keine Zeit mehr, es frisch zu beziehen.

»Ich mache das schon«, sagt Trina. »Geh du duschen.«

Er reicht ihr den Fön, und sie fönt so lange, bis das Laken ganz trocken ist. Anschließend macht sie das Bett. Dann sucht sie in ihrer Tasche nach einem Notfall-Tampon, findet einen und führt ihn ein. Sie steht gerade in halb gebückter Haltung da und schiebt den Tampon ein, als er aus der Dusche kommt.

»Gott, ist das sexy«, sagt er. Wie zur Bestätigung beginnt sein Penis leicht anzuschwellen.

»Du bist spät dran«, sagt sie. Sie knüllt ihre Strumpfhose zusammen und schiebt sie in ihre Tasche. Schnell zieht sie sich an. Sie wechseln ein paar intelligente Worte, die sie schon wieder vergessen hat, kaum daß sie zur Tür draußen ist. Sie hat es jetzt eilig, nach Hause zu kommen.

Auf dem Weg zum Auto hat sie das Gefühl, den Tampon unangenehm groß in sich zu spüren. Sie fängt an, leicht o-beinig zu gehen, obwohl sie genau weiß, daß der Tampon in Wirklichkeit gar nicht so groß ist und daß sie sich das mit dem unangenehmen Gefühl nur einbildet.

12 Dixie hockt in einem kalten, betonierten Raum. Neben ihr sitzen dreiundzwanzig Mädchen in Unterwäsche. Sportstunde. Die letzte Stunde des Tages. Diese Woche steht Basketball auf dem Programm. Sie haben sich alle ausgezogen, um in ihre Sportsachen zu schlüpfen.

Die Mädchen drängen sich auf den hölzernen Bänken, die die Reihen der roten, metallenen Garderobenschränke voneinander trennen. Dixie ist erstaunt über die Vielfalt der Unterwäsche. Als sie die High-School besuchte, war die Unterwäsche weiß, blau oder pink. Zu ihrer Rechten nimmt gerade ein Mädchen ihre Kontaktlinsen heraus und verstaut sie in einer kleinen weißen Box. Sie trägt einen dunkelroten Spitzen-BH, durch den man ihre Brustwarzen sehen kann. Sie hat kleine Brüste und kleine Brustwarzen, aber in diesem BH wirken sie richtig aufreizend. Das Mädchen links von Dixie lehnt sich zu ihrem Garderobenschrank hinüber, um ihr gelbes T-Shirt herauszunehmen. Ihre Pobacken sind keine zwanzig Zentimeter von Dixies Gesicht entfernt. Ihr Slip ist kobaltblau und besteht aus einem kleinen, nur ihre Schamhaare bedeckenden Stoffdreieck und schmalen blauen Elastikbändern, die sich über ihre Hüftknochen ziehen, knapp über ihrem Hintern aufeinandertreffen und dann zwischen ihren Pobacken verschwinden. Dixie stellt es sich ziemlich unbequem vor, den ganzen Tag in einem solchen Slip gehen und sitzen zu müssen.

Dixie weiß jetzt, daß sie einen schweren Fehler gemacht hat. Als Captain Janeway ihr Geld gab, damit sie sich für ihren Undercover-Auftrag einkleiden konnte, hatte sie es nicht für nötig gehalten, besondere Unterwäsche zu kaufen. Sie war der Meinung, ihre eigene tragen zu können. Unterwäsche ist Unterwäsche, hatte sie gedacht. Sie hatte sich geirrt.

Sie sitzt immer noch in Rock und Bluse da; es widerstrebt ihr, sich auszuziehen. Sie fummelt am Schloß ihres Garderobenschranks herum, um Zeit zu schinden. Die Luft im Raum ist drückend und feucht. Die Mädchen aus der Klasse vor ihnen scheinen geduscht zu haben. Dicke Tropfen Kondenswasser laufen an den feuchten, verschmierten Garderobenschränken hinunter. Die Mädchen um sie herum schwatzen, tratschen, kichern. Sie sieht, wie sich ein erschreckend dünnes Mädchen mit schläfrigen Augen eine Benzedrin-Tablette in den Mund schiebt und trocken hinunterschluckt. Unter der blassen Haut des Mädchens zeichnen sich ihre Rippen ab wie Finger, die in einen Luftballon stochern. Die Knochen scheinen das einzige zu sein, was ihren Körper davon abhält, völlig in sich zusammenzufallen.

Das Mädchen mit dem roten Spitzen-BH schiebt den Kontaktlinsenbehälter in ihre Tasche und holt dann eine Brille aus ihrem Garderobenschrank. Sie befestigt ein verstellbares Elastikband an beiden Bügeln, setzt die Brille auf und schüttelt den Kopf, um sicherzugehen, daß sie auch fest genug sitzt. Sie sieht zu Dixie hinüber. »Was ist los? Turnt dich das an?«

Dixie lächelt. »Ich überlege gerade, wie ich es am besten anstelle, die Stunde zu schwänzen.«

»Vergiß es«, sagt das andere Mädchen, die mit dem String-Tanga. »Du kannst an dieser Schule jede Stunde schwänzen, aber nicht Sport.«

»An meiner alten Schule war es überhaupt kein Problem, die Sportstunde zu schwänzen.«

»Wo war das?«

»Oregon.«

»Shit, du bist jetzt in Kalifornien. Hier schwänzt kein Mensch die Sportstunde.«

Schnell zieht Dixie ihre Sachen aus. Sie selbst trägt pinkfarbene Damen-Jockeys. Dazu einen passenden BH. Sie ist die einzige im ganzen Umkleideraum, deren Slip und BH zusammenpassen. Genausogut könnte sie gleich ihren Dienstausweis tragen.

Spitzen-BH starrt Dixies Körper an. »Guter Gott, was hast du in Oregon bloß gemacht? Klaviere durch die Gegend geschleppt?«

Ein paar von den anderen Mädchen starren jetzt ebenfalls auf Dixies Körper. Sogar in entspanntem Zustand lassen die hervortretenden Muskelpakete an Dixies Armen und Beinen an die geflochtenen Stränge eines Hefezopfes denken. Ihr Bauch ist so flach und hart wie die Fliesen in der Dusche. Sie wirft einen Blick auf die Körper der anderen Mädchen; einige von ihnen sind dünn, andere weiblich gerundet, wieder andere pummelig. Dixies Körper jedoch ist das Ergebnis jahrelangen Trainings und täglicher Disziplin. Nur ihr Gesicht ist so glatt und faltenlos wie die Gesichter dieser Mädchen. Dixies Persönlichkeit zeigt sich in ihrem Körper, einer kalifornischen Version von Dorian Gray.

»Fuck, man«, sagt das Mädchen mit dem String-Tanga. »Seht euch diese Venen an. Fuck.«

Dixie sieht auf die blauen Venenstränge hinunter, die sich dicht unter der Haut ihrer Vorderarme dahinschlängeln. »Zuhause an meiner alten Schule war ich im Turmspringer-Team«, erklärt Dixie. »Bei einem Wettkampf habe ich den Absprung nicht richtig erwischt und bin beim Runterkommen aufs Sprungbrett geknallt. Als ich aufs Wasser klatschte, war ich schon bewußtlos.« Sie nimmt am Hinterkopf ihre Haare auseinander, als wolle sie ihnen die Narbe zeigen. Aber keines der Mädchen sieht hin. »Ich habe drei Monate im Krankenhaus gelegen. Am Anfang meinten die Ärzte, ich würde nie wieder gehen können.«

»Großer Gott, das ist ja schrecklich«, sagt Spitzen-BH.

»Später mußte ich dann Krankengymnastik machen, ihr wißt schon, Gewichte heben und solches Zeug, und nach einer Weile wurde es besser. Ich habe zwei Jahre gebraucht, bis ich endlich aus dem verdammten Rollstuhl rauskam. Meine Mom will, daß ich trotzdem weitertrainiere. Ich glaube, sie hat Angst, daß meine Beine wieder schlappmachen, wenn ich aufhöre. Sie ist da irgendwie abergläubisch. Aber in ein paar Monaten mache ich meinen Abschluß, und dann gehe ich ans University College Santa Barbara. Dann kann ich endlich aufhören.«

»UCSB«, wiederholt Spitzen-BH. »Was ich so gehört habe, soll da richtig die Post abgehen.«

»Hoffentlich«, antwortet Dixie. »Nach zwei Jahren als Krüppel kann ich sowas wirklich gebrauchen.«

Die Mädchen wenden sich von Dixie ab; sie fürchten wohl, daß etwas von Dixies Pech auf ihr eigenes junges Luxusleben abfärben könnte. Es beginnt ein allgemeines Schnüren von Reeboks und L. A. Gears und Etonics. Dixies Unterwäsche ist vergessen.

Wieder im Präsidium, beugt sich Dixie über den Trinkwasserbrunnen. Auf ihrer Zunge liegt eine weiße Tablette, 500 mg Vitamin C. Sie nimmt einen Schluck Wasser, preßt das Kinn gegen die Brust und schluckt die Tablette hinunter. Die meisten Leute meinen, man sollte beim Tablettenschlucken den Kopf zurückwerfen, aber in Wirklichkeit engt das die Speiseröhre ein. Erfahrene Vitaminschlucker wissen, daß man das Kinn gegen die Brust drücken muß. Dixie versucht nun schon seit Jahren, die Leute auf diese Tatsache hinzuweisen, aber sie muß immer noch mit ansehen, wie Kollegen den Kopf zurückwerfen und die

Augen gen Himmel wenden, um dann grimassenschneidend ihr morgendliches Aspirin hinunterzuwürgen. Manche Leute lernen es nie.

Als nächstes ist die grüne Tablette an der Reihe, ihr persönliches Lieblingsstück. Sie enthält Kalzium, Magnesium, Zink, Eisen, Kupfer, Seetang und Mangan, außerdem wichtige Spurenelemente. Sie legt die Tablette auf die Zunge, nimmt einen Schluck Wasser, drückt das Kinn gegen die Brust, schluckt die Tablette hinunter.

»Dixie«, sagt Captain Janeway.

»Sir?«

Er hat den Arm voller Aktenordner. »Sie wollten mich sprechen?«

»Ja, Captain. Nur ganz kurz.«

Er reicht ihr die Hälfte der Ordner. »Da können Sie mir gleich beim Tragen helfen.« Er eilt davon, den Gang hinunter.

Dixie hat noch eine Tablette zu nehmen, eine rotgesprenkelte, die Vitamin A, E und D enthält. Sie schiebt sie in den Mund, schlürft schnell ein bißchen Wasser, schluckt und eilt Captain Janeway hinterher.

In seinem Büro läßt er die Aktenordner auf den Schreibtisch fallen, nimmt ihre Ladung und knallt sie daneben. Dann setzt er sich hinter den Schreibtisch, lockert den Schnürsenkel an seinem linken Schuh und lehnt sich mit einem Seufzer zurück. »Wie läuft's denn im High-School-Dschungel?«

»Ich brauche mehr Geld für Klamotten. Ungefähr fünfzig Dollar.«

»Allmählich reden Sie wirklich wie ein Teenager.«

»Unterwäsche, Captain. Ich muß mir eine bestimmte Sorte Unterwäsche kaufen.«

Er sieht sie ungläubig an. »Die Mädchen dort tragen besondere Unterwäsche?«

»An dieser Schule geht es ein bißchen luxuriöser zu als an anderen Schulen. Glauben Sie mir, es ist besser für Sie, wenn Sie keine Einzelheiten wissen.«

»Danke, daß Sie mir meine pubertären Illusionen nicht rauben wollen.«

Dixie lächelt ihn an. Er hat eine Tochter, die gerade vierzehn geworden ist. Ihr silbergerahmtes Foto steht auf seinem Schreibtisch, ebenso ein Bild seiner Frau.

Captain Janeway ist der anständigste Mann, den Dixie kennt. Jeder im Präsidium respektiert seine Aufrichtigkeit und Integrität.

»Tut sich denn schon was da draußen?« fragt er.

»Ich bin mit dem Hauptdealer in Kontakt getreten.«

Er deutet auf den halb verblaßten Knutschfleck an ihrem Hals. Es gibt nicht viel, was ihm entgeht. »In ziemlich engen Kontakt, würde ich sagen.«

»Er ist ein bißchen übermütig. Nichts, womit ich nicht fertig würde.«

»Lassen Sie sich durch die schicken Autos und Klamotten nicht blenden. Der Junge dealt, also muß es jemanden geben, von dem er kauft. Irgendwo am Ende der Kette stehen ein paar wirklich üble Typen, die das große Geld machen. Die Knutschflecken, die die austeilen, stammen aus 44er Magnums.«

»Danke, Dad.«

Captain Janeway lacht. »Okay, okay, Ende des Vortrags. Was haben Sie herausgefunden?«

»Joseph Little ist im Grunde der einzige, um den wir uns kümmern müssen. An der Schule sind eine Menge Drogen im Umlauf. Diese Kids können sie sich leisten. Ein paar kleinere Verkäufe, nur so unter Freunden, ein paar Joints, hie und da ein paar Poppers. Aber die große Action läuft über diesen Little-Jungen.«

»Wer ist sein Ratboy?« Damit meint er seinen Zulieferer, den, der die Qualität des Stoffes kontrolliert – den, hinter dem sie wirklich her sind. Aus Captain Janeways Mund klingt Straßen-Slang immer komisch.

»Das weiß ich noch nicht. Ich habe mich in den letzten Tagen nur hin und wieder in seiner Nähe aufgehalten, damit er nicht meint, ich bin hinter ihm her. Er mag mich.«

»Bestimmt. Trotzdem können Sie das Kleid für den Abschlußball eingemottet lassen. Ich will die Sache noch diesen Monat unter Dach und Fach haben. Finden Sie seinen Verbindungsmann, dann nageln wir sie beide fest. Die Glänzer vom FBI machen allmählich Druck.« Glänzer sind die Bürokratentypen, die man daran erkennt, daß ihre Hosen am Hintern glänzen, weil sie den ganzen Tag sitzen. »Das neue, für alle Bundesstaaten geltende Gesetz besagt, daß jeder Drogenverkauf im

Umkreis von einem Kilometer rund um eine Schule mit einer ein- bis vierzigjährigen Gefängnisstrafe geahndet wird. Das macht das Risiko ein bißchen größer, China Doll.« Captain Janeway schließt die Augen.

»Wie hält sich Direktor Peterson?«

»Er glaubt, wir spielen James Bond. Noch eine Woche, dann wird er uns vorschlagen, Losungsworte und Decoder-Ringe zu verwenden.«

»Peterson ist schon in Ordnung. Ich mag ihn. Er erinnert mich irgendwie an mich.« Er öffnet die Augen und lächelt.

»Was ist jetzt mit den fünfzig Dollar?«

Captain Janeway kritzelt etwas auf ein Formular und schiebt es ihr hinüber. »Fünfzig Dollar für Unterwäsche. Jesus.« Als sie nach dem Formular greifen will, hält er es fest. »Spaß beiseite, Dixie. Seien Sie vorsichtig. High-School oder nicht, wenn so viel Geld im Spiel ist, mischt immer jemand mit, der mit harten Bandagen kämpft.«

»Ich werde vorsichtig sein, Captain.« Sie nimmt das Formular und steht auf. Im Hinausgehen spürt sie seinen besorgten Blick auf ihrem Rücken. Sie ist ihm dankbar dafür.

Dixie sitzt in ihrem Abendkurs und ist kaum mehr in der Lage, ihren Kugelschreiber zu halten, um sich Notizen zu machen. Der Dozent spricht gerade darüber, wieso die lästigen kleinen »Formalitäten«, über die sich jeder aufregt, in Wirklichkeit gar nicht so klein und unwichtig sind. Dixie kennt das alles aus dem Gerichtssaal, von den Fällen, in denen sie als Zeugin aussagen mußte.

Dixie hat einen Plan. Vier weitere Jahre Abendschule, dann hat sie ihren Juraabschluß. Das Staatsexamen wird ein harter Brocken werden, aber sie wird auch das schaffen. Sie hat immer alles geschafft, was sie sich in den Kopf gesetzt hatte.

Sie läßt ihren Blick durch den Raum schweifen. Randy ist nicht da. Randy Vogel ist ihr Freund, ihre bessere Hälfte, ihr Geliebter – wie auch immer man das heutzutage nennen mochte. Dixie zieht die Bezeichnung Freund vor, aber Trina macht sich immer über sie lustig, wenn sie diesen Ausdruck gebraucht. Trina sagt dann jedesmal: »Wir sind erwachsene Frauen, in Gottes Namen, keine Teenager.« Dixie ist ganz ihrer Meinung, aber trotzdem findet sie den Ausdruck »Freund« am angenehmsten. Es ist ein gängiger Begriff und klingt nicht allzu intim. Bessere Hälfte klingt nach Geschäftspartner. Liebhaber ist zu persönlich, als würde er sie jede Nacht gynäkologisch untersuchen. Freund bedeutet, wir gehen miteinander aus, haben gelegentlich Sex, essen ab und zu miteinander, sprechen vage über eine gemeinsame Zukunft, kommen aber nie so weit, uns auf einen konkreten Zeitplan festzulegen. Freund.

Die hintere Klassenzimmertür geht auf, und Randy kommt auf Zehenspitzen herein; es ist ihm offensichtlich peinlich, den Unterricht zu stören. Natürlich drehen sich alle um und sehen zu, wie er zum nächstgelegenen Tisch schleicht. Der Dozent fixiert sein Ziel, feuert eine schnelle Salve der Mißbilligung ab, die Randy in Asche verwandelt, und fährt dann mit seiner Vorlesung fort.

Randy läßt sich auf seinen Stuhl fallen und zwinkert Dixie zu. Sie lächelt zurück und widmet sich dann wieder ihren Notizen. Nach der Stunde kann er von ihr abschreiben, was er versäumt hat.

Dixie ist seit sechs Monaten mit Randy liiert. Sie haben sich letztes Semester bei der Einführung ins Strafgesetz kennengelernt. Dixie möchte Strafverteidigerin werden. Randy will in den Bereich Medienrecht. Als Kind hatte er recht erfolgreich in der Fernsehserie »Dennis the Menace« mitgespielt. Später machte er ein paar Werbeaufnahmen für Cornflakes, konnte aber nicht an seinen früheren Erfolg anschließen. Als rothaariger, sommersprossiger Junge mit Baseballkappe war er süß gewesen. Als rothaariger, sommersprossiger Teenager wirkte er bloß schlaksig und unscheinbar. Er ging ans College, machte eine Ausbildung als Cutter und bekam anschließend genügend Fernsehaufträge, um sechs Jahre lang seine Kokainsucht zu finanzieren. Inzwischen war er clean.

Dixie blickt auf, weil sie plötzlich merkt, daß sie gar nicht mitbekommen hat, was der Dozent gerade gesagt hat. Sie wirft einen Blick auf das Blatt des jungen Mannes neben ihr und schreibt seine letzte Notiz ab. Er nimmt den Arm weg, damit sie besser sehen kann, und sie flüstert ihm ein Danke zu.

Trina behauptet, daß Dixie instinktiv die Streuner, Verlierer und Schwächlinge aufliest, sie wie eine Sechziger-Jahre-Erdmutter aufpäppelt und dann enttäuscht ist, wenn sie nicht auf eigenen Füßen stehen können. »Warum sollten sie auch«, fragt Trina, »wenn sie auf deinen stehen können?«

Dixie vermutet, daß sie damit nicht ganz unrecht hat. Natürlich nicht in Randys Fall, aber im Hinblick auf ihre früheren Beziehungen, besonders ihren Ex, Karl. Sie und Karl sind immer noch befreundet, wenn auch nicht so eng, wie Karl möchte. Er ruft sie oft an, nur, um ein bißchen zu plaudern. Manchmal schlägt er beiläufig vor, es doch noch einmal miteinander zu versuchen. Sie ignoriert es, wenn er so etwas sagt, aber er ist fest entschlossen.

Trina hat es gerade nötig, über Beziehungen zu reden, denkt Dixie. Von den vier Freundinnen ist sie diejenige, die ihre Männer am häufigsten wechselt. Sie kann sich noch gut an den Abend erinnern, als sie zu Trina hinüberfuhr. Eigentlich bestand keine Gefahr, daß sie sich wirklich umbringen würde. Trina liebt Karyn viel zu sehr, um ihr so etwas anzutun, aber Dixie hatte durch ihren Job genug über die Menschen gelernt, um kein Risiko einzugehen. Sie hatten geredet, gelacht und geweint; dazu hatten sie Pizza und anschließend Eis gegessen. Am nächsten Tag war Dixie vier Extra-Meilen gelaufen, um den Müll wieder loszuwerden, den sie am Vorabend in sich hineingestopft hatte. Bei dem Gedanken muß sie lächeln. Trina ist nicht nur die sinnlichste Frau ihrer Runde, sie ist auch die leidenschaftlichste. Dixie beneidet sie darum.

Diva ist die Träumerin. Ihr Blick ist immer auf die Zukunft gerichtet; geduldig wartet sie auf den großen Durchbruch. Eine Platte aufnehmen, Millionen verdienen. Sicherheitshalber kauft sie jeden Tag ein Lotterielos, um neben ihrer Karriere noch ein zweites Standbein zu haben. Für Diva ist der Kauf eines Loses mit der Eröffnung eines Sparbuchs gleichzusetzen. Ihre Beziehungen mit Männern sind chaotisch und vom Zufall abhängig. Sie lernt jemanden kennen, zieht am nächsten Tag mit ihm zusammen, lebt mit ihm eine Woche, einen Monat, ein Jahr, trennt sich von ihm und lernt ein paar Tage später jemand Neuen kennen. Diva weiß einfach, daß sich alles zum Guten wenden wird, daß ihr Ruhm und Reichtum bevorstehen, selbst wenn zum jeweiligen Zeitpunkt nichts in ihrem Leben darauf hinweist.

Barcy ist die komplizierteste von ihnen. Sie ist die gescheiteste Frau, der Dixie je begegnet ist. Nicht nur gebildet, sondern klug, schlagfertig und intelligent. Sie ist das Gewissen ihrer Runde, diejenige, die Ursache und Wirkung jeder ihrer Handlungen gegeneinander abwägt. Angesichts von Dixies Job käme diese Rolle eigentlich ihr zu, aber dem ist nicht so. Dixie ist sich bewußt, daß sie nicht genug Intellekt besitzt, um sich mit komplexeren Themen herumzuschlagen. Gib ihr die Regeln, die Gesetze, und sie wird dafür sorgen, daß sie eingehalten werden. Verlange von ihr, neue Gesetze zu schreiben, und sie ist verloren. Sie hofft, daß sich das durch diese Abendkurse ändern wird.

Barcys Beziehungen sind verwirrend. Sie lernt viele Männer kennen, geht mit ihnen aus, scheint sie zu mögen. Sie hat schon mehrere Heiratsanträge bekommen. Aber aus irgendeinem Grund sagt sie immer nein. Dixie glaubt, daß Barcy alles zu sehr analysiert.

Der Dozent hört auf zu reden, und alle beginnen ihre Notizblöcke einzupacken. Randy wartet an der Tür auf sie. Während sie auf ihn zugeht, spürt sie, daß ihre Beine immer schwerer und langsamer werden. Sie fragt sich, ob das nur vom Training kommt.

13

»Die Bar ist geschlossen«, sagt Barcelona zu Trina.
»Du machst Witze!«

»Und was ist dann das hier? Glaubst du immer noch, daß ich Witze mache?« Barcelona hält ein Glas Diet Coke in die Höhe.

»Shit«, antwortet Trina.

Trina hat sich zwanzig Minuten verspätet, was für ihre Verhältnisse nicht schlecht ist. Barcelona, Dixie und Diva sitzen bereits in einer Nische des festlich dekorierten mexikanischen Restaurants namens Hot Pepper. Von der hohen Decke hängen lebensgroße, in leuchtenden tropischen Farben bemalte Piñatas; die Kochtöpfe haben die Form von Eseln, Tänzerinnen und Banditos. Barcelona nimmt sich ein paar von den warmen Tortilla-Chips, die in einem Korb auf dem Tisch stehen, und deutet auf den freien Stuhl neben ihr. »Setz dich, Trina. Du wirst es schon mal einen Abend ohne aushalten.«

»Die verdammte Bar ist wirklich geschlossen?« fragt Trina, während sie sich setzt. »Ich habe noch nie von einer Bar gehört, die am Freitagabend geschlossen ist. Kein Wunder, daß hier tote Hose ist.«

»Es ist doch gar nicht tote Hose«, widerspricht Diva. »Wir sind schließlich hier.« Sie trinkt Perrier. Gelangweilt stupst sie mit dem Fingernagel ein Stück Limone an, das zusammengerollt wie ein Fötus zwischen den schmelzenden Eiswürfeln herumtreibt. Auf jedem ihrer schimmernden, wassermelonenroten Fingernägel ist ein kleines weißes Einhorn gemalt. An einem der Nägel klebt ein Stück Limonenfruchtfleisch. In dem Aschenbecher neben ihrem Glas glüht eine halb gerauchte schwarze Zigarette vor sich hin.

»Keine Bar«, wiederholt Trina kopfschüttelnd. »Bauen sie um oder was?«

»Gerichtsbeschluß«, antwortet Barcelona. Sie greift nach einem kleinen Schild, das vor ihr auf dem Tisch steht und reicht es Trina. Es zeigt einen Teddybären mit Sombrero. Darunter steht: Wir bitten um Ihr Verständnis. Die Aufsichtsbehörde hat uns vorübergehend untersagt, alkoholische Getränke auszuschenken.

»Warum das Ganze? Haben sie an Minderjährige Alkohol ausgeschenkt?«

»Du erinnerst dich doch bestimmt noch daran, daß letztes Jahr ein paar Chicanos wegen Diskriminierung vor Gericht gegangen sind«, sagt Barcelona.

»Ja, sie haben das Restaurant beschuldigt, abends keine Angehörigen ethnischer Minderheiten an die Bar zu lassen. Mexikaner ebensowenig wie Schwarze und Araber.«

Dixie nickt. »Nach Geschäftsschluß ist das hier ein richtiger Aufreißschuppen. Die Hälfte der Bürogebäude von Irvine entleert sich in diesen Laden. Auf den Toiletten wird soviel Kokain geschnupft, daß man schon high ist, wenn man bloß zum Pinkeln geht.«

Trina lacht. »Wenn man sämtliche Kondome, die die Typen hier am Wochenende in der Tasche haben, auf einen Haufen werfen würde, hätte man genug Gummi, um die ganze NBA mit neuen Basketballschuhen auszurüsten.«

»Hier lernst du also deine Männer kennen«, zieht Diva sie auf.

»Igitt! Wenn du mit einen von diesen Typen schläfst, mußt du danach mit dem Dampfstrahler duschen.«

Diva verzieht angewidert das Gesicht. »Herrgott, Trina, wo hast du bloß immer deine Sprüche her?«

»Als ich noch Streife fuhr«, sagt Dixie, »war ich ein paarmal hier, um Raufereien in der Parkgarage zu schlichten. Sogar die feinen Schnösel in ihren teuren Anzügen schwingen von Zeit zu Zeit gern mal die Fäuste.«

»Jedenfalls«, fährt Barcelona fort, »haben sie sich anscheinend geweigert, Typen ethnischer Minderheiten –«

»Nur die Typen?« fragt Diva.

»Natürlich«, antwortet Trina. »In einem solchen Schuppen ist es doch egal, wie eine Frau aussieht, solange sie eine Muschi hat. Hi, kennen Sie mich? Ich habe ein Mittel gegen Krebs gefunden und die Atomwaffen abgeschafft. Aber wenn ich auf Reisen bin, erkennen mich die Männer nicht. Deswegen trage ich das hier mit mir herum.« Trina deutet auf ihre Lendengegend. »Meine Möse. Die ist überall willkommen, sogar da, wo sie nicht mal American Express nehmen.«

»Jesus«, meint Diva kichernd.

Barcelona nimmt sich noch ein paar Tortilla-Chips. »Wie sich herausgestellt hat, haben sich alle Restaurants der Hot-Pepper-Kette so verhalten. Deswegen hat das Gericht angeordnet, ihre Bars für eine Woche zu schließen, als Teil der Strafe.«

Trina schlägt ihre Speisekarte auf, überfliegt sie schnell und schließt sie wieder. »Wer hat dieses Restaurant überhaupt ausgesucht?«

»Ich«, antwortet Diva. »Ich esse gern mexikanisch. Von dem ganzen anderen Mist hatte ich keine Ahnung.«

»Du liest wohl keine Zeitung?«

Diva zuckt mit den Schultern. »Wenn es nicht im Rolling Stone steht, kann es so wichtig nicht sein.«

In gespielter Empörung wirft Trina mit einem Tortilla Chip nach Diva. Das Geschoß verfängt sich in Divas Haar. Diva befreit es aus ihren Locken und verspeist es.

Dann wendet sich Trina wieder ihrer Speisekarte zu. Die anderen folgen ihrem Beispiel.

Barcelona hat Probleme, die Speisekarte zu lesen. Die Buchstaben verschwimmen vor ihren Augen. In ihrer Tasche steckt eine billige Lesebrille, die sie sich vor einem Monat bei Thrifty's gekauft hat. Die Gläser sind rechteckig und haben einen Metallrand, genau wie die Großmutterbrillen, die bei den Studenten so beliebt waren, als sie ans College kam. Nur hatten diese Brillen damals rosafarbene, blaue oder gelbe Gläser, um die Welt heller und fröhlicher aussehen zu lassen. Ihre ist nur eine einfache Lesebrille. Damit sie ihre eigenen Bücher lesen kann, während sie sie schreibt. Sie hat noch niemandem erzählt, daß sie eine Brille braucht. Außer Eric.

Die Bedienung kommt an ihren Tisch. Sie trägt einen kurzen gelben Rock, der am Saum mit einer Rüsche eingefaßt ist und auf der halben Höhe ihrer Oberschenkel endet. Das Dekolleté ihrer Bluse läßt tief blicken und zwängt ihre Brüste so ein, daß sie ein bißchen über den Rand des Stoffes quellen. Die blauen Venen unter der bleichen Haut ihrer Brüste zeichnen sich so deutlich ab, daß man meinen könnte, sie seien mit Tinte nachgezeichnet. Die Bedienung ist Ende Vierzig und trägt kaum Make-up, nur ein bißchen Eyeliner und Lippenstift. Obwohl sie sich in ihrem Outfit nicht wohl zu fühlen scheint, ist sie sehr freundlich und berät sie bei ihrer Bestellung. Trotzdem kann sich Diva nicht entscheiden, und die Bedienung erklärt sich bereit, in ein paar Minuten noch einmal wiederzukommen. »Inzwischen bringe ich euch nochmal einen Korb Chips«, sagt sie lächelnd. »Vielleicht lenken euch die scharfen Gewürze ein bißchen von der Tatsache ab, daß ihr statt Margaritas Cola trinken müßt.« Im Gehen zieht sie ihren Rocksaum hinunter.

»Also gut, kommen wir zur Sache«, sagt Trina und schnippt ungeduldig mit den Fingern. »Mal sehen, was ihr so habt.«

Diva tippt mit ihren einhorngeschmückten Fingern auf die Speisekarte. »Meint ihr, ich bekomme hier eine anständige vegetarische Mahlzeit?«

»Du hast den Schuppen doch ausgesucht«, erinnert sie Dixie.

»Ja, das stimmt.« Diva gibt ihr nickend recht, während sie erneut die Speisekarte überfliegt. »Diese *chalupa* klingt gut. Gefüllt mit Bohnen, Rindfleisch ... Shit, Rindfleisch. Vielleicht kann ich sie dazu bringen, das Fleisch wegzulassen.«

Trina starrt sie ungläubig an. »Aber über diese Speisekarte rede ich doch gar nicht, Kinder. Mich interessiert viel mehr, welche kulinarischen Genüsse uns im wirklichen Leben erwarten. Wen hast du ausgesucht, Diva?«

Diva zögert und wird rot. »Mir ist niemand eingefallen.«

»Kein einziger?« fragt Trina.

»Keiner, der für eine von euch interessant wäre. Außer vielleicht Calypso. Wir haben uns vor ein paar Wochen getrennt.«

»Wirklich?« fragt Dixie. »Warum hast du uns das denn nicht erzählt?«

»Ich habe es Barcy erzählt. Aber sie mußte mir versprechen, euch nichts zu verraten. Ich wollte erst sicher sein, daß es tatsächlich vorbei ist.«

Trina sieht zu Barcelona hinüber. »Wie kannst du ein so pikantes Geheimnis nur für dich behalten! Manchmal bist du grausam!«

Barcelona nippt an ihrem Wasser, damit sie nichts sagen muß. In Wirklichkeit hat sie Divas Geheimnis nur deshalb so gut gehütet, weil sie es völlig vergessen hatte. Obwohl sie Diva mag und ihren chaotischen Lebensstil sogar irgendwie gut findet, hat Barcelona nicht das Gefühl, ihr sehr nahe zu stehen. Nicht so nahe, daß sie ihr ein Geheimnis anvertrauen würde. Aber aus irgendeinem ihr unbekannten Grund betrachtet Diva sie als ihre Vertraute, ruft sie regelmäßig an, um mit ihr zu plaudern, und fragt sie in allen möglichen Dingen um Rat. Diva ist flatterhaft, unberechenbar, undiszipliniert – das genaue Gegenteil von Barcelona. Trotzdem tut Diva so, als wären sie Seelenverwandte, als verstünde Barcelona ihre Verrücktheiten.

»Mit euch beiden ist es also aus?« wendet sich Dixie an Diva. »Calypso ist endgültig ausgezogen?«

»Ja. Ich habe ihn seit einer Woche nicht mehr gesehen. Das Komische ist, daß er mir überhaupt nicht fehlt. Ich hatte mich schon auf Depressionen und Freßsuchtanfälle eingestellt und natürlich auf ein paar schlimme Weinkrämpfe. Nichts davon ist eingetroffen. Meint ihr, daß der Schock erst später kommt?«

»Ich glaube, du bist einfach froh, ihn loszusein«, sagt Trina. »Jetzt kannst du dich nach jemandem mit einer wirklichen Persönlichkeit umsehen. Oder zumindest mit einem Job.«

»Du klingst wie meine Mutter.«

Barcelona lacht. »Sie klingt wie jedermanns Mutter.«

»Ich bin jedermanns Mutter. Die Erdmutter sozusagen. Mit Titten wie diesen kann ich es mir leisten, das ganze Universum zu säugen.« Trina wendet sich an Dixie. »Was ist mit dir? Irgendwelche anständigen Gauner?«

Dixie zieht einen Zettel aus der Tasche. »Wider besseres Wissen.« Sie reicht ihn Trina. »Mein einziger Beitrag, also nervt mich in Zukunft nicht mehr damit.«

Trina nippt an ihrem Getränk und beginnt dann, laut vorzulesen: »Kevin Peterson. Eins neunzig, circa 90 Kilo, leichter Glatzenansatz, schwarz auf schwarz . . .« Sie sieht Dixie fragend an.

»Schwarzes Haar und schwarze Augen«, erklärt Dixie.

»High-School-Direktor, fährt einen 1983er Volvo, hat eine Mietwohnung in Tustin, spielt Tennis und fährt Ski. Geschieden, ein achtjähriger Sohn. Keine Narben oder andere auffallenden Merkmale. Keine Verhaftungen, keine Durchsuchungsbefehle.« Sie grinste Dixie an. »Sehr gründlich recherchiert, Officer Cooper. Aber ist er auch süß?«

Dixie überlegt einen Augenblick und nickt dann. »Ja, er ist süß. Er erinnert mich an den jungen Jimmy Stewart.«

»Ich liebe Jimmy Stewart«, sagt Diva.

»Klingt vielversprechend«, meint Trina. »Was haben wir denn sonst noch? Barcy?«

»Ich will mit dieser schwachsinnigen Idee nichts zu tun haben«, antwortet Barcelona.

»Jetzt komm schon, wir haben eine Abmachung getroffen.«

»Es ist doch nur zum Spaß, Barcy«, sagt Diva. »Tu in Gottes Namen nicht so, als wäre es eine Verschwörung gegen die Männer.«

Dixie berührt Barcelonas Hand. »Laß mich nicht die einzige sein, die tatsächlich einen Namen beigesteuert hat.«

Lächelnd greift Barcelona in ihre Tasche. »Okay, aber wenn Feministinnen uns steckbrieflich suchen lassen, dann wißt ihr, warum.«

»Was wir tun, ist nicht sexistisch«, widerspricht Trina. »Wir sind einfach ein paar Frauen, die ihre Begabung und ihr Wissen einsetzen, um ihre Partnersuche effektiver zu gestalten. Stell dir einfach vor, eine von uns würde als Personalchefin für eine große Firma arbeiten, in der gerade eine wichtige Stelle zu besetzen ist. Natürlich würden wir in den üblichen Zeitschriften inserieren, aber darüber hinaus würden wir bei sämtlichen Geschäftsfreunden unsere Fühler ausstrecken, um sicherzugehen, daß wir einen hochqualifizierten Bewerber bekommen. Warum sollte es in unserem Privatleben anders sein? Dies ist die effektivste und unsexistischste Form der Partnersuche, die man sich vorstellen kann.«

Barcelona reicht Trina ein zusammengefaltetes Stück Papier. »Hier. Das ist das einzige, was ich für diesen feministischen Wohltätigkeitsbasar tun kann.«

Trina wirft einen Blick auf den Namen. »Harley Buss? Bist du nicht selbst mit ihm zusammen?«

»Nur ganz locker. Es ist nichts Ernstes, und wird es wohl auch nie sein. Zumindest nicht von meiner Seite. Vielleicht hat eine von euch mehr Glück mit ihm.«

Trina liest laut vor, was auf dem Zettel steht: »›Harley Buss, fünfundvierzig, blaue Augen, vorzeitig ergrautes Haar.‹« Sie grinst. »Jeder Mann, den ich kenne, behauptet, sein Haar sei vorzeitig ergraut. Ab wann ist das Grau eigentlich nicht mehr vorzeitig?«

Dixie antwortet: »Wenn sie merken, daß es nicht von selbst verschwindet wie ein Sonnenbrand.«

Trina wendet sich wieder dem Zettel zu. »Ph. D. in Englisch. Sehr attraktiv.‹ Ich habe ihn schon mal gesehen und kann dem nur zustimmen. Er sieht wirklich sehr gut aus. Was haben wir denn sonst noch über ihn? Geschieden selbstverständlich. ›Zwei Töchter an der High-School. Einkommen ca. $ 50 000, besitzt ein Haus in Laguna Niguel, fünf Schlafzimmer. Mag Segeln, Theater, Bücher, Restaurants.‹ Klingt gut.«

»Er hat sich vor kurzem von seiner Freundin getrennt«, warnt Barcelona. »Ihr müßt also mit Spätfolgen rechnen.«

»Wie ist er im Bett? Stöhnt er oder schreit er?«

Dixie lacht. »Vielleicht wimmert er ja auch. Die Wimmerer finde ich am schlimmsten.«

»Das müßt ihr schon selbst herausfinden«, sagt Barcelona.

Die Bedienung kommt mit einem neuen Korb voll Tortilla-Chips und zwei Schüsseln Salsa zurück. Sie nimmt ihre Bestellung entgegen. Als sie den Tisch wieder verläßt, zieht sie erneut an ihrem Rocksaum.

Trina nippt an ihrer Diet Coke und legt Dixies Zettel neben den von Barcelona. Dann zieht sie ein sauber betipptes Blatt Papier aus der Tasche. »Der Typ ist verlobt, aber ich glaube nicht, daß das etwas Ernstes ist.« Sie beschreibt Howdy White.

»Klingt gut«, meint Diva. »Aber wie kommt man an einen Typen heran, der verlobt ist?«

»Wie kommt man überhaupt an diese Typen heran?« fragt Dixie. »Ich meine, man kann doch nicht einfach hingehen und sagen: ›Hi, Ihr Name stand auf meiner Speisekarte.‹«

Trina lacht. »Warum nicht? Du rufst einfach einen von ihnen an, sagst, du seist eine Freundin von der und der, je nachdem, welche von uns ihn auf die Speisekarte gesetzt hat. Dann sagst du, du würdest dich nach der Arbeit gern auf einen Drink mit ihm treffen. Wo liegt da das Problem?«

»Nicht jede ist so dreist wie du«, antwortet Barcelona.

»Die wenigsten Männer sind so dreist wie du«, pflichtet ihr Diva bei.

»Wir könnten eine Dinner-Party veranstalten«, schlägt Trina vor. »Wir könnten vier Typen einladen, am besten zu Dixie oder Barcy, bei denen ist es am saubersten. Dann könnten wir uns gegenseitig beschnuppern und in Ruhe unsere Wahl treffen.«

Barcelona schüttelt den Kopf. »Ohne mich. Ich käme mir vor wie in der High-School. Was, wenn zwei von uns sich für denselben Typen interessieren oder zwei von den Kerlen auf eine von uns fliegen? Dann würden sich die anderen ziemlich beschissen fühlen. Der Gedanke gefällt mir nicht.«

»Sie hat recht«, pflichtet Dixie ihr bei.

Trina überlegt einen Augenblick und zuckt dann mit den Achseln. »Dann versucht es eben jede auf eigene Faust. Wir setzen einfach weitere Namen auf die Liste, und jede von uns entscheidet selbst, was sie damit anfängt. Und ob sie überhaupt etwas damit anfängt. Okay?«

»Okay«, antwortet Barcelona. Sie hat sowieso nicht vor, diese idiotische Speisekarte zu benutzen.

Anscheinend hatte Eric schon längere Zeit auf sie gewartet, als sie nach dem Essen mit Harley und der anschließenden Lektion in Sachen Mädchen-Gucken nach Hause kam.

»Ich habe im Auto gesessen und nach dir Ausschau gehalten«, sagte er und hielt sie immer noch fest. Seine Hände lagen wie früher auf ihrem Po. Sie wollte eigentlich etwas sagen, sich aus seiner Umarmung befreien, aber es war ein so gutes, so wohliges Gefühl, daß sie sich nicht von der Stelle rührte und auch nichts sagte. Seine Finger kneteten liebevoll ihren Po. Als er sprach, spürte sie seine Stimme wie einen warmen Nebel in ihrem Ohr. »Ich habe stundenlang da draußen gesessen.«

»Wirklich?«

»Na gut, eine halbe Stunde. Aber es kam mir viel länger vor.«

»Du hast doch früher so ungern im Auto gewartet.«

»Ich habe versucht zu lesen.« Er ließ sie los, um ein großes Taschenbuch aus seiner Jackentasche zu ziehen, *Not in Our Genes*. »Über die Trugschlüsse des biologischen Determinismus. Wirklich faszinierend. Solltest du lesen.«

»Gern«, sagte Barcelona. »Jetzt gleich?«

Er lachte nervös. »Nein, nicht jetzt gleich. Wenn ich es ausgelesen habe. Dann leihe ich es dir.«

»Okay.« Sie sah in seine dunklen Augen. Die gebogene Narbe, die seine Augenbraue spaltete, schimmerte im Licht fast weiß. »Sonst noch was?« fragte sie.

»Bitte? Ich verstehe nicht.«

»Du hast doch nicht die ganze Zeit im Wagen gewartet, bloß um mir von diesem Buch zu erzählen, oder doch?«

Er wirkte verwirrt, leicht verlegen. »Tja, also . . .«

Barcelona ging in die Küche hinüber. Sie hatte immer noch Rogers Drehbücher im Arm. Eric folgte ihr. Sie legte die Drehbücher auf den Küchentisch und ging zum Kühlschrank. »Willst du was trinken?«

»Was hast du denn zu bieten?«

Sie warf ihm eine Dose Diet Squirt hinüber. »Das oder gar nichts.«

Er öffnete die Dose und schlürfte den Schaum weg. »Daß du dieses Zeug immer noch trinken kannst! Es schmeckt wie Säure.«

Barcelona wußte nicht, was sie sagen sollte. Sie kam sich vor wie in einem Theaterstück, bei dem sie ihre Rolle nicht kannte und für das sie auch nicht geprobt hatte. Der Alptraum jedes Schauspielers, so lautete der Titel des Stücks, und das, obwohl sie erst ein einziges Mal auf der Bühne gestanden hatte. Das war während ihrer High-School-Zeit gewesen, in einer Produktion von *Oklahoma*! Jetzt hantierte sie in der Küche herum, rückte den Toaster gerade, wischte die Arbeitsplatte ab und öffnete eine Dose Katzenfutter für Larry, ihren Kater. Sie bekam Larry nur selten zu Gesicht. Gelegentlich hörte sie, wie er durch die Katzentür hereinkam, um zu fressen. Ansonsten aber hielt er sich nie im Haus auf. Er schlief nicht gern bei ihr im Bett, und er mochte es auch nicht, wenn man ihn auf den Arm nahm oder streichelte. Sie wußte im Grunde gar nicht, wieso sie ihn fütterte; eigentlich empfand sie nichts für das Tier. Vor etwa einem Jahr hatte sie sich einverstanden erklärt, ihn vorübergehend aufzunehmen, weil Freunde von ihr nach Utah umzogen. Später hatten sie sie angerufen, um ihr zu sagen, daß sie in ihrer neuen Wohnung keine Haustiere halten dürften. Sie baten Barcelona, Larry einschläfern zu lassen. Sie würden ihr die dreißig Dollar schicken. Aber Barcelona brachte es nicht übers Herz. Sie fand es leichter, jeden Tag zwei Dosen Leckere Stückchen mit Rind aufzumachen, als ihn umbringen zu lassen.

Eric saß am Küchentisch und malte mit seiner Limonade Ringe auf die Glasplatte. Schließlich gab es nichts mehr, was Barcelona noch hätte tun können, und sie setzte sich auf den Stuhl neben ihm.

»Was ist los?« fragte sie. »Du wirkst so niedergeschlagen.«

Er sah ihr in die Augen. Dabei war sein Blick so direkt und starr, daß sie leicht zusammenzuckte. »Ich weiß nicht, was ich hier tue«, sagte er.

Sie hatte das dumme Gefühl, daß er gleich etwas sagen würde, das ihr Leben unnötig verkomplizieren und die Dinge heikel, verlogen und unangenehm machen würde. Sie versuchte, ihn von seinem Vorhaben abzubringen. »Wie geht's Luna?«

Er blinzelte. »Gut. Großartig. Sie ist eine phantastische Frau. Du hast sie ja gesehen.«

»Ja.«

»Und noch dazu sehr klug. Sie nutzt zwar noch nicht alle ihre Möglichkeiten, aber sie hat ein großes Potential.«

»Wofür?« fragte Barcelona.

Er blinzelte erneut und zuckte dann mit den Schultern. »Für alles, was sie will. In ihren Seminaren bekommt sie nur die besten Noten. Außerdem ist sie im Schwimm-Team. Ihre Spezialität ist der Schmetterlingsstil. Das sieht sehr schön aus, sehr sinnlich. Ich begleite sie jedesmal zum Schwimmen.«

»Wie idyllisch«, sagte Barcelona und bereut sofort den höhnischen Tonfall dieser Bemerkung. So wollte sie nicht sein, nicht in ihrem Alter.

»Ich werde nicht mehr von ihr sprechen, wenn dir das unangenehm ist.«

»Nein, tut mir leid. Ich bin heute scheinbar auf Sarkasmus programmiert. Luna ist mir sehr sympathisch, wirklich.«

Eric nickte. »Sie ist etwas ganz Besonderes.«

Und was bin dann ich? dachte Barcelona. Eine bunte Puppe aus dem Wachsfigurenkabinett? Zu Eric sagte sie: »Das ist sie ganz bestimmt.«

Eric streckte den Arm aus und legte seine Hand auf ihre. »Das Problem ist, Barcy, daß du mir fehlst.«

Barcelonas Herz begann unangenehm zu zucken. Genauso muß es sich anfühlen, wenn ein Baby versucht, im Mutterleib die richtige Lage zu finden, dachte sie. Sie konzentrierte sich auf ihre Atmung, versuchte, tief und ruhig einzuatmen.

»Ich weiß, das klingt blöd«, sagte Eric. »Aber es stimmt.«

Barcelona beschloß, cool zu bleiben und in keine Falle zu tappen. Sie entzog ihm ihre Hand und tätschelte freundschaftlich seinen Arm. »Du fehlst mir auch, Eric«, sagte sie mit einem schwesterlichen Lächeln. »Das ist doch ganz normal.«

»Du weißt genau, was ich meine, Barcy.« Seine Augen schimmerten feucht. »Ich liege schon am Boden, du brauchst mich nicht auch noch zu treten.«

»Ich weiß nicht, was du von mir willst, Eric. Ich weiß es wirklich nicht.«

Er lehnte sich über den Küchentisch und schob den Stapel Drehbücher beiseite. Dabei kam das oberste ins Rutschen und fiel auf den Holzboden. Eric achtete überhaupt nicht darauf. Daß er das abgestürzte Drehbuch völlig ignorierte, hatte so etwas Theatralisches, daß Barce-

Iona fast lachen mußte. Aber dann lehnte sich Eric noch weiter zu ihr hinüber, bis seine Lippen die ihren berührten, und sie ließ es zu. Sie ließ es nicht nur zu, sondern öffnete die Lippen, öffnete ihren Mund für seine Zunge. Jetzt wollte sie nicht mehr lachen, wollte überhaupt nichts mehr tun, wollte nur noch ihn küssen. Seine linke Hand lag in ihrem Nacken und preßte ihren Mund noch fester auf seinen. Seine andere Hand lag auf ihrer Brust; sie drängte sich enger dagegen. Durch ihren BH hindurch fanden seine Finger ihre Brustwarzen, und er drückte fest zu, weil er wußte, daß sie das mochte. Ein leises Stöhnen drang aus ihrer Kehle.

Selbst als sie auf den Küchenboden sanken, war ihr klar, daß sie einen großen Fehler machten. Wollte sie Eric wirklich zurück, oder wollte sie bloß Luna eins auswischen? Hatte er vor, Luna zu verlassen, oder war das nur ein schneller Fick um der guten alten Zeiten willen? Sie hätten erst über die Sache reden sollen. Aber dafür war es nun wohl zu spät. Beide kämpften sich aus ihren Kleidern, die sie anschließend unter Barcelonas Rücken und Po betteten, um es auf dem harten Holzboden ein bißchen bequemer zu machen. Sie war nicht in der Stimmung für ein langes Vorspiel, sie wollte ihn gleich in sich spüren.

Sobald er über ihr war, schlang sie ihre Beine um seine Hüften und legte die Fesseln übereinander. Bei jedem Stoß rieb die verkrustete Wunde an ihrem rechten Knöchel gegen den anderen Fuß, aber der Schmerz machte ihr nichts aus. Eric sagte mindestens zehnmal »Ich liebe dich«, aber auch das machte ihr nichts aus.

Barcelona klammerte sich noch fester an Erics Schultern. Sie spürte, wie ein Knopf ihrer Bluse sich in ihr Schulterblatt drückte, und drehte sich ein bißchen. Aber der Knopf klebte an ihrer Haut und machte die Bewegung mit.

Sie war kurz davor zu kommen, aber Eric legte viele Pausen ein, wie er es immer machte, wenn er wollte, daß es lang dauerte. Aber sie wollte nicht, daß es lang dauerte. Sie wollte jetzt sofort kommen, gleichzeitig mit ihm. Sie wollte spüren, wie er in ihr explodierte, wie er sich in ihre Arme fallen ließ und seinen Körper erschöpft an ihren schmiegte. Sie faßte ihm von hinten zwischen die Beine, legte ihre Hand sanft um seine Eier und drückte ganz leicht zu. Sein Körper bäumte sich vor Lust auf, und er begann fester zu pumpen. Sie streichelte ein paarmal über seinen prallen Hodensack; seine Stöße wurden noch tiefer und fester. Sie preßte ihr Becken gegen seines, bis er stöhnte. Plötzlich kam er. Seine Hüften zuckten, seine Ellbogen zitterten. Zu spüren, wie er kam, ließ sie ebenfalls kommen, und sie klammerte sich an ihn, wie sie glaubte, daß sich Heuschrecken an Getreideähren klammerten. Was für ein seltsames Bild, dachte sie.

Danach standen sie schweigend auf und gingen ins Schlafzimmer hinauf, legten sich ins Bett und verbrachten die nächste Stunde fest aneinandergekuschelt. Beide dösten zufrieden vor sich hin. Schon lange hatte sich Barcelona mit keinem Mann mehr so wohl gefühlt. Sie brauchte sich keine Gedanken darüber zu machen, ob sie mit offenem Mund schlief oder schnarchte. Eric kannte das alles zur Genüge. Er hielt sie einfach nur fest. Sie mußte zugeben, daß er der beste Kuschler war, dem sie jemals begegnet war. Nie wurde ihm die körperliche Nähe zuviel, nie rollte er sich auf die Seite. Er konnte stundenlang mit ihr im Arm schlafen, eine Eigenschaft, die ihr mehr bedeutete als sexuelle Agilität. Obwohl er die auch gelegentlich an den Tag legte.

Als sie schließlich beide wieder wach geworden waren und einander in die Augen sahen, hatte er sich eine Strähne ihres Haars um den Finger gewickelt und gefragt: »Und Luna?«

Trina taucht eine Ecke ihrer Serviette in ein Wasserglas und versucht, die Enchilada-Sauce von ihrer Bluse zu reiben. »Verdammt, diese Bluse ist so gut wie neu.«

»Früher oder später mußte sie ja getauft werden«, meint Dixie.

»Hätte es nicht wenigstens Sahnesauce sein können?« sagt Trina, während sie weiterreibt.

Die Bedienung kommt, um den Tisch abzuräumen. Während sie die Teller geschickt auf einem Arm stapelt, fragt sie, ob jemand ein Dessert möchte.

»Sollen wir uns was teilen?« fragt Trina Barcelona.

»Zum Beispiel?«

»Es gibt nur eins, wofür es sich lohnt, sich zu überfressen: ›Tod durch Schokolade‹.«

Barcelona verzieht angewidert das Gesicht. »Lieber Himmel, Trina.«

»Einmal, bitte«, sagt Trina zur Bedienung. »Und zwei Gabeln.«

Die Bedienung nickt. Als sie nach Dixies fast unberührten Teller greift, fragt sie: »Soll ich Ihnen das einpacken lassen?«

Dixie schüttelt den Kopf.

Die Bedienung starrt auf den Teller. »Ist etwas damit nicht in Ordnung?«

»Doch, alles in Ordnung. Es hat gut geschmeckt.«

Die Bedienung plaziert den Teller vorsichtig auf den drei anderen und eilt davon.

»Ißt du immer noch nichts?« fragt Barcelona Dixie.

»Ich esse doch«, antwortet Dixie. Sie nimmt eine Packung Vitamintabletten aus ihrer Tasche, reißt sie auf und beginnt, eine nach der anderen zu schlucken, wobei sie jede mit ein bißchen Wasser hinunterspült.

»Vitamine sind okay«, sagt Trina. »Aber mit ›Tod durch Schokolade‹ sind sie nicht zu vergleichen.«

»Nimmst du deine noch regelmäßig?« fragte Dixie Trina.

»Willst du meinen Urin kontrollieren? Strahlend gelb wie die Sonne.« Sie greift nach ihrem Wasserglas, sieht die Brösel, die seit ihrer Reinigungsaktion darin herumschwimmen, nimmt statt dessen Divas Wasser und trinkt das ganze Glas in einem Zug aus. »Herrgott, ein Gläschen Wein wäre jetzt wirklich nicht schlecht.«

»Davon bekommt man bloß Brustkrebs«, sagt Diva. »Habe ich kürzlich in den Nachrichten gehört. Irgendeine Studie hat das ergeben.«

Trina nickt. »Ich habe darüber gelesen. Ein Glas Alkohol pro Woche erhöht das Risiko um fünfzig Prozent. Gibt es auf dieser Welt eigentlich noch irgend etwas, das nicht sofort auf die Brüste schlägt?«

»Alkohol verursacht Krebs«, sagt Dixie. »Ebenso wie Diätlimonade. Und diese Glimmstengel hier.« Sie deutet auf den Aschenbecher mit Divas schwarzer Zigarette. »Und das fürchterliche Schokogebilde, das ihr bestellt habt, wird eure Arterien verstopfen wie Haare den Ausguß. Die Hälfte von dem Zeug, das wir heute abend hier gegessen haben, ist gerade dabei, uns von innen her aufzufressen.«

»Und jetzt bitte die schlechten Nachrichten«, sagt Trina, und alle müssen lachen.

Barcelona geht auf die Toilette. Sie fragt nicht, ob eine von den anderen mitkommt. Sie will allein sein. Sie ist Trina in den letzten Wochen bewußt aus dem Weg gegangen, weil sie ihr das mit Eric nicht erzählen wollte. Schuldgefühle hat sie sowieso schon genug, aber Trina würde ihr auch noch das Gefühl geben, eine Vollidiotin zu sein.

Barcelona zieht ihre Jeans und den Slip herunter und läßt sich nieder. Als der Urin zu fließen beginnt, spürt sie, wie es brennt. Ihre ganze Vagina tut weh, nicht nur die Haut, sondern auch die Muskeln. Während der letzten zwei Wochen haben sie und Eric sich einige Dutzend Male geliebt. Sie haben mehr neue Positionen ausprobiert als in den Jahren, die sie zusammengelebt haben. Gestern abend hatten sie wieder versucht, Liebe zu machen, aber sie waren beide zu wund gewesen. Erics Penis hatte rot und entzündet ausgesehen. Sie wäscht sich die Hände und geht an den Tisch zurück. Inzwischen ist der »Tod durch Schokolade« eingetroffen, und Trina hat schon das meiste davon verspeist. »Was bist du für ein Vielfraß«, sagt Barcelona und zieht Trina den Teller weg.

»Ich tue es nur für dich«, sagt Trina. »Jeder Bissen, den ich esse, bedeutet fünfhundert Kalorien weniger auf deinen Hüften.«

Barcelona probiert einen Bissen und sieht Trina mit verzücktem Gesichtsausdruck an.

»Nur zu, iß es auf. Du tust mir einen Gefallen«, sagt Trina. »Letzte Woche war ich mit Karyn beim Kieferorthopäden, um nachsehen zu lassen, ob sie eine Spange braucht. Sagt der Hurensohn doch tatsächlich zu mir, Karyns Zähne seien in Ordnung, aber ich könnte eine Spange gebrauchen. Er meinte, ich könnte aussehen wie Kathleen Turner.«

Dixie lacht. »Was hast du ihm geantwortet?«

»Ich hab ihn gefragt, ob es ihm nichts ausmacht, wenn die Leute den ganzen Tag in seine Nasenlöcher starren. Ob er sich darüber Gedanken macht, was sie da zu sehen bekommen, oder ob er sich vor jedem Patienten die Nase putzt.«

Barcelona muß würgen und ihren Nachtisch mit Wasser hinunterspülen.

»Ist euch schon mal aufgefallen«, fragt Trina in sachlichem Ton, »daß den Männern immer mehr Haare aus der Nase wachsen, je älter sie werden? Oder bin ich die einzige, der so etwas auffällt?«

»Vielleicht hast du einfach mehr Gelegenheit als wir, solche Beobachtungen zu machen«, meint Dixie.

»Vielleicht. Aber es stimmt. Jemand sollte ihnen das mal sagen. Und wenn man dann bedenkt, in welcher ungünstigen Position wir Frauen uns meistens befinden! Dadurch kommen wir doch recht häufig in den zweifelhaften Genuß dieses Anblicks.«

»Vielleicht ist das der Grund, warum die meisten Frauen beim Sex die Augen schließen«, gibt Diva zu bedenken.

Bacelona läßt ein paar Bissen Schokolade übrig und schiebt den Teller zu Trina hinüber. »Hier, mir ist von deinem widerlichen Gerede der Appetit vergangen.«

»Sehr gut, dann hat es also funktioniert.« Gierig verschlingt Trina die restliche Schokolade.

Die Rechnung kommt, und alle vier beginnen ihr Geld abzuzählen. Diva wirft ihre Visa Card auf den Tisch. »Ich zahle mit der Karte, und ihr gebt mir das Bargeld.« Niemand widerspricht, aber sie beeilt sich, eine Erklärung nachzuschieben. »Ich will mir morgen eine Dauerwelle machen lassen, und seitdem ich dort mal einen Scheck hab' platzen lassen, wollen sie immer Bargeld von mir.«

»Ich habe in den Nachrichten gehört, daß *The Candidate* in den Meinungsumfragen ein paar Punkte zugelegt hat«, sagt Dixie.

Trina wirft einen Zwanzigdollarschein auf Divas Visa Card. »Immer noch nicht genug, um zu gewinnen, aber wir sind Carla Bennington dicht auf den Fersen.«

»Hast du schon irgendwas Skandalöses über sie ausgegraben?« fragt Barcelona.

»Noch nicht«, antwortet Trina, aber Barcelona erkennt an ihrem Tonfall, daß sie nahe dran ist. Trina versteht ihren Job. Wenn es etwas zu finden gibt, wird sie es finden. Sie wendet sich Barcelona zu, offenbar bestrebt, das Thema zu wechseln. »Wie läuft's mit dem Drehbuch?«

»Es läuft«, antwortet Barcelona. Als sie den Kopf zur Seite dreht, wissen die anderen, daß sie nicht darüber reden will. Sobald Barcelona ein Projekt in Angriff genommen hat, redet sie mit niemandem mehr darüber.

Auf dem Weg nach draußen sagt Trina, daß sie das Männer-Menü kopieren und ihnen ein Exemplar schicken werde. Dann trennen sich ihre Wege. Jede eilt zu ihrem Auto. Nur Dixie hat auf dem bewachten Parkplatz gleich neben dem Restaurant geparkt. Trina begleitet Barcelona noch ein Stück.

»Was ist denn in letzter Zeit los mit dir?« fragt Trina.

»Wie meinst du das?«

»Ich habe die ganze letzte Woche nichts von dir gehört. Bist du wirklich so im Streß?«

Barcelona zögert, sie würde ihr am liebsten alles gestehen, ihr von Eric erzählen. Aber sie kann es nicht. Noch nicht. »Ein Drehbuch zu schreiben ist nicht so leicht, wie es auf den ersten Blick aussieht. Ich muß ziemlich viel recherchieren.«

Trina sieht ihr in die Augen. Barcelona hält ihrem Blick stand, weil sie sich nicht verraten will. »Okay«, sagt Trina schließlich. »Vielleicht können wir uns kommende Woche mal zum Mittagessen treffen.«

»Klar. Montag wäre gut. Da bin ich sowieso in L. A. Ich bringe Grief den ersten Teil des Drehbuchs vorbei.«

»Gut. Komm einfach zu mir ins Büro. Von da aus können wir zu Fuß gehen. So gegen halb zwölf. Dann entgehen wir dem schlimmsten Mittagstrubel.«

Barcelona ist einverstanden. Sie winkt Trina zu, während sie in ihr Auto steigt. Trina winkt zurück und quetscht sich dann zwischen zwei parkenden Autos hindurch in den nächsten Gang.

Barcelonas Heimfahrt verläuft ungewöhnlich. Sie schaltet das Radio ein, probiert alle Sender durch, kann aber keinen Song finden, der ihr gefällt. Mehrere Knöpfe sind auf Oldies-Sender eingestellt, aber selbst die scheinen heute nur neue Stücke zu spielen, die sie nicht kennt. Sie betrachtet das als schlechtes Omen. Sie versucht es mit dem Suchlauf, hat aber auch damit keinen Erfolg. Sie fischt eine Kassette aus dem Handschuhfach und legt sie ein. Smokey Robinson and the Miracles singen »I Second That Emotion«. Sofort nimmt sie die Kassette wieder heraus. Heute scheint aber auch gar nichts zu passen. Sogar das Abendessen war irgendwie daneben. Dixie, die immer noch nichts gegessen hat und sich statt dessen mit Vitaminpillen vollpumpt. Trina, die alle mit ihrem blöden Männer-Menü nervt. Und Diva, niedergeschlagen und neidisch.

Als sie zu Hause ist, macht sie sofort alle Lichter und den Fernseher an. Sie schaltet herum, bis sie auf eine Wiederholung von M*A*S*H stößt. Ihr Anrufbeantworter steht gleich neben dem Kühlschrank. Sie drückt auf den Playback-Knopf und schenkt sich Wein in eine Kaffeetasse, während sie die Anrufe abhört. Die erste Nachricht stammt von ihrer Mutter: »Hi, Sweetheart. Bei mir gibt's nichts Neues, ich wollte bloß hören, wie es meinem Hollywood-Mädchen geht. Ich rufe dich wieder an.« Der zweite Anruf ist von einer Studentin: »Ms. Lee? Hier spricht Trudy Cornelius. Ähm, ich war letztes Semester in einem Ihrer Kurse. Ich hatte eine ziemlich schlechte Note, leider nur D. Jetzt wollen sie mir meine Sozialversicherung streichen. Könnte ich vielleicht eine zusätzliche Arbeit schreiben oder sonstwas tun, und könnten Sie dann vielleicht meine Note ändern? Meine Nummer ist 678–0998. Vielen Dank.«

Die dritte Nachricht lautet: »Hi, Barcy. Hier ist Luna.«

Barcelona dreht sich um und sieht den Anrufbeantworter an, als stünde Luna leibhaftig im Raum und hätte sie gerade mit Eric im Bett erwischt. Sie spürt, daß ihr Herz plötzlich sehr schnell klopft.

Die Nachricht ist noch nicht zu Ende: »Ich würde gerne mit dir reden, wenn du mal ein bißchen Zeit hast. Ruf mich doch bitte zurück.«

Die Stimme klingt freundlich, nicht drohend oder verletzt. Auch nicht vorwurfsvoll. Der Anrufbeantworter schaltet sich ab, aber Barcelona starrt ihn weiter an, bis die Schlußmelodie von M*A*S*H beginnt. Als sie ihren Blick wieder auf den Fernseher richtet, sieht sie grade noch den Nachspann, der viel zu schnell durchläuft, als daß man irgendwelche Namen entziffern könnte.

14

Diva liegt im Bett und singt.

»*Cocktail waitress don't have a smile to spare/Gotta serve martinis then go fix her hair.*«

Sie hält inne, kratzt sich an ihrem Schamhaar und denkt über den Text nach. Schon seit zwei Wochen arbeitet sie jeden Tag an diesem

Song. Bisher hat sie nur diese zwei Zeilen, aber noch keine richtige Melodie. Heute liegt sie bereits zwei Stunden lang im Bett und singt immer neue Variationen derselben zwei Zeilen.

Wieder probiert sie die Worte mit einer anderen Melodie; diesmal geht sie am Zeilenende mit der Stimme nach oben statt nach unten. Sie schüttelt unzufrieden den Kopf. Irgend etwas stimmt nicht. Sie versucht es folkig, dann rockabilly, dann mit einem Country-Touch. Nichts paßt. Der Text gefällt ihr, aber die Melodie ist zum Kotzen. Sie sieht sich nach Papier und einem Stift um.

Sie zieht die Nachttischschublade auf und stöbert durch die Zeitschriften, drei alte *TV Guides, Self, Vegetarian Times, Spin, Rolling Stone*. Zwischen den Zeitungen liegen ein paar Gutscheine für Joghurteis, die sie in einem neueröffneten Laden bekommen hat. Ganz unten in der Schublade findet sie einen klebrigen gelben Bleistiftstummel. Wovon er so klebt, ist ihr ein Rätsel. Die Spitze des Bleistifts ist abgebrochen, deswegen zupft und schält sie an dem Holz herum, bis wieder ein kleines Stück Graphit zum Vorschein kommt. Der Anblick erinnert sie an einen Hund, der gerade sein Ding ausfährt, und sie muß lachen. Sie nimmt den *Rolling Stone* und sucht nach einer Seite mit viel unbedruckter Fläche. Seite 72 ist geeignet, eine Werbung für Lautsprecher. Sie beginnt ihren Text über die mit Eichenimitat verkleideten Boxen zu schreiben.

Da hat sie eine neue Idee, und sie fängt wieder an zu singen: »*Cocktail waitress ain't got an easy life/She gotta talk like the devil and soothe like a wife.*«

Sie schreibt die beiden Zeilen auf, liest sie noch einmal durch, streicht »soothe« durch und schreibt »serve« darüber. Sie singt den Text mit dem neuen Wort. Damit ist sie auch nicht glücklich. Sie streicht »serve« wieder durch.

»Fuck«, sagt sie und kratzt sich heftig. Die Ränder ihrer Schambehaarung jucken schrecklich, seit sie sie gestern rasiert hat. An den rasierten Stellen ist ihre Haut stoppelig und voller roter, entzündeter Flecken. Sie haßt es, sich dort zu rasieren, aber der Badeanzug, den sie gestern gekauft hat, ist es wert, daß sie dafür ein bißchen leidet. Nachdem sie in fünfzehn Geschäften Badeanzüge probiert hatte, hatte sie endlich einen gefunden, in dem sie nicht schwanger aussah.

Diva starrt auf die letzte Zeile, die sie geschrieben hat, aber ihr Blick schweift nach unten zu den Boxen ab. Sie könnte neue Boxen gebrauchen, welche, die nicht die ganze Zeit brummen und knacken. Dann könnte sie endlich Musik hören, ohne ...

Hören. Zuhören! Das ist es!

Sie streicht »serve« ein zweites Mal durch und schreibt »listen« darüber. Sie singt es mit ihrer Bette-Midler-Stimme. »*Cocktail waitress ain't got an easy life/Gotta talk like the devil and listen like a wife.*« Sie singt es noch einmal. Und noch einmal. Es gefällt ihr. Ihr zukünftiger Hit »Cocktail Waitress« erwacht endlich zum Leben. Sie zeichnet ein paar Dollarnoten neben den Text. Seit ihrer High-School-Zeit hat sie versucht, Songs zu schreiben, ohne je einen fertig zu bekommen. Das frustrierende Gefühl, nicht die richtigen Worte zu finden oder nur solche, die anderen Songs zu sehr ähnelten, hatte jedesmal ihre Entschlossenheit untergraben. Diesmal wird das nicht so sein, schwört sie sich; diesmal meint sie es ernst. Vorher war sie zu unreif gewesen, noch nicht bereit für den Erfolg. Jetzt ist sie es.

Sie rollt sich an den Rand des Betts und greift nach ihrer Gitarre. Sie spielt einen Akkord in D-Dur, dann einen in A-Dur. Immer abwechselnd. Dann G-Dur und D-Dur, auch wieder abwechselnd. Sie singt den Text, den sie bisher hat, und spielt dazu diese Akkorde. Der Sound gefällt ihr nicht.

Das laminierte Holz der Gitarre ist kalt; sie spürt, wie sich ihre Brustwarzen zusammenziehen und hart werden. Diese ganze Songschreiberei steckt voller Überraschungen. Sie hatte immer geglaubt, der schwierigste Teil würden die Worte sein, nicht etwa die Musik. Vielleicht mußte man den Text erst ganz sorgfältig ausarbeiten, und die Melodie würde dann wie von selbst kommen, in einem plötzlichen Anfall von Inspiration. Bisher konnte davon allerdings noch nicht die Rede sein. Sie wendet sich wieder ihrer Gitarre zu, probiert ein Dutzend verschiedener Akkordkombinationen und Melodien, kann sich aber für keine wirklich begeistern. Sie nimmt die Gitarre vom Schoß und lehnt sich gegen den Nachttisch. Der Rand der Gitarre hat eine feine rote Linie auf ihren Oberschenkeln hinterlassen. Sie reibt mit den Fingerspitzen darüber. Die Linien werden ein bißchen blasser, verschwinden aber nicht.

Ihr Song könnte ein großer Hit werden, wenn sie es nur endlich schaffen würde, den Text fertigzuschreiben und die richtige Melodie zu finden. Sie weiß bereits, wie er gesungen werden soll, mit einer exotischen Sinnlichkeit, etwa so, wie Maria Muldar »Midnight at the Oasis« sang.

Während Diva dasitzt und träumt, kratzt sie sich weiter an ihrem Schamhaar. Wie von selbst gleitet ihr Finger tiefer und streift ihre Klitoris. Diva bekommt eine Gänsehaut. Sie sieht nach unten, aber ihr Bauch hängt gerade so weit vor, daß er den Blick auf ihren Schoß versperrt. Sie zieht den Bauch ein und beobachtet, wie die weißen Einhörner auf ihren roten Fingernägeln durch den Wald aus festem, gekräuseltem Haar tollen. Sie muß an Calypso denken, als er vor ein paar Wochen hier saß, sich einen runterholte und dabei wie ein Idiot lächelte. Trotzdem hört sie nicht auf, sich zu reiben.

Die Feuchtigkeit an ihrem Mittelfinger ist zum Teil Urin, größtenteils aber ein dicker und klebriger Saft. Sie spreizt die Knie und schiebt ihren Finger weit in sich hinein. Sie probiert ein paar zögernde Bewegungen, überrascht, wie gut sich das anfühlt. Diva ist immer überrascht, wenn sich etwas gut anfühlt. Sie schiebt einen zweiten Finger in sich hinein. Ohne die Finger viel zu bewegen, genießt sie einfach das Gefühl, sie in sich zu spüren. Genauso fühlte sich Calypsos Penis immer an, wenn er ihn zur Abwechslung mal in diese Öffnung steckte und nicht in die andere.

Diva zieht ihre Finger wieder heraus und läßt sie langsam den feuchten Weg zu ihrer Klitoris entlanggleiten. Gemächlich massiert sie sich, wobei sie darauf achtet, die Finger flach zu halten, damit sie sich nicht aus Versehen mit ihren Nägeln verletzt. Die Wärme in ihrem Schoß breitet sich durch den Bauch bis in die Brüste hinauf aus. Ihr Nacken fühlt sich heiß an. Sie reibt weiter, aber ihr fehlt das Gefühl, etwas tief in sich zu spüren. Sie hat keine Lust aufzustehen und den alten Vibrator mit den leeren Batterien zu holen. Statt dessen läßt sie ihre linke Hand nach unten gleiten und schiebt zwei Finger so weit wie möglich hinein, bis sie die Knöchel in sich spüren kann. Während sie mit der rechten Hand immer schneller reibt, spürt sie, wie ihre Klitoris anschwillt und zu beben beginnt. Die Hitze dort unten ist so groß, daß sich jedes Schamhaar anfühlt, als stünde es unter Strom. Sie wirft den Kopf zurück und schließt die Augen. Sie reibt so schnell, daß sie in der Hand einen Krampf bekommt. Aber sie kann nicht aufhören. Vor ihrem inneren Auge sieht sie eine Tür, eine große Holztür, in die groteske Figuren aus dem Mittelalter eingeschnitzt sind. Die Tür ist geschlossen, aber sie weiß, daß auf der anderen Seite etwas lauert, eine mächtige Energie. Die Tür dehnt und beult sich aus, wie es die Türen in den Comics immer tun, wenn die Macht von der anderen Seite her durchzubrechen versucht. Diva reibt noch schneller. Dabei ritzt sie sich mit ihren scharfen Fingernägeln die Haut auf. Sie zuckt erschrocken zusammen, hört aber nicht auf. Die Tür dehnt sich immer mehr, wird dünner und dünner. Während Diva reibt, spürt sie, wie sich die Hitze in ihrer Brust weiter ausbreitet. Ihr rechtes Bein schießt nach vorne und trifft auf die Gitarre; dabei streifen ihre Zehen über die Saiten und lassen einen seltsamen Akkord erklingen. Ihre linke Hand gräbt noch tiefer. Inzwischen ist die Tür zum Zerbrechen dünn, aber sie zerbirst nicht. Diva wird allmählich wund. Schließlich hört sie auf zu reiben und zieht die Finger aus ihrer Vagina. Diesmal war sie nahe dran.

Eine Minute lang sitzt sie da und ringt nach Luft. Dann steht sie auf, geht ins Bad hinüber, wäscht sich die Hände und putzt sich die Zähne.

Diva hat nicht mehr viel Zeit. Bald muß sie zu ihrem anderen Job aufbrechen – dem Job, den sie sogar vor Barcy, Trina und Dixie geheimhält.

»Sie können den Slip erstmal anlassen«, sagt sie zu Diva.

Diva tut, wie ihr geheißen, und kommt, nur mit dem Slip bekleidet, aus dem Bad. Den Rest ihrer Klamotten trägt sie ordentlich zusammengefaltet über dem Arm. Sie legt sie an die übliche Stelle, auf den alten hölzernen Schaukelstuhl neben dem Fenster.

Diva ist erst das zweite Mal hier. Sie ist immer noch ziemlich gehemmt.

Toni Hammond zieht vorsichtig die Plastikhülle von der halbfertigen Skulptur. »Das ist auf Wasserbasis angemachter Ton«, erklärt sie. »Wenn ich ihn nicht abdecke, trocknet er aus.«

»Oh.« Diva nickt. Verlegen steht sie mitten im Studio. Sie weiß, daß das lächerlich ist, aber sie hat das Gefühl, sie sollte ihre Brüste bedecken, bis es richtig losgeht.

Toni fährt fort, die Skulptur zu betrachten, berührt sie hier und da, streicht mit den Fingern über den Ton, folgt den Linien der Wangenknochen, des Nackens, des Kinns. Diva findet, daß ihr das Gesicht überhaupt nicht ähnlich sieht; daraus schließt sie, daß Toni ihr Geschäft vielleicht doch nicht so gut beherrscht. Trotzdem, die Bezahlung ist gut, und Diva braucht alles Geld, das sie kriegen kann, wenn das mit dem Songschreiben etwas werden soll.

»Machen Sie sich keine Gedanken wegen des Gesichts«, sagt Toni. »Es soll Ihnen gar nicht ähnlich sehen.«

»Woher wissen Sie, was ich gerade gedacht habe?«

Toni lächelt. »Ich mache diesen Job schon ziemlich lange.« Sie streicht über die linke Augenbraue der Skulptur. »Hier muß ich noch was wegnehmen.« Sie zieht ein Instrument aus der Tasche, das aus einem Holzgriff und einem Metalldreieck besteht, und beginnt, einen Teil der Braue abzurasieren. Toni ist um die Vierzig. Sie trägt Jeans und ein überlanges Smokinghemd, das mit getrocknetem Ton beschmiert ist. Auf den ersten Blick wirkt sie attraktiv, aber nach einer Weile bekommt man das Gefühl, daß irgend etwas an ihr nicht stimmt. Ihre Gliedmaßen sind zu lang, wie bei jemandem, der sich auf der Kirmes vor einen Zerrspiegel stellt. Ihre Arme, Beine und Finger, ja selbst ihr Hals und ihr Gesicht wirken auf eine ungesunde Weise in die Länge gezogen, als wäre sie eine Art Gummipuppe, deren Extremitäten von einem ungezogenen Kind gedehnt worden sind. »Was tun Sie, Dianne?« fragt Toni. »Ich meine, wenn Sie nicht gerade Aerobic machen.« Sie haben sich letzte Woche beim Aerobic-Kurs kennengelernt. Toni war im Umkleideraum auf Diva zugekommen, die sich gerade aus ihrem verschwitzten Gymnastikanzug quälte. »Ihr Körper ist perfekt«, hatte sie gesagt und Diva eine Visitenkarte gereicht. Und jetzt war sie hier.

»Ich bin Sängerin«, antwortete Diva. »Und Songwriterin.«

»Ich war früher Künstlerin und Sekretärin. Dann war ich Künstlerin und Verkäuferin, dann Künstlerin und Schneiderin.«

»Und jetzt sind Sie nur noch Künstlerin«, sagt Diva.

Toni lacht. »Nett, daß Sie das sagen.«

»Wie meinen Sie das?«

»Nicht viele Leute würden das Entwerfen von Schaufensterpuppen als Kunst bezeichnen. Die meisten stellen das auf dieselbe Stufe wie das Zeichnen von Comics oder so was.«

»Für mich sieht es aus wie Kunst«, sagt Diva. »Auf jeden Fall arbeiten Sie hart genug dafür. Schon allein deswegen verdienen Sie es, als Künstlerin bezeichnet zu werden.«

»Ich fürchte, wie hart man arbeitet ist kein entscheidendes Kriterium, wenn es darum geht, Kunst zu definieren.«

Allmählich fühlt sich Diva ein bißchen überfordert. Sie ist nicht sehr belesen und auch nicht besonders intellektuell. Ihre Devise lautet: Wenn etwas schön aussieht, muß es Kunst sein. »In den bildenden Künsten bin ich leider nicht sehr bewandert«, sagt sie. »Ich interessiere mich hauptsächlich für Musik.«

»Sie haben gesagt, Sie seien Sängerin.«

Diva nickt. »Und ich schreibe Songs. Ich arbeite gerade an einem ziemlich harten Brocken. Ich weiß nicht, was der Rest der Menschheit dazu sagen wird, aber wenn ich irgendwann damit fertig bin, dann nenne ich es Kunst.«

Lachend legt Toni ihr Werkzeug weg. Sie geht zu Diva hinüber und beginnt, ihr Gesicht und ihren Körper auf eine Weise zu betrachten, die Diva unangenehm ist. Toni starrt zu lange auf Divas dicken Bauch. »Perfekt«, sagt sie und legt ihre Hand darauf, als wäre es eine Melone im Supermarkt.

»Das ist schon seltsam«, sagt Diva. »Ich kapier's immer noch nicht. Wieso sollte sich irgend jemand für fette Schaufensterpuppen interessieren?«

Toni antwortet nicht. Sie hatte ihr die ganze Sache schon beim letztenmal erklärt, und Diva kann sie inzwischen gut genug einschätzen, um zu wissen, daß sie sich nicht gerne wiederholt. Alles, woran Diva sich erinnern kann, ist, daß Toni die Prototypen entwirft, die als Grundlage für die Produktion der restlichen Puppen dienen. Sie arbeitet für einen in L. A. ansässigen Schaufensterpuppenhersteller, dessen Visual Director ihr erklärt hat, daß es neuerdings eine Nachfrage nach pummeligen Schaufensterpuppen gebe, nicht nur für Spezialgeschäfte, die

Übergrößen anbieten, sondern auch für die großen Kaufhäuser. Nordstrom's wollte gleich ein paar hundert Stück. Offenbar gab es da draußen Millionen von dicken Frauen, die es leid waren, elfenhafte Schaufensterpuppen mit hohlen Wangen, flachem Bauch und flachem Hintern zu sehen.

Toni bringt Diva in Pose. Es ist keine sehr schwierige Pose: die Hüften ein wenig vorgeschoben, den Rücken leicht durchgebogen. »Heute möchte ich die Brust richtig hinkriegen.« Sie starrt Divas Brüste an und runzelt die Stirn. »Welche Größe tragen Sie?«

»Kleidergröße?«

»BH-Größe. Wissen Sie Ihren Brustumfang?«

»Äh, achtundsiebzig.«

»Hmmm.« Toni geht an die Schublade eines Schreibtisches und zieht ein rotes Maßband heraus. »Wahrscheinlich steckt ein Großteil dieser Zentimeter in Ihrem Rücken.« Sie legt das Maßband über Divas Brüste, von Achselhöhle zu Achselhöhle. Dann schüttelt sie den Kopf, überlegt und mißt jede Brust noch einmal einzeln.

»Ich hoffe, sie sind gleich groß«, sagt Diva.

»Hm?« Toni sieht auf. »Ach so.« Sie lächelt. »Ja, sie sind ganz in Ordnung. Der Busen ist eine verzwickte Sache, wenn es um Schaufensterpuppen geht. Normalerweise wird für jede Art Bekleidung ein anderer Busen gemacht. Bei Unterwäsche beispielsweise soll der Busen möglichst groß wirken, also mache ich den Rücken kleiner. Ganz anders bei Sportswear, wo die Körper schlanker, jünger und aktiver aussehen sollen. Da ziehe ich den Brustkasten weiter raus und flache die Brüste selbst ab. Verstehen Sie?«

Diva nickt. »Ich hätte nicht gedacht, daß das so kompliziert ist.«

»Ist es eigentlich gar nicht«, sagt Toni. Sie kehrt zu ihrem Ton zurück, und fängt an, mit ihren Händen die Brüste zu formen. Sie rundet und reibt und baut auf und glättet; unermüdlich bearbeiten ihre Finger den feuchten Ton.

Diva findet es ein bißchen entnervend, daß ihr Busen von einer Frau angestarrt wird, die gleichzeitig an einem anderen Busenpaar herummacht, selbst wenn dieses andere Paar aus Ton ist. Irgendwie hat die ganze Situation etwas Seltsames. Sie sagt aber nichts, sondern beschließt, daß es eine gute Gelegenheit ist, an ihrem Song zu arbeiten. Leise summt sie verschiedene Melodien zu den vier Zeilen, die sie bisher geschrieben hat.

Nach zwanzig Minuten gönnt Toni ihr eine Pause. »Sie sind ein gutes Modell«, sagt sie und reicht Diva einen Bademantel. »Die meisten Modelle können eine Pose nicht länger als zwanzig Minuten halten. Sie haben eben ausgesehen, als könnten Sie noch endlos weitermachen.«

»Ich habe über meinen Song nachgedacht.«

»Oh? Haben Sie ihn schon veröffentlicht? Ich würde ihn sehr gern hören.«

»Um Gottes willen, nein. Noch nicht.«

Toni nickt und geht zu dem kleinen Kühlschrank hinüber. Auf dem Kühlschrank steht eine Kaffeemaschine mit einer halben Kanne Kaffee. »Möchten Sie was trinken? Saft oder Kaffee?«

»Saft, bitte.«

»Apfel, Traube, Tomate?«

»Apfel.«

Toni reicht Diva eine Dose Apfelsaft. Diva reißt sie auf und trinkt. Sie betrachtet die verschiedenen Schaufensterpuppen, die im Studio an den Wänden entlang lehnen. Sie fragt sich, ob sich aus all dem vielleicht auch ein Song machen ließe.

»Wie geht's weiter?« fragt Diva. »Ich meine, wenn Sie fertig sind, was passiert dann?«

»Dann kommt jemand zu mir ins Studio und macht einen Gipsabdruck, der später weggeschmissen wird.«

»Er wird weggeschmissen?«

»Ja, genau wie das Tonmodell. Sie müssen sich das so vorstellen: Mit Hilfe des Gipsabdrucks wird ein Prototyp aus Fiberglas hergestellt, der genauso aussieht wie dieses Ton-Original. Dann schneiden sie es an der Hüfte und an den Beinen durch, damit die Puppe leichter verpackt und an- und ausgezogen werden kann. Sie wissen schon. Dann nehmen sie den Fiberglas-Prototypen und machen davon den Abdruck für die eigentliche Produktion.«

»Es muß toll für Sie sein, einkaufen zu gehen und Ihre eigenen

Schaufensterpuppen in den Geschäften zu sehen. Das ist fast so, als würden Ihre Arbeiten in einer Kunstgalerie ausgestellt.«

»Nicht ganz«, antwortet Toni und nippt an ihrem Kaffee. »Aber es ist tatsächlich ein gutes Gefühl.«

»Wie steht's mit Männern?«

Toni will gerade die Tasse an den Mund führen, hält aber mitten in der Bewegung inne und starrt Diva verblüfft an. »Wie bitte?«

Da wird Diva klar, daß Toni die Frage persönlich aufgefaßt hat. Deswegen dieser überraschte Blick, als hätte eine ihrer Schaufensterpuppen gerade zu sprechen begonnen, wie in der alten »Twilight-Zone«-Episode. »Ich rede von männlichen Schaufensterpuppen. Wird es in dieser Pummel-Serie auch Männer geben?«

»Noch nicht. Ehrlich gesagt, bin ich ziemlich froh darüber. Männliche Schaufensterpuppen sind am schwierigsten zu machen. Man darf sie nicht in irgendeiner Bewegung darstellen, sonst heißt es gleich, sie wirken weibisch. Sie müssen sich entweder nach vorne lehnen wie Vorstehhunde oder dasitzen und möglichst hart aussehen, die Beine auseinander. Und mit geballten Fäusten, immer mit geballten Fäusten.«

Diva lacht. »Das kommt mir immer so albern vor.«

»Mir auch. Aber kein Mann will seine Klamotten an einer Schaufensterpuppe sehen, die tuntig wirkt.«

»Manche Männer schon.«

Toni lacht. »Diese Sorte kreiere ich gerne, wenn sie mich darum bitten.«

Sie machen sich wieder an die Arbeit. Diva steht in derselben Pose da, und Toni fährt fort, die Brüste ihrer Tonfigur zu glätten. Nach einer Weile hört sie auf und betrachtet ihr Werk mit unzufriedenem Blick. Sie betrachtet abwechselnd Divas Busen und die Brüste aus Ton. Schließlich schüttelt sie den Kopf. »Die Brustwarzen stimmen nicht. Jede Brust hat eine bestimmte Art von Brustwarze, die genau zur jeweiligen Form paßt.«

»Und ich nicht?«

»Doch, natürlich. Ich habe sie bloß noch nicht richtig hingekriegt.« Toni geht zu Diva hinüber, betrachtet ihre Brüste, streckt beide Hände aus und kneift in Divas Brustwarzen. Fest.

»Hey!« sagt Diva. Ihre Brustwarzen richten sich auf.

»So ist es besser.« Toni geht zu ihrem Modell zurück und formt die Brustwarzen neu.

Diva ist sprachlos. Noch nie hat ihr eine Frau in die Brustwarzen gekniffen, jedenfalls nicht seit der Grundschule. Sie weiß nicht genau, ob sie wütend oder verlegen sein soll. Seltsam war es auf jeden Fall, aber schließlich ist Toni Künstlerin. Sie braucht eben aufgerichtete Brustwarzen. Vielleicht ist es das, was Diva von einer wirklichen Künstlerin unterscheidet. Eine wirkliche Künstlerin denkt nur an ihre Arbeit, konzentriert sich einzig und allein auf die Fertigstellung ihres Werks, tut alles, was dafür erforderlich ist, selbst wenn das bedeutet, daß sie einer anderen Frau in die Brustwarzen kneifen muß.

Diva ist plötzlich von neuem Tatendrang erfüllt. Zwei Wochen bastelte sie nun schon an ihrem Song herum. Was nun? Würde sie mühsam nach einer Möglichkeit suchen, ein Demoband aufzunehmen? Würde sie anschließend in den Vorzimmern der Plattengesellschaften herumhängen in der Hoffnung, jemanden zu finden, der sich das Band anhört? Nein, sie wollte eine aggressivere Strategie entwickeln. Wollte mehr so werden wie Toni. Und zwar sofort.

Diva steht reglos da und arbeitet an ihrem Song. Als ihre Brustwarzen wieder flach werden, kommt Toni herüber, um sie ein zweites Mal zu kneifen. Diva hat nichts dagegen. Diese ganze Sache ist ihr eine Lehre gewesen.

15

»Beeil dich!« ruft Dixie. »Sie entwischen uns!«

»Ich beeil mich doch schon!«

»Schneller!«

Randy kauert am Boden und durchwühlt den Schrank unter der Spüle. Das Badehandtuch, das er sich um die Hüfte geschlungen hat, geht ständig auf, so daß er es immer wieder neu knoten muß. »Verdammt noch mal!« ruft er frustriert.

»Beeil dich, Liebling.«

Er greift nach einer Flasche Pledge und wirft sie Dixie rüber. »Nimm inzwischen das hier!«

»Möbelpolitur?«

»Da ist doch überall der gleiche Scheiß drin.«

Dixie wirft ihm die Flasche zurück. »Sie steht direkt hinter den Brillo-Lappen. Eine rote Flasche.«

Bei seiner panischen Suche nach dem Ungezieferspray stößt Randy alle möglichen Flaschen und Dosen um. Dixie bewacht inzwischen die schwarze Spur aus mindestens tausend Ameisen, die hinter dem Müllschlucker nach oben führt, quer über die ganze Küchenwand verläuft, um schließlich hinter dem eingebauten Mikrowellenherd zu verschwinden. Als Dixie heute morgen aus dem Schlafzimmer kam, um Kaffee zu machen, hielt sie den schwarzen Streifen erst für aufgesprayte Farbe, das Werk irgendwelcher Punks aus der Nachbarschaft. Bis sie entdeckte, daß sich der Streifen bewegte, daß er vor Aktivität nur so wimmelte. Es waren winzige Ameisen, die in geraden, geordneten Reihen auf- und abmarschierten.

Als sie nach Randy rief, stolperte er nackt und verschlafen in die Küche, warf einen Blick auf die krabbelnden Ameisen und rannte sofort zurück ins Schlafzimmer, um sich ein Handtuch um die Hüften zu binden. Vielleicht glaubte er, daß das Handtuch seine Lenden vor den todbringenden Raubtieren schützen würde, überlegte Dixie. Männer waren paranoid, wenn es um ihre Lenden ging. Sie hatte ihn eigentlich nicht gerufen, weil sie seine Hilfe brauchte, sondern weil sie ihm diesen erstaunlichen Anblick zeigen wollte: all diese Ameisen, die in einem nahezu symmetrischen Streifen durch ihre Küche wanderten.

Dixie steht davor und bewundert ihre Ruhe im Angesicht des nahenden Todes. Ob sie schon ahnen, was sie von der blauäugigen Chinesin, die so drohend über ihnen schwebt, zu erwarten haben? Wenn ja, besitzen sie eine gehörige Portion Vertrauen – oder Arroganz. Sie fragt sich, ob sie in der Lage sind, Angst zu empfinden.

Dixie trägt ein langes gelbes T-Shirt. Auf dem T-Shirt prangen keine klugen Sprüche, keine tanzenden Tiere, keine Ikonen der Popkultur. Sie hat tagelang gebraucht, um ein solches unbedrucktes Shirt zu finden. Unter dem T-Shirt trägt sie einen sehr aufreizenden roten Slip, den sie als Teil ihrer Undercover-Kostümierung gekauft hat. Sie hofft, daß sie ihn behalten kann, wenn der Auftrag abgeschlossen ist. Randy steht auf diesen Slip. Ihr ist aufgefallen, daß ihr High-School-Outfit ihn mehr anzuturnen scheint als ihr normaler Look. Das beunruhigt sie ein bißchen, obwohl sie sicher ist, daß es sich dabei bloß um eine harmlose Männerphantasie handelt. Die meisten Männer in ihrem Alter haben an der High-School eine so schlimme Zeit durchgemacht, daß sie jede Gelegenheit genießen, diesen Alptraum noch einmal zu durchleben, mit dem Unterschied allerdings, daß sie diesmal tatsächlich aufs Kreuz gelegt werden.

»Hier!« sagt Randy schließlich. Er steht auf und reicht Dixie das Spray. Sie schüttelt die Flasche, nimmt den Deckel ab und beginnt zu sprühen. Der Giftnebel regnet auf die Ameisen nieder. Sie bleiben nicht gleich stehen, werden aber langsamer, torkeln herum und scheinen ob des plötzlichen Wetterumschwungs verwirrt.

»Wie Agent Orange«, sagt Randy, weicht ein paar Schritte zurück und verzieht das Gesicht. »Noch nach Jahren werden die Überlebenden versuchen, dich gerichtlich zu belangen. Als Jurastudent kenne ich mich mit solchen Sachen aus.«

»Was raten Sie mir, Herr Rechtsberater?«

»Machen Sie keine Gefangenen.«

Dixie lacht und sprüht noch einmal. Jetzt marschieren sie schon viel langsamer, waten durch das klebrige Spray. Ein paar sind an der Wand festgeklebt, die ersten Leichen fallen auf die Arbeitsplatte.

»Igitt«, sagt Randy. »Was für häßliche kleine Bastarde.«

Dixie sprüht in den Müllschlucker, schüttet ein bißchen Wasser nach, schaltet den Müllschlucker an und läßt ihn ein paar Sekunden lang rattern und mahlen, bevor sie ihn wieder abschaltet.

»Los, nichts wie raus hier«, sagt Randy. »Mir ist schon ganz schlecht von dem Zeug.«

Sie treten den Rückzug ins Schlafzimmer an. Randy schlägt mit einer dramatischen Geste die Tür hinter ihnen zu, als wäre ihnen der Feind knapp auf den Fersen. Dixie lacht.

»Das Wochenende fängt ja gut an«, sagt er.

Dixie geht ins Bad hinüber und schließt die Tür. In der Toilette schwimmt das Kondom von gestern abend. Sie kann es ihm noch so oft sagen, er spült die Dinger nie hinunter. Seit der kalifornischen Dürreperiode vor ein paar Jahren hat er einen Wasserspartick. Er stapelt Ziegelsteine in seinem Klokasten und badet bei einem Wasserstand von maximal fünfzehn Zentimetern. Das Kondom sieht ausgeleiert aus, irgendwie ungut. Es erinnert sie an eine abgestreifte Schlangenhaut. Außen herum kleben kleine Spermatropfen, die aussehen wie winzige Marshmallows in Gelee. Sie betätigt die Spülung, bevor sie sich setzt.

Gerade, als sie nach dem *Time-Magazine* greifen will, klopft Randy an die Tür.

»Was geht denn da drinnen Geheimnisvolles vor sich?« fragt er. Das ist ein alter Streitpunkt zwischen ihnen. Er mag es nicht, daß Dixie die Badtür zusperrt, wenn sie aufs Klo geht. Er empfindet es als Barriere, die zwischen ihnen steht, irgend so einen Sechziger-Quatsch.

»Ich bin gerade beim Pinkeln«, antwortet Dixie. »Den genauen Bericht bekommst du später.«

»Was soll die geschlossene Tür? Ich kenne doch sowieso jeden Zentimeter an dir. Ich weiß sogar, wie jeder Zentimeter an dir schmeckt.«

»Willst du eine Kostprobe? Dann serviere ich dir den Rest in einem Glas.«

»Ich mache nie die Tür zu, wenn ich aufs Klo gehe.«

»Ich wünschte, du tätest es«, sagt sie und bereut ihre Worte sofort. Sie weiß, daß er ihr das übelnehmen wird.

Beleidigtes Schweigen. »Verstehe«, sagt er dann.

»Gar nichts verstehst du. Ich will einfach ein kleines bißchen Privatsphäre. Damit sperre ich nicht dich aus, sondern mich ein. Ich brauche ab und zu mal einen Moment für mich allein.«

»Ja, klar.«

»Wenn du mehr Intimität brauchst, komme ich in zwei Minuten raus und furze dir was vor. Dafür läßt du mich jetzt in Ruhe pinkeln, okay?«

Er zögert einen Augenblick. »Okay.«

Sie hört die Matratzenfedern quietschen, als er sich aufs Bett fallen läßt. Gut. Demnach hat er es nicht eilig, aus dem Haus zu kommen, um Tennis zu spielen, Frühstücken zu gehen oder eine Matinee zu besuchen. Sie können ein paar Stunden faul sein, Zeitung lesen, fernsehen, sich noch einmal lieben.

Als Dixie wieder ins Schlafzimmer kommt, liegt Randy auf dem

Rücken und sieht fern. Er hat die Fernbedienung in der Hand und schaltet die Sender rauf und runter.

»Irgendwas dabei, das man sich anschauen kann?« fragt sie.

Er grinst. »Ja, allerdings. Schau dir das hier an.« Er deutet auf das Handtuch, das er sich um die Hüften gebunden hat. Darunter ragt sein Penis steif nach oben.

»Was bist du doch heute wieder diskret«, sagt sie lächelnd.

»Dafür ist leider keine Zeit. Die Lakers spielen in einer halben Stunde.«

Er zieht sie nur auf. Randy mag Sport, aber er ist nicht fanatisch. Sie haben zusammen ein paar Spiele der Lakers besucht. Sie sehen sich beide gern Sportsendungen an. Dixie mag am liebsten Boxen, Randy Baseball. Beide mögen Basketball, keiner von ihnen mag Football. Eigentlich wunderbar. Sie betrachtet ihn, wie er auf dem Bett liegt, ein paar Kissen unter dem Kopf, das weiße Handtuch um die Hüfte geschlungen. Er ist nicht besonders groß, etwa eins siebzig, aber kräftig gebaut, mit breiten Schultern. Er ist der behaarteste Mann, dem sie jemals begegnet ist. Nur nicht auf dem Kopf. Während der gesamte Körper mit dickem, wasserdichtem Büffelfell überzogen ist, ist sein Kopf nur notdürftig mit einer Kappe aus kurzem, sich lichtendem Haar bedeckt.

Dixie kniet sich hin und legt die Hand auf seine Brust. Sein Haar bildet ein Polster unter ihrer Hand, so daß sie seine Haut nicht spüren kann. Sie hat sich daran gewöhnt und mag es sogar irgendwie. Und sie mag ihn. Er ist eine Art Überbleibsel aus den Sechzigern, er besitzt sogar noch seinen alten *PEACE-NOW*-Button.

Randy fängt wieder an, die Sender durchzuschalten. Gelegentlich schnappt Dixie in diesem Chaos aus abgebrochenen Sätzen und Bildern einen Dialogfetzen auf. Schließlich entscheidet sich Randy für einen alten Western, in dem Glenn Ford als Cowboy auftritt.

Dixie sieht zu ihm hinüber, aber seine Augen sind auf den Fernseher gerichtet. Er ist ein guter Kerl, fürsorglich, ehrlich und hilfsbereit. Sie ist gerne mit ihm zusammen und freut sich, wenn er da ist. Andererseits ist sie sich der Tatsache bewußt, daß es ihr nichts ausmacht, wenn er mal nicht da ist. Sie freut sich, wenn er kommt, aber er fehlt ihr auch nicht, wenn sie nicht mit ihm zusammen ist. Irgendwas kann da nicht stimmen, überlegt sie. Vielleicht geht sie zu wenig aus sich heraus; oder er geht zu wenig aus sich heraus. Sie fragt sich, ob sie vielleicht mal eines dieser Selbsthilfebücher über Frauen und Beziehungen lesen sollte. Oder sollte sie lieber zum Polizeipsychologen gehen?

Sie legt sich neben Randy und schmiegt ihre Nase an seinen Hals. Er riecht noch ganz leicht nach dem Rasierwasser von gestern abend. Calvin Klein. Aber der Duft des Rasierwassers wird durch Randys eigenen Körpergeruch überlagert. Sie mag den Geruch und atmet tief ein. Glenn Ford schüttet gerade einem anderen Mann einen Drink ins Gesicht. Randy legt seine Hand auf ihre Hüfte und tätschelt sie liebevoll.

Das Telefon klingelt.

Es klingelt an der Haustür.

»Shit«, sagt sie.

»Wer zum Teufel –?« sagt Randy.

Beide setzen sich auf.

Das Telefon klingelt immer noch. Es ist nicht Dixies normales Telefon, sondern ihr Undercover-Apparat, der eine eigene Nummer hat. Das ist die Telefonnummer, die sie ihren Freunden an der High-School gibt. Der Apparat ist rot und steht gleich neben ihrem normalen weißen Telefon. Beim Anblick des roten Telefons muß sie immer an Moskau oder Washington denken. »Hallo, Mr. President?«

»Geh du an die Tür, ja?« bittet sie Randy.

Mürrisch vor sich hin brummend, steht er auf und bindet sein Handtuch fester. Dann stapft er aus dem Schlafzimmer Richtung Wohnungstür. Dixie stellt sich hinter die Schlafzimmertür und späht durch den Spalt neben der Türangel. Von hier aus kann sie sehen, wer an der Haustür steht. Sie greift nach dem roten Hörer.

»Hi«, sagt sie.

»Dixie?« Es ist Melody Krauss, ihre High-School-Freundin mit dem Southern-Comfort-Spray.

»Yeah. Hi. Was gibt's?«

Melody schluchzt. »Oh, Dixie.«

Dixie muß sofort an das Schlimmste denken. Kindesmißbrauch, Inzest, Vergewaltigung. Dixie hat schon alles in dieser Richtung gesehen, sogar fünfjährige Mädchen, die von ihrem Vater so brutal vergewaltigt worden waren, daß sie genäht werden mußten. »Was ist los, Melody?«

»T-T-Toby.« Inzwischen läßt sie ihren Tränen freien Lauf. Vor lauter Schluchzen verschluckt sie sich und muß husten. Dixie fragt sich erneut: Vergewaltigung? Überdosis? Selbstmordversuch?

Sie späht durch den Spalt in der Schlafzimmertür, um zu sehen, wer an der Haustür steht. Jesus! Es ist Karl, ihr Ex-Mann. Randy steht in der Tür und hält sein Handtuch fest. Beide Männer scheinen sich nicht sehr wohl in ihrer Haut zu fühlen.

»Der verdammte Mistkerl!« schluchzt Melody.

»Was hat Toby denn getan?« Toby ist der Herausgeber des Schuljahrbuchs. Er sieht gut aus, kommt aus einer reichen Familie und fährt einen Jeep, der noch mehr Schnickschnack zu bieten hat als die meisten anderen Luxusschlitten. Melody ist schrecklich in ihn verknallt und spricht kaum von etwas anderem, seit Dixie sie kennengelernt hat. Obwohl die beiden in demselben Chemiekurs sind, ist Melody sicher, daß Toby nicht einmal weiß, daß es sie gibt. »Was hat er getan?« fragt Dixie noch einmal.

»Erst mal hat er mich gefickt.«

Dixie ist sich nicht sicher, wie sie das meint. »Er hat dich vergewaltigt?«

»Er hat mich gefickt. Dann hat er mich nochmal gefickt.« Sie spricht leicht unartikuliert, als hätte sie schon ziemlich viel Southern Comfort intus. Plötzlich beginnt sie wieder zu schluchzen. »Bitte komm rüber, Dixie. Bitte, Dixie.«

»Hast du was getrunken?«

Melody lacht dreckig. »Natürlich. Was soll ich denn sonst machen?«

»Hast du irgendwelche Drogen genommen?«

»Bist du etwa meine Mutter?«

»Komm schon, Melody, ich hab dich was gefragt«, fährt Dixie sie an. Ihre Stimme kann so streng und autoritär klingen, daß die Leute oft überrascht sind.

»N-nein«, sagt Melody. »Nur ein paar Schluck Southern Comfort. Aber ich kann uns ein bißchen Shit besorgen, wenn du willst.«

Dixie seufzt. Melody glaubt, daß sie das gefragt hat, weil sie rüberkommen will. Dixie späht wieder durch den Türspalt. Randy und Karl stehen jetzt beide im Wohnzimmer. Sie sprechen abwechselnd. Randy gestikuliert mit der rechten Hand; mit der linken hält er immer noch sein Handtuch. Karl steht einfach nur da, mit hängenden Armen. Die beiden sehen nicht so aus, als würden sie streiten. Dixie fragt sich, worüber sie wohl reden.

»Bitte komm rüber«, sagt Melody noch einmal.

»Ich weiß nicht, Mel«, antwortet Dixie zögernd. »Eigentlich soll ich mit meinen Eltern zu meinen Großeltern fahren. Großes Familientreffen.«

Am anderen Ende der Leitung ist es ein paar Sekunden lang still. Dixie fühlt sich ziemlich mies, aber schließlich hat sie heute frei. Hier in dieser Wohnung spielt sich ihr richtiges Leben ab, und nebenan im Wohnzimmer warten ihr Freund und ihr Ex-Mann.

»Kannst du dich nicht irgendwie abseilen?« fragt Melody.

»Unwahrscheinlich. Es sind die Eltern meiner Mutter. Dieser ganze Familienscheiß ist ihr ziemlich wichtig. Kannst du nicht jemand anderen anrufen? Ich meine, wir kennen uns doch erst ein paar Wochen.«

Melody schluchzt laut auf. »Ich weiß nicht. Irgendwie habe ich zu dir einfach das meiste Vertrauen.«

Dixie beobachtet, wie Randy und Karl auf dem Sofa Platz nehmen. Hin und wieder wirft Randy einen ängstlichen Blick in Richtung Schlafzimmer.

»Okay. Ich komme zu dir rüber, so schnell ich kann.«

»Danke, Dixie«, sagt Melody erleichtert. »Das meine ich ernst. Ich werde dir mein Leben lang dankbar sein. Ehrenwort.«

»Bye.«

»Warte, Dixie. Nicht auflegen!«

»Was ist?«

»Wir treffen uns im Einkaufszentrum, okay? Ich muß schleunigst hier raus, sonst merkt meine Mutter noch, daß ich geheult habe und will ein Mutter-Tochter-Gespräch mit mir führen. Ich warte bei Nordstrom's auf dich. In der Schuhabteilung.«

»Okay.« Dixie legt auf. Sie macht die Schranktür auf. Die Klamotten, die sie bei diesem Undercover-Auftrag trägt, hängen ordentlich aufgereiht an einer Seite. Sie schlüpft in eine Jeans, bei der sie die Aufschläge umkrempelt, und ein rotes Karohemd, das sie offenläßt, damit man ihr gelbes T-Shirt sehen kann. Den BH spart sie sich. Sie schlüpft in Gummilatschen und geht ins Bad hinüber, wo sie sich eilig schminkt, eine Portion Stylingschaum auf ihrem Haar verteilt und es mit den Fingern in Form zupft.

»Hi, Karl«, sagt sie, als sie ins Wohnzimmer kommt, immer noch damit beschäftigt, ihr Hemd in die Hose zu stopfen.

Karl begrüßt sie mit einem förmlichen Nicken. »Dixie.«

Randy sieht sie entnervt an. »Ich gehe mich rasch anziehen.«

»Ich muß gleich weg«, sagt Dixie zu ihm. »Dienstlich.«

»Fuck.«

Karl lächelt. »Manche Dinge ändern sich nie.«

Dixie reicht es allmählich. Sie findet es schlimm genug, daß sie Randy enttäuschen muß, aber jetzt auch noch von Karl kritisiert zu werden, ärgert sie. »Was willst du, Karl?«

»Wir waren für heute zum Mittagessen verabredet. Hast du das vergessen?«

Das ist typisch Karl. Ständig behauptet er, mit ihr verabredet zu sein, spielt dann die beleidigte Leberwurst und beschuldigt sie, die Verabredung vergessen zu haben. Trotzdem kann man Karl kaum böse sein, er ist so gutmütig und harmlos.

»Karl«, sagt die geduldig, »wir waren heute nicht zum Essen verabredet.«

Karl streicht sich eine widerspenstige rote Locke aus der Stirn. »Warum kannst du es nicht einfach zugeben, wenn du etwas vergessen hast?«

Randy geht einen Schritt auf Karl zu. »Sie hat gesagt, ihr wart nicht verabredet, Freundchen. Ich glaube, du verschwindest jetzt besser.« Randys breiter, haariger Körper wirkt bedrohlich, aber mit seiner hohen Stimme klingt er immer noch wie der kleine Junge, den er in »Dennis the Menace« spielte. Trotzdem ist Karl beeindruckt genug, um einen Schritt zurückzuweichen.

»Ich rufe dich nächste Woche an«, sagt Dixie, nimmt Karl am Arm und begleitet ihn zur Tür.

»Das kenne ich schon.«

»Ich rufe dich bestimmt an. Nächste Woche.«

»Essen wir dann miteinander?«

»Ich rufe dich an.« Sie schiebt ihn zur Tür hinaus.

In den sieben Jahren, die sie sich nun kennen, hat er sich kaum verändert. Dixie selbst hat das Gefühl, sich so sehr verändert zu haben, daß es eigentlich an ein Wunder grenzt, daß er sie noch erkennt.

Dixie schließt die Tür und dreht sich zu Randy um. »Tut mir leid. Er ist eigentlich kein schlechter Kerl.«

»Ich fand ihn ganz okay.«

Sie lächelt ihn an. »Warum hast du dich dann so in Pose geschmissen? Wolltest du ihm eine verpassen?«

»Ich? Ich habe seit der High-School keinen mehr geschlagen. Ich habe nur versucht, hart und entschlossen zu wirken. Frauen mögen das.«

Dixie küßt ihn auf die Wange. »Wartest du auf mich?«

»Wie lange wirst du weg sein?«

»Ich weiß nicht. Ein paar Stunden vielleicht. Schwer zu sagen.«

»Wir wollten doch gegen zwei Uhr Lonnie abholen.« Lonnie ist sein Sohn, der bei seiner Exfrau in Huntington Beach lebt. Heute ist Randys Besuchstag, und er will, daß sie drei zusammen Minigolf spielen.

»Bis dahin müßte ich längst zurück sein.«

Er kratzt sich seinen stoppligen Eintagesbart. »Ich warte auf dich.«

»Gut«, sagt sie, küßt ihn schnell auf die Lippen und geht. Auf dem Weg zum Wagen denkt sie darüber nach, ob sie nun froh ist oder nicht, daß Randy auf sie warten will.

»Nachos esse ich für mein Leben gern«, sagt Melody.

»Ich auch.« Dixie benutzt einen Tortilla-Chip, um ein bißchen Guacamole, saure Sahne und scharf gewürztes Huhn aufzuschaufeln. Ein langer Faden geschmolzener Käse hängt von dem Chip, als sie ihn zum Mund führt. Melody reißt den Käsefaden ab. »Danke«, sagt Dixie und schiebt den beladenen Chip in den Mund. Sie ist zum erstenmal seit Tagen wieder richtig hungrig.

»Das war eine gute Idee«, sagt Melody. Sie fährt mit dem Finger über den leeren Teller, um die Überreste der schwarzen Bohnen zusammenzukratzen. Sie leckt den Finger ab. »Es geht mir schon viel besser.«

»Da bin ich aber froh.«

»Er ist trotzdem ein verdammter Scheißkerl.«

Melody hatte Dixie in der letzten halben Stunde schluchzend und sehr ausführlich von ihrem Zusammentreffen mit Toby berichtet. Sie hatte ihn in einem Plattenladen getroffen und war erstaunt und happy darüber gewesen, daß er versuchte, sie anzumachen. Fragen nach seiner Freundin hatte er gleichgültig abgetan und Melody mit zu sich nach Hause geschleppt. Aber nachdem sie Sex miteinander gehabt hatten, eröffnete Toby Melody, daß sie nun verschwinden müsse, da Missy, seine Freundin, bald von der Arbeit käme. Natürlich war Melody verletzt und wütend auf ihn losgegangen, bevor sie schließlich nach Hause rannte und ihren Hilferuf an Dixie losließ. Dixie fällt es schwer, mit dem jungen Toby allzu hart ins Gericht zu gehen. Sie ist alt genug, um zu wissen, daß es oft keine Absicht ist, wenn Jungs zu Mädchen grausam sind. Sie kommen einfach mit den Bedürfnissen ihres Schwanzes noch nicht so gut klar. Mit zunehmendem Alter weiß man als Frau eher, was man zu erwarten hat, und urteilt nicht mehr so hart. Man nimmt alles nicht mehr so persönlich.

»Wahrscheinlich war ich selber schuld«, sagt Melody jetzt. Sie grinst. »Ich habe mich von dem Glamour blenden lassen, rote Kondome und so.«

Sie müssen beide lachen. Rund um den Eßbereich stehen eine Menge Leute mit Tabletts in der Hand und warten auf einen freien Tisch. Der einzige Fehler an diesem großartigen Restaurant ist, daß es nicht genug Tische gibt, so daß die Leute gezwungen sind, mit ihren beladenen Tabletts voll dampfender Speisen ständig im Kreis herumzugehen und nach jemandem Ausschau zu halten, der so aussieht, als würde er demnächst seinen Tisch verlassen. Wenn es dann soweit ist, stürzen sich alle auf diesen Tisch. Dixie findet, daß das für alle Beteiligten ziemlich erniedrigend ist. »Laß uns gehen«, sagt sie, und sie stehen auf.

Dixie und Melody steuern gerade auf die Rolltreppe zu, als plötzlich Joseph Little vor ihnen steht. Er lächelt und tätschelt Dixies Arm. »Jesus, ist heute mein Glückstag oder was?«

»Hey, Joe«, sagt Dixie.

»Hi.« Melody nickt ihm ohne große Begeisterung zu. Sie ist eine regelmäßige Kundin von ihm, aber im Moment stört er sie offenbar. Sie sieht zu Dixie hinüber.

»Hast du nicht gesagt, du müßtest heute zu deiner Großmutter?« fragt er.

»Es ist was dazwischengekommen«, antwortet Dixie.

»Du meine Güte, wenn wir einen angekündigten Besuch bei meinen Großeltern absagen würden, würden die glatt einen Herzinfarkt bekommen.«

Dixie antwortet nicht. Die Sache wird allmählich kompliziert. Während der letzten paar Wochen hat er ihr ständig nachgestellt. Sie ist ihm aus dem Weg gegangen und hat so getan, als sei sie ihm wegen des Knutschflecks böse. Captain Janeway verlangt ständig Berichte über den Stand ihrer Arbeit, er will wissen, ob sie schon etwas über Littles Quelle herausbekommen hat. Sie bittet ihn jedesmal, Geduld zu haben. Die meisten Polizisten glauben, daß man als Undercover-Ermittler mit Schülern ein leichteres Spiel hat als mit Zuhältern oder Nutten oder erwachsenen Verbrechern im allgemeinen. Vielleicht war das auch mal so, aber diese Zeiten sind vorbei. Die Kids haben zuviel ferngesehen, sie haben gelernt, niemandem zu trauen. Die beste Methode, an Joseph Little heranzukommen, besteht darin, vor ihm wegzulaufen, die Initiative von ihm selbst ausgehen zu lassen.

»Hört mal, Mädels«, sagt Joseph. »Ich versuche gerade, für meine Mutter was Hübsches zum Muttertag zu finden. Vielleicht könnt ihr mir dabei helfen?«

Melody gibt Dixie durch einen weiteren Blick zu verstehen, daß sie lieber mit ihr allein wäre. Joseph bemerkt den Blick.

»Hey, ich werde dich schon für deine Geduld entschädigen.«

Melody hat angebissen. »Wie zum Beispiel?«

»Was willst du?« Er berührt mit dem Finger die Außenseite seiner Nase, macht ein leises Schnupfgeräusch und lacht.

»Irgendwas. Egal«, antwortet Melody lächelnd.

Zu dritt klappern sie ein Geschäft nach dem anderen ab und sehen sich unzählige Klamotten an.

An der Art, wie Joseph sie immer wieder berührt, erkennt Dixie, daß er scharf auf sie ist, und zwar auf eine andere Weise als bisher: Inzwischen will er mehr, als nur eine Eroberung machen. Das ist eine günstige Gelegenheit, ihm näherzukommen, ein bißchen mehr von seinem Vertrauen zu gewinnen. Sie will Randy anrufen, um ihm zu sagen, daß sie nicht kommen kann, aber als sie vorgibt, aufs Klo zu müssen, besteht Melody darauf, sie zu begleiten. Sie ist aufgeregt, weil Joe ihr kostenloses Kokain in Aussicht gestellt hat.

Sie stöbern durch May Company, Women's Sportswear.

»Hey, das hier ist schön.« Er hält ein blaues Seidenkleid in die Höhe.

»Hübsch«, sagt Dixie. »Was hat sie für eine Größe?«

»Das weiß ich nicht genau. Sie ist ungefähr so groß wie du, aber rundherum ein bißchen dicker.«

Melody kommt herüber und hält einen Pullover vor sich hin. »Der Pulli hier ist hübsch.«

Joseph schüttelt den Kopf. »Sie hat mehr Pullis im Schrank als Zähne im Mund. Mir gefällt dieses Kleid.«

»Ja, das gefällt mir auch«, sagt Melody.

Er betrachtet es, geht damit ans Licht, hält es Dixie an und runzelt die Stirn. »Ich weiß nicht so recht. Auf dem Kleiderbügel ist das so schwer zu beurteilen. Würdest du es für mich anprobieren, damit ich mir besser vorstellen kann, wie es an ihr aussieht?«

Dixie zögert, zuckt dann aber mit den Achseln. »Klar.«

Sie geht mit dem Kleid in die Umkleidekabine und zieht die Tür hinter sich zu. Sie hängt das Kleid an die Tür und wirft einen Blick auf das Preisschild: $ 258,00. Sie selbst hat noch nie ein so teures Kleid besessen. Dixie zieht sich bis auf den Slip aus und will gerade das Seidenkleid vom Bügel nehmen, als plötzlich die Tür aufgeht und Joseph hereinkommt. Er lächelt durchtrieben.

»Hi«, sagt er und macht einen Schritt auf sie zu. Er starrt auf ihre kleinen Brüste, dann auf ihren Bauch und ihren Slip. Ihre Haut prickelt, als wären seine Augen eine feuchte Zunge.

»Bist du verrückt?«

»Das mußt du schon selber herausfinden.« Inzwischen steht er direkt vor ihr, umarmt sie und küßt ihr Ohr, ihre Wange, ihren Mund.

Dixie ist vor Überraschung ganz steif. Sie schiebt ihn nicht weg, erwidert seine Zärtlichkeiten aber auch nicht. Bei dieser Art von Job kommt es vor allem aufs richtige Timing an. Man kann einen Mann nur eine Zeitlang wegschieben; von einem gewissen Zeitpunkt an verletzt man ihn so sehr in seinem Stolz, daß er nie mehr daran erinnert werden möchte. Dixie spürt, daß sie an einem solchen Wendepunkt angekommen sind. Er hat es gewagt, zu ihr in die Kabine zu schlüpfen, um ihr zu beweisen, daß er es ehrlich meint. Wenn sie ihn jetzt hinauswerfen würde, würde sie wahrscheinlich jede Chance vertun, sich von ihm zu seinem Zulieferer führen zu lassen. Offiziell und auch vom gesetzlichen Standpunkt her bedeutet jeder sexuelle Kontakt das Aus für einen Fall, auch wenn das in der Praxis nicht immer so gehandhabt wird. Trotzdem hat Dixie nicht vor, sich hier, jetzt oder überhaupt irgendwann von ihm bumsen zu lassen. Und dennoch muß sie ihn ermutigen, muß ihm Hoffnungen machen.

»Das mit dem Knutschfleck tut mir wirklich leid«, flüstert er. »Da habe ich mich bloß ein bißchen aufgespielt. Es war nicht böse gemeint.« Er küßt sie ganz leicht und zögernd auf die Lippen, als würde er halb damit rechnen, daß sie ihm im nächsten Moment die Lippe abbeißen wird.

Dixie erwidert seinen Kuß. Überrascht küßt er sie fester, schiebt seine Zunge in ihren Mund. Sie saugt sie ein. Er drängt sich immer enger an sie, bis sie beide an der Wand kleben, direkt auf dem blauen Seidenkleid. Nachdem er ihr einen Moment lang an die Brust gefaßt hat, läßt er seine Hand sofort zwischen ihre Beine gleiten. Seine Finger streicheln den Stoff über ihrer Vagina. Verlegen registriert Dixie, daß ihr Slip naß wird. Sie kann sogar ihren eigenen erdigen Geruch riechen.

Karl war ein ungeschickter und nicht gerade leidenschaftlicher Liebhaber. Randy ist erfahrener und einfühlsamer. Eine derart drängende, triebhafte Leidenschaft ist Dixie jedoch nicht gewöhnt. Sie spürt, wie ihr Körper darauf reagiert, obwohl sie versucht, einen klaren Kopf zu behalten. Er kreist mit seinen Hüften gegen ihr Becken. Er küßte ihre Brüste, saugt an den Brustwarzen, nimmt sie zwischen seine Zähne. Er schiebt seine Hand von hinten in ihren Slip, legt sie auf ihren Hintern, läßt sie dann nach vorne gleiten und rammt einen Finger tief in sie hinein, wobei er sie beinahe vom Boden abhebt. Dixie spürt, wie ihr der Schweiß von der Stirn läuft, während sie auf seiner Hand reitet, ihre Klitoris gegen seine Handfläche gepreßt.

Er zieht den Reißverschluß seiner Hose auf, holt seinen Penis heraus und führt ihre Hand an seinen Schoß. Sein Penis ist hart wie ein Hammer und sehr warm. Er preßt sich gegen sie, und sie nimmt ihn in die Hand.

Joseph beginnt, ihr den Slip herunterzuziehen. Als er ihn weit genug unten hat, drängt er sich wieder an sie, preßt seinen Penis gegen ihren Bauch. Dann hebt er sie ein Stück hoch und versucht, sie so in Position zu bringen, daß er in sie eindringen kann. Dixie weiß, daß sie das nicht zulassen darf, daß sie damit die imaginäre Grenze überschreiten würde. Schnell beginnt sie ihn zu streicheln, fährt mit festem Griff an seinem Penis auf und ab. Dabei betrachtet sie seine geschlossenen Augen und empfindet plötzlich etwas für ihn – nicht Leidenschaft, sondern ein fast mütterliches Mitgefühl, als müsse sie ein weinendes Kind trösten. Vielleicht macht das sowieso einen Großteil der weiblichen Sexualität aus. Nur bei Trina scheint das anders zu sein. *Ach, was weiß denn ich*, denkt Dixie und streichelt weiter.

Joseph stöhnt, und sein warmes Sperma ergießt sich über ihre Hand und ihr Handgelenk. Erschöpft lehnt er sich an sie, während der Rest auf ihren Bauch spritzt. »Jesus«, seufzt er schwach. »Mein Gott!«

Dixie blickt sich in der Kabine um und entdeckt etwas Seidenpapier, mit dem normalerweise Hemden und Pullover eingepackt werden. Sie wischt erst ihre Hand und ihren Bauch damit ab, dann Josephs Penis. Das scheint ihm peinlich zu sein; er kommt ihr vor wie ein kleiner Junge, der gerade von seiner Mutter gekämmt worden ist. Verlegen löst er sich von ihr und zieht seine Hose wieder an. Dabei sieht er aus, als wolle er etwas sehr Wichtiges sagen. Schließlich sagt er: »Ich warte draußen auf dich.«

Draußen scheint die Sonne. Dixie legt die Hand an die Augen und blickt aufs Meer hinaus. Himmel, was macht sie eigentlich hier? Wird sie je wieder bei May Company einkaufen können? Natürlich werden ihre Aktivitäten in der Umkleidekabine in ihrem Bericht nicht auftauchen. Trotzdem fühlt sich Dixie schrecklich. Sich unter diesen Kids zu bewegen und ihr Leben zu beeinflussen, wie sie es bereits getan hat, gibt ihr das Gefühl, eine Verräterin zu sein; so ähnlich müssen sich Eltern fühlen, die das Vertrauen ihrer Kinder mißbrauchen. Sicher, es ist alles nur zu ihrem Besten, das weiß sie natürlich. Dixie atmet tief durch, spürt das feuchte Meersalz in der Luft. Sein Geruch vermischt sich mit dem aufdringlichen Duft der Seife, mit der sie sich auf der Toilette von May Company gewaschen hat. Sie sieht zu Joseph hinüber. Sie würde ihn am liebsten schütteln und ihm einen Vortrag halten. Er ist ein kluger, gutaussehender Junge aus einer netten Familie. Es gibt keinen vernünftigen Grund, warum er tut, was er tut. Aber es ist nicht ihre Aufgabe, Vorträge zu halten. Sie darf die Perspektive nicht verlieren. Eine Polizistin aus L. A., die denselben Auftrag hatte wie sie, wurde rausgeworfen, weil sie mit einem der Schüler Sex gehabt hatte. Ein anderer, männlicher Kollege quittierte den Dienst, um eines von den High-School-Mädchen zu heiraten, mit denen er als Undercover-Agent ausgegangen war. In diesem Job hängt alles davon ab, die Perspektive nicht zu verlieren.

»Ich mag dich wirklich sehr«, sagt Joseph zärtlich zu ihr.

»Ich mag dich auch.«

Er nickt und sieht aufs Meer hinaus. »Das da drinnen war irgendwie seltsam, hm?«

Er deutet mit dem Daumen Richtung May Company. »Was wir getan haben.«

»Es war schön.«

»Ich will bloß nicht, daß du es irgendwie falsch auffaßt.«

Dixie gibt ihm keine Antwort. Sie stehen dicht nebeneinander und haben beide die Hand an die Augen gelegt, während sie aufs Meer hinausstarren.

»Es war nicht nur Sex«, sagt er.

»Nein, so habe ich es auch nicht aufgefaßt.«

»Dann ist es ja gut. Ich mag dich nämlich wirklich. Ich meine, ich mag natürlich auch Sex, versteh mich nicht falsch. Aber dich mag ich auch. Als Person.«

Drei Hubschrauber tauchen am Horizont auf. Sie sind noch so weit weg, daß man sie nicht hören kann, aber sie fliegen in einer festen Formation. Ein Schwarm Seemöwen folgt ihnen.

»Ich dachte bloß, wir könnten mehr Zeit miteinander verbringen. Außerhalb der Schule.«

»Aber das tun wir doch gerade, Joseph.«

Er sieht sie an. »Du weißt, was ich meine.«

Sie beobachtet, wie die Hubschrauber wenden und in dieselbe Richtung davonfliegen, aus der sie gekommen sind. Die Seemöwen drehen ebenfalls um und jagen ihnen hinterher. Sie sieht zu Joseph hinüber. »Ich weiß, was du meinst. Ich bin mir bloß nicht sicher, ob ich das will. Bei dir hat man irgendwie das Gefühl, daß du was zu verheimlichen hast. Und da bin ich nicht besonders scharf drauf.«

Er scheint sich plötzlich sehr unbehaglich zu fühlen, als würde er ihr gern mehr sagen, als er darf.

»Da gibt es kein großes Geheimnis.«

»Du dealst mit Drogen.«

»Und du hast mir was abgekauft, erinnerst du dich noch? So haben wir uns kennengelernt.«

»Ein paar Poppers und ein bißchen Koks fürs Wochenende zu kaufen ist nicht dasselbe wie Dealen. Ich bin mir nicht sicher, ob ich mit jemandem befreundet sein möchte, der einen so gefährlichen Job hat.«

»Hey, darüber brauchst du dir keine Gedanken machen. Das kannst du ruhig mir überlassen.« Er bemüht sich, abgebrüht zu klingen, aber in ihren Ohren klingt er eher melodramatisch, so wie Randy heute morgen, als er versuchte, vor Karl den starken Mann zu spielen.

»Vor dir habe ich keine Angst, Joseph«, sagt sie. »Aber vor den Leuten, mit denen du zu tun hast.«

Er denkt über ihre Worte nach. »Mit denen werde ich schon fertig.«

Melody kommt endlich auch aus dem Geschäft. Sie hatte wieder angefangen, nach einem Pullover zu suchen.

»Es wird mir allmählich langweilig«, sagt Dixie.

»Ach ja? Das da auch?« fragt Melody und deutet auf Josephs Hand an Dixies Taille. »Ich dachte, wir beide wollten was zusammen unternehmen.«

»Das haben wir doch.«

»Ja. Sicher.«

Dixie weiß nicht, was sie sagen soll. Sie will Melodys Gefühle nicht verletzen, aber es ist ihre Aufgabe, sich an Joseph zu hängen. So nah dran wie jetzt war sie noch nie. Mit ein bißchen Druck sollte es ihr eigentlich gelingen, im Lauf der kommenden Woche von ihm herauszubekommen, wann sein nächster Einkauf ansteht. Vielleicht kann sie sogar dabeisein.

»Mein Gott, Dixie!« ruft eine Stimme. »Wie siehst du denn aus!«

Dixie spürt, wie sich ihr Magen verkrampft. Sie wirbelt herum und sieht Diva und Barcelona auf sich zukommen. Jesus, bloß das nicht!

»Dein Haar!« lacht Diva. »Was ist das, eine Maskerade?«

Dixie dreht sich zu Joseph um und sieht, wie das Lächeln auf seinem Gesicht gefriert.

16

Am selben Morgen, vor dem Zusammentreffen mit Dixie: Barcelona rollt sich auf die andere Seite ihres Betts und stößt zu ihrer Überraschung gegen Eric.

»Au«, sagt er schläfrig. »Meine Schulter.«

»Wann bist du gekommen?« fragt sie.

»Vor einer Stunde. Du hast geschlafen.«

»Oh.« Sie freut sich, daß er hier ist. Er hat jetzt wieder einen eigenen Schlüssel. Aber es beunruhigt sie ein bißchen, daß sie weder gehört noch gemerkt hat, wie er in ihre Wohnung gekommen ist. Ein nackter Mann hat sich neben sie ins Bett gelegt, und sie hat es nicht mitbekommen. Genausowenig würde sie es wahrscheinlich mitbekommen, wenn jemand bei ihr einbrechen würde. Sie überlegt, ob sie eine Alarmanlage installieren lassen soll.

»Massierst du mir die Schulter?« fragt er.

Seine Schulter schmerzt vom Softballspielen. Er spielt in einem gemischten Team für »Austin House«, das ist sein Heim für mißhandelte Frauen. In der »Liga der sozialen Einrichtungen« bildet seine Mannschaft das Schlußlicht. Die »Drogenrehabilitation« ist die Nummer eins. Eric versucht immer, darüber Witze zu machen, aber Barcelona weiß, daß es ihm in Wirklichkeit ziemlich zu schaffen macht, an letzter Stelle zu rangieren. Eric ist ein außergewöhnlicher Athlet, einer der ehrgeizigsten Menschen, die sie kennt. Daß seine Mannschaft auf dem letzten Platz ist, faßt er als persönliche Beleidigung auf und diskutiert oft mit ihr über die Schwächen seiner Mitspieler. Manchmal schneidet er aus Sportzeitschriften Artikel über bessere Schlagtechniken aus, oder er zeichnet Strichmännchen, die demonstrieren, wie man den Schläger richtig schwingt. Das kopiert er dann und teilt es bei der Arbeit an seine Teamkollegen aus. Barcelona hat sein Team schon ein paarmal spielen sehen; Zeichnungen werden da nicht viel nützen. Eric ist anderer Meinung. Er glaubt, daß sie es mit viel Übung, Engagement und Willenskraft schaffen werden, ihre Trefferquote zu steigern. In dieser Hinsicht hat er viel von Dixie.

Barcelona massiert seine rechte Schulter, und er beginnt unter ihren Händen vor Wohlbehagen zu brummen. Er schiebt seinen blanken Po immer weiter nach hinten, bis er ihre Beine berührt. Seine Klamotten liegen ordentlich zusammengelegt auf dem geflochtenen Wäschekorb neben dem Schrank: Nylonshorts, weiße Socken, ein Netzhemd und Tiger-Laufschuhe mit Gelpolster in der Sohle. Ganz oben auf dem Stapel liegt eine Bandage für seinen Knöchel. Barcelona fragt sich, wie es wohl kommt, daß alle Männer über dreißig, mit denen sie bisher zusammen war, irgendeine chronische Sportverletzung haben. Knöchel, Knie, Ellbogen, Finger. Eine kleine Frage genügt, und schon berichtet jeder bis ins kleinste Detail, bei welcher Gelegenheit er sich die Verletzung zugezogen hat und wann genau das jeweilige Basketball-, Football-, Racquetball- oder Softballspiel stattgefunden hat.

»Was hast du Luna gesagt?« fragt Barcelona.

»Daß ich zum Joggen gehe.«

»Sonst noch was?«

»Zum Beispiel?«

Sie stellt ihre Massage ein. »Sie hat mich gestern abend angerufen. Beziehungsweise eine Nachricht auf dem Anrufbeantworter hinterlassen.«

Eric setzt sich auf. Er versucht, gelassen zu wirken, aber sie sieht die Panik in seinen Augen. »Was hat sie gesagt?«

»Eigentlich nichts. Ich soll sie zurückrufen. Sie will mit mir reden.«

Während Eric über ihre Worte nachdenkt, zupft er gedankenverloren an seinen Lippen. Barcelona fällt ein, daß er diese Angewohnheit schon während ihrer Studienzeit hatte. Damals fand sie es süß, irgendwie rührend. Jetzt ist sie sich nicht mehr so sicher, wie sie es findet. »Vielleicht will sie dich bloß näher kennenlernen. Sie mag dich.«

»Hat sie das gesagt?«

»Himmel, ja. An dem Abend, als ihr euch kennengelernt habt. Sie fand dich ganz toll – so klug, schön und kultiviert. Und sie mag deine Bücher. Ehrlich.«

Barcelona fühlt sich schrecklich. Sie und Eric haben bisher noch kaum über ihre neue Beziehung gesprochen, und über Luna haben sie auch nur nebenbei geredet. Luna ist am College. Luna ist über Nacht bei ihrer Schwester geblieben. Informationen über Lunas jeweiligen Aufenthaltsort, damit sie ihre Schäferstündchen besser organisieren konnten. Barcelona weiß inzwischen so gut über Lunas diverse Aktivitäten Bescheid, daß sie das Gefühl hat, sie schon lange zu kennen.

Bis zu diesem Augenblick hat sie wegen ihrer erneuten Beziehung mit Eric eigentlich keine wirklichen Schuldgefühle empfunden. Immer hat sie Luna als den Eindringling betrachtet, als die Frau, die ihr Eric weggenommen hat, und nicht umgekehrt. Diese Affäre hat lediglich die natürliche Ordnung der Dinge wiederhergestellt. Abgesehen von der Tatsache, daß Luna Erics Frau ist. Aber nicht deswegen fühlt sich Barcelona plötzlich so schlecht. Sondern weil Luna sie als Schriftstellerin mag und respektiert. Sie hat das Gefühl, einen Fan zu betrügen, so, als würde sie ein schlechtes Buch schreiben, ein Buch mit einer wirren Handlung und schlampigen Formulierungen.

»Und jetzt?« fragt Barcelona.

»Und jetzt?« wiederholt Eric. »Jetzt stehe ich auf und gehe pinkeln, und hinterher komme ich wieder ins Bett, und wir machen Liebe. Soviel zu deiner Frage.«

Barcelona nickt. »Klingt vernünftig.«

Er lächelt sie an, und sie küssen sich.

Als Eric aus dem Bad zurückkommt, wenden sie sich wieder ihren Liebesspielen zu, obwohl Barcelonas Enthusiasmus heute merklich reduziert ist. Sie schimpft innerlich mit sich selbst, weil sie so albern ist, und zwingt sich, mit etwas mehr Schwung an die Sache heranzugehen.

Hinterher tapst sie nach unten, um ein kleines Frühstück herzurichten. Als sie in die Küche kommt, sitzt Larry gerade auf dem Fernseher und putzt sich. Er hält inne, sieht sie an, und putzt sich weiter.

»Männer«, sagt sie zu ihm und muß plötzlich lachen. Das Geräusch erschreckt ihn. Er springt auf den Boden und stürzt durch die Katzentür hinaus.

Barcelona macht den Kühlschrank auf und nimmt den Orangensaft, die Weight-Watchers-Margarine und vier Eier heraus. Sie stellt die Eisenpfanne auf den Herd und schaltet die Platte an. Dann greift sie nach dem Telefon. Warum soll sie es noch länger vor sich herschieben? Auf diese Weise kann sie wenigstens gleichzeitig reden und kochen, und wenn die Eier fertig sind, hat sie einen Grund, das Gespräch zu beenden.

Sie wählt.

»Hallo?« sagt die tiefe Stimme mit dem deutschen Akzent.

»Hi, Mom.«

»Barcy! Wie geht es dir, Liebling?«

»Gut. Und wie geht es dir?«

»Sehr gut. Großartig.« Die Stimme klingt fröhlich, forsch, energisch. Die Markenzeichen ihrer Mutter. Jammern liegt ihr nicht. Wenn ihre Mutter krank ist oder sich verletzt hat, erfährt Barcelona das in der Regel erst, wenn es ihr längst wieder gut geht. Ihr Vater ist das genaue Gegenteil. Die meisten seiner Krankheiten und Wehwehchen bildet er sich nur ein, auch wenn er großen Wert darauf legt, die körperlichen Symptome bis ins kleinste Detail zu beschreiben, egal wie intim es wird.

»Wie geht's Dad?«

»Du kennst ihn ja. Er liegt schon seit vierzig Jahren im Sterben. Und seit mindestens zwanzig Jahren frißt ihn der Krebs auf, auch wenn die Ärzte nichts finden können.«

»Manche Dinge ändern sich nie.«

»Je mehr sich die Dinge ändern, desto gleicher bleiben sie, nicht wahr? Wie ist denn bei euch das Wetter?«

»Heiß.« Barcelona weiß eigentlich gar nicht, wie das Wetter draußen ist, weil alle Jalousien heruntergelassen sind. In den letzten Tagen war es meistens bewölkt und ziemlich kühl. Aber das will ihre Mutter nicht hören. Sie will hören, daß Kalifornien noch genau so ist, wie sie es von ihren Besuchen her kennt: heiß, sonnig, strahlend.

»Wie ist es in Pennsylvania?«

Ihre Mutter seufzt und antwortet dann auf Deutsch: »Regen, Regen und noch mehr Regen. Der Keller ist schon wieder vollgelaufen, und wir mußten jemanden kommen lassen, der zwei Tage damit beschäftigt war, das Wasser herauszupumpen. Das hat uns ein Vermögen gekostet. Oder, um es mit den Worten deines Vaters auszudrücken: Wir müssen zweihundert Dutzend Brötchen verkaufen, um das wieder reinzuholen.«

»Er versteht es immer, die Dinge praktisch zu sehen.«

»Er ist schließlich dein Vater.«

Barcelona fragt sich, wie sie das meint. Sie sagt aber nichts.

Milan. Sie wurde von ihrer Mutter nach einer der italienischen Städte benannt, die sie und ihr Mann auf ihrer Hochzeitsreise besucht hatten. Milans Schwestern hießen Florence und Roma. Später setzte Milan die Tradition fort, als sie ihre Hochzeitsreise nach Spanien machte. Barcelona fragte sich manchmal, ob sie selbst auch an dieser Tradition festhalten würde. Wenn ja, wie sollte sie das Kind nennen? Barstow? San Pedro? Anaheim?

»Hi, Sweetheart, bist du noch dran?«

»Was macht denn Dad gerade?«

»Backen, was sonst? Wir haben Bestellungen für Zwiebelbrötchen, drei Mokkakuchen, mehrere kalte Platten. Zu allem Überfluß hat sich unsere Bedienung von ihrem dämlichen Freund getrennt und läuft jetzt hier herum wie ein Zombie.«

Barcelona schneidet ein englisches Brötchen auseinander und schiebt es in den Toaster. Eine Hälfte ist ein bißchen zu dick, so daß sie sie wieder herausnehmen und zwischen den Handflächen plätten muß. So, jetzt paßt es hinein.

»Wie läuft's mit dem Schreiben? Woran arbeitest du denn gerade?« Milan Lee meint es ehrlich, wenn sie sich nach Barcelonas Schriftstellerei erkundigt. Sie liest die Bücher ihrer Tochter voller Stolz und ermahnt alle ihre Kunden, sie zu kaufen. An der Wand ihres kleinen Restaurants, dort, wo früher das Poster mit den koscheren Fleischsorten hing, prangen jetzt die gerahmten Umschläge von Barcelonas Romanen.

»Im Moment schreibe ich ein Drehbuch.«

»Ein Drehbuch!«

»Beruhige dich, Mom, es ist nur ein Versuch. Es steht noch überhaupt nichts fest.« Sie erklärt ihr den Stand der Dinge.

»Lynda Kramer! Mein Gott. Wirst du sie persönlich kennenlernen?«

»Vielleicht. Keine Ahnung.«

»Bleib dran, Liebes, ich hole deinen Vater.« Ihre Mutter legt den Telefonhörer weg und rennt die Holztreppe zu dem Raum hinauf, in dem Max Lee, ehemals Lebowitz, damit beschäftigt ist, Zwiebelbrötchen, süße Brötchen, Mokkakuchen und all die anderen leckeren Dinge zu backen, die sie im Laden verkaufen.

»Barcy?« fragt ihr Vater kurz darauf in den Hörer. Seine Stimme hat ebenfalls einen harten deutschen Akzent.

»Hi, Dad.«

»Was höre ich da von einem Drehbuch?«

»Es ist nur ein Versuch. Du weißt ja, wie die in Hollywood sind.«

»Du hörst aber nicht mit dem Unterrichten auf, oder? Du hast doch noch deine Stelle am College?«

»Klar.« Das ist nicht der richtige Zeitpunkt, um über ihre Pläne zu sprechen. Es würde bloß zu langen Diskussionen führen. Sie wechselt das Thema. »Wie geht es dir gesundheitlich?«

»Oh, unverändert. Du weißt ja, wie das ist.«

Barcelona schlägt die Eier in die Pfanne. Sie fangen sofort an zu brutzeln. Rauch steigt ihr ins Gesicht, zusammen mit dem säuerlichen Geruch gebratener Eier und verbrannter Margarine. Erschrocken weicht sie zurück.

»Wie läuft das Geschäft?«

»Du weißt ja, wie es ist. Mal gut, mal schlecht. Heute habe ich viele Bestellungen. Zwiebelbrötchen, kalte Platten, Mokkakuchen.«

»Hör zu, Dad. Ich lasse euch wissen, wie es mit dem Drehbuch weitergeht. Und du paß gut auf dich auf.«

»Mach ich. Ich muß jetzt nach dem Backrohr sehen. Die Mokkakuchen müßten eigentlich fertig sein. Hier ist nochmal deine Mutter.«

»Liebling?« fragt Milans Stimme.

»Hi, Mom.«

»Ich war kürzlich bei B. Dalton. Sie hatten kein einziges deiner Bücher mehr auf Lager. Ich habe ihnen gesagt, daß sie welche bestellen sollen.«

»Danke, dann kann ich mir ja nächstes Monat endlich die Anzahlung für das neue Haus leisten.«

Milan lacht. »Wozu hat man denn eine Mutter?«

»Bekommst du immer noch diese obszönen Anrufe? Dixie hat mich danach gefragt.«

»Ist das die Sängerin?«

»Die Polizistin, Mom. Deswegen hat sie ja gefragt.«

»Oh, die Dünne, jetzt weiß ich es wieder. Keine Anrufe mehr, seit fast einem Monat.« Der erste Anruf war vor etwa sechs Monaten gekommen, eine leise Stimme, nicht eindeutig als männlich oder weiblich zu identifizieren. Eigentlich nur ein Flüstern. »Eigenartig, der Typ hat seine Masche gewechselt. Erst ging es nur um Sex, was er alles mit mir tun wolle. Bei der knackigen Figur, die ich mit Neunundfünfzig noch habe, konnte man ihm dafür nicht mal böse sein. Aber inzwischen beschränkt er sich meistens darauf, mir irgendwelche Schimpfworte an den Kopf zu werfen.« Sie nennt ein paar von den harmloseren Ausdrücken.

»Nervt es dich sehr?«

»Nein, warum sollte es?« Ihre Mutter schweigt einen Augenblick. »Manchmal.«

»Ich muß jetzt aufhören, Mom.«

»Ich frage dich nicht.«

»Dann ist es ja gut.«

»Sieht er wenigstens gut aus?«

»Sehr.«

»Hat er einen guten Job?«

»Mom.«

»Ist er solo?«

»Du wolltest doch nicht fragen, oder hast du das schon wieder vergessen?«

Ihre Mutter seufzt. »Ich frage, weil du das von mir erwartest.«

»Das stimmt doch gar nicht.«

»Nein? Siehst du mich denn nicht als die komische jüdische Mutter aus irgendeiner Fernsehserie, die ständig nörgelt und kein anderes Thema kennt als Karriere und Ehe? Ist das nicht das Bild, das du dir am liebsten von mir machst? Die Schublade, in die du mich gerne steckst?«

Barcelonas Herz klopft wild. Der Ausbruch ihrer Mutter hat sie überrascht. »Mom, warum sagst du so etwas?«

»Vergiß es. Ich hab's nicht so gemeint. Wir haben in letzter Zeit soviel zu tun. Ich bin müde. Kunden, Liebling, ich muß aufhören.«

»Bis bald, Mom.«

»Paß auf dich auf, Barcy.«

Die Eier sind viel zu trocken, als sie sie schließlich aus der Pfanne kratzt. Der Toast ist kalt, der Saft warm. Die Bemerkung ihrer Mutter will ihr einfach nicht aus dem Kopf gehen. Das paßte so gar nicht zu ihr. Barcelona ist beunruhigt. Das Gespräch ist nicht gut gelaufen. Sie weiß eigentlich gar nicht, warum. Die beiden sind ihre Eltern, sie liebt sie. In diesem Augenblick sieht sie sie vor sich, ihre Mutter, wie sie mit den Stammkunden scherzt, während sie Doughnuts einpackt und alles zusammenrechnet. Ihre Mutter, die aus einer katholischen Familie kam, aber nach der Heirat mit Max konvertierte und inzwischen jüdischer wirkt als Mel Brooks. Sie sieht ihren siebzigjährigen Vater vor sich, wie er sich unten in der heißen Küche über seinen Tisch beugt und den Brötchenteig ausrollt. Wie er den Teig um seine Hand schlägt, ohne die vielen *Playboy*-Poster, die seine Frau vor seiner Nase aufgehängt hat, auch nur eines Blickes zu würdigen. Wahrscheinlich hat er noch gar nicht bemerkt, daß sie seit mindestens zehn Jahren dort hängen. Inzwischen sind sie mit einer dicken Mehlschicht überzogen. Barcelona weiß noch, wie sie als Kind ihrem Vater beim Backen half und dabei auf die nackten jungen Mädchen starrte, die immer lächelten. Sie standen oder lagen, zeigten ihre Brüste, ihre Beine, ihren Hintern. Nicht schüchtern, nicht verlegen. Lächelnd. Genau so hatte sich Barcelona das Leben als erwachsene Frau vorgestellt: immer lächelnd, immer glücklich.

Heute ist ihr klar, daß diese Mädchen selbst noch halbe Kinder waren, kaum dem Teenageralter entwachsen.

Barcelona trägt das Frühstück nach oben und reicht Eric einen Teller. Er liest gerade ihre *New York Review of Books*.

»Hier steht ein faszinierender Artikel über die neue Sartre-Biographie.«

Barcelona stellt ihren Teller ab, reißt ihren Bademantel auf und wirft sich in *Playboy*-Pose. Sie lächelt so breit, daß ihr der Kiefer weh tut.

Eric starrt sie an.

»Und?«

»Und was?«

»Sehe ich glücklich aus?«

Das Telefon klingelt. Es ist Diva.

»Hast du ein bißchen Zeit?« fragt sie.

Barcelona sieht zu Eric hinüber. Er ist fertig angezogen und macht gerade ein paar Dehnübungen, um sich für seinen Lauf nach Hause aufzuwärmen. Es sind zehn Meilen, aber da er mit dem Bus gekommen ist, müßte er es eigentlich schaffen. Sie weiß nicht, wie er Luna erklären wird, daß er so lange weg war. Sie fragt ihn auch nicht danach.

»Sicher«, antwortet Barcelona. »Warum?«

»Können wir uns zum Essen treffen?«

»Okay. Wo?«

»Wir wär's mit dem Atrium?« Divas Stimme klingt seltsam.

»Einverstanden. Alles okay bei dir?«

»Ja, mir geht's gut. Ich möchte bloß etwas mit dir besprechen.«

»Okay. Gegen zwölf?«

»Wir treffen uns dort.« Barcelona legt auf. Sie sieht zu, wie sich Eric gegen die Wand lehnt und seine Achillessehne dehnt.

»Wir haben uns kürzlich diesen japanischen Film angesehen, der zur Zeit im Balboa läuft«, sagt er. »Solltest du dir auch angucken. Sehr witzig, sehr satirisch.«

Seit sie sich wieder treffen, empfiehlt er ihr ständig irgendwelche Bücher, Zeitungsartikel, Filme, Ausstellungen und Schallplatten. Er schenkt ihr Bücher und Platten, kauft ihr Tickets für Ausstellungen (zwei Tickets, er ist ja so tolerant). Da er einen sehr guten Geschmack hat, gefällt ihr das meiste von dem, was er ihr empfiehlt. Trotzdem nerven sie seine Vorschläge. Sie weiß noch nicht genau, warum. Vielleicht, weil er anzunehmen scheint, daß sie diese Dinge ohne seine Empfehlungen nicht lesen, sehen oder hören würde.

Wann sehe ich dich wieder? Sie spricht die Frage nicht aus.

»Ich rufe dich morgen vormittag an«, sagt er. »Da ist Luna beim Racquetball-Training.«

Sie will diese Details gar nicht wissen, aber er besteht immer darauf, sie mit ihr zu teilen. Sie soll wissen, was er für sie riskiert – als wären sie beide Spione. »Vormittags bin ich wahrscheinlich nicht da«, sagt sie. Sie weiß nicht, warum sie das sagt. Eigentlich hat sie morgen gar nichts vor. Vielleicht hat sie es gesagt, damit er sie fragt, was sie vorhat.

Aber er fragt nicht. Er sieht sie bloß an und zuckt dann mit den Achseln. »Dann eben morgen abend. Ich kann mich bestimmt für ein paar Minuten aus dem Haus schleichen.«

»Was meinst du mit ›schleichen‹?«

»Hhm?«

»Stiehlst du dich etwa heimlich aus dem Haus, wie ein Einbrecher, in geduckter Haltung?« Sie duckt sich und macht es ihm vor.

»Nein.«

»Dann schleichst du auch nicht aus dem Haus. In Wirklichkeit verläßt du das Haus unter einem falschen Vorwand.«

Er runzelt die Stirn. »Ich wußte gar nicht, daß du dich neuerdings für Semiotik und Philologie interessierst.«

»Tue ich aber.«

Er geht auf sie zu. Seine Stimme klingt sanft und besorgt. »Was ist los, Honey?« Er nimmt sie in den Arm und hält sie fest. Das fühlt sich gut an, und sie erwidert seine Umarmung. Ihre Nase ist an seinem Ohr, und sie riecht seinen besonderen Duft.

»Nichts«, sagt sie. »Nichts ist los.«

Diva kommt aus dem Atrium Court gelaufen und winkt Barcelona vom Bordstein aus zu. Sie legt ihre Hände wie einen Trichter um den Mund und ruft: »Nicht parken!«

Barcelona sieht sie erst, als sie ihre Kutsche schon halb in eine enge Parklücke gezwängt hat. Ein Parkplatz so nahe am Hauptgebäude hat Seltenheitswert, deshalb widerstrebt es ihr, ihn wieder aufzugeben. Trotzdem legt sie den Rückwärtsgang ein.

Ein brandneuer cremefarbener BMW, der hinter ihr auf die Parklücke wartet, hupt zweimal lange und zornig. Im Rückspiegel sieht Barcelona, daß die sonnengebräunte Frau hinter dem Steuer sie böse anstarrt.

Barcelona hält neben dem Gehsteig, und Diva klettert in den Wagen.

»Ich habe vergessen, bei meiner Bank anzuhalten«, sagt Diva. »Es ist nicht weit, nur ein paar Häuserblocks.«

»Ich lade dich gerne zum Essen ein.«

»Da sage ich nicht nein. Aber ich brauche ein bißchen Bargeld.«

»Dann lädst du mich ein.« Barcelona sieht über ihre Schulter und wartet auf eine Gelegenheit, sich wieder in den Verkehrsstrom einzureihen.

»Warum hat denn die Frau eben so gehupt?« fragt Diva.

»Ich weiß es nicht. Vielleicht war ich ihr zu langsam.«

Sie sehen die BMW-Fahrerin über den Parkplatz gehen.

»Blöde Kuh«, murmelt Barcelona leise.

»Dumme Tussi«, sagt Diva ein bißchen lauter.

Barcelona grinst. »Arschloch«, sagt sie noch ein bißchen lauter. Ein paar Schüler, die gerade vorbeigehen, grinsen.

»Foootze!« schreit Diva, so laut sie kann. Mehrere Leute bleiben stehen, unter ihnen auch die BMW-Fahrerin. Diva zeigt ihr den Stinkefinger. Barcelona lacht, fädelt sich in den Verkehr ein und braust davon.

»Das hat richtig gutgetan«, sagt Diva.

»Ich hoffe, sie hat sich meine Nummer nicht aufgeschrieben«, meint Barcelona. »Der traue ich zu, daß sie uns anzeigt.«

Diva lacht und zuckt mit den Achseln. »Der Teufel soll sie holen, wenn sie keinen Spaß versteht.«

Barcelona wundert sich über Diva. So hat sie sich noch nie benommen. Das alles hätte eher zu Trina gepaßt.

Barcelona hält vor der Wells Fargo Bank. Drei andere Leute stehen im prallen Sonnenschein vor dem Geldautomaten. Sie wirken verschwitzt und entnervt. Diva öffnet ihre Börse und blättert durch die verschiedenen Sichtfenster mit Photos, Kreditkarten, einem Blutspendeausweis und ihrem Führerschein, bis sie zu ihrer Liste mit Telefonnummern kommt. »Mir ist schon in so vielen verschiedenen Banken wegen ungedeckter Schecks das Konto gesperrt worden, daß ich nie weiß, wie meine derzeitige Geheimnummer lautet.«

»Du solltest sie trotzdem nicht aufschreiben. Jemand könnte deine Börse stehlen und dein ganzes Konto plündern.«

»Ich notiere sie als Teil einer falschen Telefonnummer unter einem erfundenen Namen. Hier, siehst du? Otto Teller.«

»Raffiniert.«

Diva steigt aus dem Wagen und sieht mit ernster Miene auf Barcelona hinunter. »Ich bin nicht dumm.«

»Natürlich nicht«, sagt Barcelona, aber Diva ist schon auf dem Weg zum Geldautomaten.

Barcelona läßt den Motor laufen. Sie will nicht riskieren, daß der Wagen nicht mehr anspringt. Zu ihrem Kutschenerbe gehört ein elektrisches System, das gelegentlich ohne ersichtlichen Grund zusammenbricht. Niemand konnte ihr bisher sagen, wo das Problem liegt, geschweige denn für Abhilfe sorgen.

Neuerdings ist Barcelona ein häufiger Gast bei diversen Autohändlern. Sie wandert zwischen den neuen Modellen umher, setzt sich hinein, spielt an der Klimaanlage herum oder genießt einfach nur den typischen Neuwagengeruch. Die Kutsche riecht zu sehr nach Flieder, dem Parfum ihrer Großmutter. Der Geruch sitzt sogar in der Lüftung und bläst ihr ins Gesicht, wenn sie sie anschaltet. Trotzdem bringt sie es nicht übers Herz, den Wagen zu verkaufen. Noch nicht.

»Alles paletti«, sagt Diva beim Einsteigen und stopft zwei Zwanziger in ihre Börse. »Laß uns etwas essen. Ich bin schon am Verhungern.«

Sie fahren zurück zum Atrium Court und parken in einiger Entfernung. Drinnen überlegen sie, was sie essen sollen. In Wirklichkeit ist keine von beiden besonders hungrig. Barcelona bleibt am Kartoffelstand stehen und ersteht eine überbackene Kartoffel, gefüllt mit Brokkoli und Käse. Diva bestellt sich am mexikanischen Stand ein Burrito. Da sie nicht wie Hyänen herumstehen und auf einen freien Tisch warten wollen, nehmen sie ihr Essen mit nach draußen und setzen sich im Innenhof auf eine Treppe. Um die Mittagszeit finden hier manchmal Konzerte statt. Heute allerdings nicht. Heute ist hier nur ein kleiner Junge, der eine Möwe jagt.

»Was ist los?« fragt Diva.

»Bitte?« Die Frage kommt für Barcelona etwas überraschend. Schließlich sind sie hier, um über Diva zu reden, nicht über sie.

»Du wirkst so geistesabwesend. Geht's dir nicht gut?«

Barcelona ist versucht, ihr von Eric zu erzählen. Sie bewahrt nicht gerne Geheimnisse, nicht einmal ihre eigenen. Bis jetzt hat sie es noch nicht geschafft, ihre Gefühle von ihren Gedanken zu trennen und die Sache durchzudenken. Sie möchte nicht in dieselben Fallen tappen wie beim letztenmal, dieselben Fehler noch einmal machen. Nachts, wenn Eric nicht da ist, stellt sie sich die ganze Sache manchmal als einen dieser Fernsehfilme vor, in denen sich irgend so ein Miststück in einen verheirateten Mann verliebt. Aber meistens betrachtet sie Eric nicht als wirklich verheiratet. Vielleicht verdrängt sie es auch nur. Wie dem auch sei, es funktioniert jedenfalls. Trotzdem glaubt sie nicht, daß Diva der Mensch ist, dem sie ihre Zweifel anvertrauen sollte. Sie mag Diva, aber das Austauschen persönlicher Geheimnisse war nie ein Bestandteil ihrer Beziehung. Wenn es um den Austausch solcher Geheimnisse geht, herrscht zwischen ihnen vieren eine gewisse Hackordnung. Diva vertraut sich Barcelona an. Dixie vertraut sich Trina und Barcelona an. Trina teilt ihre Sorgen mit ihnen allen. Barcelona vertraut sich manchmal Trina an. Allerdings muß sie jetzt, als sie genauer darüber nachdenkt, feststellen, daß sie eigentlich niemandem viel von sich erzählt, sondern die Dinge lieber für sich behält. Warum hat sie dann immer das Gefühl, Trina alles zu sagen?

»Ich dachte, wir wollten über dich reden«, sagt Barcelona.

Diva nimmt einen großen Bissen von ihrem Burrito. Ein rostroter Saft läuft ihr übers Kinn, und sie wischt ihn mit einer Serviette weg. Dann nippt sie an ihrem Diet Coke. »Da sind nur Bohnen und Salsa drin. Und ein bißchen saure Sahne und Guacamole. Kein Fleisch. Ich bin immer noch Vegetarierin.«

»Großartig. Ich bewundere dein Durchhaltevermögen.«

»Eigentlich fällt es mir gar nicht besonders schwer. Ich glaube sogar, seit ich kein Fleisch mehr esse, ist meine Stimme besser geworden. Die Leute sagen, ich würde jetzt besser singen.«

Sie sitzen beide schweigend da, während Diva ihr Burrito ißt und Barcelona lustlos in ihrer überbackenen Kartoffel herumstochert. Barcelona beobachtet, wie der kleine Junge die Möwe über den Hof scheucht. Als die Möwe schließlich wegfliegt, versucht der kleine Junge, ihr in die Luft hinterherzuspringen. Er springt ein paarmal, verblüfft, daß er es nicht schafft, mit dem Vogel abzuheben. Schließlich springt er vor Enttäuschung so heftig, daß er hinfällt und sich das Knie aufschlägt. Er fängt an zu weinen. Es dauert fast eine Minute, bis eine Frau, die jünger ist als sie beide, zu dem weinenden Jungen hinläuft, ihn hochnimmt und auf die Wange küßt. Dann trägt sie ihn davon.

Barcelona will es Diva überlassen, das Gespräch zu beginnen. Sie spürt, daß Diva sich wegen irgend etwas unbehaglich fühlt.

Diva ißt mechanisch, kaut, wischt sich den Mund ab, egal, ob es nötig ist oder nicht, nippt an ihrem Getränk, und fängt dann wieder von vorne an. Abbeißen, kauen, wischen, nippen. Ihre Sandalen scharren nervös über die Treppenstufen.

»Was ist los?« fragt Barcelona dann doch. »Am Telefon hast du so verzweifelt geklungen.«

Diva legt den Rest ihres Burrito weg. Sie sieht Barcelona direkt in die Augen. »Ich muß mir Geld borgen.«

»Wieviel?«

»Ich verlagere den ganzen Schwerpunkt meiner Karriere, Barcy. Ich bin zu dem Schluß gekommen, daß es mir nicht mehr reicht, bloß zu singen. Ich brauche das richtige Material. Mein eigenes Markenzeichen.«

»Du willst ein paar Songs kaufen?«

»Ich will ein paar Songs schreiben. Meine eigenen Songs. Dann will ich sie aufnehmen, ein Demoband machen. Ich brauche das Geld für ein Demoband.«

»Wieviel?«

»Circa zweitausend Dollar.«

Barcelona sticht mit ihrer Plastikgabel in die überbackene Kartoffel. Sie sticht immer wieder hinein, während sie nachdenkt. Alle paar Monate wendet sich jemand an sie, um sich Geld zu borgen. Normalerweise sind es Dozenten vom College. Sie alle glauben, daß sie dank ihrer Romane Tausende auf dem Sparbuch hat. Sie sind sich nicht bewußt, daß sie von Monat zu Monat lebt, genau wie sie selbst auch. Aber aus irgendeinem Grund hat sie es immer geschafft, ihnen die paar hundert Dollar zu leihen, um die sie sie gebeten haben, selbst wenn das bedeutete, daß sie für den Rest des Monats den Gürtel enger schnallen mußte. Aber zweitausend Dollar! Soviel Geld hat sie nicht auf der hohen Kante. Dieser Produzent, Roger Carlyle, hatte ihr den Vorschuß für das Drehbuch immer noch nicht gezahlt. Offensichtlich gab es wegen des Vertrages irgendwelche juristischen Details, über die er und Grief sich nicht einig wurden. Um an die zwei Riesen zu kommen, würde sie selbst einen Kredit aufnehmen müssen.

»Okay«, sagt sie. »Gib mir ein paar Tage Zeit, um das Geld zu beschaffen.«

»Wirklich?« fragt Diva. Sie lächelt mit tränenumflortem Blick. »Himmel, ich hätte nicht gedacht, daß du es machst. Weißt du, ich habe befürchtet, daß du es bloß für eine weitere meiner verrückten Ideen hältst – für eine neue schwachsinnige Art, Geld zum Fenster rauszuwerfen.«

Genau das ist tatsächlich Barcelonas Meinung. Aber das würde sie Diva nie sagen. Sie weiß, daß sich das Plattengeschäft und das Buchgeschäft in dieser Hinsicht ziemlich ähnlich sind. Divas Chancen, je ihr Demoband an eine Plattenfirma loszuwerden, sind ziemlich gering. Statistisch gesehen ist es wahrscheinlicher, daß sie von Terroristen ermordet wird oder einen Ehemann findet, mit dem sie wirklich glücklich ist.

»Ich nehme jedes bißchen Geld, das ich habe«, fährt Diva fort, »und dann überziehe ich meine Kreditkarten, soweit es nur geht. Mit diesem Geld, plus dem, was du mir leihst, werde ich das beste Demoband machen, das auf dem Markt zu haben ist. Ich habe in dem Geschäft viele Freunde, die billig für mich spielen werden.«

»Hast du deinen Song schon geschrieben?«

»Ich arbeite daran. Es soll eine Mischung aus Country und Rock werden. Ich weiß noch nicht so recht, welchen Aspekt ich stärker betonen soll. Aber ich habe ein gutes Gefühl bei der Sache, soviel steht fest.«

Barcelona zwingt sich zu einem Lächeln. Diva steht ein langer, harter Fall bevor. Wie wird sie reagieren, wenn es dazu kommt? Wird sie es als weitere wertvolle Lebenserfahrung abhaken? Und dann wieder für Autowerbungen singen? Barcelona seufzt. Diva ist eine zukünftige gebratene Zucchini. Womöglich sogar eine Maraschinokirsche. »Laß uns gehen«, sagt Barcelona, die plötzlich Bewegung braucht.

Sie werfen ihre Pappteller und das Plastikbesteck in die Mülltonne. Ein paar graue Seemöwen sitzen ganz in der Nähe auf einer Lampe und warten. Kaum sind die beiden Frauen ein paar Meter gegangen, gleiten die Vögel schon hinunter, um den Müll in Augenschein zu nehmen.

»Laß uns einen Abstecher in den Musikladen machen«, sagt Diva. »Ich brauche einen neuen Kapodaster für meine Gitarre.«

Auf dem Weg zum Geschäft reden sie über nichts Besonderes. Der Tag ist sonnig und klar, und von Buffum's aus können sie bis nach Catalina Island sehen. Plötzlich steuert Diva auf ein Grüppchen HighSchool-Kids zu.

»Mein Gott, Dixie!« ruft Diva. »Wie siehst du denn aus?«

Die drei Kids drehen sich zu ihr um. Eine von ihnen ist tatsächlich Dixie. Ihr Haar ist glatt nach unten frisiert, ihre Augen sind dick mit Maskara umrandet, und ihre ganze Haltung wirkt ungewohnt lässig.

»Dein Haar!« lacht Diva. »Was ist das, eine Maskerade?«

Als Barcelona die Panik in Dixies Augen sieht, wird ihr klar, daß Dixie dienstlich unterwegs ist. Das Mädchen neben ihr hat glasige Augen und scheint ein bißchen wackelig auf den Beinen zu sein, als wäre sie beschwipst oder stoned. Der Junge hat klare Augen und sieht ziemlich gut aus. Er starrt Dixie fragend an.

»Dixie«, sagt Barcelona und geht schnell auf sie zu. »Ich kann mir nicht vorstellen, daß deine Mutter weiß, in was für einem Outfit du hier rumläufst.«

Ein Schimmer Dankbarkeit flackert in Dixies Augen auf. »Nein, Mrs. Lee, sie weiß es tatsächlich nicht.«

»Und dein Haar, junge Dame.« Barcelona schüttelt den Kopf. »Du hast so schönes Haar. Warum frisierst du es nicht vorteilhafter?«

Diva starrt Barcelona einen Moment lang an, dann kapiert sie. »Ganz recht, Dixie. Und dieser Aufzug! Wir wissen schließlich, daß du von deiner Mutter viel schönere Sachen zum Anziehen bekommst.«

»Aber Mrs. Klosterman. Es ist doch Wochenende!«

»Die Leute sehen dich trotzdem, selbst am Wochenende«, entgegnet Barcelona.

»Je-sus«, sagt das Mädchen neben Dixie und schlendert davon.

»Ich finde, Sie haben vollkommen recht«, sagt der gutaussehende Junge. »Ich rede ihr dauernd zu, mehr auf ihr Äußeres zu achten, aber was soll man machen? Heutzutage sind alle Teenager Rebellen. Bis man ihnen ihre Kreditkarten wegnimmt.« Er lacht charmant. »Joseph Little«, sagt er und streckt Barcelona die Hand hin. »Dixies Freund.«

Barcelona sieht Dixie fragend an, aber von Dixie kommt keine Reaktion. Sie gibt Joseph Little die Hand. »Barcelona Lee, eine Freundin von Dixies Mutter.« Sie wendet sich an Diva. »Wenn wir uns nicht beeilen, kommen wir zu spät.«

»Ja«, antwortet Diva. »Wir müssen uns beeilen.«

»Es war nett, Sie kennenzulernen«, sagt Joseph Little mit einem breiten Lächeln.

»Auf Wiedersehen«, sagt Barcelona. »Auf Wiedersehen, Dixie.«

Barcelona hakt sich bei Diva unter, und sie eilen davon. Sie bleiben erst wieder stehen, als sie den Parkplatz erreicht haben.

»Mein Gott, Barcy, was habe ich bloß getan?«

»Mach dir keine Sorgen. Ich glaube nicht, daß sie etwas gemerkt haben.«

Diva zittert. »Ich hatte keine Ahnung. Ich habe einfach nicht damit gerechnet, sie hier zu treffen. Undercover, meine ich. Schließlich ist Wochenende, verdammt noch mal.«

Barcelona tätschelt Divas Arm. »Mach dir keine Sorgen. Wir haben ziemlich schnell geschaltet. Womöglich haben wir ihr sogar geholfen. Immerhin ist ihre Identität jetzt durch Außenstehende bestätigt worden.«

»Meinst du?«

Barcelona nickt, aber in Wahrheit ist sie sich nicht so sicher. Der Junge wirkte recht nett, aber was sagte das schon. »Wo hast du geparkt?«

Diva streckt die Hand aus. »Da drüben, auf der anderen Seite des Gebäudes. War vielleicht doch keine gute Idee, so weit zu gehen.«

»Ich fahr dich rüber.«

Sie gehen über den Parkplatz, schlängeln sich zwischen den geparkten Autos hindurch.

»Ein seltsames Gefühl, diesen Ort ganz ohne Tüten und Päckchen zu verlassen«, meint Barcelona.

»Du solltest nicht von dir auf andere schließen. Ich gehe schließlich mit zweitausend Dollar in der Tasche.« Diva lacht. »Keine Angst, wenn ich erst mal ein Star bin, darfst du bei allen meinen Konzerten in der ersten Reihe sitzen.«

»Wie sieht's denn mit Backstage-Tickets aus?«

»Die sind für meine Groupies reserviert.«

Sie sitzen kaum im Auto, als Diva Barcelonas Arm berührt und sie mit ernster Miene ansieht. »Ich weiß, daß du mich für eine Niete hältst«, sagt Diva. »Daß du damit rechnest, dein Geld nie wiederzusehen. Daß ich auf die Schnauze fallen werde.«

»Diva –«

»Aber ich bin nicht dumm. Ich weiß, wie die Wetten stehen, und glaube trotzdem, daß ich es schaffen kann. Ich glaube an mich, auch wenn es sonst niemand tut.«

»Wir glauben auch an dich, Diva. Wir alle tun das.«

»Ich bin nicht dumm«, sagt sie.

Der Fahrer eines grauen Volvo hupt laut, und Barcelona legt den Rückwärtsgang ein. Im Geiste sagt sie ihren zweitausend Dollar Lebewohl.

17 »Wann kriege ich endlich mein Koks?« fragt Melody Joseph vor der Zoohandlung von Fashion Island. »Entweder das, oder du gibst mir ein paar Münzen, damit ich da drin Albinofrösche füttern kann. Sie sehen hungrig aus.«

Joseph gibt ihr keine Antwort. Dixie spürt seinen bohrenden Blick auf ihrem Hinterkopf, während sie Barcelona und Dixie nachsieht, die hastig davongehen. »Sie gehen mit meiner Mutter zum Aerobic«, erklärt sie beiläufig. »Richtige Yuppies.«

»Bei der Dicken wird Aerobic nicht viel nützen«, meint Joseph. »Aber ich hätte nichts dagegen, mit der anderen ein paar Grätschen zu üben. Mit Barcelona.« Er legt seine Hand auf Dixies Schulter.

Dixie spielt die Eifersüchtige, schüttelt seine Hand ab. »Du lieber Himmel, die sind doch schon so alt!«

»Erfahren.«

»Fuck you.«

Lachend stellt er sich hinter sie und schlingt die Arme um ihre Taille. »Hey, das war doch nur Spaß, Dixie. Ich wollte dich bloß aufziehen.«

»Das ist alles so öde«, sagt Melody mit einem angewiderten Blick auf sie beide. »Dixie und ich wollten zusammen einkaufen gehen, Joey. Dann kommst du daher und drängst dich dazwischen. Okay, Mann, wir haben dir geholfen, das blöde Kleid für deine Mutter auszusuchen. Jetzt gib mir mein Koks und zieh Leine.« Sie funkelt ihn böse an. Ihre Augen glänzen feucht, und sie redet laut genug, um die Blicke einiger Passanten auf sich zu ziehen.

Joseph packt sie am Ellbogen und zerrt sie den Gehsteig entlang.

»Au, Mann, das tut weh!«

Dixie läuft ihnen nach. Sie hofft immer noch, rechtzeitig zu Hause zu sein, um mit Randy und seinem Sohn zu Abend zu essen. Das Minigolfspielen hat sie verpaßt, aber als Wiedergutmachung wird sie die beiden zum Essen einladen, und hinterher ins Kino. Dann werden sie ihr bestimmt verzeihen. Möglicherweise.

Joseph zieht Melody hinter den Brooks-Brothers-Laden, packt sie an den Schultern und schüttelt sie. »Du solltest besser lernen, wann man seinen Mund hält, Melody.«

»Du kannst mich mal«, sagt Melody und befreit sich aus seinem Griff.

»Hey, hey, immer schön cool bleiben«, mischt sich Dixie ein. »Wollt ihr uns die Polizei auf den Hals hetzen?«

Melody reibt sich den Arm, wo Joseph sie gepackt hatte. »Und du kannst mich auch mal. Du bist auf seiner Seite. Hast du vergessen, daß du den Tag eigentlich mit mir verbringen wolltest?«

»Ich wollte den Tag eigentlich mit meiner Familie verbringen. Wieso habe ich mich bloß von dir breitschlagen lassen, herzukommen? Ich verschwinde jetzt.« Dixie wirft sich ihre Tasche über die Schulter und geht davon.

»Bleib da, Dix«, ruft Joseph in bittendem Ton.

Dixie geht weiter; ihre Gummilatschen klatschen wütend über den Asphalt.

»Hey, es tut mir leid, okay?« ruft Melody. »Ich meine es ernst, Dixie. Jesus, so warte doch.«

Dixie verlangsamt ihr Tempo, bis die beiden sie eingeholt haben. Trotzdem steuert sie weiter auf den Parkplatz zu. Melody und Joseph laufen neben ihr her. Melody zieht ihren silbernen Flachmann heraus und nimmt einen Schluck Southern Comfort. Sie reicht die Flasche an Dixie weiter. Dixie tut so, als würde sie trinken und bietet sie dann Joseph an.

»Verschone mich bloß mit diesem Shit«, sagt er.

»Apropos Shit«, sagt Melody. Sie senkt die Stimme zu einem heiseren Flüstern. »Was ist jetzt mit dem kostenlosen Stoff, den du mir versprochen hast?«

»Ich habe nicht gesagt, daß du ihn heute bekommst.«

»Wann dann?«

»Vielleicht morgen.«

»Fuck, Joey, das ist so link!« Melody stolpert über eine Spalte im Asphalt, und Dixie fängt sie auf. »Ich brauche was, Mann, und zwar heute.«

»Hey, ich habe nichts mehr. Ausverkauft. Ich muß mich erst mit meinen Lieferanten treffen. Sozusagen die Regale wieder auffüllen.«

»Wann soll das stattfinden?« fragt Dixie.

»Was?«

»Das Treffen mit deinem Lieferanten.«

Er sieht ihr in die Augen. »Warum? Willst du ihm selber was abkaufen? Ein Konkurrenzunternehmen aufmachen?«

»Ich will nur wissen, wann deine Regale wieder voll sind, damit ich einkaufen kommen kann.«

Er gibt ihr keine Antwort. Die Hände tief in seine Taschen vergraben, vollführt er einen kleinen Stepptanz, während er neben Dixie hergeht. Dazu pfeift er »Singin' in the Rain.«

»Oh Mann, ich habe den Film gesehen«, sagt Melody.

»Ja«, sagt Dixie. »Mit Gene Kelly. Er war so cool.«

Melody lacht. »Nein, ich meine den mit Malcolm McDowell. Erinnert ihr euch an die Stelle, wo er dieses Lied singt und gleichzeitig den alten Mann in den Bauch tritt?«

»*Uhrwerk Orange*«, sagt Joseph.

»Ja, irgend so was Ähnliches.« Melody macht Josephs Tanzschritte nach und singt dazu: »I'm singing in the rain . . .« Das Wort »rain« begleitet sie mit einem bösen Fußtritt in die Luft. »Genau so hat er es gemacht. Direkt in den Magen von dem anderen Typen.« Einen Moment lang bleibt sie schwankend stehen.

»Komm, wir bringen sie nach Hause«, sagt Joseph zu Dixie. »Bevor sie uns umkippt.«

»Ja, komm schon, Melody«, sagt Dixie. Sie führt sie zu ihrem Mustang, hilft ihr beim Einsteigen und macht den Sicherheitsgurt für sie zu.

Als Dixie an Joseph vorbeigeht, um auf der Fahrerseite einzusteigen, packt er sie am Handgelenk. »Ich fahre hinter euch her, dann können wir beide nachher eine kleine Spritztour machen.«

Mit der anderen Hand greift er ihr an den Po und zieht sie zu sich her, bis sie fast auf seinem Oberschenkel sitzt. Er drängt sein Bein gegen ihren Schritt. »Du hast doch Lust, oder?«

Dixie zögert. Randy kocht wahrscheinlich schon vor Wut, weil sie das Minigolfspielen verpaßt hat; wenn sie jetzt auch noch das Abendessen versäumt, bedeutet das, daß er tagelang nicht mit ihr reden wird. Geschiedene Männer sind besonders empfindlich, wenn es darum geht, wieviel Zeit man mit ihren Kindern verbringt. Es ist wie eine Art Test, den man bestehen muß.

»Komm schon«, drängt Joseph sie. »Du hast gesagt, du machst dir Sorgen wegen der Dinge, die ich tue. Ich werde dir zeigen, was ich tue, und du wirst sehen, daß überhaupt nichts dabei ist. Das reinste Kinderspiel.«

Bingo. Ihre Eintrittskarte. Er hatte gesagt, daß er sich heute abend mit seinem Lieferanten treffen würde; vielleicht konnte sie mitkommen und den Dealer identifizieren. Dann hatten sie alle beide, und das würde bedeuten, daß heute ihr letzter High-School-Tag war. Randy mußte das einfach verstehen.

»Ja, okay«, sagt sie. »Ich komme mit.«

Dixie parkt ihren Mustang hinter Josephs schwarzem, chromblitzendem Suzuki Samurai Jeep. Er steigt aus und wirft sich neben seinem Wagen in Pose, die eine Hand an die Hüfte, die andere an den Überrollbügel des Wagens gelegt. Marke cooler kalifornischer Sonnyboy, der nachmittags am sonnigen Strand scharfe Mädchen abschleppt. Sie hat in ihrem Leben schon unzählige Variationen dieser Model-Pose gesehen und verspürt jedesmal den Drang zu lachen. Statt diesem Drang nachzugeben, lächelt sie Joseph kokett an. Er gibt seine Pose auf, um ihr die Wagentür aufzuhalten.

»Danke«, sagt Dixie und springt heraus.

»Du hast dich da draußen ziemlich gut gehalten.« Er war auf dem kurvigen Pacific Coast Highway mit hundertvierzig Sachen dahingebraust.

»Schnell zu fahren ist keine Kunst. Man drückt einfach aufs Gas, und schon geht's los.«

»Die Kunst ist, lebend anzukommen.«

Sie lächelt. »Ich bin hier, oder?«

Er nimmt sie in den Arm und küßt sie. Mit dem Gewicht seines Körpers drängt er sie gegen den Mustang. Ein paar Wagen zischen knapp an ihnen vorbei. Die Fahrer hupen und feuern sie durch Zurufe an.

Josephs Zunge ist in ihrem Mund, und sie muß deswegen fast kichern. Nun, da sie weiß, daß der Fall fast abgeschlossen ist, beginnt sie bereits, sich von der Sache zu distanzieren. Was einmal groß war, ist jetzt wieder klein. Aus ihrem Verehrer, dem Drogenkönig, ist wieder ein High-School-Junge geworden. Seine Zunge in ihrem Mund fühlt sich irgendwie lächerlich an, und seine Hände auf ihrem Po und ihren Brüsten kommen ihr vor wie das aufdringliche Grabschen eines kleinen Jungen. Trotzdem verspürt sie einen Anflug von Traurigkeit, als sie daran denken muß, daß er nach dem heutigen Abend eine

Zeitlang keine Brüste mehr berühren wird. Zumindest keine weiblichen.

Sanft schiebt sie ihn weg. »Willst du uns umbringen?«

»Keine schlechte Art zu sterben.«

»Stimmt. Auf einer Motorhaube in Laguna Beach.« Sie hat sich am Wagen schmutzig gemacht und wischt ihre Jeans sauber. »Also, was machen wir jetzt?«

»Laß uns zum Strand hinunter gehen.«

Sie zuckt mit den Achseln. Bisher ist es ihr nicht gelungen, irgendwelche Informationen über seinen Verbindungsmann oder das vereinbarte Treffen aus ihm herauszubekommen. Jedesmal, wenn sie das Thema zur Sprache bringt, macht er einen Witz oder faßt ihr an den Hintern. Sie beschließt, ihn nicht zu sehr zu drängen.

Joseph hält Dixies Hand sehr fest, während sie in der Menschenmenge auf dem Gehsteig dahinschlendern. Sie bewegt ihre Finger, um seinen Griff ein wenig zu lockern, aber es gelingt ihr nicht.

»Hey«, sagt sie, »entspann dich. Ich kann meine Finger schon kaum mehr spüren.«

Erstaunt sieht er sie an und läßt sofort ihre Hand los. »Entschuldige bitte. Ich wollte dich bloß nicht in dieser Menschenmenge verlieren.«

Dixie küßt ihn auf die Wange und lächelt. »So leicht wirst du mich nicht los.«

Er lächelt auch und nimmt wieder ihre Hand, diesmal sanfter.

»Ich habe Durst«, sagt Dixie. »Laß uns irgendwo eine Cola trinken.«

»Gleich«, antwortet er. Joseph wirkt nervös und abwesend, gar nicht so cool und selbstsicher wie sonst. Je näher sie zum Strand kommen, desto wortkarger und unruhiger wird er.

»Geht's dir nicht gut, Joe?« fragt Dixie.

»Doch, mir geht's gut.« Er sieht sie an und schenkt ihr sein strahlendstes Lächeln. »Weißt du, daß du phantastisch aussiehst?«

Sie setzen sich auf den Rand der Strandpromenade und lassen die Füße über dem Sand baumeln. Joseph beobachtet die jugendlichen Volleyballspieler vor ihm, aber sein Blick schweift immer wieder ab, mal den Strand und die Promenade entlang, mal auf die andere Straßenseite. Plötzlich ist Dixie klar, daß er nach jemandem Ausschau hält. Ihr eigener

Adrenalinspiegel schießt jetzt ebenfalls in die Höhe, und sie spürt, wie die Muskeln in ihrer Magengegend hart werden. Der Deal wird hier unten über die Bühne gehen, und zwar bald.

»Ich muß aufs Klo«, sagt sie. Sie muß dringend ein Telefon finden und Verstärkung anfordern.

»Klar. Da drüben.« Er deutet die Strandpromenade hinunter.

Dixie will gerade aufstehen, als plötzlich ein Teenager mit nacktem Oberkörper auf einem Skateboard auf sie zugeschossen kommt. Die Leute springen zur Seite. Dixie hat Angst, daß der Junge sie über den Haufen fahren wird, und springt die eineinhalb Meter von der Promenade in den Sand darunter. Sie landet auf allen vieren im Sand.

Der Junge lehnt sich auf dem rollenden Skateboard zurück. Mit einem Hüftschwung bringt er es nur wenige Zentimeter vor der Stelle zum Stehen, wo eben noch Dixie gesessen hat. Als er absteigt, tritt er auf die hochgezogene Spitze des Skateboards. Es schnellt in die Luft, und er fängt es auf.

»Hey, Brandon, laß den Scheiß«, sagt Joseph zu ihm.

Brandon lacht. »Damit wirst du leben müssen, Kumpel.«

»Alles in Ordnung, Dixie?« Joseph springt hinunter, um Dixie auf die Füße zu helfen. Er wischt den Sand von ihrer Jeans. Dixie sieht zu Brandon hinauf, der sie grinsend anstarrt. Er dürfte etwa sechzehn sein. Sein nackter Oberkörper ist für sein Alter ziemlich muskulös. Sein zottiges Haar ist braun, hat aber von der Sonne blonde Strähnen. Die Leute, die vorbeigehen, scheinen ihm instinktiv auszuweichen. Er wirft sein Skateboard in den Sand hinunter und stellt sich mit dem Rücken zu Dixie an den Rand der Promenade. Er stößt sich ab und landet nach einem perfekten Salto rückwärts neben ihr im Sand. »Ta ta ta ta!« ruft er. »Ihr dürft gerne applaudieren.«

Joseph ist offensichtlich wütend, weil er spürt, daß Brandon sich irgendwie über ihn lustig macht. Aber es ist genauso offensichtlich, daß er gleichzeitig ein bißchen Angst vor ihm hat. »Dixie, das ist Brandon.«

»Hi«, sagt Dixie.

»Yeah, hi.« Brandons Augen sind groß und grau. Wenn man sie ansieht, hat man das Gefühl, in einen dichten Nebel zu starren.

Joseph sieht ungeduldig auf die Uhr.

Brandon fragt Dixie: »Was bist denn du für eine Mischung? Japse oder Thai?«

»Chinesin«, sagt Dixie.

»Mein Dad war in Vietnam.«

»Auf welcher Seite?«

Er lacht. »Sehr witzig.« Er betrachtet sie jetzt aufmerksamer. Sie hat fast das Gefühl, einer Leibesvisitation unterzogen zu werden.

»An welcher Schule bist du?«

»An meiner«, sagt Joseph.

Brandon nickt geistesabwesend. Sein Blick ist jetzt auf ein paar wohlgeformte Frauen gerichtet, die im Bikini auf der Strandpromenade vorbeischlendern. Eine von ihnen ist ziemlich vollbusig und trägt ein viel zu kleines Top. »Ach du heiliger Fick«, sagt Brandon so laut, daß die Frauen es hören können. »Ich würde sogar ihre Scheiße fressen, wenn ich dafür ihren Hintern lecken dürfte.«

Die Frauen eilen davon.

Joseph zieht ein Gesicht. »Ich bin nicht gekommen, um mir diesen Dreck anzuhören, Brandon.«

Brandon lächelt gerissen. »Warum bist du dann gekommen, Kumpel? Etwa zum Sonnen?«

»Spar dir deine Witze. Du weißt, warum ich hier bin. Aus demselben Grund wie immer. Oder willst du heute kein Geschäft mit mir machen?«

Brandons Lächeln gefriert auf seinem Gesicht.

»Seit wann hast du eine Geschäftspartnerin, Kumpel?«

Joseph legt den Arm um Dixie und zieht sie an sich. »Seit mir danach ist.«

»Eins habe ich schon vor langer Zeit gelernt: Geschäft und Vergnügen sollte man streng voneinander trennen.«

Dixie hat ein ungutes Gefühl. Die Sache läuft nicht so, wie gedacht. Brandon ist mißtrauisch. Vielleicht bildet sie es sich auch nur ein. Aber sie will kein Risiko eingehen. Sie hat nicht genug in der Hand, um ihn zu verhaften, solange sie nicht Zeuge des eigentlichen Deals geworden ist, aber immerhin hat sie es geschafft, Brandons Identität zu lüften. Sie wird Joseph auffliegen lassen, und damit den Großteil des Drogenhandels an Direktor Petersons Schule für eine Weile lahmlegen.

»Hört mal«, sagt sie. »Laßt euch durch mich nicht stören. Ich fahre nach Hause.«

»Nein«, sagt Joseph. »Warte.«

»Wir sehen uns später«, sagt sie. »Das ist schon in Ordnung.«

Joseph nestelt an seiner Uhr herum. Dixie weiß, was ihm jetzt durch den Kopf geht. Sie soll nicht merken, daß er vor dem zwei Jahre jüngeren Brandon Angst hat. An der High-School sind zwei Jahre Altersunterschied eine ganze Generation. Er sieht Brandon an, während er mit ihr redet. »Nein, ich will, daß du bleibst. Das hier dauert nicht lange.«

Brandon grinst sie an. »Hey, du kannst gerne bleiben. Kein Problem. Du siehst sowieso viel besser aus als der gute Joseph.«

In einer heimlichen Geste des Triumphs preßt Joe seine Hand noch fester gegen Dixies Taille. Sie klettert zurück auf die Strandpromenade und schüttelt den Sand aus ihren Gummilatschen. Joseph und Brandon kommen auch wieder hinauf.

»Gehen wir zu mir«, sagt Brandon.

Joseph nickt und nimmt Dixie an der Hand.

»Ich muß aufs Klo«, sagt Dixie, weil sie immer noch hofft, telefonieren zu können.

»Du kannst bei mir gehen«, sagt Brandon. »Es sind nur ein paar Blocks.«

Dixie spürt seinen Blick und zuckt mit den Achseln. Die Stimmung zwischen ihnen ist auch so schon angespannt genug; sie will es nicht noch schlimmer machen. »Aber beeilen wir uns, ja?«

Brandon lacht. »Mädchen können es nicht so lange zurückhalten wie Jungs.«

Joseph zwinkert Dixie zu und drückt ihre Hand. Er hält das alles für ein romantisches Abenteuer. Irgendwie tut er ihr leid. Er ist ein heller Kopf und eigentlich recht nett, und trotzdem wird er demnächst wegen Drogenhandels in den Knast wandern. Sie wird bei seinem Prozeß anwesend sein und sich die Aussagen der Psychologen anhören, die erklären werden, warum ein so kluger Junge mit so wundervollen Eltern und den besten Voraussetzungen so schreckliche Dinge tut. Die Erklärungen der Psychologen werden einleuchtend klingen; sie werden wahrscheinlich sogar zutreffen. Wenn sie dann im Zeugenstand sitzt, um zu beschreiben, wie sie von ihm Drogen gekauft und ihn selbst beim Drogenkauf beobachtet hat, wird sie gezwungen sein, ihn anzusehen. Das ist bei Zeugenaussagen so üblich: Man muß dem Angeklagten in die Augen schauen, damit die Geschworenen merken, daß man die Wahrheit sagt. Sie wird das auch tun, aber hinterher wird sie sich beschissen fühlen.

In Brandons Fall dagegen wird sie im Zeugenstand sitzen und ihn guten Gewissens anstarren, mit dem Finger auf ihn deuten, um ihn zu identifizieren, und detailliert seine Verbrechen beschreiben.

»Ich habe großartigen Stoff da«, verkündet Brandon, während sie nebeneinander die Straße entlang laufen. Er hat einen Fuß auf das Skateboard gestellt und schiebt mit dem anderen an. Manchmal fährt er ein Stück voraus und wartet dann, bis sie ihn wieder eingeholt haben. »Du wirst begeistert sein, Kumpel. Das Crack verkaufen sie jetzt in Pillenform, Mann, wie Aspirin. Mit dem Unterschied, daß sie ihren eigenen Markennamen haben. In das Zeug ist ein R eingeprägt. Steht für Rocket.«

»Ein R«, sagt Joseph. »Was soll das bringen?«

»Dienst am Kunden, Mann. Schau, du verkaufst einem Typen Crack, und er fährt darauf ab wie nie zuvor. Beim nächsten Mal will er sichergehen, daß er die gleiche Qualität bekommt, aber wie kann er das? Ganz einfach, er hält nach dem Stoff Ausschau, in den das R eingeprägt ist. Wie Bayer-Aspirin. Vertrauen Sie auf unseren Namen. Sie werden garantiert zufrieden sein.«

Joseph nickt. »Gute Idee.«

Inzwischen haben sie das Geschäftsviertel verlassen und die Hügel erreicht, wo die Wohngegend beginnt. Sie kommen zu einem großen Haus, das hinter üppiger tropischer Vegetation verborgen liegt.

»Hier lebst du?« fragt Dixie.

»Nein, da hinten.« Er saust mit dem Skateboard die Zufahrt zu einer weißen Garage hinunter. Er schließt die Seitentür auf und geht hinein. Dixie und Joseph folgen ihm.

Das Innere der Garage überrascht Dixie. Der Raum ist mit erstaunlichem Geschmack eingerichtet. Die Garagentür ist in einem leuchtenden Rot gestrichen, von dem sich in großen weißen Lettern das Coca-Cola-Logo abhebt. An einer anderen Wand prangt ein Duplikat des Nike-Logos in Schwarz und Rot. Eigentlich sind alle Wände und Türen, ja sogar die Decke, mit verschiedenen Logos bemalt: 7-Up, Michelin, Fender, Pacific Bell, Taco Bell, *Los Angeles Times*, Volvo.

»Hast du das alles gemacht?« fragt Dixie.

»Wer sonst?« antwortet Brandon.

»Du hast Talent«, sagt Dixie. »Die Sachen sind sehr gut.«

Brandon zuckt mit den Schultern. Das ist keine Geste der Bescheidenheit, denkt Dixie. Es ist ihm einfach egal. Er lehnt sein Skateboard an die Wand und läßt sich aufs Bett fallen. Neben dem Bett steht ein kleiner Kühlschrank mit einer Kochplatte und einer elektrischen Bratpfanne obenauf. Eine Packung Lorna-Doone-Shortbread liegt aufgerissen neben der Kochplatte. Er greift hinüber und nimmt sich ein paar. Dixie und Joseph bietet er nichts an. »Was ist jetzt?« fragt er Dixie.

»Wieso?«

»Ich dachte, du mußt aufs Klo.«

»Ja. Wo kann ich gehen? Im Haus?«

»Nein. Ich habe mein eigenes Klo«, sagt er. Er deutet auf einen Türrahmen ohne Tür in der Ecke des Raumes, der ihr vorher nicht aufgefallen war. Sie kann in dem winzigen Raum ein Klo sehen. »Da drin«, sagt er.

»Aber da ist keine Tür«, sagt Dixie.

»Wozu brauchst du eine Tür? Keine Angst. Wir haben das alles schon einmal gehört. Plop, plop, bsss, bsss.«

Dixie sieht Brandon an. Er liegt auf dem Rücken, die Arme hinter dem Kopf verschränkt. Seine Knie sind angewinkelt, so daß sie freien Einblick in seine Shorts hat. Er trägt keine Unterhose, und sie kann seine Genitalien sehen. Er grinst sie vielsagend an.

»Das war's. Ich fahre heim«, verkündet Dixie. Sie wendet sich an Joseph. »Du kannst mich ja später anrufen, wenn du willst.« Sie stürzt zur Tür.

»Dixie«, ruft Joseph und läuft ihr hinterher.

Wütend dreht sie sich zu ihm um. »Mir reicht's. Du hast mich hergebracht, und jetzt läßt du zu, daß mich dieses Arschloch so behandelt?«

Josephs Gesicht läuft rot an, bis es schließlich zum Farbton des Kakadus auf seinem Hemd paßt. Sogar seine Ohren sind rot. Sein Mund bewegt sich, als wolle er etwas sagen, aber kein Laut kommt über seine Lippen.

»In Gottes Namen«, sagt Brandon und springt aus dem Bett. »Wenn es dir so viel bedeutet.« Er nimmt einen Schlüssel vom Haken und reicht ihn Dixie. »Du kannst in das untere Bad der Mendlesons gehen. Sie lassen mich ihre Dusche benutzen.«

»Ich kann doch nicht einfach in ihr Haus platzen.«

»Sie sind in Urlaub. Kanada, glaube ich.«

Dixie nimmt den Schlüssel und zieht im Hinausgehen die Tür hinter sich zu. Draußen bleibt sie einen Moment in Hörweite stehen.

»Jesus, Joe«, sagt Brandon. »Die hat dich ja mächtig im Griff.«

»Fuck you, Brandon. Du hast ja keine Ahnung. Deine Mädchen sind alle erst dreizehn.«

»Hey, Bruder, man muß sie erlegen, bevor ihnen da unten Zähne wachsen.« Er lacht.

»Laß uns das Geschäftliche regeln, ja?«

»Klar. Vorher muß ich bloß noch kurz pissen. Hoffentlich bist du nicht zu feinfühlig, um zuzuhören. Wenn doch, kannst du ja draußen warten.«

»Fuck you.«

Schnell sperrt Dixie die Hintertür des Mendleson-Hauses auf. Die Tür führt in die Küche, und Dixie stürzt sofort zum Wandtelefon neben dem Kühlschrank. Am Kühlschrank hängen Zettel, die von magnetischen Früchten festgehalten werden.

Dixie wählt die Nummer ihres Polizeipräsidiums. »Ed, hier ist Dixie. Ich möchte, daß ihr mir sofort zwei Wagen schickt, aber sag ihnen, daß ich noch Undercover bin. Die Adresse ist 179 –«

»Häng ein«, sagt Brandon. Er steht in der Tür, bewaffnet mit einem Baseballschläger. Joseph steht hinter ihm; seine Miene ist starr und verbissen. Brandon deutet mit dem Schläger auf sie. »Häng ein, Lady, bevor ich deinen Kopf als Unterlage für einen Reggie Jackson benutze.«

Dixie hört, wie Ed DeMerra ihren Namen ruft, nach der Adresse fragt, sie beschwört, doch endlich zu antworten. Sie starrt Brandon an, versucht abzuschätzen, wie ernst er es meint und wie ihre Chancen stehen, mit beiden fertig zu werden oder davonzulaufen. Mit einem allein käme sie klar, aber zwei auf einmal sind zuviel. Sie hängt den Hörer ein.

Brandon klopft mit dem Schläger auf seine Handfläche und grinst. »Das wird ein Spaß.«

18 Mit dem Handrücken schiebt Barcelona ihre heruntergerutschte Lesebrille zurecht. Sie trägt nur einen Slip und ein T-Shirt, und ihre Pobacken kleben an dem Vinylstuhl. Ihre Augen brennen, und ihr Rücken schmerzt, weil sie schon seit zwei Stunden über der Schreibmaschine sitzt. Normalerweise benutzt sie die Schreibmaschine nur noch, um Adressen auf Couverts zu tippen. Aber das Drehbuchformat ist so ungewöhnlich, daß sie einige der erforderlichen Anmerkungen nicht mit dem Computer schreiben kann und deshalb gezwungen ist, sie per Hand auf jede Seite zu tippen. Endlich hat sie es geschafft; mit zwei Fingern tippt sie die letzte Anmerkung. Dann dreht sie das Blatt aus der Maschine und ordnet es in das fertige Skript ein.

Sie wiegt das Drehbuch in ihren Händen: 128 Seiten. Nach normalen Maßstäben ein bißchen lang, wenn man den Büchern, die sie gelesen hat, glauben darf. Da jede Seite in etwa einer Filmminute entspricht, haben es die Produzenten gern, wenn das Drehbuch nicht länger als 100 bis 110 Seiten ist. Ein Film, der länger dauert als zwei Stunden, verringert in jedem Kino die Zahl der täglichen Vorstellungen. Das bedeutet eine bezahlte Vorstellung weniger und außerdem weniger zahlende Gäste an der Snackbar. *Form fits function.*

Sie nimmt ihre Lesebrille ab und reibt sich die Augen. Dann schwenkt sie den Stuhl herum und zieht das Telefon über den Tisch zu sich her. Wieder wählt sie Dixies Nummer. Sie versucht schon den ganzen Nachmittag, Dixie zu erreichen. Immer noch keine Antwort.

Barcelona starrt auf die Titelzeile des Drehbuchs. Der Titel, *Hochspannung*, ist fett und unterstrichen gedruckt. Sie versucht ihn sich auf einer Kinoleinwand vorzustellen. Würde sie selbst sich von einem Film mit diesem Titel angesprochen fühlen? Sie ist sich nicht sicher.

Sie erhebt sich mühsam von dem Vinylstuhl und geht zum Fotokopierer hinüber, um zwei Kopien von dem Drehbuch zu machen, eine für Roger Carlyle und eine für Grief. Sie liest noch einmal den Anfang des Drehbuchs. Nicht schlecht. Sogar ziemlich gut, denkt sie, als sie eine weitere Seite in den Kopierer schiebt. Lausig, denkt sie, als das Blatt auf der anderen Seite wieder herauskommt.

Barcelona geht zum Telefon zurück und ruft noch einmal bei Dixie an. Keine Antwort. Nicht einmal der Anrufbeantworter. Trotzdem kein Grund zur Sorge. Es ist schließlich Samstag, und wenn Dixie heute arbeiten muß, dann arbeitet sie wahrscheinlich noch den ganzen Abend.

Sie wählt noch einmal und merkt erst nach ein paar Sekunden, daß es Erics Nummer war. Sofort knallt sie den Hörer aufs Telefon, als hätte er sie gebissen. Sie nimmt ihn wieder ab, wählt erneut Dixies Nummer, bekommt keine Antwort.

Sie geht wieder an den Fotokopierer und füttert weiter ihr Drehbuch in die Maschine.

Samstag abend. Die Heilige Nacht der Paare. Harley Buss hatte angeboten, sie zum Essen und anschließend ins Kino auszuführen, aber sie hat ihm einen Korb gegeben. Nicht, daß sie etwas Besseres vorhätte, aber seit sie sich wieder mit Eric trifft, ist sie an einer lockeren Beziehung, an der von beiden Seiten kein wirkliches Interesse besteht, nicht mehr sonderlich interessiert. Diese freundschaftliche Beziehung mit freundschaftlichem Sex wurde mit der Zeit ein bißchen anstrengend. Sie wollte endlich mal wieder die gute alte, alles erschütternde Leidenschaft spüren. Die Art Leidenschaft, die einen dazu bringt, sich zehnmal umzuziehen und fünfmal neu zu frisieren, bevor der Auserwählte eintrifft. Sie hat diese Art von Gefühl schon seit Jahren nicht mehr empfunden. Ihre neue Beziehung mit Eric bringt sie dem ziemlich nahe. Noch schöner war es eigentlich nur ... nun ja, mit dem Eric der Vor-Luna-Ära.

Sie starrt auf das Telefon. Eric kommt am Samstagabend nie. Samstags gehen er und Luna normalerweise ins Theater. Sie mag vor allem kleine Theater, Laiengruppen, College-Inszenierungen, je kitschiger, desto besser. Immer, wenn er über dieses Faible von Luna spricht, schleicht sich dieses blöde kleine Grinsen in sein Gesicht, das Barcelona so wütend macht, obwohl sie sich Mühe gibt, es nicht zu zeigen. Was hätte sie auch für einen Grund, wütend zu sein?

Barcelona durchquert das Zimmer und schnappt sich den Hörer. Zornig tippt sie die Nummer ein. Das Telefon klingelt und klingelt. Schließlich meldet sich die schläfrige Stimme ihrer Mutter.

»Ja, hallo?«

Barcelona zieht ihr T-Shirt über die Sprechmuschel und beginnt mit kehliger, verstellter Stimme eine Obszönität nach der anderen zu flüstern.

Dritter Teil

Kurzschlüsse

Worin die Geschichte
unerwartete Wendungen nimmt

19 Barcelona versucht, die Blutung mit parfümiertem Toilettenpapier zu stoppen.

Sie reißt ein daumennagelgroßes Stück von der gelben Rolle und preßt es gegen die Wunde. Sofort wird das Papier vom Blut durchweicht. Der Anblick erinnert sie an die Zeitrafferaufnahme einer verwelkenden Blume.

»Jesus«, sagt sie.

Sie reißt ein größeres Stück ab, faltet es fein säuberlich zu einem mehrlagigen Quadrat und preßt es gegen das, was von der Kruste an ihrem Knöchel noch übrig ist. Das Papier dehnt sich aus und wird schwerer, als das Blut hineinzusickern beginnt. Barcelona kann fast spüren, wie sich das Blut in das Papier saugt, als wolle es eine parfümierte Lage nach der anderen verschlingen.

Sie sitzt in Slip und BH auf dem Rand der Badewanne. Die Metallschiene der Duschwand schneidet in ihren Po, und sie rutscht unbehaglich hin und her. Der gelbe Plastikrasierer liegt auf dem Deckel des Spülkastens, gleich neben der aufgeschlagenen Taschenbuchausgabe von Ann Beatties *Love Always*. Heute morgen beim Duschen hat Barcelona vergessen, ihre Beine zu rasieren. Deswegen wollte sie jetzt vor dem Anziehen schnell ein paarmal drüberfahren. Gerade, als sie vorsichtig den Knöchel umrundete, paßte sie einen Moment lang nicht auf und schnitt sich in die verkrustete Wunde.

Das Toilettenpapier wird nicht mehr rot. Die Blutung muß aufgehört haben. Sie wagt die paar Schritte zum Arzneischränkchen hinüber, nimmt ein Pflaster heraus und klebt es über die Wunde. Jetzt hat sie einen triftigen Grund, heute eine Hose zu tragen. Sie will später nach L. A. fahren, sich mit Trina zum Essen treffen und das fertige Drehbuch in Griefs Büro abgeben.

Barcelona geht ins Schlafzimmer zurück und wählt Dixies Nummer. Das ganze Wochenende über hat sie versucht, Dixie zu erreichen, aber nie ging jemand ran. Sie hat Diva und Trina angerufen, aber die beiden hatten ebenfalls nichts von Dixie gehört. Gestern, am Sonntag, ist sie zu Dixies Haus hinübergefahren, aber es war niemand da. Bei der Polizei hat sie noch nicht angerufen, weil sie davon ausgeht, daß Dixie immer noch undercover arbeitet. Als Eric gestern anrief, erzählte sie ihm, daß sie sich wegen Dixie Sorgen mache. Er wischte ihre Bedenken beiseite und sagte, daß kein Undercover-Cop etwas unternehme, ohne andere Cops darüber zu informieren. Ihre Kollegen wüßten sicher Bescheid. Vielleicht hat er recht. Aber wenn Dixie heute abend immer noch nicht zurück ist, wird sie sich überlegen, was zu tun ist.

Auch dieses Mal hebt niemand ab.

Sie legt auf, die Hand immer noch am Hörer. Sie überlegt, ob sie ihre Mutter anrufen soll. Ob Milan ihr dann von dem mysteriösen Anrufer des gestrigen Abends erzählt?

Barcelona weiß nicht genau, warum sie ihre Mutter mit diesen obszönen Anrufen belästigt. Eric hätte bestimmt ein paar erstklassige psychologische Theorien mit widerlich klingenden Namen auf Lager. Allerdings hat Barcelona nicht mit den Anrufen angefangen. Sie hat nur weitergemacht, als der ursprüngliche Anrufer seine Anrufe einstellte. Schnell nimmt sie ihre Hand vom Hörer, als könnten ihre Gedanken irgendwie direkt an Milan übertragen werden.

Wie auch immer die dunkle Ursache aussehen mag, die da durch den sumpfigen Dreck ihres Id schnorchelt – an eine Szene muß sie immer wieder denken, wenn sie anruft:

Es war der Sommer, als Barcelona achtzehn wurde. Sie arbeitete den ganzen Sommer lang als Bedienung im Restaurant ihrer Eltern. Mit einem Magic Marker strich sie an dem jüdischen Kalender, der im Laden hing, die Tage ab, die sie noch von ihrem ersten College-Tag trennten. Ihre Nagelhaut war von der Essigbrühe der Gewürzgurken rot und geschwollen, ihr Haar roch nach gebratenen Pastrami. Ihre Finger waren vom vielen Besteckspülen in Mitleidenschaft gezogen.

Die Gäste des kleinen Restaurants waren hauptsächlich Reisende, die gerade irgendwo herkamen oder irgendwo hinwollten und nur haltmachten, um schnell einen Happen zu essen und die winzige Toilette zu benutzen. Sie waren fast durchweg knickerig, was das Trinkgeld anging. Trotzdem warf sie ihre Vierteldollarstücke, Zehncentstücke und Nickel in ihre dafür vorgesehene Styroportasse. Jede klimpernde Münze brachte sie einen Schritt näher ans College und weiter weg von hier.

Während ihr Vater unten in der Backstube damit beschäftigt war, für Nachschub zu sorgen, saß ihre Mutter hinter der kleinen Theke, rauchte eine Packung Benson & Hedges nach der anderen und machte das Kreuzworträtsel in der *New York Daily Mail*. Die Kaffeetasse und die Zigarettenkippen vor ihr waren von ihrem Lippenstift gezeichnet, der die rotbraune Farbe von getrocknetem Blut hatte. Und so ging es weiter, Tag für Tag, den ganzen heißen Sommer lang.

Barcelonas Nächte waren auch nicht viel aufregender. Mit Jungs aus der Nachbarschaft auszugehen bedeutete Drive-ins, rauhe Hände, die sich unter ihre Bluse tasteten, und Küsse, die nach Bier schmeckten.

Aber eines Tages änderte sich das.

Ein Junge – mit seinen zweiundzwanzig Jahren kam er ihr damals wie ein erwachsener Mann vor – kam ins Lokal, setzte sich verkehrt herum auf einen Stuhl und bestellte, ohne einen Blick auf die Speisekarte zu werfen, ein Thunfischsandwich.

»Bei uns gibt's keinen Thunfisch«, erklärte ihm Barcelona.

Er trug eine Basketballmütze, die er abnahm und gleich wieder aufsetzte, nachdem er sich das Haar zurückgestrichen hatte. »Was ist denn das für ein Lokal, wo es keinen Thunfischsalat gibt?« sagte er mit leicht schleppender Stimme. Er war nicht wütend, nur neugierig. Er lächelte sie an. Seine Zähne waren gerade und weiß, aber an einem der oberen Schneidezähne fehlte ein Stück.

»Wir sind kein normales Lokal, Sir. Wir sind ein Feinkostladen mit Restaurant.«

Er sah sich im Laden um, als sehe er ihn plötzlich mit anderen Augen. Er sah das Corned beef und die Pastrami in der gekühlten Auslage, bemerkte den Davidstern auf der Speisekarte.

»Oops«, sagte er. »Kein Problem. Weißt du was, mach mir doch einfach das beste Sandwich, das ihr zu bieten habt.«

Barcelona machte ihm ein Reuben-Sandwich, Corned beef mit Sauerkraut und Schweizer Käse zwischen zwei Scheiben Roggenbrot. Als er aß, lief ihm ein Teil des russischen Dressings das Kinn hinunter. Lachend machte sie ihn darauf aufmerksam. Er wischte sich mit einer Serviette sauber und meinte: »Mann über Bord, hm?«

Er kam in der Woche jeden Tag zum Mittagessen. Sein Name war Tim Beuford, aus Tea Kettle in North Carolina. Er war in die Stadt gekommen, um für das hiesige Baseballteam zu spielen.

In der zweiten Woche fragte Tim Barcelona, ob sie mit ihm ausgehen wolle. An jenem Abend fuhren sie die vierzig Meilen nach Lewisburg hinüber, um dort essen zu gehen und sich anschließend *Butch Cassidy and the Sundance Kid* anzusehen. Sie kam erst um sechs Uhr morgens wieder nach Hause. Ihr Kleid war an drei Stellen zerrissen, ihre Nägel waren abgebrochen, ihre Schuhe ruiniert. In ihrem Gesicht klebte Dreck. Ihre Beine waren blutverschmiert.

Barcelona ging zur Rückseite des Hauses, um durch die Hintertür hineinzuschlüpfen. Ihr Vater würde bereits auf sein und unten im Keller Doughnuts backen. Er fing schon um vier Uhr morgens an. Barcelona und Milan folgten ihm um sieben. Mit ein bißchen Glück konnte sie sich ins Haus schleichen, ohne Milan zu begegnen. Dann brauchte sie keine Erklärungen abzugeben.

Aber als Barcelona um das Haus herumging, stolperte sie fast über Milan, die auf allen vieren neben dem Haus herkroch und Unkraut jätete. Sie trug eine Hose mit großen Lederflicken an den Knien, dazu riesige Gartenhandschuhe und einen breitrandigen Strohhut mit Sonnenschild.

»Guten Morgen«, sagte Milan ohne aufzublicken.

»Guten Morgen.«

»Hattest du einen schönen Abend?« Sie riß einen Grashalm an der Wurzel aus und warf ihn auf den Unkrauthaufen, der bereits auf einem ausgebreiteten Stück Zeitung lag.

»Sehe ich so aus, als ob ich einen schönen Abend gehabt hätte?« fauchte Barcelona.

Zum ersten Mal blickte Milan auf. Ihre Augen waren rot und müde, als hätte sie schlecht geschlafen. »Ach Gott, Kind. Was ist denn passiert?«

Sie machte Anstalten aufzustehen, aber Barcelona legte ihr die Hand auf die Schulter, um sie davon abzuhalten.

»Es geht mir gut. An Tims Wagen ist ein Reifen geplatzt, und wir sind über eine Böschung gerast. Es kam niemand vorbei, so daß wir den Wagen eigenhändig ausgraben mußten. Wir brauchten fast die ganze Nacht dazu. Glaub mir, Mom, sonst ist nichts passiert. Ich schwöre dir, Tim war ein Gentleman. Es ist nichts passiert.«

Milan stand auf, wischte sich die Hände an ihrer Jeans ab und berührte Barcelonas Wange mit ihrer behandschuhten Hand. »Natürlich nicht, Liebling.« Dann hob sie die Zeitung mit dem Unkraut auf und trug sie zur Mülltonne.

Barcelona stand allein auf dem Weg. Sie zitterte vor Wut.

Sie hatte die Wahrheit gesagt. Sie hatten tatsächlich einen Platten gehabt und den Wagen aus dem Dreck graben müssen. Ansonsten war nichts passiert. Keine Vergewaltigung. Kein Sex.

Obwohl alle Anzeichen auf das Gegenteil hindeuteten, hatte ihre Mutter ihr sofort geglaubt. Keine prüfenden Fragen, keine mißbilligenden Blicke. Normalerweise wäre das eine wundervolle Reaktion gewesen, um die sie jedes Mädchen in ihrem Alter beneidet hätte. Aber Barcelona wußte, daß sich die Reaktion ihrer Mutter nicht auf Vertrauen gründete – Vertrauen darauf, daß ihr wohlerzogenes Kind schon das Richtige tun würde. Nein, als Milan aufgestanden war und mit den Worten »Natürlich nicht, Liebling« ihre Wange berührt hatte, hatte sie damit nicht ihr Vertrauen, sondern ihre grundsätzliche Meinung über ihre Tochter zum Ausdruck gebracht. Sie glaubte ihr, wie man einem blinden Jungen glauben würde, der behauptet, daß er nicht mit einem gestohlenen Auto in die nächste Stadt gefahren ist.

Natürlich nicht, Liebling. Wie hätte auch irgend etwas passieren sollen? Du bist zu spontaner Leidenschaft doch gar nicht fähig.

Barcelona fährt zum College. Sie kommt eine Minute zu spät in ihr Klassenzimmer und überrascht ihre Studenten zur Feier des Tages mit einem spontanen Test zu John Milton. Sie stöhnen und schimpfen. Jemand fragt, ob sie mit ihrem Freund Streit hatte, und alle lachen.

Barcelona lacht auch. Die Noten, die bei dem Test herauskommen, sind ziemlich gut. Nur ein Student hat versagt, aber der versagt immer.

*

Später sitzt sie in ihrem Büro und bespricht mit einer Studentin eine Seminararbeit. Ein lautes Klopfen läßt sie zusammenfahren.

Barcelona blickt auf und sieht Harley Buss durch den Glaseinsatz winken. Sie winkt zurück. Mit einem fragenden Blick deutet Harley auf seine Uhr. Barcelona hält einen Finger in die Höhe.

»Ich habe jetzt einen Termin«, lügt Barcelona. »Überarbeiten Sie das Ganze noch einmal, und dann sprechen wir wieder darüber.«

Barcelona steht auf, geht zur Tür und hält sie auf.

Die Studentin nimmt ihre Blätter und verläßt das Büro. Harley mustert sie mit einem anerkennenden Blick, als sie an ihm vorbeigeht.

»Findest du sie schön?« fragt Barcelona Harley, nachdem er die Tür hinter sich zugezogen hat.

»Wen?«

»Die Frau, die eben an dir vorbeigegangen ist.«

»Die ist mir gar nicht aufgefallen.«

Barcelona lacht. »Du hast dir den Hals verrenkt, um zu sehen, wie sie den Gang hinunterwackelt.«

»Ein reiner Reflex. War sie süß?«

»Jesus!« Barcelona läßt sich in ihren Sessel sinken. Sie öffnet eine Schublade ihres Schreibtisches und zieht eine Tüte Pfefferminzbonbons heraus. Sie bietet Harley eines an, aber er schüttelt den Kopf und läßt sich an Susan Mesas Schreibtisch nieder.

Fast eine Minute lang schweigen beide.

»Willst du hier drinnen in Klausur gehen?« fragt Barcelona. Normalerweise freut sie sich über Harleys Besuche, aber heute morgen hat sie es eilig, noch ein paar Essays zu korrigieren und sich dann auf den Weg zu machen. Schließlich ist sie mit Trina zum Essen verabredet und will vorher noch das Drehbuch bei Grief vorbeibringen.

»Ich sitze gerade über unserem Budget.«

»Oh, oh.«

»Aber deswegen bin ich nicht gekommen.«

»Sondern?«

»Ich bin gekommen, weil ich dich fragen wollte, ob du einer deiner Freundinnen meine Telefonnummer gegeben hast.«

Barcelona wird knallrot. Ihr Gesicht fühlt sich plötzlich so heiß an, daß sie die Handflächen gegen ihre Wangen pressen muß. Das Pfefferminzbonbon schmeckt auf einmal ölig und bitter. »Also, weißt du, ich wollte nicht –«

Harley grinst. »Nicht, daß ich etwas dagegen hätte. Ich finde es sogar recht schmeichelhaft, daß du eine so hohe Meinung von mir hast, daß du mich an eine deiner Freundinnen weiterempfiehlst.« Er lehnt sich vor, die Hände auf dem Schreibtisch gefaltet. Es sieht aus, als würde er beten. »Mir ist klar, daß das mit uns beiden auf Dauer nichts ist. Das ist ja auch nicht weiter schlimm. Inzwischen bin ich in einem Alter, wo ich eine gute Freundschaft lieber nicht durch eine Romanze verkompliziere. Wenn man das tut, geht am Ende meistens beides in die Binsen.« Er lehnt sich wieder in seinem Stuhl zurück und verschränkt die Hände hinter dem Kopf.

»Also, was kannst du mir über sie erzählen?«

Barcelona weiß nicht, was sie sagen soll. Nur Trina besitzt genug Unverfrorenheit, um Harley einfach so anzurufen. Barcelona ist hin- und hergerissen. Einerseits bewundert sie ihren Mut, aber andererseits ärgert sie sich über ihre Skrupellosigkeit. Irgendwie kommt es ihr so vor, als würde Trina ihr ein kleines Stück ihres Lebens stehlen. Sie weiß, daß das albern ist, daß sie selbst Trina Harleys Namen gegeben hat. Trotzdem. »Sie ist sehr intelligent. Sie ist sexy. Hübsch. Ich weiß nicht, was willst du sonst noch wissen?«

»Ist sie reich? Ich meine, falls aus uns beiden etwas wird, kann ich dann in Rente gehen?«

Barcelona wirft mit einer Büroklammer nach ihm. Er fängt sie mit einer Hand. »Ich wußte gar nicht, daß du unter die Goldgräber gegangen bist.«

»Ich bin lernfähig. Als sie mir erzählte, daß sie hauptberuflich Sängerin ist, dachte ich, daß sie vielleicht –«

»Sängerin? Wer?«

»Die Frau, über die wir reden. Dianne Klosterman.«

»Diva?«

»Ja. Sie hat mir erzählt, daß du sie so nennst. Süß. Warum hast du mir eigentlich nie einen Spitznamen gegeben?«

»Ich habe dir einen gegeben. Ich glaube bloß nicht, daß du ihn hören willst.«

Harley lacht und schießt die Büroklammer zurück. Barcelona ist zu verwirrt, um sie aufzufangen. Die Klammer schlittert über ihren Schreibtisch und landet auf dem Boden.

Diva. Barcelona kann es nicht fassen. Seit wann ist Diva so draufgängerisch? Sicher, sie hatte ihr erzählt, daß sie ihr Leben ändern will. Vielleicht hatte sie damit ihr Leben als Ganzes gemeint und nicht nur ihre Karriere. Barcelona wirft einen Blick auf Harley – Harley mit seiner schläfrigen Sinnlichkeit, seinem hochgewachsenen, braungebrannten Körper, seiner heimlichen Leidenschaft für die Lyrik von T. S. Eliot. Sie denkt an Diva, die pummelige Strandratte, die nur ihre blöden Zeitschriften liest. Ihre Lebensphilosophie wird durch die Top 40 bestimmt. Die beiden – das kann einfach nichts werden.

»Sag mir nur eins«, fährt Harley fort.

»Was?«

»Hat sie irgendwelche perversen Hobbies? Reiten oder so was?«

»Nein, Harley. Sie spielt gern Volleyball.«

Er denkt über ihre Worte nach. »Volleyball ist okay. Damit kann ich leben.«

»Wie großzügig von Ihnen, Mr. Romance.«

Harley steht auf und streckt sich. »Das Ganze ist keine große Sache. Wir gehen bloß zum Essen und dann ins Kino. Vielleicht hinterher noch auf einen Drink, wenn wir uns solange ertragen können.«

»Und wenn nicht?«

»Dann lassen wir den Drink aus und gehen gleich ins Bett.«

Barcelona lacht.

Harley zwinkert ihr zu und geht. Barcelona greift nach dem Telefonhörer und wählt wieder einmal Dixies Nummer. Immer noch keine Antwort.

20 Trina kommt an diesem Morgen gerade rechtzeitig ins Büro von *The Candidate*, um zu erleben, wie Mary Abrahms versucht, Warren Schuller in Brand zu stecken. Sie hatte ihr Geschrei schon auf dem Flur gehört.

Mary und Warren sitzen nebeneinander auf dem kleinen Ledersofa und schreien sich an; ihre schrillen Stimmen vermischen sich zu einem Gewirr aus lautstarken Beleidigungen. Warrens normalerweise so ordentlicher Bart wirkt heute morgen seltsam chaotisch, als wäre er mit einem Magic Marker auf sein Kinn gekritzelt. Mary unterlegt ihre verbalen Attacken mit einer lippenstiftverschmierten Zigarette, die sich zwischen ihren Lippen auf- und abbewegt wie die Kelle eines Zugschaffners. Jedes Wort aus ihrem Mund wird von einer kleinen Rauchwolke begleitet.

The Candidate sitzt hinter seinem Glasschreibtisch und sieht ihnen mit ausdrucksloser Miene zu. Als Trina hereinkommt, zieht er sein Hosenbein hoch und deutet auf seinen Knöchel, um ihr zu zeigen, daß er Socken trägt. Er grinst.

»Du verstehst einfach nicht, was ich sage«, wendet sich Warren erneut an Mary. Warren ist ein klapperiges Strichmännchen; er wirkt so ausgemergelt, daß man glauben könnte, er würde an einem Voodoo-Fluch eingehen.

Mary ist klein und gedrungen, wie eine Jukebox aus den Fünfzigern. Ihr kürbisrundes Gesicht hat etwas Hausbackenes. Ihre Augen sind blaßgrau, als hätten sie vom ewigen Rauchen einen Grauschleier bekommen. Ihr schwarzes, glattes Haar wirkt stumpf und ist noch dazu unattraktiv kurz geschnitten. »Ich verstehe jedes Wort, Warren, ich bin nur nicht damit einverstanden.«

»Dann verstehst du es eben nicht«, antwortet Warren. »Vielleicht ist mein Konzept zu anspruchsvoll für dich.«

»Du kleiner Scheißkerl«, knurrt Mary und schnippt mit dem Daumen ihr Bic-Feuerzeug an. Sie fährt mit der großen Flamme schnell über Warrens Arm. Ein paar Haare auf seinem Unterarm verschmoren.

»Hey!« schreit Warren und reißt seinen Arm zurück. »Das brennt!«
»Was du nicht sagst!« antwortet Mary.

Warren berührt vorsichtig seinen Arm. Mehrere verbrannte Haare fallen ab. »Das hat wirklich weh getan.«

Mary lacht heiser.

Trina schlägt der säuerliche Geruch von gerösteter Körperbehaarung entgegen. Sie reibt sich die Nase und zieht die Tür hinter sich zu. »Wie ich sehe, habt ihr die Diskussion schon ohne mich begonnen.«

The Candidate nickt. »Warren und Mary sind gerade dabei, ihre neue Wahlkampfstrategie zu erklären.«

»Wir haben Probleme, Trina«, sagt Warren. »Große Probleme.«

»Wir stehen knietief in der Scheiße«, stimmt Mary mit ein. Sie drückt ihre Zigarette aus, hält aber das Feuerzeug krampfhaft fest, als wäre es eine Granate.

Trina setzt sich auf den zum Sofa passenden Ledersessel und stellt ihren Aktenkoffer auf den Boden, eine kleine Wand aus Lederimitat, die sie von Mary und Warren trennt. Selbst wenn sie schweigen, ist ihre Wut aufeinander zu spüren. Trina kann noch immer nicht fassen, wie sehr sich die beiden in den letzten sechs Monaten verändert haben. Als diese Kampagne vor einem Jahr anlief, waren Warren und Mary ein glückliches Ehepaar, das gerade sein neues Haus in Santa Monica einrichtete. Montagmorgens kamen sie dann ins Büro und erzählten entweder, daß sie übers Wochenende in Mexiko gewesen seien und dort genau die richtigen handgemalten Fliesen fürs Bad gefunden hätten. Oder daß sie nach Oxnard gefahren seien, um mit einem rauhbeinigen Farmer über eine alte Weinpresse zu verhandeln. Vor einem Monat nun ist Mary aus ihrem mühevoll fertiggestellten Haus ausgezogen und zusammen mit ihrem Freund, einem farbigen Reserve-Werfer der Dodgers, in eine vor Chrom und Glas nur so blitzende Eigentumswohnung in Marina del Rey gezogen. Trina hat den Verdacht, daß Warren, der immer ein fanatischer Dodgers-Fan war, Mary nicht so sehr deswegen haßt, weil sie ihn verlassen hat, sondern weil sie ihm die Freude vermiest hat, die Dodgers anzufeuern.

Sie hatten immer schon lautstark wegen der Wahlkampfstrategien gestritten, selbst als sie noch zusammen waren, aber in letzter Zeit sind ihre Meinungsverschiedenheiten eskaliert. Inzwischen beschränken sie sich auch nicht mehr nur auf erhobene Stimmen. Vor zwei Wochen hat

Warren direkt vor Marys Schreibtisch seine geliebte Dodgers-Jacke zerschnitten, die er acht Jahre lang jeden Tag angehabt hatte. Letzte Woche hat Mary mit einem Füller nach Warren geworfen, ihn am Rücken erwischt und einen Tintenfleck auf seiner teuren neuen Ralph-Lauren-Jacke hinterlassen. Warren hob den Füller auf und warf ihn zurück. Mary versuchte ihn zu fangen, erwischte ihn aber nicht richtig. Die scharfe Spitze ritzte ein blaues Loch in ihre Handfläche. Die Wunde blutete ein bißchen. Dieser Anblick von Blut schien schließlich sämtliche zivilisierten Grenzen zwischen den beiden eingerissen zu haben. Jetzt ist alles möglich.

Trina findet ihr Gezanke inzwischen ziemlich entnervend, aber der Wahltag steht zu knapp bevor, um die beiden noch durch jemand anderen zu ersetzen. Trotz ihrer Ehemisere arbeiten sie weiterhin als Partner in ihrer gemeinsamen PR-Firma. Außerdem sind sie sehr gut. Beide haben bei vielen Kampagnen mitgearbeitet, meistens für Underdog-Kandidaten mit liberalem Touch.

»Wie tief, sagt ihr, ist die Scheiße?« fragt Trina. Sie ist selbst überrascht, wie trocken und zynisch ihre Stimme klingt. Als wäre ihr das alles im Grunde egal. Plötzlich wird ihr klar, daß es ihr tatsächlich egal ist. Ihr ist egal, ob *The Candidate* nun Socken trägt oder nicht, ob Mary Warren in Brand steckt oder nicht. Ihr ist diese ganze Kampagne egal. Sie wird sich während der nächsten Stunden mit lauter solchem Mist auseinandersetzen müssen, obwohl sie eigentlich nichts anderes möchte als heimfahren, sich in ein dampfendes Bad legen und einen Schundroman lesen.

Diese Einstellung macht ihr Angst. Das ist nicht nur ihr üblicher Montagmorgen-Blues. Als sie heute morgen aus dem Haus ging, hatte sie dieses Gefühl noch nicht. Normalerweise graut ihr nie vor der Arbeit. Ganz im Gegenteil – sie liebt ihren Job. Ihr Beruf ist zugleich auch ihr Hobby. Sie mag sogar den Druck, die Konkurrenz, das Gefühl, zusammen mit den besten ihrer Kollegen ihr Letztes zu geben. Sie ist sich nicht sicher, warum sie diese plötzliche Abscheu verspürt. Sie fühlt sich orientierungslos, als hätte man ihr gerade aus dem Hinterhalt aufgelauert. Vielleicht hat es damit zu tun, daß sie mit ansehen mußte, wie die Ehe von Mary und Warren im Lauf der Monate zerbrach.

Vielleicht liegt es auch nur daran, daß ihre Hormone verrückt spielen. Was auch immer der Grund sein mag, jedenfalls sitzt Trina etwas zitterig in ihrem Sessel und spürt, wie sich ein heftiges Gefühl von Panik durch ihren Magen nach oben frißt. Sie fühlt sich heiß und verschwitzt. Als hätte sie Fieber. Sie versucht, das Gefühl abzuschütteln und sich auf ihre Arbeit zu konzentrieren, sich möglichst professionell zu geben. Genau das ist sie schließlich: Trina Bedford, Jr., ein absoluter Profi auf ihrem Gebiet. Sie zwingt sich, eine ernste, geschäftsmäßige Miene aufzusetzen. »Wo liegt das Problem, Mary?«

»Wir lagen bei den Meinungsumfragen gut im Rennen«, antwortet Warren, ehe Mary etwas sagen kann. »Besser, als wir noch vor einem Monat erwartet hatten. Es ging zwar nur langsam bergauf, aber dafür stetig, ganz stetig. Ich glaube, in spätestens zwölf Tagen wären wir mit Bennington gleichgezogen.« Er klatscht eine zusammengerollte Zeitung gegen sein Knie. »Und jetzt das.«

»Und jetzt was?« fragt Trina.

Mary seufzt und zeigt Trina ein Foto von Carla Bennington in der Morgenausgabe der *Los Angeles Times*. Man sieht sie mit Jogging-Sachen und einem Stirnband in einem Park im Gras sitzen und Dehnübungen machen. Die Schlagzeile lautet: »Kandidatin startet für gute Sache.«

»Carla Bennington macht bei dem MS-Benefiz-Marathon mit, der in ein paar Wochen stattfindet«, sagt Mary. »Die Kameras werden schon Tage vorher auf sie gerichtet sein, von dem eigentlichen Rennen ganz zu schweigen.«

»Genau die Art Geschichte, nach der sich die Medien die Finger lecken: eine sentimentale Story mit einem Schuß Sex«, sagt Warren. »Eine Kandidatin – und noch dazu eine so attraktive –, die in dünnen Shorts und einem engen T-Shirt herumläuft.«

The Candidate, der ebenfalls ein Exemplar der Zeitung vor sich liegen hat, blickt auf und lächelt. »Sie hat den Hintern dazu.«

»Ist dir eigentlich klar, was das heißt, Cory?« wendet sich Warren etwas gereizt an The Candidate.

The Candidate lächelt immer noch, aber seine Augen verengen sich. »Allerdings, Warren, ich glaube schon. Es heißt – und hilf mir bitte weiter, falls ich steckenbleibe –, daß Carla Bennington während der nächsten zwei entscheidenden Wahlkampfwochen in allen möglichen Fernseh- und Radio-Talkshows auftreten und angeblich für den Marathon Werbung machen wird. Sie wird wahrscheinlich großen Wert darauf legen, das Ganze unpolitisch zu halten. Wenn sie sie zur Wahl befragen, wird sie ihr Ehrlich-wie-eine-Nonne-Lächeln aufsetzen und sagen: ›Ich bin nicht hergekommen, um über Politik zu reden. Ich bin gekommen, um Leuten mit multipler Sklerose zu helfen.‹ Die Wähler werden nicht nur ihr Engagement für eine gute Sache bewundern, sondern auch die Integrität, die sie unter Beweis stellt, indem sie aus dieser ganzen kostenlosen Sendezeit keinen politischen Nutzen zieht.«

»Ahm, ja.« Warren wirkt leicht zerknirscht. Er senkt den Kopf und zupft an seinem Bart.

The Candidate zwinkert Trina zu.

»Laß mich mal sehen«, sagt Trina zu Mary und nimmt ihr die Zeitung aus der Hand. Sie studiert den Artikel über den Marathon und entdeckt ein beunruhigendes Detail. »Hmmm. Das ist ja ein dummer Zufall.«

»Ja«, sagt *The Candidate*, während er sich in seinem Sessel zurücklehnt. »Nicht wahr?«

»Was?« fragt Mary.

»Was?« äfft Warren sie nach.

The Candidate legt die Füße auf seine gläserne Schreibtischplatte. Ein zusammengetretener Rest von weißem Kaugummi klebt an einem Absatz. »Die Laufroute führt durch mehrere verschiedene Wahlkreise, um sicherzustellen, daß die Sache überparteilich ist. Ganz zufällig geht die Route aber auch durch einen Zipfel von Carlas eigenem Wahlkreis, bezeichnenderweise durch das Capshaw-Viertel, in dem sie den Umfragen zufolge am weitesten hinten liegt, während wir dort die Nase vorn haben.«

»Shit«, sagt Warren. »Das ist mir völlig entgangen.«

Trina sieht zu *The Candidate* hinüber und ist wieder einmal von seinem scharfen Verstand beeindruckt. Trotz seines lässigen Aussehens und Auftretens gibt es nicht viel, was ihm entgeht. Sie hat das Gefühl, daß er den ganzen Wahlkampf genausogut ohne sie alle bestreiten könnte.

Mary hebt die Hand und schnippt ihr Feuerzeug an. Warren zuckt zurück. Mary schiebt sich lachend eine Zigarette zwischen die Lippen und zündet sie an. »Was wir brauchen –« beginnt sie, wendet sich dann aber an Trina. »Darüber haben wir gerade gesprochen, bevor du gekommen bist. Was wir brauchen, ist ein neues Thema, zu dem sich Cory äußern kann. Irgendeinen Grund, um eine Pressekonferenz einzuberufen und ein paar der Kameras auf ihn zu lenken. Und ihr auf diese Weise einen Teil ihres Windes aus den Segeln zu nehmen.«

»Woran hattet ihr denn gedacht?« fragt Trina.

»Wir hofften, etwas zu finden, das auch mit Sport zu tun hat«, sagt Mary. »Ich habe vorgeschlagen, mit ein paar Jungs, die ich von den Dodgers kenne, etwas für Cory zu organisieren. Ein Sportfest für behinderte Kinder oder so was.«

»Das ist doch Blödsinn«, sagt Warren. Dabei tropft etwas Speichel von seinen Lippen und benetzt seinen Bart. »Nach den gottverdammten Dodgers kräht doch zur Zeit kein Hahn. Sie haben ihre letzten fünf Spiele verloren.«

»Na und? Sie sind trotzdem Sportler. Sie vermitteln einen gesunden, energiestrotzenden und jugendlichen Eindruck. Das ist genau das, was wir brauchen, vor allem, wenn man mal bedenkt, wie tough Bennington wirken wird, wenn sie den verdammten Marathon hinter sich gebracht hat. Als könnte sie Nägel fressen und Wein pissen.«

»Vielleicht wird sie austrocknen und zu kotzen anfangen«, meint *The Candidate*. »Das könnten wir dann fotografieren. Erinnert ihr euch noch daran, wie Jimmy Carter mal während eines Laufes umgekippt ist und von den Leuten vom Geheimdienst gestützt werden mußte? Das hat ihn ein paar Stimmen gekostet.«

Warren und Mary denken über seine Worte nach und nicken dann. »Ich würde mich aber nicht darauf verlassen, Cory«, sagt Warren. »Bisher hat sie es immer problemlos geschafft.«

Trina schüttelt den Kopf. Nun arbeiten sie schon so lange für *The Candidate* und merken es immer noch nicht, wenn er sich über sie lustig macht.

»Wozu hat man denn seine Berater?« meint *The Candidate*. »Also beratet mich mal schön.«

Warren streicht nachdenklich über die verbrannten Haare an seinem Arm. »Vielleicht irgendwas mit AIDS. Ein Rockkonzert.«

»Das Thema haben wir schon abgedeckt«, sagt Mary in ärgerlichem Ton. »Vor sechs Monaten.«

»Die Obdachlosen.«

»Wir haben schon ein Hilfsprogramm gestartet«, sagt Trina.

»Dann starten wir eben noch ein Programm. Und organisieren weitere Benefizveranstaltungen.«

»Vergiß es«, schaltet sich *The Candidate* ein. »Wir haben aus dem Thema bereits rausgeholt, was möglich war. Was habt ihr sonst noch zu bieten?«

»Verbrechen?«

»Abgehakt«, sagt Trina.

»Spezielle Verbrechen. Drogen.«

»Schlechtes Timing«, meint *The Candidate*. »Die Leute werden glauben, daß wir die Steuern erhöhen wollen.«

Warren wirkt immer niedergeschlagener; er reibt über seine verkohlten Haare. »Pitbullterrier sind ein heißes Thema. Wir schlagen ein Gesetz vor, das Pitbullterrier verbietet. Das gibt den Fernsehnachrichten die Chance, ihr ganzes altes Filmmaterial über die Viecher auszugraben.«

»Das ist doch lahm«, schnaubt Mary.

»Fuck you!«

»Lieber ficke ich einen Pitbull.«

»Hast du das noch nicht getan?«

»Jetzt hört endlich auf«, sagt Trina. »Was ist unser schwächster Punkt? Welche Wähler sprechen wir am wenigsten an?«

Mary und Warren sehen sich an. Beide denken angestrengt nach. Auf einmal ist von ihrer Feindseligkeit und ihrem Haß nichts mehr zu spüren. Schweigend schlüpfen sie wieder in die Rolle des erfolgreichen Teams, das sich einer Herausforderung stellt. Ihre wütenden Ausbrüche sind vergessen, während sie sich in die Augen sehen, als würden sie auf irgendeiner psychischen Ebene miteinander kommunizieren. Ihr Blick wird weich, ihr Mund entspannt sich. Sie in diesen Augenblicken zu beobachten ist genauso intim, als würde man in ihr Schlafzimmer spähen, während sie Sex haben. Sie sind dazu geboren, ein Team zu sein, aber nur in beruflicher Hinsicht. Trina wünscht, sie könnte ihnen das sagen, aber sie weiß, daß es keinen Sinn hätte. Sie ist die Kassandra der menschlichen Beziehungen; ihr Schicksal ist, daß sie immer recht hat; ihr Fluch besteht darin, daß man ihr nicht glaubt.

»Unser schwächster Punkt«, sagt Mary, »sind die Leute, die immer den jeweiligen Amtsinhaber wählen, egal, um wen es sich handelt. Sie haben Angst vor jeder Veränderung, ob nun zum Guten oder zum Schlechten.«

»Die kannst du gleich vergessen«, sagt Trina. »Solche Leute erreichen wir sowieso nicht. Halten wir uns lieber an die Unentschlossenen.«

»Also gut«, schaltet sich Warren ein. »Da wären noch diejenigen, die Cory für zu liberal halten, zu offen für Minderheiten. Zu weich. Unsere eigenen Meinungsumfragen haben das schon ein paarmal deutlich gemacht.«

The Candidate lacht. »Ich könnte im Dodger-Stadion vor den Augen verkrüppelter Kinder ein Kreuz verbrennen. Dann wäre für jeden was dabei.«

Trina öffnet ihren Aktenkoffer und blättert durch die Zeitungsausschnitte, die sie in einem Ordner mit der Aufschrift »Distriktprobleme« gesammelt hat. Sie findet nichts Passendes und vertauscht den Ordner mit einem anderen, der die Aufschrift »Soziale Probleme« trägt. »Ich hab da was. Einen Augenblick . . .« Sie blättert weiter, bis sie den richtigen Zeitungsausschnitt gefunden hat. Es ist ein fünf Zentimeter langer Artikel mit einem fünfzehn Zentimeter großen Foto. Sie reicht ihn Mary, die ihn überfliegt, angewidert das Gesicht verzieht und den Ausschnitt Warren hinhält. Warren reagiert genau wie Mary. Er reicht den Artikel an *The Candidate* weiter.

The Candidate liest ihn und sieht dann Trina an. Seine Miene ist grimmig. Diesmal macht er keinen Spaß. »In Gottes Namen, Trina! Ausgenommene Bären?«

»Ausgenommene Bären.« Trina nickt. »Diese Bären sind staatlich geschützt, aber die Zahl derer, die abgeschlachtet und ausgenommen werden, nimmt beunruhigend zu, wie das Foto zeigt.« Auf dem Foto ist ein toter, auf dem Rücken liegender Bär zu sehen, dessen Magen und

Brust aufgeschlitzt sind. Sein blutgetränktes Fell ist über die Rippen zurückgeschoben, und in seinen Eingeweiden herrscht ein ebensolches Chaos wie in Trinas Tasche. Sie deutet auf den Artikel, den *The Candidate* in der Hand hält. »Die Wilderer sind nur auf die Gallenblase aus.«

»Die Gallenblase?« fragt Mary und rümpft die Nase. »Wozu brauchen sie denn die, um Himmels willen?«

»Zerriebene Galle wird von den Orientalen schon seit Hunderten von Jahren als Heilmittel verwendet. Es soll gegen Arthritis und hohen Blutdruck helfen, ebenso gegen Impotenz und zig andere Sachen. Sie mahlen die Galle zu einem feinen Pulver und verkaufen es für dreihundertvierzig Dollar pro Unze.«

»So viel?« fragt Warren beeindruckt.

»Das ist ja fast soviel, wie für eine Unze Gold bezahlt wird. Oder für gutes Maui-Grass.«

»Wie genau sieht dein Vorschlag aus, Trina?« fragt *The Candidate*, der plötzlich wieder sehr energisch und geschäftsmäßig wirkt. »In unserem Wahlkreis gibt es keine Bären und auch nicht viele Orientalen. Wir haben hier hauptsächlich Weiße und Latinos, denen es scheißegal ist, ob irgendwelche gottverdammten Bären um ihre Galle erleichtert werden oder nicht.«

»Das spielt keine Rolle. Wir lassen dich irgendeine Verordnung vorschlagen, die die Strafe für das Abschlachten von Bären verschärft. Wir berufen eine Pressekonferenz ein. Die Zeitungen werden es mit Sicherheit bringen. Außerdem hat die Geschichte einen rührenden Aspekt, den die Fernsehnachrichten bestimmt mit ein paar süßen Aufnahmen von im Wald herumtollenden Bären ausschmücken werden. Von der Sache mit der Gallenblase werden sie begeistert sein, das ist so schön abgedreht und okkult. Glaub mir, ich kenne mich mit diesen Dingen aus.«

»Aber was bringt uns das Ganze?« fragt Mary. »Abgesehen von ein paar süßen Bärchen-Aufnahmen?«

»Oh ja. Genau, genau, genau. Das ist es!« Warren nickt grinsend. Er hat verstanden. »Jesus, Trina, das ist genial. Das ist absolut genial.« Er setzt sich auf, lehnt sich aufgeregt vor und fährt sich mit der Hand durch den Bart. »Die konservativen Wähler werden glauben, daß du es auf die Orientalen abgesehen hast, Cory. Sie werden darin ein Zeichen sehen, daß du den Minderheiten gegenüber eine härtere Linie einschlägst.«

»Natürlich!« Mary nickt jetzt ebenfalls. »Und die Liberalen werden nur den ökologischen Aspekt sehen, den Schutz der Wildtiere und der Umwelt allgemein.«

The Candidate schüttelt den Kopf. »Und das alles wegen einer Bärengalle?«

»Politik ist nichts als Schall und Rauch«, sagt Trina. »Und du weißt das.«

»Bloß der Wahlkampf ist Schall und Rauch«, entgegnet er. »Die Politik selbst nicht.«

Wieder ist Trina überrascht. Manchmal vergißt sie, daß *The Candidate* die Sache sehr ernst nimmt, daß er die Wahl tatsächlich gewinnen will, und zwar nicht nur, weil er auf das Amt scharf ist, sondern weil er tatsächlich etwas verändern will.

Die Zusammenkunft ist beendet, da Mary und Warren hinauseilen, um gleich damit zu beginnen, die Gallenblasenkampagne in die Tat umzusetzen. Im Hinausgehen unterhalten sie sich aufgeregt, wie Teenager beim ersten Rendezvous. Mary hält Warrens Arm. Aber schon bald, denkt Trina, schon nach wenigen Minuten wird irgend etwas die beiden an den anderen Teil ihrer Beziehung erinnern, an ihre private Misere, und sie werden wieder beginnen, auf den Macken des anderen herumzureiten.

»Trina«, sagt *The Candidate* und bedeutet ihr, noch zu bleiben.

Sie geht zu seinem Schreibtisch hinüber.

Er greift in einen der schwarzen Drahtkörbe und zieht ein gefaltetes Infoblatt heraus, das sie kürzlich verschickt haben. Auf der Vorderseite prangen drei unvorteilhafte Fotos von Carla Benningtons Gesicht, während sie gerade spricht. Sie hatten einen Fotografen engagiert, der ihr wochenlang auf den Fersen blieb, bis er endlich diese Fotos machen konnte, auf denen sie aussieht wie eine keifende Fischverkäuferin. Über den Fotos steht in großen Lettern: Reden ist billig. Unter den Fotos von ihrem offenen Mund folgt eine weitere Zeile: Es sei denn, man bezahlt dafür.

Auf der Innenseite des Faltblatts stehen die üblichen Fakten und

Zahlen, garniert mit dem üblichen Kuddelmuddel aus schön klingenden Worten, die eher den Sinn haben, die Dinge zu verschleiern als zu erhellen.

»Ich bin davon überzeugt, daß diese Infoblätter der Grund sind, warum ich bei den Meinungsumfragen zugelegt habe«, sagt er.

»Ich glaube, da hast du recht.«

Er lächelt. »Dann ist es ja gut. Ich hatte befürchtet, daß du mir in dem Punkt widersprechen würdest.«

»Warum? Ich bin eben verdammt gut in meinem Job.« Sie merkt, daß ihre Stimme viel zu laut klingt, als wäre sie auf Streit aus. Warum denn? In Gottes Namen, Mädchen, er macht dir ein Kompliment. Sie achtet darauf, leiser zu sprechen, als sie fortfährt: »Bei dieser Bärengeschichte mußt du mir einfach vertrauen. Ich weiß, daß das Ganze albern klingt, aber es wird funktionieren.«

»Ich bin mir sicher, daß es funktionieren wird. Aber wenn ich dann eines Tages Präsident dieses großartigen Landes bin, werde ich nur ungern daran zurückdenken, daß ich auf einer Bärengalle ins Weiße Haus geritten bin.«

»Manche sind schon auf viel schlimmeren Dingen hineingeritten.«

»Sicher, das stimmt. Aber so sehr ich dein brillantes Brainstorming von vorhin zu schätzen weiß, Trina, wäre es mir doch lieber, wir hätten etwas Handfesteres, mit dem wir unsere Gegnerin schlagen können. Was ist mit Carla Bennington selbst? Hast du schon was über ihre mysteriösen Wochenendtrips herausbekommen? Haben sie was mit öffentlichen Geldern oder illegalen Dienstreisen zu tun, oder irgendwas in der Art?«

»Ich recherchiere noch.«

»Die Zündschnur brennt, Trina. Es ist nur noch eine Frage der Zeit, bis wir in Deckung gehen müssen.«

»Was zum Teufel meinst du damit?«

»Wir brauchen es bald. Sehr bald.«

»Sofort, oh du weiser und großer Anwärter auf den Thron von Los Angeles.« Sie macht eine formelle Verbeugung und beginnt, rückwärts aus dem Büro zu dienern.

»So ist es schon besser«, sagt er.

Trina sitzt an ihrem Schreibtisch und wählt zum vierten Mal an diesem Vormittag Dixies Nummer. Seit Barcelona ihr von dem unglücklichen Zusammentreffen am Wochenende erzählt hat, hat sie es immer wieder versucht. Das Telefon klingelt, und Trina stützt den Kopf in die Hand, während sie wartet. Auf ihrem Schreibtisch herrscht ein Chaos aus verknitterten Zetteln, die willkürlich auf mehrere Stapel verteilt sind. Auf dem einen Stapel stehen drei offene Dosen Diet Cherry Coke. Zwei der Dosen sind halb leer; sie hat sie irgendwann letzte Woche aufgemacht. Eine ist frisch, von heute morgen. Sie streicht ein paar Zettel glatt, während sie dem zehnten Klingelzeichen lauscht. Sie legt auf, läßt ihre Hand aber auf dem Hörer liegen und überlegt, ob sie Dixies Captain anrufen soll.

Plötzlich klingelt das Telefon, und sie zieht die Hand zurück, als hätte ihr der Hörer einen Stromschlag versetzt. Das Telefon klingelt weiter, und sie hebt ab. »Hallo?«

Die Stimme am anderen Ende klingt übertrieben fröhlich: »Was brauchst du? Ich habe es.«

»Gib nicht so an, Howdy. Vergiß nicht, ich habe das alles schon mal gesehen.«

»Wow, wow. Zweimal wow, mehr kriegst du dafür nicht. Und das ist alles, was du kriegst, es sei denn, du bist besonders nett zu mir.«

Trina seufzt. »Dann tun wir doch mal so, als wäre ich jetzt nett.«

»Und das soll alles sein?« meint Howdy White. »Nicht nett genug für das, was ich zu bieten habe.«

»Also gut, erst die Überraschung, und anschließend unterhalten wir uns besonders nett.«

»Das ist nicht genug, Trina.« Seine Stimme klingt immer noch fröhlich, aber es hat sich ein ernster Unterton eingeschlichen. »Erinnerst du dich noch an die Gehaltserhöhung, über die wir gesprochen haben? Die, die ich bekomme, wenn ich eines Tages für dich und Cory Meyers arbeite?«

»Die Gehaltserhöhung, über die wir nicht gesprochen haben.«

»Ich verlange sie aber, Trina. Im Austausch für das, was ich zu bieten habe.«

»Du klingst wie ein Erpresser, Howdy. Wie das widerliche Mordopfer aus der alten *Perry Mason*-Serie.«

»Ich hatte immer schon einen Hang zum Theatralischen. Also?«

Trina überlegt. »Hast du etwas Handfestes oder nur eine vage Vermutung?«

»Eine handfeste Vermutung. Ich bin darauf gestoßen, als ich Lilas Tasche durchsucht habe. Wenn sie das je herausfindet, wird sie mein Ding abschneiden und durch den Fleischwolf drehen. Ich gehe also ein ziemliches Risiko ein, Sweetheart.«

»Ein kleines Risiko.«

»Dafür kriegst du noch ein ›wow‹.«

»Jesus, Howdy, wann bist du eigentlich ein solcher Mistkerl geworden?«

»Ich war schon immer einer. Es ist dir bloß nie aufgefallen.«

Trina nimmt einen Schluck aus einer der Coladosen; zu spät merkt sie, daß es eine von letzter Woche war. Ihr Mund brennt von dem sauren Geschmack. Sie preßt ihre Handfläche gegen die beiden anderen Dosen, entscheidet sich für die, die sich etwas kühler anfühlt, und nimmt einen Schluck. Die zuckrige Süße spült den metallischen Geschmack in ihrem Mund fort. Daß Howdy sich Stadtrat Nicastro gegenüber nicht loyal verhalten würde, war zu erwarten; das ist nur politische Überlebenstaktik. Aber daß er seiner eigenen Freundin in den Rücken fällt, verrät eine Einstellung, die sich, sollte er jemals für *The Candidate* arbeiten, als gefährlich erweisen könnte.

»Machst du einen Rückzieher, Trina?« fragt Howdy.

»Also gut, du kriegst deine Gehaltserhöhung«, sagt sie. »Aber nur, wenn sich deine Information als brauchbar erweist. Falls sich herausstellt, daß sie während ihrer Wochenendtrips als Krankenschwester in einem Pflegeheim arbeitet, gehst du leer aus.«

»Klar.«

Trina zögert. Eines weiß sie schon jetzt ganz sicher: Egal, was passiert, sie wird einen Weg finden müssen, Howdy wieder loszuwerden. Wenn Nicastro und Lila ihm schon nicht trauen können, kann es Cory erst recht nicht. »Okay, James Bond, laß mich hören, was du hast.«

Er lacht. »Die Bezeichnung trifft es mehr, als du ahnst. Lila war gerade unter der Dusche, als ich durch ihre Tasche stöberte. Du kannst dir nicht vorstellen, was sie alles mit sich herumträgt. Abgerissene Eintrittskarten, alte Einkaufslisten, genügend Tampons, um ein Leck im Hoover-Damm zu stopfen. Plötzlich hört das Plätschern auf, und ich höre sie im Flur über den Film reden, den wir uns am Abend ansehen wollten. Ich schwöre dir, ich konnte gerade noch die verdammte Tasche zumachen, als sie auch schon im Raum steht. Ich war schweißgebadet.«

»Was hast du herausgefunden?« fragt Trina trocken.

»Councilwoman Bennington hat für diese Woche einen ihrer geheimnisvollen Trips geplant.«

»Wann und wohin?«

»Wohin, weiß ich nicht.«

»Weißt du, wann die Sache steigen soll?«

»Um halb drei nachmittags. Sie fährt von der City Hall aus.«

»An welchem Tag?«

Wieder lacht er. »Heute.«

21

»Fertig zum Essen?« fragt Barcelona.

Trina springt von ihrem Schreibtischstuhl auf, als hätte ihr gerade jemand ein paar Hundert Volt durch den Körper gejagt. Sie ist bleich, und der kalte Schweiß steht ihr auf der Stirn. »Ist es schon so weit?«

»Fast.« Barcelona sieht auf die Uhr. »Ich bin zwanzig Minuten zu früh. Auf dem Freeway war wenig Verkehr. Kannst du weg?«

Trina nickt geistesabwesend, starrt auf ihre Hände, knetet ihre Finger.

»Bist du okay, Trina? Du siehst ein bißchen fertig aus.«

»Dieser fertige Look ist jetzt in. Der letzte Schrei, absolut sexy. Das kannst du in allen Frauenzeitschriften nachlesen.«

Barcelona macht eine Kopfbewegung in Richtung Telefon. »Hast du Dixie erreicht?«

»Noch nicht. Du?«

»Nichts. Ich versuche es nach dem Essen nochmal.«

»Apropos.« Trina zieht eine Schublade ihres Schreibtisches heraus und reicht Barcelona ein Blatt Papier. »Hier ist unser Menü, Kleines.

Ziemlich viel Fleisch, zum Teil mit einer gehörigen Portion Salat.« Durch eine entsprechende Handbewegung gibt sie Barcelona zu verstehen, daß sie von Geld spricht. »Ein Typ ist mir noch zusätzlich eingefallen, Jamison Levy. Das ist der Reporter, von dem ich dir mal erzählt habe.«

»Ach, der.«

»Ich glaube, der wäre ideal für dich. Intelligent, sexy, talentiert.«

»Wäre er dann nicht auch was für dich?«

»Zu intelligent, sexy und talentiert. Ich mag sie dumm, häuslich und phlegmatisch. Solche Männer sind viel dankbarer.«

Barcelona studiert das Menü. Sie hat leichte Schwierigkeiten, die Schrift ohne ihre Lesebrille zu entziffern. »Diva hat keine Zeit verloren. Sie hat schon mit Harley Buss telefoniert und ein Date vereinbart.«

»Ich weiß. Ich habe heute morgen mit ihr gefrühstückt und ihr bei der Gelegenheit ein Exemplar gegeben. Sie hat gleich von Coco's aus angerufen. Ich glaube, er hat noch geschlafen.«

Barcelona betrachtet erneut die getippte Liste mit den Männernamen und den dazugehörigen persönlichen Daten und schüttelt den Kopf. »Die Sache ist mir nicht ganz geheuer. Das Ganze ist mehr als abgedreht. Ich fühle mich dabei so hinterhältig, wie eine Spionin oder so was.«

»Shit, Barcy«, fährt Trina sie wütend an, »es ist doch nur Spaß! Es dreht sich dabei nicht um deinen existentialistisch-dialektischen Bullshit. Wir wollen nur unseren Spaß haben, verdammt noch mal. Wenn du niemanden anrufen willst, dann laß es eben bleiben!«

Barcelona ist von Trinas Ausbruch überrascht. Offensichtlich war Trina auch bei dem geheimen Treffen aller Frauen, zu dem sie selbst nicht eingeladen wurde. Sie fragt sich, ob sie wohl ein Raumschiff finden würde, wenn sie unter Trinas Bett nachsehen würde. »Was ist los mit dir?«

»Nichts. Nichts ist los. Mich nervt bloß, daß du aus dieser Mücke einen Elefanten machst.«

Barcelona nimmt eine der Cola-Dosen von Trinas Schreibtisch. Sie schüttelt sie und lauscht dann auf das zischende Geräusch von Kohlensäure. Nichts. »Ist eine von denen frisch?« Trina reicht ihr eine andere

Dose, und Barcelona nimmt einen Schluck. »Hey, tut mir leid. Ich nehme mich zusammen, wenn du es auch tust. Einverstanden?«

Trina nickt. »Klar.«

The Candidate klopft an die offene Tür und kommt herein. »Der Postbote«, sagt er. Er winkt mit einer Handvoll Couverts und reicht sie Trina. »Die sind für dich.« Er wendet sich an Barcy. »Hi.«

»Hi.«

»Barcy, das ist Cory Meyers, *Der Mann, der Stadtrat werden wollte*. Cory, meine Freundin Barcelona Lee, die berühmte Autorin, die das Drehbuch zu einem demnächst anlaufenden Kinohit geschrieben hat.«

Er lächelt, und seine zurückweichenden Lippen enthüllen eine phantastische Reihe Zähne, die Barcelona sofort geloben läßt, in Zukunft öfter zu putzen und Zahnseide zu benutzen. Sein Lächeln ist wirklich umwerfend, fast schon hypnotisch. Eine Welle des Wohlbefindens scheint durch ihren Körper zu laufen. »Trina hat schon von Ihnen erzählt«, sagt er.

»Von Ihnen auch«, antwortet Barcelona.

»Das kann ich mir denken, ich bezahle sie ja dafür, Lügen über mich zu verbreiten.«

Sein Lächeln schwächt sich zu einem Grinsen ab, das seine Zähne wieder verbirgt, und sie entspannt sich ein bißchen. Er ist ganz anders, als sie sich ihn vorgestellt hat. Er ist nicht so unnatürlich gutaussehend wie auf den Postern, aber dafür um einiges attraktiver. Er steht ganz nahe bei ihnen, ohne die persönliche Schutzzone zu wahren, auf die Männer sonst solchen Wert zu legen scheinen. Trotzdem wirkt er überhaupt nicht aufdringlich. Er ist einfach nur da. Barcelona hat das Gefühl, daß sie ihm alles sagen könnte, ohne ihn zu schockieren. Plötzlich sieht sie ihn vor sich, wie er mit Trina unter der Dusche steht, hinter ihr, wie Trina es beschrieben hat, mit pumpenden Hüften und geschlossenen Augen, leise stöhnend, während ihnen das Wasser über die Haut läuft. Er hat sie fest um die Hüfte gefaßt und zieht sie noch näher an sich heran.

»Geht es Ihnen nicht gut?«

»Was?« schreckt Barcelona auf.

»Sie wirken ein bißchen erhitzt. Fehlt Ihnen etwas?«

Tatsächlich spürt Barcelona, daß ihre Wangen und ihre Stirn ganz heiß sind. »Nein, nein, es geht mir gut«, behauptet sie.

»Hör zu, Barcy, ich kann leider doch nicht mit dir essen gehen. Es ist etwas dazwischengekommen.« Trina wendet sich an Cory. »Es geht um Carla Benningtons mysteriöse Wochenendtrips. Eine heiße Spur. Ich muß mich beeilen.« Sie greift nach ihrer Tasche und ihrer Aktenmappe.

»Schon gut«, sagt Barcelona. »Sollen wir es auf heute abend verschieben?« Sie ist eigentlich mit Eric verabredet, macht sich aber Sorgen wegen Trinas seltsamen Verhaltens.

»Ähm, nicht heute abend. Diese Spur führt mich vielleicht aus der Stadt. Ich rufe dich an. Wenn du Dixie erreichst, hinterlaß bitte eine Nachricht auf meinem Anrufbeantworter.«

»Ja, okay.«

Trina stürzt aus dem Büro, ohne sich zu verabschieden.

»Also«, sagt *The Candidate* und läßt wieder sein Lächeln aufblitzen. »Wie wär's, wenn ich Trina beim Mittagessen vertrete. Sie müssen ja trotzdem etwas essen, nicht wahr?«

22 Diva ist in den Kofferraum eines 1978er Buick eingeschlossen. Ihr Kopf liegt auf dem Reservereifen; jedesmal, wenn der Wagen über eine Unebenheit fährt, wird sie durchgerüttelt. Sie stemmt ihre Hände gegen den Kofferraumdeckel, um nicht zu viele Beulen und blaue Flecke abzubekommen. Der Griff eines Tennisschlägers bohrt sich in ihre Hüfte, aber als sie sich ein bißchen dreht, liegt sie mit der anderen Hüfte auf einem Baseballschläger.

Sie versucht, nicht an die stickige Hitze und die bedrohliche Dunkelheit zu denken, die sie umgibt. Sie fürchtet sich normalerweise nicht vor der Dunkelheit, aber diese Dunkelheit ist so absolut, so endgültig, daß ihr das Schlucken schwerfällt. Der ganze Kofferraum riecht unverkennbar nach Marihuana. Sie wäre nicht überrascht, ein oder zwei Päckchen von dem Zeug unter dem Reservereifen zu finden, wenn sie danach graben würde. Die extreme Hitze im Kofferraum bringt den Stoff so sehr zum Kochen, daß er leicht zu duften beginnt, wie Tee, der in der

Kanne zieht. Sie wünschte, sie könnte in diesem Moment ein bißchen davon rauchen.

Der Wagen fährt durch ein Schlagloch, und Diva knallt mit dem Kopf gegen den Kofferraumdeckel. Ziemlich unsanft landet sie anschließend wieder auf dem Reservereifen. Sie spürt, wie sich der Tennisschläger erneut in ihre Hüfte bohrt. Allmählich reicht es ihr.

Der Wagen wird langsamer, biegt nach links ab, bleibt stehen. Das Motorengeräusch wird leiser. Sie sind da.

Durch den Kofferraumdeckel hört Diva jemanden reden. Ein Wachposten kontrolliert die Ausweise. Nach ein paar Minuten hört sie, wie der Wachposten sein Okay gibt. Der Buick setzt sich wieder in Bewegung. Nachdem er ein paarmal scharf abgebogen ist, verläßt er die geteerte Straße und rollt langsam über einen Kiesweg. Der Wagen hält an, der Motor wird abgestellt, aber niemand öffnet den Kofferraum. Minuten vergehen. Diva wird allmählich panisch; wie eine Pfeilspitze bohrt sich die Angst in ihre Brust. Dicke Schweißperlen laufen ihr über die Nase, über das Kinn und den Hals, ja sogar in die Ohren. Ihre Beine sind klatschnaß. Sie stellt sich den Sonnenschein draußen vor, die heißen Strahlen, die auf das Metall des Kofferraumdeckels treffen, nachdem sie extra deswegen Millionen von Meilen zurückgelegt haben. Sie sind so weit gereist, nur um den Kofferraum des Buick in einen Blechofen zu verwandeln und ihr Gehirn zu braten. Sie fragt sich, ob so ein menschliches Gehirn tatsächlich irgendwann zu braten beginnt, ob die Gehirnsäfte gegen den heißen Schädelknochen brutzeln und dabei dampfen wie eine sämige Fischsuppe.

Sie tritt gegen den Kofferraumdeckel. »Das ist nicht besonders witzig. Laß mich raus!«

»Pssst«, sagt Forge und schlägt auf den Kofferraumdeckel. »Kann den verdammten Kofferraumschlüssel nicht finden.«

Sie ist sich nicht sicher, ob er das ernst meint oder ob er es nur sagt, weil gerade jemand vorbeigegangen ist und ihn mit dem Kofferraum hat reden hören. So oder so, es gefällt ihr nicht. Sie fragt sich allmählich, ob das Ganze vielleicht doch keine so gute Idee war.

Schließlich geht der Kofferraumdeckel auf und Forge steht über ihr, eine ihrer schwarzen Zigaretten zwischen den Lippen. »Du hast deine

Tasche auf dem Beifahrersitz liegen lassen. Wie kannst du nur so eine Scheiße rauchen?«

Diva klettert schnell aus dem Kofferraum und wischt den Dreck von ihren Knien. Sie nimmt ihm die Zigarette aus dem Mund, zieht einmal kräftig daran und wirft sie dann weg. Die Zigarette rollt unter den Wagen. »Du bist durch jedes verdammte Schlagloch gefahren, du Arschloch!«

Forge zuckt mit den Schultern. »Die Straße könnten sie wirklich mal ausbessern.«

Sie knallt den Kofferraumdeckel zu und schnappt sich ihre Tasche vom Beifahrersitz. Sie öffnet ihre Puderdose und sieht im Spiegel, daß sich eine schwarze Reifenspur über ihre Wange zieht. Sie benetzt ihre Fingerspitzen mit Speichel und reibt sich damit die Flecken aus dem Gesicht. »Los, komm schon«, sagt sie und zieht Forge die schmalen Wege zwischen den Paramount-Studios entlang. Er folgt ihr ohne Widerspruch.

Diva kennt Forge von der High-School. Damals hatte er nur Surfen und Dope im Kopf. Jetzt surft er, raucht Dope und baut Sets. Während ihrer High-School-Zeit ist sie manchmal mit ihm gesurft, hat manchmal Dope mit ihm geraucht und gelegentlich sogar mit ihm geschlafen, meistens in seinem umgebauten VW Dune Buggy. Er ist nur ein paar Zentimeter größer als sie, aber er hat bemerkenswert muskulöse Arme, dick wie Telefonmasten. Er trägt ein verwaschenes schwarzes Iron-Maiden-T-Shirt, von dem er die Ärmel abgetrennt hat, um seine muskelbepackten Bizepse noch besser zur Geltung zu bringen.

»Hey, Forge«, sagt Diva. »Danke fürs Reinschmuggeln. Das war wirklich nett von dir.«

»Kein Problem, Dianne. Wir haben das früher im Drive-in schon ein paarmal gemacht, erinnerst du dich?«

»Da ist Tommys Gebäude. Ich muß gehen.«

»Klar. Man sieht sich. Vielleicht können wir ja mal in Doheny eine Runde zusammen surfen.«

»Ja, gern. Nochmal vielen Dank.« Diva überquert ein paar Rasenflächen und betritt ein weißes Gebäude an der Rückseite des Studio-Geländes. Sie läßt den Fahrstuhl links liegen und nimmt statt dessen die

Treppe, weil sie nicht will, daß jemand sie aufhält und ihr Fragen stellt. Schließlich findet sie das Aufnahmestudio. Tommy sitzt zwischen zwei SL4000-E-Mischpults mit Hunderten von Knöpfen, Hebeln, Schaltern und Lämpchen. Durch das Tafelglasfenster direkt vor ihm sieht er in den Aufnahmeraum hinein. Abgesehen von einem halben Dutzend Mikrophonen, ist der Raum leer. In die vertäfelte Wand über dem Fenster sind etwa ein Dutzend Lautsprecher eingebaut. Diva öffnet die Tür. Tommy hat ihr den Rücken zugewandt. Wegen seiner Kopfhörer bemerkt er nicht, daß sie hereinkommt. Er sitzt über das Kontrollpult gebeugt. Gelegentlich verschiebt er einen Schalter oder drückt auf einen Knopf. Er summt ein paar Töne, schweigt ein paar Sekunden und summt dann ein anderes Stück Melodie.

Diva streicht über ihre schweißnassen Ponyfransen. Sie kleben ihr in Strähnen an der Stirn. Sie zupft daran herum, während sie auf ihn zugeht.

Gerade, als sie ihm auf die Schulter klopfen will, dreht er sich um und starrt ihr direkt in die Augen. Die plötzliche Bewegung erschreckt sie so, daß sie einen Satz nach hinten macht und nach Luft schnappt. »Tommy!«

Er hat sie seit einem halben Jahr nicht mehr gesehen. Trotzdem scheint ihn ihr Besuch nicht besonders zu überraschen. »Hi, Luv.« Tommy spricht mit einem Pseudo-Cockney-Akzent, obwohl er aus Akron in Ohio stammt. Er hat ein Jahr lang in London studiert. Das ist nun schon sechzehn Jahre her, aber der Akzent scheint mit jedem Jahr stärker zu werden. Sein Haaransatz ist inzwischen bis zur Mitte seines Kopfes zurückgewichen, aber das, was noch übrig ist, trägt er lang, stark gewachst und zu einem strengen schwarzen Samuraiknoten zurückgenommen.

Er hat auch ein Jahr in Japan gelebt, wo er mit seiner Rockband, Fully Lined, in Fernsehshows auftrat. Seit fünf Jahren mischt er jetzt Soundtracks für Kinofilme.

»Wie bist du ins Studio gekommen?«

»Ich habe mich reinschmuggeln lassen.«

Er nickt, nicht gerade erfreut. »Mit den Sicherheitsvorkehrungen geht es auch immer mehr bergab. Niemand ist hier mehr sicher. Letzten Monat ist irgendeinem Autor die Show gestrichen worden. Da ist er während einer wichtigen Besprechung ins Büro eines Managers eingedrungen und hat auf dessen Schreibtisch uriniert. Über seine ganzen Drehbücher und alles. Vor den Augen sämtlicher Anwesenden.«

Diva lacht. »Vielleicht erwähnen sie ihn jetzt im Nachspann – wegen besonderer Verdienste um das Drehbuch.«

Tommy lacht nicht. »Allmählich wird das richtig beängstigend.«

Diva bemüht sich um eine ernste Miene. Noch vor einem Jahr hätte Tommy diese Geschichte mit einem Grinsen erzählt und am Ende herzlich gelacht. Er hätte »gepißt« statt »uriniert« gesagt. Der gefeuerte Autor wäre der Held der Geschichte gewesen.

»Hör zu, Tommy, du mußt mir einen Gefallen tun«, sagt Diva.

Tommy seufzt und nickt dann grimmig, als habe er schon auf diese Worte gewartet. Er und Diva haben sich vor sechs Jahren kennengelernt, als er einige ihrer Werbesongs abmischte. Sie freundeten sich an. Sie gingen ein paarmal miteinander aus. Während eines Gordon-Lightfoot-Konzerts bumste er sie auf der Herrentoilette. Sie ritt auf ihm, während er auf der Toilette saß. Die Leute, die ihn stöhnen hörten, glauben wahrscheinlich, daß er eine Magenkolik hatte. So kam sie an den Job, bei dem sie mit Bette-Midler-Stimme »Do You Want Some Plants« für eine Floristenkette singen mußte. Tommy verschaffte ihr den Job. Auch wenn er es nie so direkt sagte, wußte sie doch, daß sie sich von ihm bumsen lassen mußte, um den Job zu bekommen.

Tommy nimmt seinen Kopfhörer ab. »Was für einen Gefallen?«

»Ich schreibe einen Song. Er ist fast fertig. Er muß nur noch ein bißchen aufgemotzt werden, weiter nichts. Würdest du das für mich machen?«

Er mustert sie von Kopf bis Fuß, überlegt vermutlich, was bei der Sache für ihn drin ist und ob er es von ihr überhaupt noch einmal will. Falls ja, wird Diva es ihm geben. Nicht wegen der Dinge, die er für sie tun kann, sondern weil es ihr seltsamerweise schmeichelt, daß ihr Körper, schwammig und schwabbelig wie er ist, immer noch eine gewisse Macht besitzt.

»Jetzt habe ich keine Zeit, aber vielleicht werfe ich später mal einen Blick drauf. Kannst du heute abend vorbeischauen?«

Ihr fällt ein, daß sie heute abend mit Harley Buss verabredet ist, dem Fachbereichsleiter von Barcys College. Er hatte am Telefon so nett geklungen, charmant und witzig. »Wie wär's mit morgen abend?« bietet sie an.

»Morgen habe ich keine Zeit.« Er streicht über seinen japanischen Pferdeschwanz. Dann sieht er auf die Uhr. »Wir könnten vielleicht doch jetzt gleich einen Blick darauf werfen. Uns bleibt aber nicht viel Zeit.« Er streckt die Hand aus und streichelt über ihren nackten Oberschenkel.

»Klar«, sagt sie. »Wie du meinst.«

Kaum sitzt Diva später wieder in ihrem Wagen, zündet sie sich eine ihrer schwarzen Zigaretten an, um den Geschmack von Tommys Sperma aus ihrem Mund zu verbannen. Er hat das salzigste Sperma, das ihr je untergekommen ist. Die Zigarette hilft.

Sie nimmt einen langen Zug und bläst den Rauch gegen die Windschutzscheibe. Das Glas wirft die Rauchwolke zurück wie einen horizontalen Atompilz. Sie greift in ihre Tasche und nimmt ihren Song heraus. Tommy hat ein paar unleserliche Anmerkungen an den Rand des Textes geschmiert und ein paar andere Akkordfolgen vorgeschlagen. Ansonsten war er ihr keine große Hilfe. Genau, wie sie es erwartet hatte. Aber Tommy hält sich seit jeher für einen tiefsinnigen Songwriter, insbesondere seit seinen Trips nach Europa und Japan. Seine Songs sind zum Kotzen, und alle wissen das. Alle bis auf Tommy. Trotzdem wußte Diva, daß sie ihn am Haken hatte, indem sie ihn um Hilfe bat. Er würde es versuchen, scheitern und sich dann – wie ein Mann, der gerade beim Sex versagt hat – bemühen, sein Versagen auf andere Weise wettzumachen. Und genau das war der eigentliche Grund für Divas Kommen gewesen. Sie brauchte einen guten Toningenieur, und der war Tommy nun wirklich. Er versprach, ihr beim Abmixen ihres Songs zu helfen, wenn sie soweit war, und ihr vielleicht sogar eine Aufnahmesession bei einem seiner Freunde zu verschaffen.

Diva fädelt mit ihrem VW-Bus in den Verkehr ein. Mit Barcys Kredit und ein paar weiteren kleinen Gefallen sollte es ihr eigentlich gelingen, bis zum Ende des Monats ein Demoband aufzunehmen. Vielleicht sogar noch früher, wenn sie es endlich schaffte, den verdammten Song fertigzuschreiben.

Auf dem Freeway ist nicht allzuviel los, so daß sie für die Rückfahrt nach Balboa nur eine knappe Stunde braucht. In ihrer Wohnung angekommen, wählt sie sofort Dixies Nummer. Es geht immer noch keiner ran. Nicht einmal der Anrufbeantworter ist eingeschaltet. Diva ruft Barcy am College an, aber sie ist schon weg. Sie ruft Trina im Büro an, aber Trina ist auch schon gegangen. Sie ruft in Dixies Polizeipräsidium an und fragt nach ihr, aber natürlich ist sie nicht da. Das war dumm. Selbst wenn mit Dixie alles in Ordnung ist, würde sie ja immer noch undercover an dieser High-School arbeiten. Und sie würde dort bestimmt nicht ihren richtigen Namen benutzen. Diva überlegt, ob sie zu der Schule fahren und nach ihr Auschau halten soll, aber dann muß sie daran denken, daß der ganze Ärger mit so etwas ja erst angefangen hat. Schließlich schiebt sie das Telefon weg und geht ins Bad hinüber, um sich für ihre Verabredung schön zu machen. Sie untersucht ihr Gesicht auf Pickel und Mitesser.

23

»Ich benutze nie ein Pissoir. Niemals«, sagt *The Candidate*. Er nimmt einen Löffel von seiner Gumbo-Suppe, während Barcelona lacht.

»Und wie gehen Sie dann aufs Klo?« fragt sie.

»Genau wie Sie. Ich setze mich hin. In den Herrentoiletten ist nie so ein Andrang wie bei den Frauen, nie eine Schlange. Wenn Männer aufs Klo gehen, haben sie es eilig, wieder rauszukommen. Sie gehen rein, treten ans Pissoir, sehen weder nach links noch nach rechts, erledigen ihr Geschäft und beeilen sich, wieder rauszukommen.«

»Wie beim Sex«, sagt Barcelona.

»Es besteht eine gewisse Ähnlichkeit. Aber noch mehr erinnert es mich an die Expreß-Kasse im Supermarkt. Mir ist allerdings aufgefallen, daß sich die meisten Männer – anders als beim Sex – hinterher kaum die Zeit nehmen, sich die Hände zu waschen.«

Barcelona reißt ein französisches Brötchen auseinander und bestreicht die eine Seite mit Butter. »Das scheint sehr rationell zu sein.«

»Für die meisten Typen ist es eher beängstigend. Die Herrentoilette kann ein traumatischer Ort sein. Viele Männer haben Angst, daß andere Männer glauben könnten, es gefalle ihnen da drinnen, wenn sie zu lange brauchen. Warum aber sollte es ihnen da drinnen gefallen, es sei denn, sie wären homosexuell? Das große ›H‹. Viele Typen glauben, daß Homosexualität etwas ist, das man sich einfangen kann, wie Krebs, nur schlimmer. Eine fremde Macht, nicht von dieser Welt.«

»Aber Sie selbst haben keine Angst davor?«

»Und wie! Ich habe zwar keine Angst, daß ich mich anstecken könnte, aber ich möchte auf keinen Fall als homosexuell abgestempelt werden. Das würde meine Karriere in Null Komma nichts ruinieren.«

»Ich hatte keine Ahnung, daß die männliche Verdauung so traumatische Aspekte hat.« Barcelona schüttelt grinsend den Kopf. »Normalerweise unterhalte ich mich beim Essen auch nicht über Pissoire. Wie sind wir eigentlich auf dieses Thema gekommen?«

»Ihre Schuld. Sie haben mich gefragt, woher die Wähler wissen sollen, daß ich es ehrlich meine. Und ich habe Ihnen geantwortet, daß ich nie ein Pissoir benutze. Ich pinkele nicht im Stehen.«

»Vielleicht bin ich heute ein bißchen langsam, aber ich sehe da keinen Zusammenhang.«

The Candidate nimmt die andere Hälfte ihres Brötchens und wischt damit seine Suppentasse aus. »Also, die Gründe, warum ich so uriniere, wie ich es tue, sind rein praktischer Natur. Im Stehen zu pissen hat zum einen den Nachteil, daß der Urin manchmal mit solcher Wucht auf die Wasseroberfläche aufschlägt, daß er aus der Schüssel auf deine Schien- oder Hosenbeine spritzt. Genauso bei einem Pissoir: Der Urin trifft auf das harte Porzellan und spritzt sofort wieder zurück. Außerdem tröpfelt es meistens noch etwas nach, wenn man fertig ist. Man muß das Ding ein paarmal kräftig schütteln, und manchmal landen diese Tropfen auf der eigenen Hose. Beide Probleme lassen sich durch Sitzen eliminieren.«

»Das ist alles sehr interessant«, sagt Barcelona. »Aber wieso macht Sie das zu einem ehrlichen Politiker?«

»Im Gefängnis zwingen die zähsten und niederträchtigsten Insassen ihre schwächsten Mithäftlinge dazu, ihre Sexsklaven zu werden. Sie behandeln sie wie Frauen. Sie müssen sich wie Frauen anziehen, wie Frauen benehmen und sogar wie Frauen aufs Klo gehen. Sie werden gezwungen, sich zum Pissen hinzusetzen. Wenn ich also ins Gefängnis käme, und die anderen würden sehen, daß ich mich freiwillig aufs Klo setze, würden sie alle über mich herfallen. Aus diesem Grund muß ich ein ehrlicher Politiker bleiben. Ich kann es mir nicht leisten, ins Gefängnis zu kommen.«

Barcelona lacht. Sie plaudern nun schon fast eine Stunde. Er hat sie vieles über ihre Schriftstellerei und ihre Arbeit als Dozentin gefragt und scheint von beidem beeindruckt. Zu keinem Zeitpunkt hat er nach einem Aufhänger gesucht, um über seine eigenen Leistungen zu sprechen. Er hat gewartet, bis sie ihn danach gefragt hat, und dann auf eine sehr scherzhafte Art darüber gesprochen. Cory Meyers ist tatsächlich so charmant, wie Trina ihn beschrieben hatte. Klug, witzig und attraktiv. Alles an ihm scheint zu stimmen, und gerade deswegen ist er ihr suspekt.

»Sie möchten, daß ich die Wahl verliere, nicht wahr?« sagt er plötzlich. Barcelona will mit einem Scherz antworten, aber dann sieht sie an seiner Miene, daß er es ernst meint. »Wie kommen Sie denn darauf?«

Der Ober bringt das Essen. Australischen Hummerschwanz für Barcelona, Krabben für *The Candidate*. Beide trinken Eistee.

Nachdem der Ober eine Weile um sie herumscharwenzelt ist, Teller beiseite gestellt und Brotkrumen vom Tisch gefegt hat, wünscht er beiden einen guten Appetit und macht Barcelona ein Kompliment über ihre hübsche Seidenbluse. Dann geht er, und sie sind wieder allein. Jetzt hat ihr Mahl etwas unangenehm Intimes. Wie bei einem lange verheirateten Ehepaar, das kurz davor steht, sich zu streiten.

»Sie haben meine Frage nicht beantwortet«, sagt Barcelona. »Wie kommen Sie darauf, daß ich will, daß Sie verlieren?«

»Dann streiten Sie es also nicht ab.«

»Das ist keine Antwort auf meine Frage.«

Er schwenkt seine Serviette wie eine weiße Fahne. »Das war nicht fair von mir«, sagt er. »Vergessen Sie es.«

»Kommen Sie mir bloß nicht mit diesem ›Vergessen-Sie-es‹-Scheiß.« Er lacht. »Jetzt klingen Sie wie Trina.«

Daß er sie ausgerechnet jetzt mit Trina vergleicht, ärgert sie irgendwie. Normalerweise findet sie es schmeichelhaft, mit ihr verglichen zu werden, aber diesmal nicht. »Vielleicht klingt sie wie ich?«

»Okay, okay. Hier ist mein zweibändiger Taschenführer der Psychoanalyse.« Er lehnt sich in seinem Stuhl zurück und wischt sich den Mund mit seiner Serviette sauber. »Aus zwei Gründen wollen Sie, daß ich verliere. Zum einen, weil ich ein Mann bin und gegen eine Frau antrete. Eine Frau, die wie Sie selbst attraktiv und single ist. Die schon viel erreicht hat – genau wie Sie.«

»Bis jetzt gefällt mir Ihre Beschreibung, wenn auch nicht unbedingt Ihre Argumentation.«

»Eine Frau, die etwa in Ihrem Alter ist.«

»Vorsicht.«

Er lacht. »Plus/minus zehn Jahre. Außerdem hat Carla Bennington in ihrem Amt einiges geleistet.«

»Sie machen ja richtig Werbung für sie.«

»Sie ist tatsächlich eine gute Politikerin. Zumindest ist uns im Moment nichts Gegenteiliges bekannt.«

»Aha, jetzt kommt der Dreck, den Trina auszugraben versucht. Das Schmieröl im Getriebe der Politik. In Anbetracht dessen, was Sie gerade über sie gesagt haben – warum sollte ich statt Carla Bennington lieber Sie wählen, wenn ich zu Ihrem Wahlkreis gehören würde?«

»Ich glaube, ich kann noch bessere Arbeit leisten.«

»Weil Sie klüger, jünger und männlicher sind?«

»Weil ich ehrgeiziger bin. Jeder weiß, daß meine Ambitionen über diese Stadt hinausgehen, vielleicht sogar über diesen Bundesstaat. Mit Menschen, die auf dem Weg nach oben sind, stellen sich die Leute gerne gut, weil sie später vielleicht mal einen mächtigen Freund gebrauchen können. Das macht sie schon jetzt viel offener für meine Vorschläge, viel kompromißbereiter. Und für mich selbst bedeutet es, daß ich mich in diesem Amt beweisen muß, wenn ich je ein höheres Amt bekommen möchte. Ich muß Ergebnisse vorweisen können. Die Leute wissen, daß ich mir den Arsch aufreißen werde, um diese Ergebnisse zu erzielen.«

Barcelona hat ihren Hummerschwanz noch kaum angerührt. Nachdenklich stochert sie mit ihrer Gabel darin herum. »Angenommen, Sie haben recht, was den ersten Grund betrifft. Vielleicht würde ich trotzdem lieber eine Frau in diesem Amt sehen, selbst wenn Sie ehrgeiziger und deswegen ein bißchen effektiver sind. Was ist der andere Grund?«

Er sieht ihr direkt in die Augen, und Barcelona zuckt zurück, als hätte er sie ins Gesicht geschlagen. »Weil Sie wissen, daß ich mit Trina geschlafen habe.«

Barcelona sieht ihn nicht an, konzentriert sich auf ihren Hummerschwanz, schält das Fleisch mit der Präzision eines Augenchirurgen heraus. Sie spürt seinen Blick, spürt, daß er auf eine Antwort wartet. Es gefällt ihr überhaupt nicht mehr, wie sich dieses Essen entwickelt hat. Sie spricht ohne aufzusehen. »Ich bin keine Moralistin, Mr. Meyers. Trina ist schließlich schon ein großes Mädchen.«

Aber Barcelona muß sich eingestehen, daß *The Candidate* recht hat. Trotz seines Charmes und seiner Intelligenz lehnt sie ihn ab. Zum Teil hängt das tatsächlich mit dem ersten Grund zusammen, den er genannt hat. Daß er gegen eine Frau antritt, in deren Position es ohnehin viel zu wenig Frauen gibt, bedrückt sie und gibt ihr ein Gefühl von Verletzlichkeit. Aber am meisten lehnt sie ihn aus dem zweiten Grund ab: daß er es mit Trina unter der Dusche treiben mußte, wo er doch zu Hause eine Ehefrau sitzen hatte. Barcelona erkennt ihre eigene Scheinheiligkeit in dieser Sache. Sie selbst vergnügt sich mit Eric, während seine Frau zu Hause darauf wartet, daß er vom Joggen zurückkommt, damit sie zusammen einkaufen gehen können. Aber schließlich bewirbt sie sich nicht um ein öffentliches Amt, ruft sie sich ins Gedächtnis. Seufzend gesteht sie sich die Oberflächlichkeit dieser Argumentation ein. »Ich bin keine Moralistin«, sagt Barcelona noch einmal.

»Wir sind alle Moralisten. Manche von uns wären es lieber nicht, aber wir sind es trotzdem. Nichts können wir besser, als andere Leute zu beurteilen. Eigentlich geht es Sie ja gar nichts an, aber Trina hat es Ihnen nun mal erzählt, und irgendwie ist mir Ihre Meinung wichtig. Wenn ich auch noch nicht genau weiß, warum. Wo Sie doch nicht mal in meinem Wahlkreis wohnen.«

»Ich, ich weiß nicht . . .« Sie bricht ab, nicht sicher, was sie eigentlich sagen wollte. Achselzuckend blickt sie auf. Er lächelt sie an. Diesmal ist es ein sparsames Lächeln, das nur die Spitzen seiner Zähne freilegt.

»Moral ist eine schlüpfrige Sache«, sagt er. »Als wollte man eine Handvoll sich windender Aale zu fassen bekommen.«

»Werden Sie jetzt auch noch poetisch?«

Er lacht. Sein Lachen klingt melodisch, als würde er gleichzeitig ein Lied summen. »Bleiben wir also sachlich. Angenommen, da sind zwei Typen, von denen einer aussieht wie Warren Beatty . . .«

»Zu alt.«

»Rob Lowe.«

»Ein Baby.«

»Mel Gibson.«

»Perfekt.«

Er holt tief Luft und redet weiter. »Also gut. Einer von den Typen sieht aus wie Mel Gibson, der andere wie Dom DeLuise. Angenommen, unser Mel-Double hat zweimal Ehebruch begangen, unser Dom-Klon dagegen noch kein einziges Mal. Wer ist unmoralischer? Zahlenmäßig gesprochen?«

»Wollen Sie darauf wirklich eine Antwort?«

»Ja. Das ist ein Test.«

»Ich weiß, daß es ein Trick ist, aber um des Tests willen würde ich sagen, Mel.«

»Okay. Mel ist unmoralischer, weil er mit zwei Frauen geschlafen hat, während Dom mit keiner geschlafen hat. Aber nehmen wir einmal an, daß Mel, charismatisch, wie er ist, hundert Angebote bekommen hat, von phantastischen Frauen mit wohlgeformten Beinen und festem Po, Frauen mit Magistertiteln, Doktortiteln, allen möglichen anderen Titeln, und allesamt so sexy, wie man es sich nur vorstellen kann. Ständig reichen sie ihm ihre Slips, in deren Schritt sie ihren Zimmerschlüssel geklebt haben. Er hat achtundneunzig von ihnen widerstanden, jedesmal unter Aufbietung extremer Willenskraft. Dom dagegen, nett, wie er sein mag, hat nur ein einziges Angebot bekommen, und das von einer matronenhaften Frau mit falschen Zähnen und einer Gin-Fahne. Es ist ihm leichtgefallen, ihr einen Korb zu geben. Mels Treue ist hundertmal auf die Probe gestellt worden, und er hat den Test achtundneunzigmal bestanden. Dom ist nur einmal auf die Probe gestellt worden, und er hat einmal bestanden. Wer ist der Moralischere von beiden?«

Barcelona kaut auf ihrem Hummerschwanz herum und schüttelt den Kopf. »Sie sind Jurist, nicht wahr?«

»Ja. Haben Sie in der Beziehung etwa auch Vorurteile?«

»Ja.«

»Überwinden Sie sie. Los, wie lautet Ihre Antwort? Wer ist moralischer? Der Mann, der seine Treue achtundneunzig Mal unter Beweis gestellt hat, oder der, der sie nur einmal unter Beweis gestellt hat?«

»Wer ist der Mörder?« fragt Barcelona zurück. »Der Mann, der hundertmal so wütend ist, daß er jemanden umbringen könnte, es aber erst beim hundertundersten Mal wirklich tut, oder der Mann, der nur einmal so wütend wird, aber nichts unternimmt? Der erste Typ hat seinem Drang hundertmal widerstanden. Aber trotzdem gibt es da eine Leiche.«

The Candidate grinst. »Sehr gut.«

»So gut auch wieder nicht. Ein Kern Wahrheit mit einer Menge Bullshit drumherum, genau wie bei Ihrer Geschichte. Aber gut, ich sehe, was Sie meinen. Logisch gesprochen, haben Sie recht. Aber für die, die verletzt werden, ist Logik manchmal ein schwacher Trost. Mels Frau wird ihm kaum wie ein Hockeyfan auf den Rücken klopfen und sagen: ›Gut gemacht, Liebling! Nur zwei Tore durchgelassen.‹ Sie wird sich wochenlang in den Schlaf weinen.«

The Candidate blickt sich um und senkt dann seine Stimme. »Meine Situation sieht völlig anders aus, wie Ihnen Trina sicher erzählt hat.«

»Hören Sie, das Ganze geht mich wirklich nichts an.«

Barcelona schaufelt etwas Reis auf ihre Gabel und schiebt sie in den Mund. Sie ist sich jedes Bissens unangenehm bewußt, spürt, wie ihre Zähne die Reiskörner zermalmen, bis sich der Reisbrei mit ihrem Speichel zu einem klebrigen Klumpen verbunden hat. Sie will ihn nicht hinunterschlucken, sieht aber keine praktikable Möglichkeit, das Zeug auszuspucken. Sie schluckt.

Verdammt noch mal, am Anfang war doch alles so locker und amüsant gewesen. Warum mußte plötzlich Ernst daraus werden? Warum hielt er es für nötig, sich zu rechtfertigen? Ausgerechnet ihr gegenüber.

Sie ist schließlich auch nicht gerade Mutter Theresa. Trotzdem hat sie ihn von oben herab behandelt und unnötigerweise versucht, ihm ein schlechtes Gewissen zu machen.

Was war in letzter Zeit eigentlich los? Sie und ihre Freundinnen benahmen sich alle, als wären sie durchgedreht. Wie Überlebende eines Flugzeugunglücks, die tagelang ohne Nahrung oder Wasser durch die sengende Hitze der Wüste gewandert sind. Trina wirkt abwesend und schroff; Dixie ist verschwunden; Diva kämpft gegen Windmühlenflügel. Und Barcelona treibt es mit ihrem Ex-Freund, ihrem *verheirateten* Ex-Freund.

Der Ober nähert sich ihrem Tisch mit einem großen silbernen Tablett voller Gebäck. Über das ganze Gesicht lächelnd, verbeugt er sich vor ihnen. »Eine Nachspeise gefällig?«, fragt er. »Nichts davon macht dick, dafür garantieren wir.« Dann lacht er, lacht und lacht, bis Barcelona das Kleingeld in seiner Tasche klimpern hören kann.

»Unter den New Yorker Filmleuten grassiert eine Epidemie«, erzählt Grief Barcelona. »Schützengraben-Mundfäule. Eine andere Agentin hat es mir erzählt, als ich letzte Woche bei ihr war.«

»Schützengraben-Mundfäule?«

»Eine Infektion, die während des ersten Weltkriegs in den Schützengräben grassierte. Ich weiß nichts Näheres darüber, außer, daß sie alle Mundgeruch haben.« Sie kichert. »Sie treffen sich zu wichtigen Besprechungen, reden über Filmrechte und lutschen dabei ein Pfefferminzbonbon nach dem anderen.«

Grief sitzt hinter ihrem Schreibtisch und ißt Mrs.-Fields-Kekse. Sie greift in die kleine rotweiße Tüte, bricht sich ein Stück von einem Keks ab und knabbert daran wie eine Maus. Wenn sie mit einem Stück fertig ist, bricht sie sich das nächste ab. Nie nimmt sie einen ganzen Keks aus der Tüte.

Barcelonas fertiges Drehbuch liegt auf Griefs Schreibtisch. Mit ihrer freien Hand blättert Grief durch das Manuskript. »Das sieht gut aus, Barcy. Sehr professionell.«

»Hoffentlich liest es sich auch so gut, wie es aussieht.«

Grief wischt Barcelonas Bedenken mit einer Handbewegung beiseite.

»Ganz bestimmt.« Grief ist keine Schwarzseherin, soviel weiß Barcelona. Als sie sich vor Jahren kennenlernten, hatte Grief Barcelona erzählt, daß sie dasselbe Lebensmotto habe wie Alfred E. Neuman im *Mad*-Magazin: »Was, ich soll mir Sorgen machen?«

Sie fegt die Keksbrösel von ihrem Schreibtisch und greift nach dem Telefon. Sie blättert schnell durch ihr Rolodex, wählt eine Nummer, fragt nach Roger Carlyle. »Roger? Grief. Barcelona Lee hat das Drehbuch zu *Hochspannung* abgegeben... Ich habe es gerade gelesen. Es ist phantastisch. Ehrlich gesagt, tut es mir schon leid, daß wir den Vertrag mit Ihnen im voraus gemacht haben. Dieses Drehbuch ist sehr viel mehr wert.« Grief hört zu, lacht, zwinkert Barcelona zu und verdreht die Augen. »Schön... Mhm... Also, bis dann.« Sie legt auf.

»Und?«

»Er schickt jemanden herüber. Er wird es heute abend lesen und morgen früh zu Lynda Kramers Leuten hinüberbringen.«

»Und wenn es ihm nicht gefällt?«

Griefs Lächeln wirkt hart, fast grausam. »Wissen Sie, meine Liebe, wahrscheinlich wird er das Ding gar nicht ganz lesen, bevor er es weitergibt. Er wird bloß soviel lesen, daß er weiß, wovon die Rede ist. Und selbst wenn er es ganz lesen würde, wüßte er nicht, ob es gut ist oder nicht. Das einzige, was er weiß, ist, daß Lynda Kramer sich dafür interessiert. Selbst wenn er das Drehbuch miserabel fände, würde er es ihr bringen. Also entspannen Sie sich. Seine Meinung braucht uns einen Dreck zu interessieren.«

Barcelona wirft einen Blick unter Griefs Schreibtisch und sieht den hervorstehenden Knubbel am Fuß ihrer Agentin. Ein Paar sehr teuer aussehender beigefarbener Pumps liegt neben dem wehen Fuß. Sie ist fasziniert, wie groß der Knubbel seit ihrem letzten Besuch geworden ist. Am liebsten würde sie Grief danach fragen oder sich auf alle Viere niederlassen, um in das Ding hineinzustochern und seine Reaktion zu beobachten, als wäre es ein seltsames Reptil. Verrückt. Aber seit ihrem Mittagessen mit Cory Meyers fühlt sie sich sowieso ein bißchen verrückt. *The Candidate*. Alles war so angenehm verlaufen, so ungemein kultiviert. Witziges Geplauder, dazu ein leichter Flirt und ein aufmerksamer Ober – alles wie in einem Cary-Grant-Film. Sie war natürlich Ingrid

Bergman. Aber dann wurde er ernst und verdarb alles. Danach hatten sie schweigend ihr Dessert gegessen, und auch auf dem Rückweg zu seinem Wahlkampfbüro hatte peinliches Schweigen geherrscht. Warum hatte er sich nicht an das Drehbuch halten können?

»Wann, glauben Sie, werden wir von Lynda Kramer hören?« fragt Barcelona.

Grief zuckt mit den Achseln, während sie ihren Knubbel gegen den Teppich reibt. »Das weiß man nie. Vielleicht morgen, vielleicht erst in sechs Wochen. Kommt ganz darauf an.«

»Kommt ganz darauf an. Damit läßt sich vieles vertuschen.«

Grief greift in ihre Mrs.-Fields-Tüte, findet aber keine Kekse mehr. Sie zerknüllt die Tüte und läßt sie in ihren Papierkorb fallen. Sie wirkt genervt, und Barcelona steht auf. »Ich muß jetzt gehen. Sonst ist auf dem Freeway wieder soviel Verkehr.«

Grief nickt. »Nur keine Panik, meine Liebe. Wir hören von ihnen, wenn wir von ihnen hören. Ich habe bei der ganzen Sache ein gutes Gefühl, ein sehr gutes sogar. Habe ich Ihnen jemals erzählt, daß ich übersinnliche Fähigkeiten besitze?«

»Nein.«

»So ist es aber. Meine Vorahnungen und Gefühle treffen fast immer zu. Und jetzt habe ich auch so ein Gefühl. In bezug auf das Drehbuch.«

»Vielleicht täuschen Sie sich diesmal.«

Grief lächelt. »Ich rufe Sie an, sobald ich etwas weiß.«

Barcelona fährt auf dem Freeway in Richtung Süden. Der Verkehr wird schon dichter. Ein paar Meilen später fahren die Autos nur noch Schrittgeschwindigkeit. Schließlich sieht sie, warum. Ein Unfall. Ein grüner Yugo ist gegen das Stahlgeländer geknallt, das die beiden Freeway-Richtungen voneinander trennt. Sie schaltet das Radio an und hört »Tell Her No« von den Zombies. Ein paar hundert Meter nach dem Unfall beschleunigt der Verkehr wieder, und schon bald braust sie mit normaler Geschwindigkeit in Richtung Orange County weiter.

Während der restlichen Heimfahrt überlegt Barcelona, was sie als nächstes schreiben soll. Jetzt, wo das Drehbuch fertig ist, sollte sie sich sofort auf etwas Neues stürzen, vielleicht ein weiteres Drehbuch. An ihrer Pinnwand hängen jede Menge Zettel mit Ideen. Während sie eine

Ausfahrt nach der anderen hinter sich läßt, überlegt sie, welche dieser Ideen am ehesten für ein neues Projekt in Frage käme.

Es ist noch früh am Nachmittag, als Barcelona in ihre Garage fährt. Sie sieht, daß Erics Wagen neben den Briefkästen am Bordstein parkt. Sie freut sich darüber. Dieser Tag war ziemlich anstrengend; sie wünscht sich jetzt nur noch, mit Eric ins Bett zu kriechen und sich von ihm festhalten zu lassen.

Als sie mit ihrer Aktentasche aus der Garage kommt, läuft sie Dave in die Arme, der Foxy gerade Gassi führt. Er trägt eine braune Papiertüte, die ziemlich voll aussieht.

»Hi«, sagt Dave. Sein Gesichtsausdruck wirkt angestrengt, als könne er sich nicht mehr an ihren Namen erinnern. Er weiß, daß er exotisch klingt und möchte etwas wie Berlin oder Budapest sagen, entscheidet sich dann aber für ein einfaches ›Hi‹.

»Hi, Dave.«

Kater Larry streckt den Kopf aus einem nachbarlichen Gebüsch; als er sie sieht, zieht er den Kopf sofort wieder ein. Barcelona beeilt sich, in ihre Wohnung zu kommen. Sie hofft, daß Eric an der Tür auf sie wartet.

Er wartet nicht.

Sie öffnet die Tür und sieht Luna auf der Couch sitzen und Zeitung lesen. Als Luna sie hereinkommen hört, blickt sie mit einem freundlichen Lächeln auf und sagt: »Hi. Ich hoffe, du bist mir nicht böse. Ich bin mit Erics Schlüssel reingekommen.«

24 »Können Sie mich dazwischenschieben?« fragt Trina und lehnt sich über den Empfang.

Marlene sitzt dahinter an einen Schreibtisch und fährt mit ihren weißorange gestreiften Fingernagel über die Seite des Terminbuchs. In jeder Fünfzehn-Minuten-Spalte steht ein sauber geschriebener Name. Marlene runzelt die Stirn. »Na, irgendwie wird es schon gehen.«

»Sie sind ein Schatz. Wow, Marlene, das ist vielleicht ein Nagellack!«

Marlene läßt ihre Fingernägel tanzen. »Leopardenstreifen. Passend zu meiner Unterwäsche. Ich lackiere meine Fingernägel immer im Muster des Slips, den ich jeweils anhabe. Auf diese Weise weiß Gary gleich, welche Wäsche ich trage. Ich habe das in irgendeiner Frauenzeitschrift gelesen. Es soll bei Eheleuten das Feuer der Leidenschaft wachhalten.«

»Und? Funktioniert es?«

Marlene zuckt mit den Achseln. »Klar. Vor allem, wenn wir mit anderen Paaren zum Essen gehen. Während des ganzen Essens starrt Gary auf meine Fingernägel. Das macht ihn ganz wahnsinnig, als säße ich da im Slip vor allen Leuten. Die Vorstellung heizt ihn auf wie einen Toaster. Sie sollten es auch mal versuchen.«

Trina zeigt ihre eingerissenen, abgebrochenen Nägel. »Diese Nägel spiegeln bereits den Zustand meiner Unterwäsche wieder.«

Marlene lacht. Sie lehnt sich vor und senkt ihre Stimme zu einem verschwörerischen Flüstern. »Ich bin froh, daß Sie vorbeigekommen sind, Trina. Unsere Frau Doktor kann eine Pause gebrauchen. Die Kinder heute morgen sind eine besonders nervige Bande.«

»Ich werde versuchen, mich meinem Alter entsprechend zu benehmen.« Trina lächelt.

Marlene lacht und rollt mit ihrem eigens für sie angefertigten Bürostuhl durch die kleine Empfangskabine. Sie arbeitet in dieser Praxis, seit sie vor fünf Jahren eröffnet wurde, aber Trina hat sie noch nie von ihrem Stuhl aufstehen sehen.

Trina setzt sich auf einen der Wartezimmerstühle. Es sind moderne Stühle in schwedischem Design, helles Holz mit leuchtend roten Kissen. Sie möchte nicht darüber nachdenken, warum sie hier ist; deswegen lenkt sie sich damit ab, ihre Leidensgenossen und deren Eltern zu studieren. Ein rothaariges, etwa sieben Jahre altes Mädchen hat auf der Wange ein Stück Verbandmull kleben, das etwa so groß ist wie ein zusammengelegter Waschlappen. Eine bräunliche Flüssigkeit ist durch den Verband gesickert. Sie sitzt still neben ihrer Mutter und macht einen ziemlich mitgenommenen Eindruck. Die Mutter hält ihre Hand und flüstert ihr aufmunternde Worte ins Ohr. Ein anderes, vielleicht zehn- oder elfjähriges Mädchen redet ununterbrochen auf ihren Vater ein. Sie will wissen, ob sie wieder in die Schule muß, wenn die Ärztin fertig ist, oder ob sie zusammen Mittagessen und vielleicht einkaufen gehen können. Der Vater hat seine lederne Aktentasche auf den Knien liegen und erinnert sie daran, daß sie, wenn sie zu krank für die Schule ist, auch zu krank zum Einkaufen ist. Dann lehnt er sich zu ihr hinüber und küßt sie auf die Stirn.

Trina steht auf und geht zu den Zeitschriften hinüber, die auf dem großen runden Holztisch ausgebreitet sind. *Highlights* scheint der große Renner zu sein, gefolgt von *Sesamstraße* und *Life*. Sie nimmt sich eine von den zerfledderten *Highlights* und geht zu ihrem Stuhl zurück. Sie blättert die Zeitschrift durch, bis sie ihr Lieblingsrätsel findet, das Gemälde, in dem Gegenstände versteckt sind. Sie ortet den Ofen, den Baseballhandschuh und die Kuh. Dann verliert sie das Interesse.

Sie geht wieder zum Empfang hinüber. »Marlene, darf ich Ihr Telefon benutzen?«

»Natürlich, Trina.«

Marlene schiebt ihr das schwarze Telefon über den Tisch. »Lassen Sie Ihr Vierteldollarstück einfach dort liegen«, scherzt sie und rollt mit ihrem Stuhl davon, um ein paar Akten einzuordnen.

Trina wählt die Nummer von Robs Büro.

»Rob Barre«, meldet er sich. Forsch und geschäftsmäßig.

»Rob, ich bin's.«

Schweigen. Sie hört am Klicken seiner Computertastatur, daß er weiterschreibt. Rob ist Teilhaber einer der am schnellsten wachsenden Werbeagenturen von Orange County. Von ihm stammt die »Wollen-Sie-heute-nacht-mal-mit-einem-kalten-Fisch-schlafen?«-Kampagne, mit der für die Klimaanlagen der Firma Fisch geworben wurde. Nach ihrer Scheidung behauptete er, die Idee dazu sei ihm gekommen, als er mit ihr im Bett lag. Als er schließlich spricht, klingt er wie ein Anrufbeantworter. »Trina, ich arbeite.«

»Ich weiß, es tut mir leid, daß ich dich störe –«

»Oh, oh, du willst etwas von mir.« Das Klicken der Tastatur hört auf.

»Könntest du Karyn über Nacht nehmen? Ich muß geschäftlich die Stadt verlassen. Es hat sich alles ganz kurzfristig ergeben.«

»Ist bei dir alles in Ordnung?« Seine Stimme klingt plötzlich leise und besorgt. Sie spürt wieder den vertrauten Stich in der Magengegend.

»Ja«, antwortet sie. »Es ist wirklich nur geschäftlich.«

»Das ist erst das zweite Mal, daß du mich bittest, mich außerplanmäßig um Karyn zu kümmern. Beim ersten Mal mußte deine Mutter ins Krankenhaus.«

Trina entwirrt das verheddere Telefonkabel. Sie hat sich nur deswegen an Rob gewandt, weil sie glaubt, dieses Carla-Bennington-Rätsel endlich lösen zu müssen. Nicht für *The Candidate* oder aus einem anderen noblen Grund, sondern für ihren eigenen Seelenfrieden. Sie hat sich in letzter Zeit so verrückt benommen, daß sie sich beweisen muß, daß ihre alten Reporterinstinkte und ihr Tu-es-oder-stirb-Professionalismus noch da sind. Daß Menopause und Bridgeclub noch eine Weile auf sie warten müssen. »Es ist wirklich rein geschäftlich. Ganz unerwartet. Aber wenn du es nicht schaffst –«

»Ich schaffe es schon. Du solltest den Bogen nicht überspannen, Trina. Willst du, daß ich sie von der Schule abhole?«

»Ja, bitte. Sag ihr, daß ich sie morgen von der Schule abhole. Laß sie ja nicht die Kranke spielen und zu Hause bleiben.«

»Keine Angst«, sagt Rob. »Ich bin sehr gut in der Lage, mich um meine eigene Tochter zu kümmern.«

»Natürlich, tut mir leid. Vielen Dank, Rob.«

»Du schuldest mir etwas.« Er lacht. »Sonst noch was?«

»Nein. Nochmals danke.«

»Bye.« Er legt auf.

Trina legt ebenfalls auf, nimmt den Hörer aber gleich wieder ab. Sie wählt Dixies Nummer. Es geht immer noch niemand ran. Wieder überlegt sie, ob sie die Polizei anrufen soll, entscheidet sich aber dagegen.

Marlene rollt vor Trinas Füße. »Unsere Frau Doktor sagt, Sie sollen sich in Nummer fünf verstecken. Sie will nicht, daß jemand Sie sieht. Die Kinder mögen es nicht, wenn ihre Kinderärztin auch Erwachsene behandelt.« Sie zwinkert. »Wenn sie auch die Schmerzen des Feindes lindert.«

Trina fragt sich, wann und wie Marlene mit der Ärztin gesprochen hat. Sie hat die kleine Empfangskabine nie verlassen, und Trina hat sie auch nicht reden gehört. »Ich kenne den Weg, danke«, sagt Trina und geht den Gang hinunter zu Raum Nr. 5.

Sie legt ihre Tasche auf den Untersuchungstisch und sieht aus dem Fenster auf den Rest von Fashion Island hinunter. Sie starrt zwischen zwei hohen Gebäuden hindurch, die aus weißem Stein und blauem Glas gebaut sind, so daß sich der Pazifik darin spiegeln kann. Das Meer ist nur eine halbe Meile entfernt. Heute ist das Wasser ruhig. Es ist so dunstig, daß sie Catalina Island nur als dunklen Schatten im Nebel ausmachen kann. Sie lehnt ihre Stirn gegen die Glasscheibe und sieht nach unten. Ihre Augen suchen die Gehsteige und Parkplätze ab, in der Hoffnung, irgendwo Dixie zu entdecken. Aber dies ist der Ärzte-Trakt von Fashion Island. Hier versammeln sich nur die kaputten Kunden, die repariert werden müssen.

Plötzlich geht die Tür auf und Dr. Whitney Hempel-Oakes stürzt herein. Mit der rechten Hand wühlt sie in ihrer Jackentasche nach Zigaretten. Fündig geworden, schiebt sie sich eine zwischen die Lippen und zündet sie an. Sie nimmt einen langen Zug und bläst den Rauch langsam wieder hinaus. »Fuck«, sagt sie. »Das tut vielleicht gut.«

Trina grinst. »Du versuchst wohl immer noch, dein Laster vor den Eltern zu verbergen, was?«

»Erst waren es meine eigenen Eltern, jetzt sind es die meiner Patienten.«

»Wahrscheinlich genießt du bloß, daß du etwas zu verbergen hast. Ich habe mich immer danach gesehnt, ein dunkles Geheimnis zu haben.«

»Wir beide haben nicht die leiseste Ahnung von Geheimnissen«, sagt Dr. Whitney Hempel-Oakes bitter. Sie faßt in die andere ihrer tiefen Taschen und zieht einen Drahtkleiderbügel heraus, der in eine seltsam schnörkelige Form gebogen ist. Sie wirft ihn auf den Untersuchungstisch neben Trina. Dann setzt sie sich auf einen Metallstuhl und lehnt sich gegen die Wand. »Was meinst du, wo ich den her habe?«

»Hast du dich aus deinem Wagen ausgesperrt?«

»Ich habe gerade ein zwölfjähriges Mädchen untersucht, das ihn unter dem Pulli versteckt hatte. Sie wollte, daß ich ihr zeige, wie man ihn benutzt.«

Trina zieht ein Gesicht. »Jesus, du machst Witze.«

»Ich wünschte, es wäre so. Wie sich herausstellte, hat sie einem Jungen in ihrem Alter einen heruntergeholt. Im Swimmingpool seiner

Eltern. Etwas von seinem Sperma ist nach oben getrieben und hat ihr Gesicht berührt. Seitdem hat sie schreckliche Angst, schwanger zu sein. Seit zwei Wochen kann sie weder essen noch schlafen. Ihre Mutter befürchtete schon, sie hätte Monomanie oder so was.«

»Ich dachte, daß sie diese Dinge inzwischen in der Schule lernen.«

Whitney zieht an ihrer Zigarette und schüttelt den Kopf. »Vergiß es. Wir erleben gerade einen konservativen Rückschlag. Das kleine Mädchen hatte irgendwo gehört, daß man mit einem Kleiderbügel eine Abtreibung vornehmen kann, aber sie wußte nicht, wie. In einer Polizeisendung hat sie gesehen, wie ein Typ mit einem Dietrich hantierte, also hat sie den Kleiderbügel wie einen Dietrich gebogen. Sie hatte vor, damit auf dieselbe Weise an sich selbst herumzufuhrwerken.« Die Ärztin drückt die Zigarette an der Innenseite des Mülleimers aus. Ohne aufzustehen, rollt sie mit ihrem Stuhl zum Waschbecken hinüber und wäscht sich die Hände. »So, und nun zu dir. Wie geht es dir?«

»Meinst du das allgemein oder willst du wissen, warum ich gekommen bin?«

»Beides.« Sie öffnet eine Schublade, nimmt eine kleine Probeflasche Mundwasser heraus und spült sich damit über dem Waschbecken den Mund aus.

»Also?«

Trina beginnt ihre Symptome zu schreiben. Vergeßlichkeit. Mangelnde Antriebskraft. Ein Gefühl der Lähmung. Sie bemüht sich, nicht zu übertreiben, findet aber gleichzeitig, daß das, was sie sagt, lahm und weinerlich klingt. Sie hat Angst, Whitney könnte sie für einen Jammerlappen halten.

Aber Whitney hört ihr aufmerksam zu; sie achtet auf jedes Wort, das Trina sagt. So war sie schon, als sie sich am College ein Zimmer teilten. Trina hat keinen Hausarzt, abgesehen von ihrem Gynäkologen. Wenn sie irgendein anderes medizinisches Problem hat, geht sie jedesmal zu Whitney – trotz der Tatsache, daß ihre Freundin sich auf Kinderheilkunde spezialisiert hat.

»Ich mache mir Sorgen«, sagt Trina. »Vielleicht habe ich ja das Epstein-Barr-Virus. Die Symptome lassen darauf schließen.«

Whitney lächelt, und es ist, als würde jemand in einem dunklen

Raum einen Vorhang aufziehen. Ein Lächeln, das es mit dem von *The Candidate* aufnehmen kann. Ihr blondes Haar ist oben kurz und zu einem fedrigen Tuff auftoupiert. An den Seiten ist es glatt und lang; seidig umschmeichelt es ihren Hals. Ihre Figur ist so makellos wie ihr Gesicht. Beides wirkt immer noch sexy und jugendlich. Ihre Augen und ihr Mund sind etwas zu groß, die Nase etwas zu klein geraten. Dadurch hat ihr Gesicht etwas Gesundes, Puppenhaftes. Während ihrer College-Zeit konnte sie sich als Model ein bißchen Geld dazuverdienen, obwohl sie in dieser Richtung nie wirklich Ambitionen hatte. Ein berühmter Fotograf, der auf dem Uni-Campus Modeaufnahmen machte, entdeckte sie, als sie gerade einem kaputten Getränkeautomaten einen Tritt versetzte, und engagierte sie vom Fleck weg. Zu Beginn ihrer Freundschaft war Trina auf Whitneys unheimliches Glück neidisch gewesen. Sie hatte sogar angefangen, sie »Voodoo-Prinzessin« zu nennen. Ihrer Meinung nach konnte es für Whitneys Glück nur eine übernatürliche Erklärung geben. Aber nach einer Weile gewöhnte sich Trina daran. Sie erkannte, daß Whitney nichts Besonderes für ihr Glück tat. Sie hatte es einfach. Sie hatte eine besondere Aura, alles, was sie anpackte, wurde zu Gold, fast wie bei Midas.

»Ich weiß nicht«, sagt Trina. »Ein paar Tage lang habe ich sogar geglaubt, ich sei schwanger.«

»Wolltest du schwanger sein?«

»Eigentlich nicht.«

Whitney zieht eine blonde Augenbraue hoch.

»Ein bißchen«, gibt Trina zu.

»Deine Periode verläuft normal?«

»Ja. Aber ich fühle mich jetzt schon über einen Monat so seltsam. Wirklich, Whit, allmählich kriege ich richtig Angst.«

»Wovor?«

»Jesus, muß ich jetzt alle Möglichkeiten aufzählen? AIDS zum Beispiel.«

Whitney schüttelt den Kopf. »In der Hinsicht bist du okay. Ich habe letztes Mal einen Bluttest machen lassen.«

»Wirklich? Das hast du mir gar nicht gesagt.«

»Nein, habe ich nicht.«

Trina sieht in Whitneys große Augen. Sie weiß nicht recht, ob sie über diese Verletzung ihrer Privatsphäre wütend oder wegen des Ergebnisses erleichtert sein soll. Sie entscheidet sich für letzteres. »Was ist mit Epstein-Barr? Muß man da auch einen Test machen lassen oder so was?«

Whitney rollt mit ihrem Stuhl zu Trina hinüber und entfernt ein paar Krümel von Trinas beigefarbener Bluse. »Inzwischen solltest du eigentlich wissen, daß helle Töne für dich nichts sind. Nicht bei deiner Eßweise.«

»Hörst du mir überhaupt zu, Whitney? Ich mache mir wirklich Sorgen.«

Whitney rollt mit ihrem Stuhl wieder an die Wand und lehnt sich zurück. Sie fischt eine weitere Zigarette aus ihrer Tasche und zündet sie an. »Du nimmst das Ganze zu ernst, Trina. Wahrscheinlich liegt es nur am Streß.«

»Streß. Shit, diese Antwort hätte ich von meiner Mutter auch haben können. Ich will eine richtige medizinische Diagnose.«

»Kriegst du. Ich werde dein Blut untersuchen lassen, wenn du dich dann besser fühlst. Und wenn ich schon mal dabei bin, kann ich gern auch deine Haare und deine Pisse analysieren lassen. Aber es wird wahrscheinlich auf dasselbe hinauslaufen. Anspannung, Streß. Du näherst dich dem Ende eines langen und schweren Wahlkampfes. Dein Körper mußte im Lauf des letzten Jahres ziemlich viel einstecken. Jetzt ist das Ende in Sicht, und er fängt an, auf die Ziellinie zuzuhumpeln.«

Trina runzelt die Stirn. Sie wollte hören, daß ihre gelegentlichen Aussetzer eine konkrete körperliche Ursache hatten; ein eindeutig identifizierbares körperliches Leiden mit einem komplizierten lateinischen Namen, das sich mit ebenso lateinisch klingenden Wundermedikamenten bekämpfen ließ. Sie wollte nicht hören, daß das alles mit ihrer eigenen Schwäche und Unzulänglichkeit zu tun hatte. »Willst du nicht wenigstens Fieber oder Blutdruck messen? Ich meine, es könnte doch trotzdem Epstein-Barr sein, oder nicht?«

»Die Yuppie-Grippe? Es gibt ein paar Fälle, die tatsächlich Epstein-Barr sein könnten, aber ich bezweifle, daß du dazugehörst. Jedes Jahrzehnt hat seine eigene Krankheit, genauso, wie es seine eigene Musik und seinen eigenen Slang hat. In den Fünfzigern war Eisenmangel *en vogue*. Dann war plötzlich Hypoglykämie, ein zu niedriger Blutzuckerspiegel, an allem schuld. Danach war es für eine Weile die Schildrüse, gefolgt von PMS. Zur Zeit ist gerade Epstein-Barr modern. Es gibt eine ganze Schule von Ärzten, die Candida für das Problem verantwortlich machen.«

»Und das heißt?«

»Candida ist ein Hefepilz, der auf den Schleimhäuten des Körpers lebt. Die nächste medizinische Hexenjagd wird wahrscheinlich HBLV gelten, dem »*human B-cell lymphotropic virus*«, einem Mitglied der immer größer werdenden, stets gut aufgelegten Herpes-Familie, genau wie Epstein-Barr.«

»Vielleicht habe ich Herpes.«

»Hast du beim Wasserlassen Schmerzen? Brennt oder juckt es?«

»Nein. Was ist mit Myasthenia gravis?«

»Wo hast du denn das her?«

»Aus einer Zeitschrift. Irgendein Serienstar hat es.«

»Das ist eine neuromuskuläre Krankheit. Du hast sie nicht.« Whitney lächelt. »Tut mir leid, aber du bist clean. Du müßtest dir bloß ein bißchen mehr Zeit für dich selbst lassen, aber ich weiß, daß du das nicht tun wirst, jedenfalls nicht, bis der Wahlkampf vorbei ist. Bis dahin solltest du aber möglichst viel an andere delegieren. Und nicht noch zusätzlich nach Krisen Ausschau halten. Übrigens warst du jedes Semester so, wenn es auf die Prüfungen zuging. Weißt du das nicht mehr?«

»Nein. Ich weiß bloß noch, daß ich wie eine Irre gepaukt habe, während du kaum einmal in ein Buch geschaut hast.«

»Ich hatte eben ein leichteres Hauptfach.«

Trina schüttelt den Kopf. »Wo sind nur die guten alten Zeiten geblieben, als die Ärzte immer ein oder zwei Krankheiten bereithielten, die sie einem bei Bedarf aufschwatzten? Und natürlich die passende Medizin, um sie zu heilen.«

»Ich kann dir ein Beruhigungsmittel verschreiben, wenn du das willst. Es würde das Ganze vielleicht ein bißchen lindern.«

»Nein, ich brauche einen klaren Kopf, um das durchzustehen.« Trina nimmt den verbogenen Kleiderbügel und verbiegt ihn noch mehr.

»Beim nächsten Mal erwarte ich aber mehr Hokuspokus. Ein Sortiment medizinischer Gerätschaften, einen Gummihammer, mit dem du meine Kniereflexe testest, das ganze Drumherum. Du bist schließlich nicht die einzige Kinderärztin im Telefonbuch.«

Whitney lacht.

»Schau nächstes Jahr noch mal hinein, dann wirst du meinen Namen auch nicht mehr finden.«

»Wie meinst du das?«

»Ich trage mich mit dem Gedanken, noch einmal zu studieren.«

»Um Himmels willen, Whit, warum denn das?«

»Dasselbe hat mich Micky auch gefragt.« Micky ist ihr Mann. Whitney starrt auf die glühende Spitze ihrer Zigarette. »Also gut, hier kommt die Pointe. Bist du bereit? Ich gehe wieder an die Uni, um – Trommelwirbel, bitte! – *Psychiaterin* zu werden.«

Trina hüpft auf den Untersuchungstisch. Sie rutscht ein bißchen nach hinten, und bei dieser Bewegung zerreißt das weiße Papier, mit dem der Tisch abgedeckt ist. »Psychiaterin, hm?«

»Du sagst das, als wäre es ein Verbrechen.«

»Ich bin bloß überrascht. Ich dachte, du wärst gern Kinderärztin.«

»Wie kommst du darauf?« Die Zigarette ist erst halb geraucht, aber sie drückt sie am Innenrand des Mülleimers aus. »Ich hasse Rauchen, aber ich tue es trotzdem.«

Trina ist wirklich überrascht. Sie hat Whitney mit ihren kleinen Patienten beobachtet, hat gesehen, wie sie die Tränen eines schluchzenden Kleinkinds trocknete, wie sie Kind und Eltern gleichzeitig tröstete. »Ich bin total geschockt, Whit. Wirklich. Ich habe immer gefunden, daß du deinen Job so gut machst.«

»Ich mache ihn gut. Verdammt gut sogar. Ich mag ihn bloß nicht. Der Eignungstest sagt einem, womit man Erfolg haben wird, aber nicht, was einem Spaß machen wird.«

»Wird es dir Spaß machen, als Psychiaterin zu arbeiten?«

»Jedenfalls ist es besser, als sich von einem Fünfjährigen, der gerade eine Portion lebende Heuschrecken gefressen hat, auf den Schoß kotzen zu lassen. Außerdem ist die Kunstfehlerversicherung nicht so teuer.«

Whitney legt ihren Arm um Trinas Schultern und drückt sie an sich.

»Hör zu, geh es in den nächsten Monaten ein bißchen langsamer an, und warte ab, ob diese Symptome nicht von selbst wieder verschwinden.«

Sie bringt Trina zu ihrem privaten Ausgang. »Vergiß nicht, laß dir ein bißchen mehr Zeit. Du kannst es nicht allen recht machen. Karriere ist nicht alles. Es ist nichts als ein Job, den man schon lange macht. Daß du in diesem Job gut bist, heißt noch lange nicht, daß du dich von ihm versklaven lassen mußt. Es gibt auch noch andere Dinge im Leben. Gott sei Dank. Wenn du Kinder willst, dann bekomm doch welche. Veränderungen sind nicht immer schlecht. Hab keine Angst vor Veränderungen.« Plötzlich hält sie inne, und Trina kann sehen, daß Whitney außer Atem ist. Whitney lächelt Trina an. Es ist ein seltsam bekümmertes Lächeln. »Sag mal, über wen reden wir hier eigentlich?«

Trina meidet den Freeway, weil es dort gestern abend wieder zu einer Schießerei gekommen ist. Ein roter Gremlin war einem Pickup-Truck zu dicht aufgefahren. Daraufhin feuerte der Fahrer des Pickup-Trucks eine Kugel in die Motorhaube des Gremlin. Der Fahrer wurde nicht verletzt. Trina entscheidet sich für den Wilshire Boulevard. Da sind die Fahrer zwar auch verrückt, aber größtenteils unbewaffnet.

Sie kreist auf dem Parkplatz an der City Hall, bis sie den Parkplatz von Carla Bennington entdeckt. Auf den Parkplätzen der anderen Stadträte drängen sich deren dunkle, blitzende, von der Stadt gesponserte Oldsmobiles. Auf Carlas Platz steht ihr kleiner blauer Ford Pinto, den sie schon seit zehn Jahren fährt. Daß sie es ablehnt, ein Auto von der Stadt anzunehmen, weil es sich dabei um eine unnötige Verschwendung öffentlicher Gelder handele, hat ihr viel positive Publicity eingebracht. Ebenso ihr Beharren auf einem in Amerika gebauten Wagen und ihre konservative finanzpolitische Einstellung, die dadurch zum Ausdruck kommt, daß sie schon seit zehn Jahren dasselbe Auto fährt. Beim Anblick des kleinen, gut erhaltenen Pinto, der zwischen den großen Oldsmobiles wie ein Zwerg aussieht, muß Trina lachen. Indem sie diesen Wagen fährt, ist es Carla Bennington gelungen, ihre Wahlkampfphilosophie mit mehr Nachdruck zu vertreten, als wenn sie Dutzende von Reden über ihre Finanzpolitik gehalten hätte.

Trina bewundert den Grips dieser Frau. Carla ist schlau, aber sie ist zugleich auch verletzlich. Während einer wirtschaftlichen Flaute hat man es als Amtsinhaber oft schwer, vor allem, wenn man einer Minderheit angehört oder eine Frau ist.

Trina sieht auf die Uhr in ihrem Wagen. Wenn die Information von Howdy stimmt, müßte Carla jede Minute auftauchen. Dann braucht Trina ihr nur noch zum Flugplatz oder Bahnhof zu folgen, oder wo sie sonst hinfährt, ein Ticket mit demselben Ziel zu kaufen, herauszufinden, was sie dort tut und ob sie irgendwelche öffentlichen Gelder dafür verwendet. Hotelrechnungen, Theaterkarten, lauter solche Sachen.

Trina öffnet ihre Tasche und findet zwischen Briefmarken und Büroklammern ein paar lose Vitaminpillen. Sie schluckt sie trocken hinunter. Sie kratzen in ihrem Hals wie rauhe Kohleklumpen. Sie spürt etwas Seltsames auf der Zunge und zieht ein langes Haar aus dem Mund. Es muß an einer der Pillen geklebt haben. Sie kurbelt das Fenster herunter und versucht, das Haar von ihren Fingern zu schütteln. Vergeblich. Schließlich klebt sie es an die Wagentür.

Lautes Stimmengewirr lenkt Trinas Aufmerksamkeit wieder auf das Gebäude, und sie sieht Carla Bennington die Treppen heruntereilen. Ihr dicht auf den Fersen folgt ein Kamerateam, angeführt von TV-Nachrichtenmoderator Griffin Foley. Foley überragt alle anderen; er muß sich ein wenig hinunterbeugen, damit die Frau von der Maske seine Stirn mit Puder betupfen kann. Neben Carla steht Benjamin Logan, ihr Wahlkampfmanager. Benjamin geht bereits auf die Siebzig zu; er sieht aus und kleidet sich wie Spencer Tracy in *Wer den Wind sät*. Sein Gesicht ist sonnengebräunt und faltig. Das kommt vom vielen Segeln, seiner einzigen Leidenschaft neben der Politik. Sein modisch geschnittenes Haar ist so weiß wie gebleichte Knochen. Er trägt einen Gürtel und Hosenträger, zieht aber ständig seine Hose hoch, als würde er weder dem Gürtel noch den Hosenträgern trauen. Als Foley sich nähert, tritt Benjamin in den Schatten zurück, ein zufriedenes Lächeln auf dem zerfurchten Gesicht. Trina nimmt ihm dieses Lächeln nicht übel. Die Sache mit dem Marathon ist wirklich nett, und darum scheint es bei dem heutigen Interview zweifellos zu gehen.

Selbst unter all diesen geschäftigen Menschen fällt Carla Bennington durch eine gewisse elegante Heiterkeit auf. Was sie anhat, paßt überhaupt nicht zusammen, aber das unterstreicht ihre lässige Würde nur noch zusätzlich. So, als nähme sie der Dienst an der Öffentlichkeit viel zu sehr in Anspruch, als daß sie sich noch um so banale Dinge wie Kleidung kümmern könnte. Sie streicht sich das lange schwarze Haar aus der Stirn, und der fünf Zentimeter breite Streifen Grau glänzt in der Sonne. Sie hat ihre Bifokalbrille auf. Benjamin beugt sich hinüber und zieht sie ihr von der Nase, während der Kameramann seine Kamera in Position bringt.

Trina sieht zu, wie Griffin Foley ein paar Fragen stellt, die Carla knapp und freundlich beantwortet. Alle wirken entspannt und wohlgelaunt. Heute kommen keine knallharten Fragen, nur Schaum. Anscheinend machen sie irgendeine Sondersendung über Sex und Politik, sonst hätte sich Foley nicht höchstpersönlich herbegeben. Er bequemt sich eigentlich nur dann hinter seinem Moderatorentisch hervor, wenn es um enorme Einschaltquoten geht, und auch das nur, wenn im Titel der Sendung das Wort Sex vorkommt. Hinterher richtet der Kameramann seine Kamera über Carlas Schulter auf den nickenden Foley. Das werden sie später so in das Interview hineinschneiden, daß es aussieht, als würde er aufmerksam Carlas Antworten lauschen. Foley scheint mit sich zufrieden zu sein.

Carla küßt Benjamin auf die Wange und geht schnell zu ihrem Pinto hinüber. Sie wirkt aufgeregt. Mit besorgtem Gesichtsausdruck sieht Benjamin zu, wie sie in den Wagen einsteigt. Vielleicht weiß er auch nicht, wo sie hinfährt, denkt Trina. Die Nachrichtenleute laden die Filmausrüstung in ihren Bus. Griffin Foley zieht eine dicke Zigarre aus der Innentasche seiner Jacke und zündet sie sich an. Benjamin blickt Foley finster an und fächelt sich den Rauch aus dem Gesicht. Carla winkt Benjamin zu, als sie an ihm vorbeifährt.

Trina folgt ihr. Sie läßt ein paar Wagenreihen zwischen sich und Benjamin Logan, während sie parallel zu Carlas Wagen den Parkplatz überquert und sich dann hinter ihr in den Verkehr einfädelt. Sie folgt ihr mit einigem Abstand. Ihr Magen flattert vor Aufregung über den abenteuerlichen Charakter dieser Verfolgungsfahrt: auf den Spuren eines Mitglieds des L. A. City Council. Ziel unbekannt. Sie muß an ihre Zeit als Reporterin denken. Wen hatte sie damals nicht alles verfolgt –

damals, lange bevor Karyn auf die Welt kam. Eine plötzliche Traurigkeit umklammert ihre Brust, und sie seufzt einmal tief, um sich aus ihrem Griff zu befreien. Sie erinnert sich, wie Karyn als kleines Mädchen nach Hause gerannt kam, begierig darauf, ihr von ihren Freunden und Lehrern zu erzählen. Wie sie beide Sonntagmorgens im Bett lagen und zusammen fernsahen oder gemeinsam eine Zeitschrift durchblätterten, während sie sich eine Schüssel mit Erdbeeren und Eis teilten. Die Traurigkeit ist schon fast verschwunden, so daß sie ihre Aufmerksamkeit wieder auf Carla Benningtons blauen Pinto richten kann.

Nach einer halben Stunde wird Trina klar, daß Carlas Ziel weder der Flughafen noch der Bahnhof ist. Sie ist auch nicht auf dem Weg nach Hause. Statt dessen fahren sie auf dem Hollywood Freeway in Richtung Norden, hinauf ins San Fernando Valley. Es herrscht wenig Verkehr, so daß es flott dahingeht. Das dramatische Gefühl, jemanden zu verfolgen, verliert schnell an Faszination, und als sie sich dem Grapevine nähern, beginnt Trina sich zu langweilen. Sie schaltet das Radio an, hört in sämtliche Sender hinein, findet aber nichts, was ihr gefällt. Unruhig öffnet sie das Handschuhfach und zieht eine Handvoll Kassetten heraus: *Love Songs of Jim Croce*, Peter Gabriels *So*, Genesis. Sie wirft sie auf den Beifahrersitz und greift wieder ins Handschuhfach. Sie findet ihre Spanisch-Kassetten. Es sind zehn Kassetten; sechs davon hat sie sich schon angehört. Sie schiebt Nummer sieben in den Kassettenspieler. Eine tiefe Männerstimme beginnt langsam Spanisch zu sprechen. Der Mann lispelt ein bißchen, aber vielleicht ist das auch nur die richtige Aussprache. Er spricht einen Satz, übersetzt ihn und fordert sie dann zum Nachsprechen auf.

»*El omnibus esta veinte minutos tarde*«, beginnt er. »Der Bus hat zwanzig Minuten Verspätung.« Trina wiederholt den Satz zusammen mit ihm.

Spanisch steht ganz oben auf der Liste ihrer Selbstverbesserungsprojekte. Danach kommt Französisch, dann Japanisch. Außerdem hat sie vor, zusammen mit Karyn Klavierstunden zu nehmen.

Vor sechs Monaten hat sie diesen Selbstverbesserungstrip angetreten. Sie nahm sich fest vor, daß in Zukunft kein Tag mehr vergehen sollte, an dem sie nicht etwas Neues über die Welt lernte. Sie las mehr

Zeitungen, Biographien, ja sogar Enzyklopädien. Sie spielte außerdem mit dem Gedanken, Kurse in Kalligraphie und Fechten zu besuchen, vielleicht sogar Steppen zu lernen. Sie hatte Barcy und den anderen noch nichts davon erzählt, weil sie nicht wollte, daß sie sich ständig nach ihren Fortschritten erkundigten, solange sie noch nicht mehr getan hatte, als sich sechs Kassetten anzuhören. Noch dazu, wo sie sich das meiste von dem, was sie gehört hatte, immer noch nicht merken konnte.

»*Estos zapatos me pinchan los pies*«, sagt er. »Diese Schuhe drücken.« Er sagt »drücken« mit einem weinerlichen Unterton, als täten ihm tatsächlich die Füße weh. Jeder Mensch ist ein Schauspieler.

Jemand hupt, und sie blickt sich erschrocken um. Sie merkt plötzlich, daß sie aufgehört hat, den Pinto zu beobachten. Sie sieht sich nach allen Seiten um, kann ihn aber nirgendwo entdecken. Sie wechselt auf die nächste Spur, von wo aus sie einen besseren Überblick hat, und entdeckt, daß Carla Bennington gerade auf die rechte Fahrspur wechselt, um den Freeway zu verlassen. Trina muß sich in die schmale Lücke zwischen einem Postlastwagen und einem Kombi zwängen, um die Ausfahrt nicht zu verpassen. Der Fahrer des Kombi starrt zu ihr herüber. Sie will dem Pinto folgen, wird aber durch ein paar andere Wagen auf der Rechtsabbiegerspur gehalten, während der Pinto links abbiegt. Die Ampel schaltet auf rot, und sie muß warten, derweil der Pinto an einer Union-76-Tankstelle anhält.

»*El padre te puede ayudar con tu problema*. Der Priester kann dir bei deinem Problem helfen.«

»Diesmal nicht«, widerspricht sie und nimmt die Kassette heraus. Schnell kurbelt sie das Fenster runter und winkt dem Jungen in dem wartenden Wagen neben ihr zu. Er ist ziemlich fett und trägt die ölverschmierte Kluft eines Mechanikers. Er trinkt aus einer Dr.-Pepper-Dose und schlägt mit der Dose gegen das Lenkrad, während er den Kopf im Rhythmus irgendeines Songs schüttelt. Sie bedeutet ihm, auf der Beifahrerseite sein Fenster herunterzukurbeln. Als er es tut, dröhnt ihr Prince' »Purple Rain« entgegen. Der Junge sieht sie fragend an.

»Können Sie mich reinlassen?« schreit Tina. »Ich bin auf der falschen Spur.«

»Häh?« Er beugt sich weiter zu ihr herüber, ohne seine Anlage leiser zu drehen.

Trina wartet darauf, daß die Wagen hinter ihr zu hupen anfangen, weil sie nicht rechts abbiegt, aber sie sind alle ungewöhnlich geduldig.

Trina wiederholt ihre Frage, und der Junge nickt. »Klar. Aber schießen Sie mir nicht meine Windschutzscheibe heraus, okay?« Er lacht und prostet ihr mit seiner Dr.-Pepper-Dose zu.

Die Ampel schaltet um, und Trina biegt vor ihm ein. Sie fährt an der Tankstelle vorbei, an der Carla gerade ihren Pinto auftankt. Statt Rock, Strumpfhose und Pumps trägt Carla inzwischen Shorts und Sandalen. Sie muß sich während der Fahrt umgezogen haben. Nur der weiße, ärmellose Pullover erinnert noch an ihr früheres Outfit.

Trina biegt in die Chevron-Tankstelle gleich nebenan ein und tankt zwanzig Liter bleifreies Benzin, bis Carla fertig ist und wieder in den Pinto steigt. Schnell bezahlt Trina und springt in ihren Wagen. Sie stellt sich darauf ein, links abzubiegen und Carla zurück auf den Freeway zu folgen, aber Carla fährt nicht mehr auf den Freeway. Sie biegt rechts ab und fährt in Richtung Westen aufs Meer zu. Trina folgt ihr zum Pacific Coast Highway, wo sie in Richtung Norden weiterfahren. Trina versucht sich auszumalen, wo die Stadträtin hinfährt, wen sie wohl treffen wird. Einen jungen Liebhaber, vielleicht jemanden aus ihrem Team, oder einen gestandenen, verheirateten Mann mit einer schwangeren Frau. Oder eine Tochter, die sie heimlich bekommen hatte, als sie sechzehn war, und die behindert auf die Welt kam, nachdem die Nabelschnur sie während der Geburt stranguliert hatte. Trina denkt sich die verschiedensten Möglichkeiten aus, während sie auf dem malerischen Highway dahinfahren, neben dem die Wellen des Pazifik auf den Strand schlagen.

In San Luis Obispo fährt Carla Bennington auf den Parkplatz eines Alpha-Beta-Supermarktes. Trina folgt ihr in das Geschäft. Carla schiebt einen Einkaufswagen durch die Gänge, während Trina ihr mit einem roten Plastikkorb folgt. Gelegentlich legt Trina irgend etwas in den Korb: Oliven, Katzenfutter, Bambussprossen. Carla dagegen weiß genau, was sie will. Sie steuert an Obst und Gemüse vorbei auf die Tiefkühltruhen zu. Sie öffnen einen der vereisten Deckel und wühlt in der Truhe herum, stellt Kartons anders hin, offenbar auf der Suche nach etwas Bestimmtem. Als sie sich wieder aufrichtet, hat sie eine Packung Eis in der Hand. Als nächstes macht sie bei den Keksen Halt und entscheidet sich für eine Tüte Erdnußbutterkekse. Es ist die Marke, die Trina auch gerne kauft. Anschließend sind Kartoffelchips an der Reihe, dann Limonade, Diet Slice Mandarin Orange. Sie bleibt bei den Zeitungen und Taschenbüchern stehen, wirft einen Blick auf die Zeitschriften, nimmt ein paar Bücher heraus, liest die Klappentexte, stellt sie wieder zurück. Schließlich entscheidet sie sich für zwei Zeitschriften und einen Roman. Trina kann den Titel nicht erkennen, aber sie sieht, daß auf dem Cover eine Frau in einem extravaganten roten Kleid abgebildet ist. Dicht hinter der Frau steht ein Mann, der an ihrem Nacken knabbert. Das ist ein Geheimnis, mit dem man Regierungen stürzen kann: Stadträtin Bennington liest billige Schundromane. Bloß, daß Trina sie auch gelesen hat, und zwar drei pro Woche, ehe sie ihr neues Selbstverbesserungsprojekt in Angriff nahm. Seitdem verzichtet sie zugunsten von Sachbüchern auf Romane jeder Art. Nur die Fakten, Ma'am. Illusionen sind hier draußen nutzlos, aber Wissen könnte ihr Leben retten. *El vestido tiene muchos butones*; das Kleid hat viele Knöpfe. Man weiß nie, wann einem das mal das Leben retten kann.

Carla manövriert ihren Einkaufswagen um die Ecke und steuert auf die Spirituosen zu. Gekonnt untersucht sie mehrere Flaschen, bevor sie eine Flasche Rum wählt.

Aha, denkt Trina. So verbringt sie also ihre Wochenenden.

Carla fährt an die Expreß-Kasse und zahlt bar. Trina stellt ihren roten Einkaufskorb neben dem Cornflakes-Regal ab und verläßt den Laden. Carla fährt ein paar Blocks weiter zu einer Videothek. Trina wartet draußen im Wagen. Nachdem Carla mit drei Videos aus dem Laden gekommen ist, folgt sie ihr durch die Stadt zu einer anheimelnd wirkenden Pension viktorianischen Stils. Carla parkt vor dem Haus und trägt ihre Einkäufe und Videos hinein. Trina parkt auf der anderen Straßenseite und beobachtet eine Weile die Haustür. Vielleicht ist der, mit dem sie sich treffen will, längst im Haus, in seinem eigenen Zimmer. Vielleicht ist er einer der fünf oder sechs Männer, die seit Carlas Ankunft ins Haus gegangen sind. Wie soll Trina das herausfinden? Sie schüttelt den

Kopf. Gott, ist das seltsam. Trina legt ihre Kassette wieder ein: *El coche por poco me atropella.* Das Auto hätte mich beinahe überfahren.

Carla kommt wieder heraus. Sie steht vor dem Haus, legt eine Hand über die Augen, weil die untergehende Sonne sie blendet, läßt ihren Blick die Straße entlangschweifen und setzt sich in Bewegung. Ihr Haar ist feucht und zu einem Pferdeschwanz zusammengebunden. Sie hat diesen schrecklichen ärmellosen Pulli mit einem T-Shirt vertauscht, auf das vorne eine Giraffe gedruckt ist, aber sie wirkt immer noch leicht zerzaust, als würde sie beim Anziehen nie in den Spiegel sehen.

Trina steigt aus, wirft ein paar Münzen in die Parkuhr und folgt Carla auf der anderen Straßenseite. Carla betritt *Favio's Pizza My Heart.* Sie setzt sich ans Fenster. Eine Bedienung im Teenager-Alter kommt schmollend an ihren Tisch. Der feindselige Blick des Mädchens kann nur bedeuten, daß sie zur Familie des Besitzers gehört. Eine Minute später stellt sie ein Glas Wein vor Carla hin. Carla nippt an dem Wein, setzt ihre Brille auf und beginnt ihren Roman zu lesen.

Das ergibt doch keinen Sinn, denkt Trina. Wo bleibt denn der Typ? Sie fährt vier Stunden hier herauf, nur um bei Favio's Wein zu trinken und eine Pizza zu essen? Das muß ja eine höllisch gute Pizza sein. Vielleicht hat er sich verspätet oder steckt im Stau. Vielleicht denkt er sich gerade einen Vorwand aus, um seine kranke Frau verlassen zu können. Oder die Besuchszeiten in dem Heim, in dem sie ihr behindertes Kind zurückgelassen hat, sind für heute vorbei. Trina hört auf zu spekulieren und beobachtet statt dessen Carla. Sie ißt ihre Pizza in kleinen Bissen, hat aber beim Kauen den Mund leicht geöffnet. Manchmal scheint eine Seite sie so zu fesseln, daß sie plötzlich zu kauen aufhört. Die Brille rutscht ihr von der Nase, und sie hebt die Hand, um sie wieder zurückzuschieben, entdeckt dann aber das Pizza-Fett an ihren Fingern und benutzt statt dessen den Handrücken. Sie trinkt ihren Wein aus und bestellt ein zweites Glas.

Trina steht auf der Straße und tut so, als interessiere sie sich für das Schaufenster eines Haushaltswarenladens. Aber nach einer Weile werden die schönsten Klappstühle, Smashball-Schläger und Sonnenschirme langweilig.

»Hi«, sagt plötzlich eine Stimme hinter ihr. Carla Benningtons Stimme.

Trinas Herz springt aus seiner Verankerung und versucht, durch ihren Hals zu entkommen. Sie schluckt gerade noch rechtzeitig, um es wieder in ihre Brust hinunterzudrücken. Unten angekommen, kauert es sich geduckt und zitternd in eine Ecke. Trina dreht sich zu Carla Bennington um. »Hallo.«

»Wir haben uns in der City Hall kennengelernt, erinnern Sie sich? Howdy White hat uns vorgestellt.«

»Ja. Wie geht es Ihnen?« Trina pumpt Zuversicht und Energie in ihre Stimme, während sie Carla die Hand hinstreckt.

Sie geben sich die Hand.

Carla lächelt, ohne etwas zu sagen. Sie hat einen Pizza-Karton unter dem Arm. »Wie war die Fahrt?«

»Die Fahrt?«

»Die Fahrt hier herauf. Ich habe versucht, Sie nicht zu verlieren. An der Freeway-Ausfahrt wäre es fast passiert. Da haben Sie wohl nicht aufgepaßt.«

Trina weiß nicht, was sie sagen soll. Jetzt noch zu leugnen hieße, Inkompetenz mit Dummheit zu paaren. Sie bekommt vor Verlegenheit eine Gänsehaut, versucht aber trotzdem, sich nichts anmerken zu lassen. »Ich war mit meinen Sprachkassetten beschäftigt. Ich lerne gerade Spanisch.«

»*Sentirse pequeño o insignificante.*«

»So weit bin ich noch nicht. Was heißt das?«

»Sich klein und unbedeutend fühlen.« Sie sieht Trina unverwandt an; ihre blauen Augen blitzen amüsiert.

Trina nickt. »Ja, das trifft es genau.«

Carla reicht ihr den Pizzakarton. »Hier, das ist für Sie. Ich gehe jetzt zurück, um den Rest des Abends in meinem Zimmer zu verbringen. Wenn Sie beabsichtigen, mein Zimmer zu beobachten, werden Sie Hunger bekommen.«

Verdutzt nimmt Trina den Karton entgegen.

»Grüßen Sie Cory von mir. Sagen Sie ihm, daß ich ihm fürs nächste Mal mehr Glück wünsche.« Sie geht davon.

»Es war nicht seine Idee. Es war meine.«

Carla bleibt stehen, dreht sich zu Trina um und mustert sie von Kopf bis Fuß. »Nach so einem heißen Tag müssen Sie sich in diesem Kostüm ziemlich verschwitzt fühlen. Sogar James Bond macht mal eine Pause. Kommen Sie mit.«

»Wohin?«

»In mein Zimmer. Sie können einen Blick hineinwerfen und unter dem Bett und im Schrank nachsehen. Dann können Sie entweder wieder nach Hause fahren und sich ins Bett legen, oder Sie campieren die ganze Nacht vor meinem Zimmer und warten auf den heimlichen Liebhaber, der nicht kommen wird. Ich kann Sie gerne mit Lily bekannt machen, der Hausbesitzerin. Sie wird Ihnen die Belege zeigen, die beweisen, daß ich meine Miete immer mit meiner privaten American-Express-Karte bezahle. Ich verschwende hier also keine öffentlichen Gelder. Gibt es noch andere Szenarien, die Ihnen vorgeschwebt haben?«

»Ein vor vielen Jahren verlassenes uneheliches Kind, das seit der Geburt behindert ist, nachdem es von der Nabelschnur stranguliert wurde.«

»Ach ja. Und von mir unter einem falschen Namen in ein Heim abgeschoben wurde.«

»Etwas in der Art.«

Carla lacht. »Tut mir leid. Mit so etwas kann ich nicht dienen.«

Trina zuckt mit den Achseln. »Da kann man nichts machen.«

»Sie brauchen doch eigentlich gar nichts mehr. Ich habe Ihr neues Infoblatt gesehen. ›Reden ist billig.‹ Das war sehr clever. Ihre Idee?«

»Ja.«

»Sie haben einen verdammt guten Wahlkampf geführt. Ich glaube, Cory hat gute Aussichten auf meinen Job.« Carla setzt sich in Bewegung.

Trina geht neben ihr her. Sie trägt immer noch den Pizzakarton. Sie greift unter den Deckel, reißt ein Stück Pizza ab und beginnt zu essen. »Sie scheinen deswegen nicht besonders nervös zu sein.«

»Ich bin realistisch. Es wird ein Photo-Finish werden. Cory ist ein guter Mann, wobei die Betonung hier auf Mann liegt. Obwohl wir uns heutzutage alle einbilden, ach so aufgeklärt zu sein, hat ein Mann in der Politik immer noch die Nase vorn, wenn alle anderen Qualifikationen gleich sind. In solchen Dingen ziehen wir den Vater der Mutter vor.«

Trina fühlt sich seltsam schuldig, wie ein Henker, der den Verurteilten zum Galgen begleitet und unterwegs über sein neugeborenes Baby plaudert. Sie mampft weiter ihre Pizza, damit sie nichts sagen und sich noch schlechter fühlen muß. Sie erreichen das Haus, und Carla öffnet die Tür für Trina, aber Trina geht nicht hinein.

»Ich habe nicht vor, Ihr Zimmer zu durchsuchen«, sagt sie. »Ich fühle mich sowieso schon wie eine Idiotin, da brauche ich mich nicht auch noch wie ein Scheusal zu fühlen. Ich glaube, ich fahre einfach wieder nach Hause.«

»Okay.«

»Hören Sie, die ganze Sache tut mir leid. Ich war früher Reporterin. Ich glaube, mich hat einfach mal wieder das Watergate-Syndrom gepackt.«

Carla lächelt. Ihr Lächeln reicht nicht an das von *The Candidate* heran. Seines ist lebensspendend, eine kleine Sonne, die Wärme und Licht verbreitet. Wenn Carla lächelt, sieht man die vielen Lachfältchen rund um ihre Augen. Ihre Zähne sind klein und regelmäßig, bis auf einen, der ein bißchen vorsteht. Sie sieht aus wie ein kleines Mädchen, das gerade in eine Überraschungsparty gestolpert ist. Als das Lächeln nachläßt, verwandelt sich ihr Gesicht wieder in das einer attraktiven Frau mit Hirn und Humor. Der Gegensatz überrascht Trina.

Carla greift in ihre Tasche und zieht ein Papiertaschentuch heraus. Sie macht einen Schritt auf Trina zu und wischt ihr über die Wange. »Ich weiß nicht, wie Sie es geschafft haben, sich die Pizzasauce übers ganze Gesicht zu schmieren.« Sie zeigt Trina den roten Fleck auf dem Taschentuch.

»Das rote Erkennungszeichen einer Fleischfresserin. Den Rest dieser Pizza werde ich auf der Heimfahrt verschlingen. Es wird kein schöner Anblick sein.«

Carla lacht und wischt etwas Tomatensauce von Trinas Revers. »Wenn Sie von der Polizei aufgehalten werden, wird man Ihren Wagen nach einer Leiche durchsuchen.«

Trina nickt und setzt sich in Bewegung. Sie winkt zum Abschied, während sie ein Gähnen unterdrückt. Dann dreht sie sich zu Carla um, die gerade das Haus betritt. »Hören Sie, vielleicht ist das gegen die Genfer Konvention oder so, aber ich frage mich gerade, ob ich nicht doch kurz bei Ihnen duschen kann. Ich glaube nicht, daß ich die vierstündige Rückfahrt sonst wach durchstehe.«

»Sie werden fünf bis sechs Stunden brauchen«, sagt Carla. »Jetzt ist Hauptverkehrszeit.«

»Na großartig.«

Mit einer Kopfbewegung fordert Carla sie auf, ihr zu folgen. Sie gehen ins Haus und die Wendeltreppe in den ersten Stock hinauf. Das Treppengeländer ist auf Hochglanz poliert. Die Wand im Treppenhaus ist dunkel getäfelt und lachsfarben tapeziert.

»Ein wundervolles Haus«, sagt Trina.

»Nicht wahr? Ich komme schon seit Jahren her. Seit meiner Scheidung, um genau zu sein. Ich brauchte damals einfach einen Zufluchtsort, weit weg von meinen Anwälten, meinem Mann und meinen Töchtern. Sie haben sich alle phantastisch verhalten, es gab keine Feindseligkeiten oder so, aber ich wollte einfach allein sein.«

Trina nickt. »Ich bin nach meiner Scheidung nach San Diego gefahren. Bin mit meiner Tochter drei Tage hintereinander in den Zoo gegangen. Am vierten Tag hat sie mich angefleht, nicht mehr mit ihr dorthin zu gehen. Ich weiß nicht, irgendwie hatte der Ort für mich etwas Entspannendes.«

»Die eingesperrten Tiere?« scherzt Carla.

»Die Anonymität. Die Menschenmassen, die alle diese Tiere beobachteten, die Schilder über ihre Verhaltensweisen lasen und sich ein paar Stunden lang nicht um andere Menschen scherten. Zum Teufel mit den hungernden Massen, zum Teufel mit den politischen Flüchtlingen, zum Teufel mit der Misere der Bauern. Und zum Teufel mit deiner eigenen Scheidung. Verstehen Sie, was ich meine?«

Carla sperrt ihre Zimmertür auf, und sie gehen hinein. »Das Bad ist drüben. Bei den Handtüchern brauchen Sie nicht sparen, es sind genügend vorhanden.«

»Danke. Eine nette Bude haben Sie da, Councilwoman.«

»Zum Teufel mit den Obdachlosen!« antwortet Carla.

Trina lacht, Carla ebenfalls, und beide fühlen sich ein bißchen wie ungezogene Teenager, die gerade etwas Unanständiges an die Wand im Mädchenklo geschmiert haben.

Trina geht ins Bad und schließt die Tür hinter sich. Sie zieht ihre weinrote Jacke aus, deren doppelreihige Goldknöpfe im Spiegel funkeln. Dann steigt sie aus ihrem Faltenrock und hängt beides an den Haken hinter der Tür. Als nächstes kommt die Strumpfhose, dann der BH. Sie dreht den Wasserhahn in der Dusche auf, aber das Wasser ist kalt. Sie hält die Hand in den Strahl und spürt, wie er langsam wärmer wird. Während sie darauf wartet, daß das Wasser richtig heiß wird, starrt sie auf ihr Spiegelbild über dem Waschbecken. Dicke Dampfwolken aus der Dusche bauschen sich hinter ihrem Rücken auf wie Engelsflügel. Sie muß über das Bild lachen. Die heilige Trina in himmlischer Mission, ausgesandt, die behinderte, von der Nabelschnur strangulierte Tochter einer korrupten Politikerin aufzuspüren, die ihr Kind gewissenlos ihrer Karriere geopfert hat. Um Himmels willen, Trina, denkt sie kopfschüttelnd. Sie nimmt die rote Zahnbürste, die neben dem Waschbecken liegt, und betrachtet sie einen Augenblick, bevor sie sie wieder zurücklegt. Sie rückt sie ein paarmal hin und her, um sicherzugehen, daß sie genauso daliegt wie zuvor. Ansonsten sind im Bad keine persönlichen Dinge zu sehen. Nichts, was man ausspionieren könnte.

Trina starrt auf das Spiegelbild ihrer Brüste. Sie sind so groß, daß sie fast unwirklich scheinen. Die Dehnungsstreifen wirken wie mit Säure eingeätzt. Die Brustwarzen sind von kleinen Erhebungen umgeben, die wie Pickel aussehen. Völlig normal, aber die Männer scheinen immer ein bißchen zurückzuschrecken, wenn sie sie zum erstenmal bei Tageslicht sehen. Dieser Körper hat kein Recht, den Körper einer Frau auszuspionieren, die in der Lage ist, Marathons zu laufen.

Sie steigt in die Dusche und läßt das heiße Wasser ihre Haut bestrafen. Die Zeitschriften warnen immer vor heißem Wasser, vor allem auf dem Gesicht. Wasser läßt die Haut altern. Trina hält ihr Gesicht in den Wasserstrahl. Sie wäscht sich den Hals und die Achseln. Als sie sich zwischen den Beinen einseift, muß sie daran denken, wie *The Candidate* hinter ihr in der Dusche stand, sich an sie klammerte und mit seinem Penis tief in sie eindrang. Und sie muß an Jamison Levy denken, den

Journalisten, der sein Laken mit dem Fön trocknete. Beides nette Männer. Alle Männer, mit denen sie geschlafen hat, waren nett. Manche wollten sie heiraten, manche nicht. Sie alle schienen etwas von ihr zu erwarten, aber sie wußte nie, was es war. Manche schienen es bei ihr zu finden, andere schienen enttäuscht, wenn sie es nicht fanden. Es war alles sehr intuitiv, keiner konnte es richtig beschreiben, seine Gefühle in Worte fassen. Sie bezweifelte, daß diese Männer sich überhaupt selbst bewußt machten, was sie eigentlich suchten. Rob hatte es bei ihr gefunden, aber später warf er ihr vor, sie habe sich verändert und es ihm wieder weggenommen. Sie weiß bis heute nicht, was genau er damit meinte. Trina kann sich nicht vorstellen, unter diesen Umständen noch einmal zu heiraten. Erst muß sie herausbekommen, was dieses mysteriöse Es ist, das sie bei ihr fanden oder eben nicht.

Trina dreht das Wasser ab, schiebt den Plastikvorhang beiseite und klettert aus der Dusche. Sie ist froh, daß der Spiegel vom Dampf angelaufen ist. Sie hat für eine Weile genug von ihrem Körper. Sie wickelt sich in ein Handtuch und benutzt ein zweites Handtuch, um ihre Beine und Arme abzutrocknen. Danach zieht sie ihren Rock und ihre Jacke wieder an. Sie knüllt die gemusterte, preiselbeerfarbene Strumpfhose zusammen und stopft sie in ihre Jackentasche. Die Ausbuchtung an ihrer Jackentasche läßt sie wie eine ungeschickte Ladendiebin aussehen. Sie steigt in ihre Pumps.

Trina öffnet die Tür und geht ins Schlafzimmer hinüber. Carla Bennington sitzt mit angezogenen Beinen auf dem Sofa und verspeist gerade eine Schüssel Eis. Drei Erdnußbutterkekse ragen aus dem Eis heraus. Sie hat den Fernseher angeschaltet und eine aufgeschlagene Zeitschrift auf dem Schoß liegen.

»Das ist also Ihr großes Geheimnis, was?«

»Ich kann es wohl einfach nicht länger verbergen«, sagt Carla. »Junk food, Junk-Zeitschriften, Junk-Bücher, Junk-Filme. Ich bin ein Junkie.«

Trina lächelt. »Was für ein Geschmack?«

»Mandelkaramel.«

»Die Zeitschriften?«

»*People, US, Cosmopolitan.*«

»Die Videos?«

»Die glorreichen Sieben, Liebesgrüße aus Moskau, Schütze Benjamin.«
Trina geht zum Sofa hinüber und wirft einen Blick auf Steve McQueen, der sich gerade mit Yul Brynner unterhält. »Wissen Sie, daß das genau die Art Information ist, die Sie ruinieren kann?«

»Ich zähle auf die Gnade einer Fremden. Und auf Bestechung.« Sie deutet mit ihrem Löffel auf den Mini-Kühlschrank neben der Kommode.

Trina öffnet den Kühlschrank und zieht die Packung Eis heraus. Mit dem Plastiklöffel, der obenauf liegt, schabt sie eine Portion Eis in ein Pappeschälchen. Dazu nimmt sie sich eine Handvoll Erdnußbutterkekse. »Wie Sie sehen, bin ich nicht billig.« Sie setzt sich neben Carla aufs Sofa, und sie starren schweigend auf den Fernseher, während sie Eis essen und Kekse knabbern. So entspannt hat sich Trina schon lange nicht mehr gefühlt.

»Ich komme normalerweise nicht während der Woche her«, sagt Carla, während sich Charles Bronson sein Frühstück durch Holzhacken verdient. »Aber das ganze Wochenende war mit Wahlkampfveranstaltungen vollgepackt, und dann stand auch noch die Photosession für den Marathon auf dem Programm. Ich mußte einfach mal für eine Nacht raus. Zu Hause fühle ich mich verpflichtet, ans Telefon zu gehen. Hier nicht.«

Trina schiebt sich einen Löffel voll Eis in den Mund und preßt es mit der Zunge gegen den Gaumen. Die Kälte in ihrem Hals fühlt sich gut an. »Mir ist ganz seltsam zumute.«

Besorgt sieht Carla sie an. »Ist Ihnen schlecht?«

»Nein, es ist nur so ein seltsames Gefühl. Ich komme hierher wie eine Detektivin, bereit, Ihre Wäsche zu durchwühlen oder so was in der Art. Und dann sind Sie so nett.«

»Das klingt fast, als stünde mir eine Beichte bevor. Ich hoffe, Sie fassen sich kurz.«

Trina lacht. »Jesus, Sie sind wirklich tough.«

»Ja, das bin ich. Und das ist keine Show. Ich wurde von einem Vater erzogen, der mich schon mit drei Jahren wie eine Erwachsene behandelt hat. Meine Mutter hat sieben Kinder großgezogen, fünf eigene und zwei von ihrer Schwester, die zusammen mit ihrem Mann bei einem

Verkehrsunfall ums Leben gekommen ist. Noch heute stehe ich meinen Cousins näher als meinen eigenen Brüdern und Schwestern. Vielleicht fühlte ich mich deswegen mehr zu ihnen hingezogen, weil sie Waisen waren. Ich wollte auch immer eine Waise sein.«

»Meine Eltern hätten mich auch gern als Waise gesehen. Allerdings wollten sie dafür nicht sterben. Also gingen wir auf Distanz.«

Carla legt die Zeitschriften weg, stellt ihre Schüssel auf die Lehne des Sofas und steht auf. »Eine toughe Frau ist für die meisten Leute so etwas wie ein Mutant. Wie ein Hund mit drei Beinen oder eine Katze mit drei Augen. Das zusätzliche Anhängsel ist ungewöhnlich, unter Umständen sogar faszinierend, aber im Grunde unnötig. Eine Laune der Natur.« Sie lacht. »Manchmal bin ich sogar selbst dieser Meinung.«

»Dann kommen Sie also hier herauf, um sich ein bißchen zu entspannen.«

Carla bückt sich neben dem Bett und öffnet die Tür ihres Nachttisches. »Der Stadtrat tagt dreimal pro Woche. Zwei Tage brauche ich für die Arbeit, die in meinem Distrikt anfällt. Ich habe zwei Distriktbüros, in denen ich nach dem Rechten sehen muß. Außerdem bin ich im ›Planung-und-Umwelt‹-Ausschuß, der versucht, zweihunderttausend Parzellen Land neu aufzuteilen. Manchmal beraten wir sechs Stunden ohne Unterbrechung. Freitag ist Zootag. Da werden unsere Bürger für besondere Verdienste ausgezeichnet. Jeder von ihnen möchte mit der Stadträtin photographiert werden. Samstag ist Wandertag. Da wandere ich durch meinen Wahlkreis und verteile Wahlkampfbroschüren.« Sie steht auf und hält die Flasche Rum hoch, die sie im Supermarkt gekauft hat. Die Flasche ist noch nicht angebrochen. »Soviel zum Thema Entspannen.«

»Was ist mit all den tollen, reichen Männern, mit denen Sie ausgehen?« Trina bemüht sich, nicht neidisch zu klingen. »Helfen die Ihnen nicht auch ein bißchen dabei?«

Carla grinst. »Gelegentlich machen wir es uns zusammen gemütlich.«

»Wünschen Sie sich nicht jemanden, mit dem Sie es sich auf Dauer gemütlich machen könnten?«

»Wünschen Sie sich denn so jemanden?«

Trina zuckt mit den Achseln. »Natürlich. Ich bin bloß mit zunehmendem Alter immer wählerischer geworden. Ich habe im Kopf eine Liste, auf der steht, was der Betreffende darf und was nicht. Jedes Jahr wird meine ›Darf-nicht‹-Liste länger und anspruchsvoller. ›Darf keine doppelten Verneinungen benutzen. Darf keine Filme mit Untertiteln mögen.‹«

»Darf seine Zähne nicht gleich nach dem Sex putzen.«

»Darf den Ausdruck ›weibliche Perspektive‹ nicht gebrauchen.«

»Ja!« pflichtet Carla ihr bei. »Das steht auch auf meiner Liste. Darf keinen großen Hund haben.«

»Darf keine Dauerkarte für die Dodgers haben.«

Carla lacht. »Wir sollten unsere Listen tippen und mit denen anderer Frauen vergleichen. Dann könnten wir eine Checkliste zusammenstellen und sie den in Frage kommenden Kandidaten in die Hand drücken.«

»Ich weiß nicht recht«, meint Trina. »Viele von meinen Freundinnen haben ›Darf-nicht‹-Listen, die immer kürzer werden. Fast wie am College, wo es das mit dem ›Darf nicht‹ noch überhaupt nicht gibt. Abgesehen davon, daß man nicht häßlich sein und keinen Rechenschieber in der Tasche haben darf. Dann geht man in die Welt hinaus. Man ist jung und sexy und gefragt, so daß man es sich leisten kann, eine ›Darf-nicht‹-Liste anzufangen. Dann wird man älter, heiratet, bekommt Kinder, läßt sich scheiden, und irgendwann hat man einen Hintern, der aussieht wie eine Steppdecke. Da kann man es sich nicht mehr leisten, eine lange ›Darf-nicht‹-Liste zu haben.«

Carla öffnet den Kühlschrank, nimmt die Eispackung heraus, kommt mit dem Eis und dem Rum zum Sofa zurück und setzt sich hin. Sie gießt ein bißchen Rum über das Eis. »Versuchen Sie das mal«, sagt sie und gießt auch etwas über Trinas Eis.

»Hey, Sie haben meine Plätzchen mit Rum bekleckert.«

»Sie werden es mögen. Glauben Sie mir.«

Trina belädt ihren Löffel mit Eis und Rum und kostet.

»Wow!«

»Gut, was?«

»Ja, ich glaube schon.« Sie ißt noch einen Löffel voll.

»Ich konnte Alkohol nie ausstehen«, sagt Carla. »Das bringt ziemliche Probleme mit sich, wenn man erwachsen wird und möglichst kultiviert und gewandt wirken möchte. Wenn man einem Mann sagt, daß man keinen Alkohol trinkt, hält er einen gleich für eine stinklangweilige Quäkerin. Erfahrungsgemäß setzen die Männer Trinken mit Sex gleich.«

»›Trinkt nicht‹ ist gleich ›geht nicht aus sich heraus‹. Die Formel der Liebe.«

»Genau. Aber irgendwann habe ich festgestellt, daß ich Cola mit Rum ertragen kann, also wurde das mein Standard-Drink. Nach einer Weile begann er mir sogar zu schmecken. Ein Typ, mit dem ich öfter ausgegangen bin, ein Senator, machte aus dem Trinken eine richtige Wissenschaft. Von ihm habe ich gelernt, was ein Flip ist.«

»Klingt gefährlich.«

Carla gießt ein bißchen mehr Rum über ihr Eis. Trina nimmt die Flasche und folgt ihrem Beispiel. Sie taucht ihren Erdnußbutterkeks in die Mischung und ißt ihn.

»Ein Flip ist ein Drink aus dem siebzehnten Jahrhundert. Es handelt sich um eine Mischung aus Rum, Bier und Eischnee, die mit einem glühenden Schürhaken flambiert wurde.«

»Igitt!« Trina lacht.

»Damals wurde der amerikanische Rum nach Afrika verschifft und gegen Sklaven eingetauscht. Die Sklaven wiederum wurden in die Karibik verschifft, wo man sie gegen Melasse eintauschte, die anschließend nach England verschifft und zu Rum verarbeitet wurde.«

»Dann verspeisen wir also gerade ein Stück Geschichte«, sagt Trina.

»Stimmt genau. Heute kommt ein Großteil unseres Rums aus Puerto Rico.« Sie hält die Flasche hoch. »Bacardi Silver Label. Zeug wie das hier. Aber es gibt auch ein paar ganz exquisite Rumsorten. Dunkler Rum, der in noblen Eichenfässern heranreift. Phantastisches Zeug.«

Trina löffelt weiter ihr Eis und ißt dazu Kekse, während sie zusieht, wie James Coburn einen Mann aus einer halben Meile Entfernung vom Pferd schießt. »Phantastischer Schuß«, meint sie.

»Eigentlich habe ich auf das Pferd gezielt«, beklagt sich James Coburn.

Carla und Trina lachen.

Den Rest des Films bekommen sie nicht mit, weil sie sich so angeregt unterhalten. Als der Film zu Ende ist, legen sie eine andere Kassette ein, *Liebesgrüße aus Moskau*, obwohl sie auch davon nichts mitbekommen. Während sie sich unterhalten, lassen sie die Rumflasche hin- und hergehen.

»Keine Angst«, sagt Trina, als sie Carla die Flasche reicht, »die Blasen an meiner Lippe sind fast schon abgeheilt.«

Carla lacht, versucht zu trinken, muß wieder lachen. Schließlich nimmt sie einen Schluck, erstickt aber fast daran, als sie zum drittenmal losprustet. Ein paar Tropfen Rum sprühen auf Trinas Rock.

»Hey«, sagt Trina. »Ich habe schon geduscht.«

»Allem Anschein nach mit Sahneeis.« Carla befeuchtet den Rand einer Papierserviette mit der Zunge und schrubbt die eingetrockneten Eisflecken von Trinas Rock.

»Irgendwann werde ich mir angewöhnen müssen, manierlicher zu essen.«

»Oder Gummihosen zu tragen.«

»Dieser Vorschlag ist mir schon einmal gemacht worden, allerdings von einem Mann.«

Carla muß wieder lachen. Ihr langes Haar fällt ihr ins Gesicht; die silbergraue Strähne verdeckt ihr rechtes Auge. Sie muß so lachen, daß sie die Serviette fallen läßt. Trina und Carla lehnen sich beide nach vorne, um die Serviette aufzuheben, und knallen mit den Köpfen aneinander. Beide taumeln von der Wucht des Aufpralls zurück.

»Shit«, sagt Trina. »Das hat weh getan.«

Carla reibt sich die Stirn. »Hoffentlich wird es nicht blau. Es wäre schwierig, den Reportern eine glaubhafte Erklärung zu liefern. Beschwipste Kandidatin kollidiert mit Wahlkampfmanagerin der Konkurrenz.«

»Eigentlich mache ich nur PR. Mary und Warren sind die Wahlkampfmanager.« Trina streicht Carla das Haar aus der Stirn und schiebt ihre Hand weg. »Es ist ein bißchen rot, aber es wird keinen Bluterguß geben.«

»Mein Gott!« sagt Carla und sieht Trina an. »Sie haben ja eine Beule.«

Vorsichtig berührt Trina ihre Stirn und betastet die Schwellung. »Tut aber nicht besonders weh.«

»Das kommt daher, weil Sie betrunken sind.«

»Ich bin nicht betrunken.«

»Sie sind betrunken«, wiederholt Carla. »Ich muß es schließlich wissen.«

»Warum?«

»Weil ich selber betrunken bin.«

»Oh«, sagt Trina.

Carla geht zum Eiskübel hinüber und kommt mit ein paar Eiswürfeln zurück. Wasser tropft von ihrer Hand auf den Teppich und das Sofa. Sie preßt einen der Eiswürfel gegen Trinas Beule. Mit der anderen Hand stützt sie Trinas Nacken und hält ihren Kopf ruhig, während sie sie mit dem Eis behandelt. Carlas Gesicht ist dem von Trina so nahe, daß sie ihren Atem auf ihrer Wange spüren kann. Trina schließt die Augen, während Carla mit dem Eis rund um die Beule streicht. Der Eiswürfel beginnt zu schmelzen, und kaltes Wasser läuft über Trinas Augenbraue und Wange. Die Tropfen sammeln sich in ihrem Mundwinkel, und sie leckt sie weg.

Plötzlich spürt sie, wie sich Lippen auf die ihren pressen. Als sie die Augen öffnet, sieht sie, daß Carla ihr direkt in die Augen blickt, während sie sie küßt. Trina weiß nicht, was sie tun soll. Carla preßt immer noch den Eiswürfel gegen ihre Stirn und stützt mit der anderen Hand ihren Nacken. Carlas Lippen fühlen sich feucht und weich an. Es sind keine drängenden Lippen, und da ist auch keine Zunge, die versucht, Trinas Lippen auseinanderzudrängen. Es sind einfach nur Lippen. Volle, weiche Lippen, die sie ein bißchen an die von Karyn erinnern.

Carla löst sich von ihr. Sie wirkt leicht verstört. »Ich habe das noch nie zuvor getan.«

Beide schweigen. Das Eis in Carlas Hand ist geschmolzen. Sie geht hinüber, um Nachschub zu holen, und bringt gleich den ganzen Kübel mit. »Eigentlich stimmt das nicht ganz. Als ich acht war, wollte mir das Mädchen von nebenan beibringen, wie man Jungs küßt. Sie war neun.«

Trina weiß immer noch nicht, was sie sagen oder tun soll. Sie ist wie gelähmt. Schließlich wischt sie sich das Schmelzwasser aus dem Gesicht und stellt überrascht fest, wie heiß sich ihre Haut anfühlt. Sie sieht zum Fernseher hinüber. Sean Connery küßt gerade eine Frau im Zug. Robert Shaw stürzt herein und will ihn töten. Liebe ist gefährlich.

»Seltsam«, sagt Carla und schüttelt den Kopf, als wäre sie gerade aus einem langen Koma erwacht.

»Ich glaube, Sie hatten recht. Wir sind tatsächlich betrunken.«

»Sag ich doch.« Carla reicht ihr einen Eiswürfel aus dem Kübel. Trina preßt ihn gegen ihre Beule. Carla streicht sich das Haar aus dem Gesicht und nimmt es zu einem strengen Pferdeschwanz zurück. Sie starrt ebenfalls auf den Bildschirm.

»Mein Gott, war der mal sexy«, sagt Trina, als Sean Connery Robert Shaw gegen die Wand drängt.

»Mir gefällt er jetzt noch besser, fast kahl und so.«

Trina kann immer noch den Druck von Carlas Lippen auf ihren eigenen spüren. Sie greift nach der Rumflasche und nimmt einen Schluck. Die Flasche ist fast leer. »Auf unseren morgigen Kater!« sagt sie.

Carla nickt, den Blick starr auf den Bildschirm gerichtet.

Trina stellt die Flasche weg und wirft das Eis in den Kübel zurück. Sie lehnt sich hinüber und küßt Carla. Carla rührt sich nicht. Sie schließt die Augen, und Trina folgt ihrem Beispiel. Sie küssen sich auf dieselbe Art wie vorher. Züchtig. Die Lippen aneinandergeschmiegt. Weich und nachgiebig. Trina lehnt sich zurück, und beide atmen schneller.

»Was erwartest du jetzt von mir?« fragt Carla.

»Ich weiß es nicht. Vielleicht sollten wir ganz laut ›Lesbe!‹ schreien oder so was. Vielleicht würde uns das ein bißchen ausnüchtern.«

»Willst du noch weiter machen?«

Trina schüttelt den Kopf. »Ich glaube nicht. Und du?«

»Nein. So ähnlich muß es sich anfühlen, wenn man Heroin oder so was nimmt. Jedenfalls habe ich mir das immer so vorgestellt. Vor lauter Schuldgefühl und Angst rast mein Herz wie wild.«

»Angst?« Trina ist wütend. »Ich habe keine Photographen mitgebracht, wenn du das meinst.«

»So habe ich es nicht gemeint. Beruhige dich wieder.«

Sie sitzen beide da, ohne sich anzusehen. Der Film ist zu Ende, und Carla legt *Schütze Benjamin* ein. »Ich habe diesen Film bei einer Wohltätigkeitsveranstaltung mit Goldie Hawn gesehen. Ich kann mich nicht mehr daran erinnern, wen wir damit unterstützen wollten. Ist das nicht schrecklich?«

»Geradezu kriminell.«

Sie sehen sich an, und irgendwie küssen sie sich schon wieder. Trina hat nicht das Gefühl, daß sie tatsächlich hier sitzt und eine andere Frau küßt. Sie fühlt sich eher wie eine Spionin, die das Ganze von ihrem Versteck hinter der Tür aus beobachtet. Im Geiste zückt sie ihre Mini-Agentenkamera, die aussieht wie ein Feuerzeug, und macht einen Schnappschuß nach dem anderen. Sie wird sich die Bilder später genau ansehen und dabei hoffentlich herausfinden, wie zwei so nette Menschen so tief sinken konnten. Sie weiß, daß das in Wirklichkeit gar nicht sie selbst ist, die da auf dem Sofa sitzt, diese Frau umarmt und sich von ihr einen Kuß geben läßt, diesmal sogar einen richtigen Zungenkuß. Sie weiß, daß das nicht sie selbst sein kann, weil sie sich sonst viel schlimmer fühlen würde. Die wirkliche Trina wäre entsetzt. Sie hält die Schwulen- und Lesbenbewegung im Prinzip für eine gute Sache, fand aber den Akt selbst immer abstoßend. Trotzdem verspürt sie jetzt kein Unbehagen.

Während Goldie Hawn bei strömendem Regen im Kreis marschiert, machen sie sich auf den Weg ins Bett. Sie ziehen sich gegenseitig aus. Carlas Körper ist viel fester als der von Trina, und sie ist ein bißchen verlegen, als Carla ihr den BH öffnet und ihre riesigen Brüste herausquellen. Trina ist durch den Anblick von Carlas nacktem Körper nicht erregt; sie ist eher neugierig, wie ein Kind beim Zoobesuch. Die sanfte Berührung von Carlas Hand an ihrer Hüfte, die Finger auf ihrer Wange, die Lippen an ihrem Nacken – all das rührt etwas in Trina an, das ihr Herz schneller schlagen läßt.

Keine von beiden berührt die andere an ihren Brüsten oder zwischen den Beinen. Sie streicheln sich am Rücken, an den Beinen und am Po. Sie klammern sich aneinander und küssen sich. Trina spürt, wie sich Carlas kleiner, fester Busen gegen ihren eigenen schmiegt. Ihr schießt der Gedanke durch den Kopf, daß ihre Brüste die von Carla einfach aufsaugen könnten – wie riesige Schwämme. Carlas Hand liegt fest auf Trinas Hüfte, sie wandert weder nach oben noch nach unten.

Nach einer Weile lösen sie sich voneinander und sehen sich an. Sie müssen beide lachen.

»Ich komme mir vor wie ein tolpatschiges Kind in einem Porzellanladen«, sagt Carla.

»Was man anfaßt, muß man auch kaufen«, pflichtet Trina ihr bei.

»Eigentlich blöd. Aber jetzt sind wir schon so weit gegangen, daß wir genausogut auch noch weiter machen können.«

Trina nickt. Es ist ein komisches Gefühl, so locker mit jemandem zu reden, mit dem man gerade Liebe macht. Nicht, daß sie während ihrer Ehe mit Rob oder bei den anderen Männern, mit denen sie geschlafen hat, nicht locker gewesen wäre. Aber die Lockerheit wirkte da immer ein bißchen gezwungen, so als müßte man sich gegenseitig beweisen, daß Sex keine besondere Sache war. Nichts, womit man sich zu irgend etwas verpflichtete. Kein Wettstreit.

Sie spürt Carlas Lippen auf ihrer Brust, spürt, wie ihre Zunge über die Brustwarze fährt. Sie sieht zu, wie Carla sie leckt. Carla blickt auf und lächelt, Trinas Brustwarze zwischen den Zähnen.

Trina schließt die Augen, während Carla sich ihrer anderen Brust zuwendet. Was hat das alles zu bedeuten? Daß sie lesbisch ist? Sie hat irgendwo gelesen, daß einem Psychiaterkongreß zufolge schon eine einzige gleichgeschlechtliche Erfahrung im Erwachsenenalter bedeute, daß man schwul beziehungsweise lesbisch sei. Aber wenn sie lesbisch war, warum war sie dann nie auf andere Frauen scharf? Vielleicht sollte sie mal mit Whitney über dieses Thema sprechen. Wenn sie tatsächlich lesbisch ist, wie soll sie das nur Karyn erklären?

Carla läßt ihre Zunge über Trinas Bauch nach unten gleiten. Trina riskiert einen Blick und sieht, daß Carla ihre gespreizten Beine betrachtet. Sie studiert Trinas Vagina wie eine Schwimmanfängerin, die man aufgefordert hat, in den Pool zu springen. Langsam beugt sie den Kopf, und Trina spürt die sanfte Berührung ihrer Zunge. Carla preßt ihre Hand gegen Trinas Schamhaar. Ihre Zunge streift die Klitoris, und Trinas Hüften bäumen sich plötzlich auf. Sie ist von der Intensität ihrer Reaktion überrascht. Carla macht weiter, und Trinas Atem geht schneller und flacher. Sie schaut zu Carla hinunter und sieht, daß ihr Kinn feucht glänzt. Carla erwidert Trinas Blick. Dann schließen sie beide die Augen.

Trina hat das Gefühl, als kämen zwei Lokomotiven durch ihre Beine heraufgerast, um in ihrem Schoß zu kollidieren. Carla wendet keine besondere Technik an. Der Unterschied ist der, daß Trina nicht bedenken muß, wann sie »langsamer« oder »schneller«, »hier« oder »da« sagen soll. Carla macht es einfach von selbst richtig, und Trina kann sich zurücklegen und das Gefühl auskosten, wie die Lokomotiven mit Höchstgeschwindigkeit an der Innenseite ihrer Oberschenkel heraufschießen und laut pfeifend aufeinander zurasen, nicht bereit, auch nur einen Zentimeter nachzugeben, bis sich Trina schließlich durch die Wucht des Aufpralls in die Höhe gerissen fühlt. Glühende Stahlsplitter fliegen durch die Luft. Eine Rauchwolke steigt empor. Trina schreit auf wie eine verletzte Überlebende.

Dann ist Carla an der Reihe.

Trina wacht auf, als die Toilettenspülung betätigt wird. Sie setzt sich hin und sieht Carla in ihren Joggingsachen aus dem Bad kommen. »Wie spät ist es?«

»Fünf Uhr morgens.«

Trina reibt sich die Augen. »Was ist los?«

»Ich muß trainieren. Schließlich laufe ich demnächst bei einem Marathon mit. Ich brauche die Publicity, wenn ich gegen deinen Cory Meyers gewinnen will.«

Trina nickt. »Ach ja, richtig. Cory.«

»Außerdem muß ich zurück nach L. A. Heute ist einer meiner Distrikt-Tage. Ich muß den Geschäftsleuten aus meinem Wahlkreis die Hand schütteln. Ihnen sagen, was ich unternehmen werde, um mehr Kunden in ihre Läden zu bringen.«

Trina sieht sich im Zimmer um. Ihre Sachen liegen ordentlich zusammengelegt auf dem Sofa. Die Rumflasche ist verschwunden, ebenso die Überreste ihrer Eisschlacht. Alles wirkt sauber und ordentlich. Fast so, als hätte es die letzte Nacht nicht gegeben.

»Sollen wir darüber reden?« fragt Trina.

»Wenn du willst.«

»Ich weiß nicht. Ich habe ein komisches Gefühl. Als sollte ich eigentlich ganz schnell rausrennen und den Rat eines Experten einholen.«

»Bevor es noch schlimmer wird.«

Trina lacht. »So in etwa. Und wie fühlst du dich?«

Carla legt ihr Bein auf das Rückenpolster des Sofas und streckt die Arme aus, um mit den Händen die Zehen zu berühren. Sie behält diese Haltung bei, während sie Trina antwortet.

»Schuldig. Ich hätte nie geglaubt, daß mir so etwas je passieren könnte. Ich meine, ich bin schließlich nicht lesbisch.«

»Genau so fühle ich mich auch.«

»Trotzdem haben wir es getan. Was bedeutet das?«

»Vielleicht sollten wir uns nicht den Kopf darüber zerbrechen, was es bedeutet, sondern lieber überlegen, was es uns gebracht hat.«

»Sex.«

»Klar. Sonst noch was?«

Carla lächelt. »Du wirst mir doch wohl keine Blumen schicken und versprechen, nächste Woche anzurufen?«

Trina runzelt die Stirn. »Du willst also nicht darüber reden. Dann nichts wie los, geh joggen.«

»Worüber sollen wir da noch reden? Willst du, daß ich zu dir ins Bett springe und von vorne anfange?«

Trina überlegt. »Nein. Obwohl ich grundsätzlich nichts dagegen hätte, glaube ich. Gestern hatte ich ja auch nichts dagegen. Aber am liebsten wäre mir jetzt, wir könnten zusammen frühstücken und reden. Nicht über dieses Thema. Einfach nur reden. Wie gestern nacht.«

Carla runzelt die Stirn. »Ich muß trainieren.« Sie geht zur Tür und öffnet sie. Dann dreht sie sich noch einmal zu Trina um. Ihre Miene ist grimmig. »Übrigens, ich habe dir doch gestern gesagt, daß ich tough bin. Falls du vorhast, diese Episode zu verwenden, um Cory zu helfen, solltest du wissen, daß ich ein paar Photos von euch beiden habe, wie ihr gerade aus dem Travel Lodge kommt. Und ein paar Teleskop-Aufnahmen, die bei eurer gemeinsamen Wassergymnastik entstanden sind. Verschwommen, aber deutlich genug.«

Trina starrt sie an. »Du bist wirklich tough, Carla.«

Carla senkt einen Moment lang den Kopf, bevor sie Trinas Blick erwidert. »Ich habe dich gewarnt.« Im Hinausgehen zieht sie die Tür hinter sich zu.

Trina seufzt. »Die Miniserie meines Lebens.«

25

Diva seufzt, während das Eis auf ihrem Knöchel schmilzt. Das ist mal wieder typisch, daß sie sich den Knöchel ausgerechnet vor ihrem ersten Rendezvous mit Harley Buss verstaucht hat. Sie nimmt noch mehr Eis aus der Kühltasche und preßt es gegen die Haut. Die Schwellung geht ein bißchen zurück.

Diva sieht auf ihre Uhr, die sie an den Griff ihrer Strandtasche gebunden hat. »Shit«, sagt sie, als sie merkt, wie spät es schon ist. Sie hat gerade noch genug Zeit, um nach Hause zu gehen, zu duschen und sich umzuziehen, bevor Harley Buss kommt. Sie ist wegen dieses Dates schon den ganzen Tag nervös. Eigentlich war sie nur an den Strand heruntergekommen, um sich beim Volleyball ein bißchen zu entspannen und vielleicht ein paar überflüssige Pfunde auszuschwitzen, bevor sie Harley traf. Jetzt wird sie zu diesem Date humpeln wie Piper Laurie in *Haie der Großstadt*.

Diva schafft es, langsam aufzustehen; dabei zieht sie den wehen Fuß an wie ein Flamingo. Sie nimmt ihre Tasche und den Klappstuhl und macht sich humpelnd auf den Weg zu ihrer Wohnung.

Coma, der gerade eine Angabe machen will, sieht sie gehen. »Alles okay?«

»Nur verstaucht«, versichert sie ihm.

Er nickt und spielt weiter.

»Hi«, sagt Harley Buss.

Diva begrüßt ihn an der Tür. Sie trägt ihre Glücksohrringe, obwohl sie längst vergessen hat, wieso sie ihr eigentlich Glück bringen sollen. Außerdem trägt sie eine schwarze Seidenhose, die ihren Bauch unter etlichen Falten verbirgt, dazu eine beigefarbene Seidenbluse mit Nehru-Kragen und rote Pumps, die dem Ganzen einen Hauch von Leidenschaftlichkeit verleihen sollen. Ihre Strumpfhose ist ebenfalls schwarz, um das elastische Knöchelband zu verbergen. Sie hat das Gefühl, durch ihr Outfit mehr zu verbergen als zu enthüllen. Er trägt ein beigefarbenes Sportjackett, ein kobaltblaues Polohemd und eine khakifarbene Hose. Er hat ihr Blumen mitgebracht.

»Blumen«, sagt sie, als sie sie entgegennimmt. »Ich habe seit dem Schulabschluß von keinem Verehrer mehr Blumen bekommen.«

»Ich bin eben sehr altmodisch«, sagt Harley. »Draußen im Wagen wartet meine Mutter, um uns zu fahren.«

Diva lacht. »Kommen Sie herein.« Sie läßt ihn eintreten und folgt ihm ins Wohnzimmer, wobei sie darauf achtet, kleine Schritte zu machen und möglichst nicht zu hinken. Ihr Knöchel tut so weh, als wäre ein Bär darauf herumgetrampelt. Es kostet sie einige Anstrengung, vor Schmerz nicht laut aufzuschreien, aber sie zwingt sich zu einem Lächeln. Er sieht besser aus, als sie erwartet hatte. Das macht sie nur noch nervöser.

Er setzt sich aufs Sofa und sieht sich in der Wohnung um, als wäre er ein Polizist bei einer Hausdurchsuchung. Das Poster von *Gandhi* erregt sein Interesse. »Guter Film«, sagt er.

»Ich habe ihn nie gesehen«, antwortet sie. »Ich habe das Poster nur als Diäthilfe aufgehängt.«

Er lacht nicht, obwohl sie es witzig gemeint hatte. Na großartig, jetzt denkt er, ich bin dumm und fett. Seine Augen durchforsten ihre Bücherregale, wo nur ein paar einsame Bände stehen, hauptsächlich Unterhaltungsromane, die sie irgendwann geschenkt bekommen, aber nie gelesen hat. Er runzelt die Stirn, als hätte er direkt in ihr Gehirn gesehen und dort ein paar schlimme Staubmäuse entdeckt, so daß er jetzt den dringenden Wunsch hat, sich die Hände zu schrubben und die Zähne zu putzen. Er scheint ihrem Blick auszuweichen. Das ist nicht ihr erstes Blind Date, und sie kennt die Symptome. Daß er sie nicht ansieht, ist kein gutes Zeichen.

»Hören Sie«, sagt sie, während sie immer noch die Blumen in der Hand hält. »Das ist mein erstes Blind Date. Ich weiß sowieso nicht, woher ich den Mut genommen habe, Sie anzurufen. Aber wir müssen das nicht durchziehen.«

Harley sieht sie zum erstenmal direkt an, sagt aber nichts.

Diva spricht weiter. »Wenn Sie enttäuscht sind, können wir das Ganze auch lassen.« Sie stellt sich die eleganten Bohnenstangen vor, mit denen er sonst ausgeht, junge schlanke Studentinnen, brillante Dozentinnen wie Barcy, Verwaltungsdamen mit Terminkalendern und nahtloser Bräune. »Ich bin wahrscheinlich nicht das, was Sie sich vorgestellt haben.«

Harley nickt. »Nein, das sind Sie nicht.«

Divas Eingeweide purzeln durcheinander, um die Plätze zu tauschen. Ihr Herz sitzt plötzlich da, wo vorher ihr Magen war, und ihr Gedärm stranguliert ihre Lunge. Sie hält die Blumen gegen ihren Magen gepreßt. »Also, wie ich schon gesagt habe, wir brauchen das hier nicht durchzuziehen.«

»Okay«, sagt Harley. Er steht auf und geht zur Tür. »War nett, Sie kennenzulernen.« Er geht und schließt die Tür hinter sich.

Diva ist völlig perplex. Sie hinkt in die Küche hinüber und findet ein Trinkglas, das groß genug ist, um die Blumen aufzunehmen. Es ist ein bunter Strauß leuchtender Blüten mit kräftigen Stielen. Sie weiß allerdings nicht, wie sie heißen. Eine sieht aus wie eine Ringelblume, aber sie ist sich nicht sicher. Sie läßt Wasser in das Glas laufen und stellt die Blumen hinein. Sie überlegt, ob sie ein Aspirin ins Wasser geben soll, hat aber keine Lust, sich mit ihrem wehen Knöchel ins Bad zu schleppen. Außerdem brauchen diese Blumen gar nicht länger zu halten als unbedingt nötig. Eigentlich will sie sie überhaupt nicht herumstehen haben. Sie reißt sie aus dem Glas und wirft sie in den Mülleimer unter der Spüle. Sie passen nicht ganz hinein, so daß sie sie ein bißchen runterdrücken muß.

»Die waren ziemlich teuer«, sagt Harley.

Diva blickt auf und sieht ihn neben dem Kühlschrank stehen.

»Was tun Sie hier?«

Harley zuckt mit den Achseln. »Wir sind verabredet.«

»Sie sind doch gegangen.«

»Sie haben bloß bekommen, was Sie verdienen.« Er geht zum Sofa hinüber und setzt sich auf denselben Platz wie vorher. »Was ist denn das für eine Art, ein Rendezvous zu beginnen? ›Ich bin nicht das, was sie erwartet haben. Wir brauchen das nicht durchzuziehen.‹ Jesus.«

Diva humpelt zum Sofa hinüber und setzt sich neben Harley. »Ich bin tatsächlich nicht das, was Sie erwartet haben, oder?«

»Nein.«

»Sie haben jemand Hübscheren erwartet, stimmt's?«

»Ja.«

»Und mit einem tollen Körper?«

Harley nickt.

Diva starrt ihn an. »Ich hasse Ehrlichkeit.« Sie lehnt sich zurück und legt ihren Knöchel hoch. »Ich habe mir heute den Knöchel verstaucht.«

»Wie?«

»Beim Volleyball. Spielen Sie auch?«

Er schüttelt den Kopf. »Tennis.«

Sie stellt ihren Fuß wieder auf den Boden, wendet aber den Blick nicht davon ab. »Dieser Abend verläuft wirklich nicht so, wie ich mir das vorgestellt hatte.«

Harley steht auf und stellt sich vor sie hin. »Ich habe ein Magengeschwür, Hämorrhoiden und Herpes. Ein Teil meiner Schamhaare ist grau. Meine ganze Brustbehaarung ist grau. Beim Tennisspielen schummle ich manchmal; ich behaupte, daß Bälle, die auf die Linie treffen, schon im Aus waren. Außerdem kann ich nicht mit Geld umgehen! Ich komme immer gerade so über die Runden.« Er setzt sich neben sie. »Na bitte. Fühlen Sie sich schon besser?«

»Ein bißchen.« Sie mustert ihn von Kopf bis Fuß. »Eines frage ich mich allerdings: Was fange ich bloß mit einem Versager wie Ihnen an?«

»Ich habe noch nie graue Schamhaare gesehen«, sagt Diva.

Harley hebt die Bettdecke und starrt auf seine Lenden. »Nobel, was? Genau das Grau von Peter Lawford.«

Diva hat keine Ahnung, wer Peter Lawford ist. Sie lehnt sich wieder gegen das Kopfteil, während Harley den Joint neu anzündet, den sie früher am Abend zu rauchen begonnen hatten. Er nimmt einen Zug und reicht ihn ihr. Sie saugt ein klein wenig daran, hält die Luft an und sieht sich in seinem Schlafzimmer um. Seine Bücherregale nehmen eine ganze Wand ein. Die Bücher sind größtenteils Hardcovers und sehr dick. Sie entdeckt viele Biographien von Schriftstellern. Ein paar Namen kennt sie: Poe, Melville, Faulkner, Hemingway. Andere kennt sie nicht – Trollope, Carlyle, Goldsmith –, nimmt aber an, daß es sich ebenfalls um Schriftsteller handelt. Auf beiden Nachttischen stapeln sich Bücher und Zeitschriften. Die Zeitschriften sehen ganz anders aus als die, die sie liest. Sie sind kleiner und einfacher und haben Namen wie *Georgia Review*, *American Scholar*, *Prairie Schooner*. In den meisten stecken Papierstreifen, mit denen er Seiten markiert hat.

Diva will ihm den Joint zurückgeben, aber er schüttelt den Kopf. Er hat schon vorher nicht viel geraucht, obwohl der Vorschlag und der Joint von ihm stammten.

»Warum hast du keine Bilder aufgehängt?« fragt Diva und deutet mit dem rauchenden Joint auf die kahlen Wände. »Gemälde oder Poster oder so was.«

»Ich habe noch nicht die richtigen gefunden. Ich muß erst etwas finden, von dem ich hundertprozentig überzeugt bin, ehe ich ein Loch in meine Wand mache.«

»Wie lange wohnst du schon hier?«

»Drei Jahre.«

Drei Jahre! Diva empfindet soviel Pingeligkeit als schlechtes Zeichen. Wenn er wegen eines kleinen Lochs in der Wand schon ein solches Theater macht, wie muß er dann erst sein, wenn es um eine Freundin geht? Trotzdem findet sie ihn sehr nett. Das Essen mit ihm hat Spaß gemacht. Er ist mit ihr in ein Restaurant gegangen, wo als Vorspeise Blumen serviert wurden. »Ich bin fest entschlossen, Sie heute abend mit Blumen zu verwöhnen«, hatte er gesagt, »so oder so.«

Obwohl sie Vegetarierin ist, hatte sie anfangs Bedenken, aber dann aß sie einen Salat aus Hibiskus, Stiefmütterchen, Fuchsien und Kapuzinerkresse in einer Himbeer-Haselnuß-Vinaigrette. Diva hatte über solche Restaurants gelesen, und über Leute, die regelmäßig zum Blumenessen gingen. Sie hatte von einer Braut gelesen, deren Brautstrauß aus lauter eßbaren Blumen zusammengestellt war. Nach der Trauungszeremonie hatte sie den Strauß in den Salat geworfen.

Plötzlich schlägt Harley die Bettdecke zurück. »Ich halte es nicht mehr aus«, verkündet er laut. »Ich bin am Verhungern. Stiefmütterchen machen einfach nicht satt.« Er springt aus dem Bett. »Hast du Lust, mit mir zu essen?«

»Das habe ich schon getan, erinnerst du dich?«

Er grinst. »Ich rede von Essen. Richtigem Essen.«

Diva drückt den Joint aus und klettert aus dem Bett. Sie sieht sich nach etwas um, das sie anziehen kann. Die Vorstellung, in hellem Licht nackt vor ihm herumzuspazieren, gefällt ihr nicht. Schließlich kann sie ihren Bauch nicht endlos einziehen.

»Komm«, sagt er und nimmt sie an der Hand.

Sie humpelt neben ihm her, nur mit dem elastischen Verband um ihren Knöchel bekleidet. Er legt ihr den Arm um die Taille, um sie zu stützen. Seine Fingerspitzen liegen auf ihrem Bauch, der um einiges flacher war, als sie im Bett auf dem Rücken lag. Sie hat ebenfalls den Arm um seine Taille gelegt und kann seinen flachen, haarigen Bauch spüren.

Die Küche ist makellos. Kein schmutziges Geschirr, keine Flecken auf der Arbeitsplatte, keine Brösel auf dem Boden. Kein Kalkring rund um den Ausguß. »Junge, du kannst jederzeit zum Hausputz bei mir antreten«, sagt sie.

»Ich habe eine Putzfrau, die einmal die Woche kommt. Während der Woche esse ich fast nie zu Hause, und wenn es doch einmal vorkommt, esse ich von Papptellern oder beuge mich über das Spülbecken. Die Küche ist der sauberste Raum im ganzen Haus.« Er öffnet den Kühlschrank und nimmt etwas heraus, das in Alufolie verpackt ist. Als er die Folie auseinanderzieht, kommt ein kleiner Berg Hackfleisch zum Vorschein. Er riecht daran, wendet sich ab, riecht noch einmal. »Ich glaube, es ist noch gut. Bist du dabei?«

»Ich bin doch Vegetarierin.«

»Ach ja, stimmt.« Er öffnet erneut den Kühlschrank, beugt sich hinein, durchwühlt die verschiedenen Fächer und kommt mit einer Zucchini und einer suspekt aussehenden Tomate wieder zum Vorschein. Sie runzelt die Stirn. »Ich kann dir davon eine Suppe machen«, sagt er.

Sie starrt auf den roten Fleischhaufen in der Folie. Ihr Magen knurrt vor Gier. Aber sie ist fest entschlossen, die Kontrolle über ihr Leben zu behalten; schließlich hat sie ein paar wichtige Entscheidungen getroffen. Sie darf jetzt auf keinen Fall nachlässig werden, weil sonst auch alles andere über ihr zusammenbrechen könnte. »Eine Scheibe Toast wäre schön.«

»Ein englisches Brötchen.« Er öffnet eine Schublade mit einer eingebauten Brot-Box, nimmt zwei englische Brötchen heraus, reißt eines auseinander und schiebt es in den Toaster. Das andere schiebt er in den Grill.

»Setz dich hin«, sagt er und rückt ihr einen Stuhl zurecht. »Ich kümmere mich um alles.«

Diva setzt sich und sieht zu, wie er das Hamburger-Fleisch zwischen seinen Handflächen formt, bis es flach ist. Dann klatscht er es in eine Pfanne. Während das Fleisch brät, stellt er sich hinter Diva und legt seine Arme um ihre Schultern. Sie findet, daß das eine nette Geste ist. Er küßt ihren Nacken. »Du wirst noch deine Brötchen verbrennen lassen«, sagt sie.

Er nimmt ihr Brötchen aus dem Toaster. »Marmelade?«

Diva zögert. Wenn sie ja sagt, wird er sie für verfressen halten. Pur, ohne Butter, staubtrocken. So essen dünne Leute ihre Brötchen. »Nichts, danke.«

»Igitt«, sagt er. Er nimmt einen Pappteller aus der Schublade und reicht ihr das Brötchen auf dem Teller.

»Darf ich mal dein Telefon benutzen?« fragt Diva.

»Natürlich. Entweder das hier, oder, wenn du deine Ruhe willst, das im Schlafzimmer.«

»Das hier ist schon okay.« Sie wählt Dixies Nummer. Niemand nimmt ab. Vor lauter Angst und Schuldgefühl hat Diva plötzlich überhaupt keinen Hunger mehr. Sie legt auf.

»Keiner zu Hause?« fragt er, während er den leicht verkohlten Burger aus der Pfanne nimmt.

Diva schüttelt den Kopf.

»Was ist los? Du wirkst auf einmal so deprimiert.«

»Ich mache mir Sorgen um eine Freundin. Ich versuche schon seit Tagen vergeblich, sie zu erreichen.«

Harley setzt sich an den Küchentisch und beginnt seinen Hamburger zu essen. Er hat Catalina-Salatdressing darübergeschüttet. »Lecker«, sagt er und kaut zufrieden vor sich hin. Er hält ihr den Hamburger hin. Sie schüttelt wieder den Kopf.

Eine Weile sitzen sie schweigend da. Lächelnd starrt Harley Diva an. Er wirkt ausgesprochen zufrieden.

»Was ist?« fragt sie. »Wo guckst du hin?«

»Auf dich.«

»Hatten wir das nicht schon abgehakt? Ich bin nicht das, was du erwartest hast.«

»Niemand ist jemals das, was der andere erwartet. Vielleicht ist erwarten hier das falsche Wort. Hoffen trifft es wohl eher. Du siehst nicht so aus, wie ich gehofft habe.«

»Wie, hast du denn gehofft, würde ich aussehen?«

»Wie Kim Basinger. Das hoffe ich bei jeder Frau. So ist das nun mal mit den Männerphantasien. Bestimmt sehe ich auch nicht so aus, wie du gehofft hast.«

Sie reißt ein Stück von ihrem englischen Brötchen ab und ißt es. »Eigentlich siehst du sogar noch besser aus, als ich gehofft hatte.«

»Wirklich? Wen hast du denn erwartet? Charles Laughton?«

»Wer ist das?«

»Der Glöckner von Notre Dame. Captain Bligh gegen Clark Gable.«

»Ach ja, der. Er hatte eine Warze oder so was auf der Nase und sah aus wie eine Bulldogge.«

»Genau der.«

Diva nickt. »Etwas in der Art hatte ich erwartet.« Sie lacht. »Nein, aber im Ernst.« Sie reißt sich noch ein Stück von dem Brötchen ab. »Ich wollte jemanden, der gut aussieht, aber nicht so gut, daß ich daneben häßlich wirke. Es gibt keinen schlimmeren Anblick, als einen wirklich tollen Typen mit einer fetten, unscheinbaren Frau einen Kinogang hinuntergehen zu sehen. Alle im Publikum fragen sich dann, wie die beiden zusammengekommen sind. Jeder geht davon aus, daß sie Geld hat oder irgendeine krankhafte Macht über ihn besitzt.«

»Nur du denkst so was nicht, oder?«

»Nein, ich bin immer die einzige im Publikum, die glaubt, daß die fette Tussi schwanger ist.«

Harley lacht. »Ich würde dich gerne mal singen hören.«

»Du hast mich schon gehört.«

»Wann?«

»Beim Autofahren.« Sie singt zu der Melodie von »Bali Ha'i«: »*Ed Landers' Ford is calling you/Four-oh-five free-way/Harbor Boulevard ex-it/Right away, right away. Landers' Ford, Landers' Ford, Landers' Fooooord.*«

»Das habe ich wirklich schon öfter gehört«, sagt Harley lachend. »Und das bist du?«

Diva nickt. »Das bin ich.«

»Du hast eine phantastische Stimme.«

»Hörerwünsche werden gern erfüllt. Willst du ›Hold the Pickle, Hold the Lettuce‹ hören? Oder wie wär's mit einem Oldie: ›*And flush those troubles down the drain. Roto-Rooter!*‹«

Harley legt seinen Hamburger weg. »Höre ich da eine Spur von Ironie in deiner Stimme?«

Sie nimmt den Hamburger und beißt ein großes Stück ab. Zuerst schmeckt das Fleisch seltsam, ungewohnt, fast exotisch. Dann beginnen sich ihre Geschmackszellen zu erinnern, und sie hat plötzlich Lust auf mehr Hamburger, Pommes mit Ketchup, einen Erdbeermilchshake. Sie hört auf zu kauen, geht zum Spülbecken hinüber und spuckt den Bissen aus.

Er steht auf und hilft ihr, zu ihrem Stuhl zurückzuhumpeln. Als sie beide wieder sitzen, beugt er sich hinunter und hebt ihren Fuß auf seinen Schoß. Dann lehnt er sich zurück und erkundigt sich nach ihrer Karriere als Sängerin, nach ihren Plänen und Wünschen. Seine schläfrigen blauen Augen bleiben die ganze Zeit über auf sie gerichtet, als versuche er, sich jedes Wort genau zu merken. Soviel Aufmerksamkeit ist Diva nicht gewöhnt, aber sie stellt fest, daß es ihr gefällt. Irgendwie überredet er sie sogar dazu, ihm das vorzusingen, was sie bisher von »Cocktail Waitress« geschrieben hat. Hinterher applaudiert er.

»Es ist noch nicht fertig«, sagt sie, erfreut über seinen Applaus, aber zugleich verlegen.

Harley überredet Diva, ihren Song noch einmal zu singen. Er schlägt ein paar kleine Änderungen und zusätzliche Textzeilen vor. Diva findet seine Vorschläge gut. Als er sie später nach Hause bringt, fragt sie ihn vor der Tür, ob er noch mit hereinkommen will, ist aber froh, als er ablehnt. Beide haben den Abend zu sehr genossen, um jetzt noch zu riskieren, daß etwas schiefläuft. Sie geht alleine hinein und beschäftigt sich noch lange damit, die Änderungen in ihren Song einzuarbeiten.

26 »Schau nicht so genervt«, sagt Luna und legt ihre Zeitschrift weg. »Ich bin nicht hergekommen, um mit dir zu streiten.« Luna hat in einer medizinischen Fachzeitschrift gelesen, *Journal of the American Medical Association*. Da Barcelona sie nicht abonniert hat, nimmt sie an, daß Luna sie mitgebracht haben muß. Aus irgendeinem Grund trägt die Zeitschrift dazu bei, daß sie sich noch unbehaglicher fühlt. Wer solch eine Zeitschrift liest, muß jemand sein, der sich um andere Menschen kümmert und ihre Krankheiten heilt. Nur wer ein reines Herz hat, ist als Leser zugelassen. Für eine Frau wie sie, die es mit dem Ehemann einer anderen treibt, ist so eine Lektüre tabu.

»Ich bin nicht genervt«, sagt Barcelona. »Ich bin nur überrascht, jemanden in meinem Haus vorzufinden, den ich nicht eingeladen habe.«

Luna lächelt, und ihre dicken Schmollippen enthüllen einen leichten Überbiß, der sie wie Carly Simon aussehen läßt. Sie trägt ein einfaches graues Sweatshirt und eine enge dreiviertellange Gymnastikhose. Die Hose ist schwarzgrundig und mit leuchtend blauen und gelben Pinselstrichen bedruckt, die diagonal über die Oberschenkel laufen. Dazu trägt sie dicke weiße Socken, die sie über den Rand ihrer knöchelhohen Sportschuhe gerollt hat. Ihr schwarzes Kraushaar wird von zwei gelben Bananenspangen zurückgehalten. Der Gesamteindruck ist der eines extrem gutaussehenden, energiegeladenen und intelligenten Menschen. Das deprimiert Barcelona, bis ihr einfällt, daß Eric sie trotz alledem Luna vorzieht.

»Hättest du vielleicht einen Schluck Wasser für mich?« fragt Luna. »Ich sterbe fast vor Durst.« Sie zeigt Barcelona ihre Handflächen. Barcelona hält die blauen Schatten zunächst für Tintenkleckse, aber dann wird ihr klar, daß es sich um Blutergüsse handelt. »Ich mußte heute für eine kranke Freundin vier Aerobic-Kurse geben. Das habe ich schon seit sechs Monaten nicht mehr gemacht. Meine Hände haben das viele Klatschen nicht ganz verkraftet.«

»Möchtest du eine Cola oder lieber Eistee?«

»Wasser ist okay.«

Barcelona führt sie in die Küche, gibt etwas Eis in ein Glas und füllt es mit Leitungswasser auf. Das Schweigen zwischen ihnen ist feucht und warm wie die Luft vor einem Sommergewitter. Barcelona fragt sich, wie ihr Gespräch wohl ablaufen wird. L: Laß Eric in Ruhe. B: Das muß er schon selbst entscheiden. L: Er ist mein Mann. B: Er ist mein Geliebter. Sie schüttelt über diese imaginäre Unterhaltung den Kopf. So etwas sagen nur Romanfiguren, aber bestimmt keine lebendigen Menschen.

Luna stürzt das ganze Glas Wasser auf einmal hinunter. Sie geht ans Spülbecken und füllt es sich selbst noch einmal auf. Sie trinkt wieder. Ein paar Tropfen Wasser laufen ihr an Kinn und Hals hinunter und werden vom Kragen ihres grauen Sweatshirts aufgesaugt. Luna scheint das nichts auszumachen. Als sie auch das zweite Glas geleert hat, läßt sie ein weiters Carly-Simon-Lächeln vom Stapel, spült ihr Glas aus und stellt es kopfüber auf das Abtropfbrett. »Letzte Woche habe ich *Starkstrom* noch einmal gelesen, weil Eric gesagt hat, daß es verfilmt wird.«

»Das wird sich erst noch herausstellen. Im Moment gibt es bloß ein Drehbuch.«

»Verstehe. Trotzdem, es ist ein phantastisches Buch. Die Frauen sind so cool. Sehr literaturwissenschaftlich ausgedrückt, nicht wahr?« Sie lacht, und dieses Lachen klingt so bezaubernd, daß Barcelona lächeln muß. »Ich meine, als Leserin kann ich ihr Dilemma gut nachempfinden – ihre Suche nach einem Weg, Liebe geben zu können, obwohl sie in einer futuristischen Gesellschaft leben, die ihnen eigentlich nur erlaubt, Liebe zu empfangen. Die ihnen durch Gesetze und unter Androhung von Strafen jeden offenen Ausdruck von Liebe verbietet. Trotzdem werden sie gezwungen, sich lieben und verehren zu lassen. Jedes Gedicht, jedes Lied, überhaupt jede Kunstform muß den Frauen gewidmet sein. Sex ist verboten, es sei denn in Form einer höchst ehrwürdigen Zeremonie.« Sie schüttelt bewundernd den Kopf. »Ich war wirklich fertig, nachdem ich es gelesen hatte.«

Barcelona weiß nicht, was sie sagen soll. Ist Lunas Lob ernst gemeint, oder macht sie sich über sie lustig? Im Zweifelsfall höflich bleiben, lautete Milans Devise immer. »Danke«, sagt sie.

Sie bietet Luna keinen Platz an, weil sie nicht will, daß sie bleibt. Aber Luna wandert wieder ins Wohnzimmer hinüber und setzt sich auf das große weiße Sofa. Barcelona folgt ihr; sie bleibt zwischen Treppe und Haustür stehen und wartet darauf, daß etwas passiert. Luna macht zwar keinen gewalttätigen Eindruck, aber man weiß ja nie, wer in seinem Handschuhfach eine Pistole spazierenfährt. Barcelona hat Angst vor dem, was auf sie zukommt; sie haßt Auseinandersetzungen.

Barcelona setzt sich auf die mit grauem Teppich ausgelegten Stufen. »Warum bist du hier, Luna?«

»Weil Eric so oft herkommt.«

»Und jetzt willst du wissen, warum?«

»Ich weiß schon, warum«, sagt Luna.

Ich wünschte, ich wüßte es auch, denkt Barcelona, während sie das schöne junge Mädchen auf dem Sofa anstarrt. Luna ist klug, sexy und lebendig. Und jung. Eigentlich müßte Eric den Wunsch haben, jeden Abend sofort zu ihr nach Hause zu rennen.

Barcelona seufzt und reibt sich mit den Händen übers Gesicht. »Ich bin dem Ganzen heute nicht gewachsen, Luna. Wirklich nicht. Kannst du nicht morgen wiederkommen? Dann bin ich hoffentlich eher in der Lage, diese Szene durchzustehen.«

Luna steht auf und geht zu Barcelona hinüber. Sie beugt sich über sie wie eine große Schwester. »Ich bin nicht hergekommen, um dir eine Szene zu machen, Barcy. Ich habe keinen Stempel dabei, den ich dir auf die Stirn drücken will. Mein Gott, ich kann es Eric nicht verdenken, daß er sich zu dir hingezogen fühlt. Du bist eine großartige Frau. Schön, kultiviert, talentiert. Was ich nicht verstehe, ist, wieso du Eric wiederhaben willst.«

Barcelona ist ganz durcheinander. Die Unterhaltung läuft nicht so, wie sie sich das vorgestellt hat. Sie kennt nichts Vergleichbares, das ihr helfen könnte, die richtigen Worte zu finden. Keinen Roman oder Film, wo sie sich ein paar Zeilen borgen könnte.

Das Telefon klingelt, und Barcelona eilt in die Küche. Sie kann Luna von dort aus sehen. Sie sitzt auf der Treppe, und zwar an genau derselben Stelle, die Barcelona gerade verlassen hat. Barcelona ist fast ein bißchen unheimlich zumute, als sie den Hörer abnimmt. Sie rechnet halb damit, jemanden schwer atmen und wüste Obszönitäten flüstern zu hören.

»Barcelona?« fragt die Stimme.

»Ja?«

»Hier ist Cory Meyers.«

The Candidate. Barcelona ist froh, daß es ein normaler Mensch ist. Das gibt ihr die Möglichkeit, das, was im Wohnzimmer vor sich geht, besser zu beurteilen und sich ein paar gute Dialogzeilen auszudenken. Aber ihr fällt nichts ein. Cory Meyers' Stimme unterbricht ihren Gedankengang.

»Ich bin hier in der Unterwelt.«

»In der Hölle?«

»Fast. Orange County.« Er lacht. »Ich habe mich den ganzen Nachmittag mit einer Gruppe von Umweltschützern herumgeschlagen, die ihr Büro in Newport Beach haben. Ein paar von ihnen sind reiche Yuppies aus meinem Wahlkreis in L. A., die eventuell meinen Wahlkampf unterstützen wollen.«

»Dann steigt die Summe also, oder?«

Er muß wieder lachen. »Ich habe den leisen Verdacht, daß Sie zu clever für mich sind.«

»Ist Ihre Frau denn zu clever für Sie?« Barcelona sagt das mit einem scharfen Unterton, den sie gar nicht beabsichtigt hatte. Sie versteht nicht, was in sie gefahren ist. Drüben in ihrem Wohnzimmer sitzt die Frau des Mannes, mit dem sie schläft, und trotzdem erdreistet sie sich, Cory Meyers mit kalter moralischer Überheblichkeit zu begegnen.

Seine Stimme klingt ein bißchen spröde, als er ihr antwortet. »Ich dachte, ich hätte Ihnen das alles bereits erklärt.«

»Haben Sie auch. Es tut mir leid. Mein Mund hat irgendwo einen Kurzschluß. Ich lasse es so schnell wie möglich reparieren.«

»Ich mag Ihren Mund«, sagt er sanft.

Sie wirft einen Blick durch die Küchentür. Luna hat sich auf der

Treppe zurückgelehnt und liest in ihrer medizinischen Zeitschrift. Sie wirkt konzentriert, als würde sie das, was sie liest, nicht nur verstehen, sondern wäre zudem gerührt darüber, was es für die Menschheit bedeutet. Barcelona fühlt sich immer mehr wie die böse Stiefmutter mit der Hakennase und dem langen, spitzen Kinn voller Warzen. »Ich kann jetzt nicht reden«, sagt sie zu Cory Meyers.

»Okay. Ich rufe eigentlich nur an, weil ich ein Haus in Corona del Mar habe.«

»Ein Haus in L. A. und eines in Corona. Ich wußte gar nicht, daß Sie so reich sind.«

»Bin ich auch nicht. Ich habe das Haus von meinen Eltern geerbt. Ich wollte es eigentlich ausräumen und vermieten, aber das habe ich bis heute nicht geschafft. Jedenfalls übernachte ich manchmal in dem Haus, wenn ich geschäftlich hier unten zu tun habe. Ich dachte mir, ich könnte auch heute hierbleiben und Sie vielleicht zum Abendessen überreden.«

»Zum Essen oder zum Gegessenwerden?«

»Habe ich Sie irgendwie beleidigt?« fragt er mit ernster Stimme.

»Nein, nein, tut mir leid. Ich bin heute bloß ziemlich fertig, das ist alles. Und ich kann im Moment nicht reden, Cory.«

»Dann lassen Sie uns beim Essen reden.«

»Ich kann nicht. Vielleicht ein andermal.«

»Habe ich mich bei unserem letzten Essen irgendwie falsch benommen? Habe ich vielleicht in meinen Zähnen herumgestochert oder in der Nase gebohrt? Oder in Ihrer Nase gebohrt?«

Barcelona lacht. »Nein, das Essen war ganz in Ordnung. Ihre Einladungen zum Mittagessen sind große Klasse, okay?«

»Dann haben Sie also doch Lust, nochmal mit mir essen zu gehen?«

Ohne zu überlegen sagt Barcelona ja. Erst dann denkt sie genauer über seine Frage nach, und ihr wird klar, daß sie tatsächlich Lust darauf hat. »Ja«, wiederholt sie. »Aber nicht heute abend.«

»Okay«, sagt er. »Ich rufe Sie wieder an.«

Barcelona legt auf und geht ins Wohnzimmer zurück.

»Das ist wirklich erstaunlich«, sagt Luna und hält die Zeitschrift hoch. »Man hat eine Möglichkeit entdeckt, ein Geräusch zu erzeugen, das andere Geräusche aufhebt; heraus kommt etwas, das wie Stille klingt.

Man hat bereits getestet, inwieweit sich dadurch der Streß an einem normalen Arbeitsplatz reduzieren läßt. Erstaunlich. Vielleicht könntest du so etwas in deinem nächsten Buch thematisieren?«

»Vielleicht«, sagt Barcelona. Sie setzt sich auf das Sofa, auf dem vorher Luna gesessen hatte. Dann holt sie tief Luft; es ist an der Zeit, diese Sache hinter sich zu bringen. »Hör zu, Luna, ich weiß es zu schätzen, daß du heute hergekommen bist. Das muß viel Mut erfordert haben. Aber ich weiß wirklich nicht, was ich dir sagen soll. Wenn du willst, daß Eric damit aufhört, solltest du wohl besser mit ihm darüber reden, nicht mit mir.«

»Ich habe nicht gesagt, daß ich will, daß das mit euch beiden aufhört.« Luna klappt die Zeitschrift zu und legt sie auf ihre Knie. »Das würde das Problem nicht lösen. Erics Problem.«

»Was für ein Problem?«

»Er hat Angst vor mir. Du bist für ihn eine liebe Gewohnheit, bei der er sich entspannen kann.«

Barcelonas Hals wird vor Wut ganz rot. »Ich glaube, ich verstehe Eric ein bißchen besser als du.«

»In vieler Hinsicht hast du sicher recht. Aber nicht in dieser. Du mußt dich doch auch schon gefragt haben, wieso er nach all der Zeit zu dir zurückgekommen ist. Vor allem, wo er doch mit einer jüngeren Frau zusammenlebt, die ebenfalls attraktiv und intelligent ist. Und sexuell etwas weniger gehemmt.« Sie sagt das alles ohne jede Bosheit, eher wie ein Anwalt, der nüchtern die Fakten eines Falls aufzählt.

»Sexuell etwas weniger gehemmt.«

»Na ja, er hat erwähnt, daß es ein paar Dinge gab, die du nicht tun wolltest.«

»Jesus.« Barcelona ist in diesem Augenblick so wütend auf Eric, daß alles vor ihren Augen verschwimmt. Sie hatte ihn in jeder Position gelutscht, geleckt und geliebt, die ihm im Lauf der Jahre eingefallen war. Seit sie sich wieder treffen, haben sie sogar noch ein paar neue Varianten ausprobiert. Nur bei zwei Dingen hatte sie nicht mitgespielt: als er ihr vorschlug, eine zweite Frau dabeizuhaben, und als er wollte, daß sie ihm im Kino einen runterholte. Sie fragt sich, ob Luna, die ja sexuell viel weniger gehemmt ist, diese Bedürfnisse erfüllt hat.

»Reg dich nicht auf«, sagt Luna. »Es ist für einen Mann in Erics Alter nicht leicht, mit einer jüngeren Frau verheiratet zu sein. Du denkst sicher, daß das die Phantasie eines jeden Mannes ist, und deswegen bist du sauer auf mich. Aber oft ist es als Phantasie besser als in der Realität. Für Eric bin ich unberechenbar. Er hat solche Angst, ich könnte ihn wegen eines Jüngeren verlassen, daß er in letzter Zeit Schwierigkeiten hat, ihn hochzubekommen.«

»Ich habe von solchen Schwierigkeiten nichts bemerkt«, sagt Barcelona und hofft, Luna damit ebenso weh zu tun, wie sie ihr weh getan hat.

Luna zuckt unbeeindruckt mit den Achseln. »Klar, bei dir hat er da keine Probleme. Bei dir fühlt er sich sicher. Du bist in seinem Alter und gefühlsmäßig nicht so engagiert. Bei dir kann er sich entspannen, wieder der alte Eric sein. Weißt du, das Problem mit Eric ist, daß er endlich das Mädchen seiner Träume getroffen hat und nicht genau weiß, wie er damit umgehen soll.«

»Jesus, ich bewundere deine Dreistigkeit«, sagt Barcelona. »Vielleicht hat er das Mädchen seiner Träume getroffen, und jetzt ist es Zeit aufzuwachen. Bei Tageslicht betrachtet, sind Träume nicht immer so wundervoll, wie sie im Dunkeln scheinen.«

Luna zieht die Knie bis unters Kinn. Sie wirkt traurig. »Ich bin wirklich nicht hergekommen, um dich zu verletzen, aber jetzt sehe ich, daß ich genau das getan habe. Ich dachte, du würdest es verstehen.«

»Was verstehen?«

»Eric kann nicht zu dir zurückkommen. Es hat früher nicht geklappt, und es wird auch jetzt nicht klappen. Ihr beide habt euch nicht getrennt, weil ihr gelangweilt oder ruhelos wart. Ihr habt euch getrennt, weil es einen Teil von dir gab, an dem Eric nie teilhaben konnte. Er hat versucht, jeden anderen Aspekt deines Lebens zu beeinflussen, nicht wahr? Was du gelesen, gesehen und gehört hast. In der Beziehung ist er sehr ehrgeizig.«

Barcelona nickt. »Viele Männer sind das.«

»Aber du hattest eine Sache, die er nicht beeinflussen konnte. Du hattest deine Kunst, deine Schriftstellerei.«

»Oh, Shit, du hast zu viele Frauenbücher gelesen.«

Luna lächelt. »Wenn du geschrieben hast, hast du ihn ausgeschlossen, ihm das Gefühl gegeben, unbedeutend zu sein. Bestimmt hat er sich das gar nicht so richtig bewußt gemacht. Es hängt einfach mit seinem ehrgeizigen Wesen zusammen. Je mehr du geschrieben hast und je mehr Erfolg du hattest, desto minderwertiger fühlte er sich. Das ist der eigentliche Grund, warum ihr zwei euch getrennt habt und warum ihr auch nie wieder zusammenkommen könnt. Er hatte zuviel Respekt vor dir.«

»Glaubst du nicht, daß du ein bißchen zu jung bist, um anderen solche Vorträge zu halten?« fragt Barcelona.

Luna gibt ihr keine Antwort. Sie zieht ihren Schnürsenkel auf und bindet ihn wieder zu.

»Eric war mir immer eine große Hilfe«, sagt Barcelona. »Als ich eine Ablehnung nach der anderen bekam, hat er mich jedesmal getröstet.«

»Auch das ist Eric. Er hat dich geliebt und wollte nicht, daß dich jemand verletzt. Das will ich ihm ja gar nicht absprechen. Ganz im Gegenteil – das ist eine der Eigenschaften, die ich an ihm liebe. Aber ich bin schließlich keine Künstlerin. Ich kann nicht schreiben, malen, ein Musikinstrument spielen oder singen. Ich kann studieren und gute Noten bekommen. Ich kann vier Stunden lang Aerobic unterrichten. Ich kann Theorien anwenden, aber ich kann mir selber keine ausdenken. Deswegen bin ich so perfekt für Eric. Er ist genauso. Sogar seine Doktorarbeit basiert auf der Theorie eines anderen. Sein Professor hat ihn darauf gebracht.«

»Wirklich? Das hat er mir nie erzählt.«

»Siehst du, was ich meine? Er wollte nicht, daß du glaubst, er könnte nicht ebenfalls kreativ sein. Die Dissertation ist erstklassig recherchiert, aber er wäre nie in der Lage gewesen, sich die Grundthese selbst auszudenken.«

Barcelona denkt über diese Information nach. Warum erzählte Eric Luna diese Dinge, während er sie ihr verschwieg? Sie seufzt und sieht dabei Luna an. »Nachdem du nun weißt, was er hier mit mir getrieben hat – warum willst du ihn immer noch zurück?«

Lunas Lächeln wirkt weder traurig noch ironisch. »Er ist vielleicht nicht der beste Mann auf der Welt, aber er ist der beste Mann in *meiner* Welt.«

Barcelona lehnt sich zurück. Sie zupft ein paar Haare von einem Kissen und sieht dann wieder Luna an. »Und jetzt?«

»Nichts. Ich bin nicht hergekommen, um irgend etwas zu beenden. Ich war nur der Meinung, daß wir mal miteinander reden sollten. Ich will nicht, daß du verletzt wirst.«

»Ich? Macht es dir denn gar nichts aus, daß er sich heimlich zu mir herüberschleicht, um mit mir zu schlafen?«

»Es beunruhigt mich, daß er sich in meiner Gegenwart zur Zeit so verletzlich fühlt, daß er sich in seine Vergangenheit flüchten muß. Aber nach einer Weile wird er erkennen, daß ich nicht vorhabe, ihn zu verlassen, und seine Angst wird sich legen. Dann wird er zu mir zurückkommen.«

»Daß wir miteinander schlafen, macht dir also nichts aus?«

Luna lächelt über diese Frage. »Warum sollte es mir etwas ausmachen, daß er einen fleischigen Teil seines Körpers in einen glitschigen Teil von deinem steckt und so lange reibt, bis es spritzt?«

Barcelona preßt ihren Finger gegen das kalte Glas. »Geben sie mir ein Pfund von dem Geflügelsalat.«

»Ja, Ma'am«, sagt der blonde Junge mit der weißen Schürze. Er hat sein Haar auf eine Art zurückgekämmt, die Barcelona nicht ausstehen kann.

Er knallt die Plastikdose oben auf die Theke. »Sonst noch was, Ma'am?«

»Ein Pfund Kartoffelsalat.«

»Ja, Ma'am.« Er öffnet die Schiebetür und beginnt den Kartoffelsalat in einen anderen Plastikbehälter zu schaufeln. Er wiegt ihn ab und klebt den Aufkleber mit Datum, Gewicht und Preis auf den Deckel. Er stellt den Behälter auf den Geflügelsalat. »Sonst noch was, Ma'am?«

»Nein, danke.« Barcelona war heute nicht in der Lage gewesen, es mit den abendlichen Menschenmassen aufzunehmen, die mit ihren überquellenden Einkaufswagen an den Kassen im Supermarkt standen. Hier in diesem kleinen Geschäft braucht sie sich nicht lange anzustellen. Also gibt es bei ihr heute die Salate zum Abendessen.

Luna. Was ist von ihr zu halten? Barcelona wartet an der Kasse und sieht zu, wie die große, magere Kassiererin ihre Einkäufe eintippt. Das Haar der Frau ist so oft blondiert worden, daß es aussieht, als würde es schon beim kleinsten Lufthauch brechen. Barcelona bemüht sich, die Frau nicht anzustarren, während sie ihre Sachen in eine Tüte packt.

»Vielen Dank, Ma'am«, sagt die Frau und winkt gleich darauf einem Mann an der Nachbarkasse. »Sie können hier herüber kommen, Sir.« Er wirft einen Blick auf ihr Haar und zögert.

Barcelona hatte eigentlich vorgehabt, an diesem Abend etwas zu kochen. Ein vegetarisches Eiergericht mit Curry, das Diva ihr vorgeschlagen hatte. Der Gedanke, daß Diva stark genug ist, Vegetarierin zu werden, und sie nicht, ärgert sie ein bißchen. Schließlich ist Diva nicht gerade für ihre Selbstdisziplin berühmt. Aber vielleicht liegt das nur daran, daß ihr Körper so aussieht, als fehle es ihr an Disziplin. Was soll's, denkt Barcelona, während sie in ihre Kutsche klettert.

Als Barcelona ihre Wohnung betritt, stellt sie überrascht fest, daß niemand auf sie wartet. Im Haus ist niemand außer Larry, der sofort durch die Katzentür hereingestürmt kommt und sich auf den Fernseher setzt. Sie schaltet den Fernseher an, weil sie hofft, daß die Strahlung sein Ableben beschleunigen wird. Es läuft gerade ein Film mit Charles Bronson. Ein paar Typen feuern mit Maschinengewehren auf die von Bronson angepflanzten Wassermelonen. Es scheint ein lustiger Film zu sein.

Barcelona hat vier Behälter vor sich stehen. Sie öffnet alle vier: einen Plastikbehälter mit Geflügelsalat, einen Plastikbehälter mit Kartoffelsalat, ein Glas Erdnußbutter, eine Packung Waverly-Cracker. Ein paar der Cracker bestreicht sie mit Erdnußbutter, ein paar verwendet sie, um damit den Geflügelsalat aufzuladen. Den Kartoffelsalat ißt sie mit der Gabel. Charles Bronson sucht nach den Männern, die seine Melonen gekillt haben.

Während einer Toyota-Werbung beschließt Barcelona, sich nicht mehr mit Eric zu treffen. Zumindest nicht als Liebespaar. Traurig denkt sie an den Sex, den sie nicht mehr haben werden, an die Küsse, an seinen warmen Atem in ihrem Haar. Außerdem wird ihr das Gelächter fehlen, in das sie immer ausbrachen, wenn sie versuchten, in Barcelonas winziger Badewanne ein gemeinsames Bad zu nehmen. Es wird ihr fehlen, wie sie oft mitten im Gespräch verstummten und ins Schlafzimmer hasteten, weil sie beide nur noch den Wunsch verspürten, sich auszuziehen und an den Körper des anderen zu schmiegen.

Nicht fehlen werden ihr dagegen die Bücher, die er ihr immer mitbringt, und die Platten, die sie sich anhören soll. Der ständige Druck, an sich zu arbeiten.

Luna hatte recht, was Eric anging. Barcelona hatte das schon gespürt, als sie zu Lunas Worten den Kopf schüttelte. Für den Bruchteil einer Sekunde hatte sie sogar das Gefühl gehabt, Luna wegen dieser gemeinsamen Erkenntnis näherzustehen, als sie Eric je gestanden hatte.

Trotzdem ändert das nichts an der Tatsache, daß Eric sich in Barcelonas Bett versteckt, daß er sich unter ihrer Bettdecke vor der Frau verkriecht, mit der er eigentlich zusammen sein will, mit der er aber nicht so gut zurechtkommt wie mit Barcelona. Und Barcelona weiß, daß sie selbst daran genauso schuld ist wie Eric. Sie hat sich gestattet, in dasselbe behagliche Bett zurückzufallen wie er, weil sie ihre frühere Beziehung übermäßig romantisierte.

Barcelona bestreicht einen Cracker mit Erdnußbutter und belädt ihn dann mit etwas Geflügelsalat. Sie ißt das Ganze, während Charles Bronson von der Ladefläche eines Pickup-Trucks seine Schrotflinte abfeuert. Auch das sieht lustig aus. Auf Wassermelonen Jagd zu machen und von der Ladefläche eines Pickup-Trucks mit der Schrotflinte zu schießen ist wesentlich lustiger, als über Beziehungen nachzudenken, und ganz bestimmt lustiger, als welche zu haben.

Obwohl sie längst satt ist, stopft sie sich weiter mit Crackern, Erdnußbutter, Geflügel- und Kartoffelsalat voll. Das ist einfacher, als aufzustehen, umzuschalten, die Behälter wegzuräumen und die Gabel abzuspülen.

Es klingelt an der Tür, und Barcelona ist verwirrt. In einem Pickup-Truck gibt es keine Türklingeln. Barcelona erkennt, daß es sich um ihre eigene Türklingel handelt. Sie erwartet niemanden, vermutet aber, daß es Eric ist. Wahrscheinlich hat er seinen Schlüssel vermißt, daraus gefolgert, was Luna getan hat, und ist hergekommen, um mit ihr zu reden. Er wird wollen, daß sie sich aufs Sofa setzen, nicht zu nahe nebeneinander, aber doch nahe genug, um den anderen auf eine tröstliche Weise berühren zu können, nahe genug, um sich nachdenklich in die Augen zu sehen. Irgendwann im Lauf des Abends würde einer von ihnen Tränen vergießen, vielleicht auch beide, und danach würden sie sich zärtlich lieben, und sie würde in seinen Armen einschlafen.

Eine recht verführerische Aussicht. Als sie zur Tür geht, ist sie schon nicht mehr so fest entschlossen, umgehend die Beziehung zu Eric abzubrechen.

Sie sieht durch den Spion. »Jesus.« Sie öffnet die Tür.

»Hi«, sagt Cory Meyers.

»Hi. Lassen Sie mich raten: Es gibt hier in der Gegend eine Rettet-das-Warzenschwein-Gruppe, die Sie um Wahlkampfspenden anhauen wollen. Und da haben Sie einfach mal vorbeigeschaut.«

»Eigentlich ist es eine Nieder-mit-dem-Warzenschwein-Gruppe. Aber da bin ich flexibel.«

Er späht über ihre Schulter ins Wohnzimmer. »Nette Wohnung.«

Lächelnd läßt sie ihn eintreten. »Der berühmte Wink mit dem Zaunpfahl.«

Drinnen angekommen, wirft er einen Blick in die Runde. »Trotzdem eine nette Wohnung.« Er sieht sich die beiden Drucke an, die sie im Wohnzimmer hängen hat. Sie stammen von verschiedenen Künstlern, aber beide zeigen eine Wüstenlandschaft. Einer ist in Kalkweiß und Rosa gehalten, der andere in bunten, leuchtenden Farben. »Sie passen zum Farbmuster des Teppichs«, stellt er fest. »Und zu den Farben der Möbel.«

»Stört Sie das?«

»Nein. Ich finde es bloß interessant.« Er folgt ihr in die Küche und sieht, wie sie die Überreste ihres Essens wegräumt. »Haben Sie schon gegessen?«

»Ja.«

»Sind Sie noch hungrig?«

»Nein.«

Er nickt, blickt sich in der Küche um und krault Larry am Kopf. »*Mr. Majestyk*«, sagt er.

«Sein Name ist Larry.«

»Nein, ich meine den Film.« Er deutet auf den Fernseher. »Ich habe den Film schon mal gesehen. Mir gefällt die Stelle, wo sie auf die Wassermelonen schießen.«

»Es ist kein guter Zeitpunkt für einen Besuch«, sagt Barcelona und lehnt sich gegen die Kühlschranktür. »Ich bin schon den ganzen Tag unausstehlich, und es wird immer schlimmer.«

»Damit werde ich fertig. Lassen Sie uns essen gehen. Das wird Sie von Ihren Sorgen ablenken.«

»Wenn ich noch einen Bissen zu mir nehme, muß ich kotzen.«

Er schaltet den Fernseher aus. »Wir werden schon ein Restaurant finden, wo das nicht auffällt. Eines mit Sägemehl auf dem Boden.«

Barcelona weiß, daß früher oder später Eric anrufen oder vorbeikommen wird, um ein ernstes Gespräch mit ihr zu führen. Aber nach ernsten Gesprächen ist ihr im Moment überhaupt nicht zumute. »Also gut«, sagt sie zu Cory. »Gehen wir.«

»Es geht noch immer keiner ran«, sagt Barcelona, als sie an den Tisch zurückkommt.

»Vielleicht ist sie immer noch undercover.«

»Mein Gott, ich hoffe es.« Sie setzt sich und nimmt einen Schluck von ihrem Wein. »Ich fühle mich irgendwie schuldig.«

»Sie haben nichts getan. Wahrscheinlich haben Sie die Situation sogar gerettet.«

Barcelona zuckt mit den Achseln, nicht überzeugt.

Cory Meyers beugt sich zu ihr hinüber und berührt ihre Hand. »Wollen Sie, daß ich anrufe? Ich habe ein paar Freunde bei der Polizei, die vielleicht in der Lage sind, etwas herauszufinden, sogar hier unten in Orange County.«

Sie lächelt. »Ich weiß nicht. Warten wir erst mal ab, was der heutige Abend bringt.«

»Okay.« Er nimmt seine Hand wieder weg, aber auf ihrer Haut spürt sie noch seine Wärme. Sie wirft einen Blick darauf, als erwarte sie, den

Abdruck seiner Hand zu entdecken. »Warum sind Sie heute abend gekommen, obwohl ich Sie gebeten hatte, nicht zu kommen?«

»Ich weiß es nicht.« Kopfschüttelnd rammt er seine Gabel in den Blaubeerkuchen. »Das sieht mir tatsächlich gar nicht ähnlich.«

»Da bin ich mir nicht so sicher.«

»Sie sind immer noch sauer auf mich, weil Trina und ich vor ein paar Wochen miteinander geschlafen haben. Manchmal können Sie ganz schön selbstgerecht sein. Außerdem sollten Sie nicht die ganze Schuld auf mich schieben. Ich habe Trina schließlich nicht verführt. Es war ihre Idee.«

Barcelona trinkt einen Schluck Kaffee. Sie war zu satt gewesen, um etwas zu essen, aber sie hat drei Tassen Kaffee getrunken, während sie zusah, wie Cory ein Sandwich, eine Portion Pommes und seinen Kuchen wegputzte. Sie sind in einem Café in Corona del Mar, einer gemütlichen kleinen Küstenstadt, wo das Leben leicht, aber die Mieten hoch sind. Oben über der Stadt thront Fashion Island.

Ein paar Minuten sitzen Cory und Barcelona schweigend da. Barcelona fühlt sich wie ein Saboteur, weil sie ständig verbale Minen legt, auf die Cory treten soll, während er sich durch ihr Gespräch manövriert. Er tritt auf eine, sie explodiert, er ist einen Moment lang betäubt und kämpft sich dann weiter. Das mag sie an ihm. Sie haßt sich selbst dafür, daß sie so gemein zu ihm ist, aber sie kann nicht aufhören.

»Trina ist nicht so tough, wie sie immer tut«, sagt sie.

»Ich weiß«, antwortet Cory. »Dasselbe gilt für mich.«

»Ach? Harte Schale, weicher Kern? Das klingt wie ein Wahlkampfversprechen.«

Seufzend lehnt sich Cory Meyers zurück und wendet sich ab. Barcelona riskiert einen Blick und sieht, daß er die Zähne zusammenbeißt. Er erwidert ihren Blick, und sie starrt auf ihre Tasse. »Hören Sie, wenn ich Sie heimfahren soll, brauchen Sie es nur zu sagen.«

»Gehen wir.« Barcelona macht Anstalten aufzustehen. Doch dann hält sie inne und sieht ihn an. Seine Miene wirkt grimmig. »Es tut mir leid. Ich weiß, daß ich das heute schon ziemlich oft gesagt habe. Ich habe keine Ahnung, warum ich mich so aufführe. Unterbrechen Sie mich, bevor ich Sie wieder beleidige.« Sie deutet auf den Rest seines

Blaubeerkuchens. »Los, werfen Sie ihn mir ins Gesicht. Ich habe es verdient.« Cory nimmt den Teller, und Barcelona fragt sich erschrocken, ob er ihn tatsächlich nach ihr werfen wird. Sie zuckt zurück. Er stellt den Teller wieder ab und lacht. »Rein rechtlich wäre es mein gutes Recht gewesen, ihn zu werfen, wissen Sie das?«

»Ja, das ist mir bekannt.«

»Aber ich bin zu zivilisiert.«

»Ich weiß das zu schätzen.«

Er reicht ihr die Rechnung. »Dieses Vergnügen überlasse ich Ihnen. Für mich war es nämlich keines.«

Sie grinst und nimmt die Rechnung entgegen. Sie legt einen Zwanzig-Dollar-Schein darauf. Die Bedienung, eine junge Rothaarige, die ein Pflaster auf den Oberschenkel tätowiert hat, schnappt sich die Rechnung und die zwanzig Dollar und eilt davon.

»Was glauben Sie, hat die Tätowierung zu bedeuten?« fragt Cory.

»Daß sie sich leicht verletzt?«

Er sieht zu der Bedienung hinüber, die gerade an der Kasse steht und das Wechselgeld abzählt. Ihr Gesicht und ihr Körper sind so mager wie bei einem Windhund. »Ich glaube nicht, daß sie sich leicht verletzt.« Er sieht Barcelona mit einem rätselhaften Gesichtsausdruck an.

»Ich wollte schon immer eine Tätowierung«, sagt er, als er die Tür seines Hauses aufsperrt. »Am College hatten mein bester Freund und ich beschlossen, uns die Köpfe rasieren und unsere Kopfhaut tätowieren zu lassen. Auf diese Weise würde niemand von den Tätowierungen wissen, wenn unser Haar wieder nachgewachsen war.«

»Was ist denn überhaupt der Sinn einer solchen Tätowierung?«

»Unser kleines Geheimnis. So eine Art zweite Identität. Tagsüber wohlerzogene Studenten an einer angesehenen Großstadtuniversität, nachts Party-Animals mit tätowierten Schädeln und einer Super-Libido.«

»Ich wollte nie eine Tätowierung, nicht einmal, nachdem Cher sich ihre machen ließ.« Barcelona tritt ins Haus.

Cory folgt ihr und schaltet das Licht an. »Es ist alles ein bißchen muffig. Ich war schon ein paar Wochen nicht mehr hier.« Er geht zum

Fenster hinüber, zerrt ein paarmal vergeblich daran, bekommt es dann aber doch auf.

»Ich finde es hübsch«, sagt Barcelona. »Idyllisch.«

»Ein richtiges Loch. Zwei winzige Schlafzimmer und ein Bad. Aber die Lage ist gut, nur zwei Blocks vom Meer entfernt. Heute kann ich mir gar nicht mehr vorstellen, wie meine Eltern mich in einem solchen Knusperhäuschen großziehen konnten. Als ich noch ein Kind war, kam es mir gar nicht so klein vor. Außer, wenn ich ein Mädchen in mein Zimmer schmuggeln wollte.«

»Bestimmt war das ihre Idee«, sagt sie.

Er sieht sie an, merkt, daß sie diesmal nur Spaß macht, und nickt. »Die Frauen können einfach nicht die Finger von mir lassen.«

Barcelona macht einen Rundgang durchs Wohnzimmer. Die Vertäfelung ist aus weißem Holz, der braune Teppich abgenutzt und fleckig. An den Wänden hängen Bilder mit nichtssagenden Landschaften, die wahrscheinlich bei irgendwelchen Flohmärkten erstanden wurden.

Es gibt kein Sofa, nur zwei weiße Rattanstühle. Beide setzen sich. Cory beginnt, von seinen Eltern zu erzählen.

Als Barcelona eine Kopfbewegung macht, bleibt ihr Ohrring am Kragen ihrer Bluse hängen. »Shit.« Sie fummelt daran herum, muß dabei aber den Hals so schräg halten, daß sie Schwierigkeiten hat, den Ohrring auszuhaken.

»Lassen Sie mich das machen«, bietet Cory an. »Ich habe darin schon ein bißchen Erfahrung.« Er kniet sich neben sie und befreit sie vorsichtig aus ihrer mißlichen Lage. »Sie sind nochmal mit dem Leben davongekommen.«

Sie sieht ihm in die Augen, und einen Moment lang sind sie sich so nahe, daß sie beide den Atem des anderen hören können. Barcelona kommt sich in solchen Augenblicken immer so albern vor, so ungeschickt und unsicher. Sie möchte, daß er sie küßt, möchte seinen Kuß erwidern. Nach all diesen Jahren sind die Regeln aber immer noch nicht klar. Rein theoretisch könnte sie natürlich den ersten Schritt machen. Es ist jedoch eine andere Sache, es wirklich zu tun.

Aber dann lehnt er sich an sie und küßt sie; wie magnetisch ziehen sich ihre Lippen gegenseitig an. Seine Hände, die größer sind, als sie sie in Erinnerung hatte, legen sich um ihre Schultern. Sie hat plötzlich das Gefühl, kleine und zerbrechliche Schultern zu haben. Jeder Knochen scheint unter dem Druck seiner Finger zu beben. Ihr Busen streift seine Brust, und sie spürt, wie ein Adrenalinstoß direkt in ihre Lippen schießt, als hätte sie gerade vom Zahnarzt eine Spritze bekommen. Die Wirkung ist so gewaltig, daß ihre Augen hinter den geschlossenen Lidern schmerzen. Sie weicht zurück und löst sich von ihm. Er beugt sich weiter vor, küßt ihre Wange, ihren Hals. Sie legt ihre Hände hinter seinen Kopf und küßt ihn auf den Mund. Ihre Zunge gleitet über seine.

»Ich möchte dich etwas fragen«, sagt sie. Ihr Gesicht ist nur ein paar Zentimeter von seinem entfernt. »Ob du mir die Wahrheit sagst, liegt bei dir.«

»Schieß los«, sagt er.

»Versteh mich bitte nicht falsch. Ich will dich nicht nerven. Es ist bloß so, daß ich gerade aus einer verqueren Beziehung komme und nicht gleich wieder in die nächste hineinschlittern möchte.«

»Was verstehst du unter verquer?«

»Verheiratet.«

Er nickt. »Oh.«

Sie lehnt sich in ihrem Rattanstuhl zurück, und er setzt sich neben sie auf den Boden. »Vielleicht interpretiere ich hier mehr in das Ganze hinein als nötig. Es war schließlich nur ein Kuß.«

»Nicht nur ein Kuß«, sagt er leise.

Sie lehnt den Kopf zurück und starrt nach oben an die Decke. »Das ist der schwierige Teil an der Sache. Es sollte so eine Art vorgedruckte Beziehungskarten geben, die einem zusammen mit einer Packung Kondome im Teenageralter überreicht werden. Der Dialog müßte bereits vorformuliert sein, so daß man die Karte nur noch dem Jungen oder Mädchen seiner Wahl überreichen muß und der oder die Betreffende dann die einzelnen Kästchen ankreuzen könnte.«

»Soweit mir bekannt ist, habe ich keine schlimmen Krankheiten. Mumps habe ich allerdings noch nicht gehabt.«

»Darauf wollte ich nicht hinaus.«

Er zieht seine Schuhe aus und setzt sich im Schneidersitz hin. Dann zieht er ihr die Schuhe aus und kneift sie in den großen Zeh.

»Meine Frau?«

Barcelona nickt. »Bist du sicher, daß ihr nicht nur eine vorübergehende Krise habt? Eine Dürreperiode? Solche Dinge renken sich oft wieder ein.«

»Ich bin ganz sicher.«

Sie wartet darauf, daß er weiterspricht. Als er es nicht tut, sagt sie: »Nun, ich bin froh, daß das geklärt ist. Ich fühle mich schon besser.«

Er sieht sie mit ernster Miene an. »Kannst du dich nicht einfach auf mein Wort verlassen?«

»Du bist Politiker«, sagt sie lächelnd.

Zögernd erwidert er ihr Lächeln. »Da ist natürlich was dran.« Er zieht seine Jacke aus und wirft sie über den anderen Stuhl. »Frauen wollen immer, daß man viele Worte macht.«

»Sie wollen am Leben der Männer teilhaben. Sie wollen, daß die Männer offen zu ihnen sind.«

»Wollen sie das wirklich?« fragt er mit rätselhaftem Unterton. Er beugt sich so weit vor, daß er sie ansehen kann, bleibt aber weiterhin im Schneidersitz zu ihren Füßen sitzen. »Meine Frau ist eine sehr schöne Frau. Sie hat ihr Physikstudium in Stanford mit Auszeichnung abgeschlossen. Inzwischen lehrt sie in L. A. am University College. Wir verstehen uns wunderbar und sorgen uns sehr umeinander.«

Barcelonas Herz setzt einen Schlag aus. Sie wartet auf das »aber«.

»Aber«, sagt er, »wir sind in einer Sackgasse angelangt.«

»Inwiefern?«

»Sex.«

»Sex?«

»Sie will keinen.«

Barcelona zuckt mit den Schultern. »Du meinst, sie will nicht so oft mit dir schlafen, wie du das gerne hättest?«

»Ich meine, sie will überhaupt nicht mit mir schlafen. Punktum. Kein Sex. Wir haben jahrelang versucht, unser Problem zu lösen, haben alles mögliche ausprobiert: unterschiedliche Tageszeiten, verschiedene Techniken, mehr Vorspiel, weniger Vorspiel, verschiedene Positionen, verschiedene Räume, Zubehör jeder Art. Aber schließlich hat sie mir eröffnet, daß sie einfach keinen Sex mehr haben wolle, und zwar auf

Dauer. Nicht, daß sie mir meine Lust nicht gegönnt hätte – es gefiel ihr nur einfach nicht. Sex machte sie irgendwie traurig, und sie hatte sich zu der unwiderruflichen Entscheidung durchgerungen, für den Rest ihres Lebens darauf zu verzichten. Ich schlug ihr vor, eine Therapie zu machen, aber sie lächelte nur und sagte, daß sie kein schlechtes Gefühl dabei habe, keinen Sex mehr zu wollen. Ihr tue nur leid, daß sie mich damit quäle. Sie liebe mich immer noch, und wir könnten durchaus verheiratet bleiben. Ich könne Affären haben, wann immer mir danach sei.«

»Mein Gott, wie hast du dich gefühlt?«

Cory lächelt. »Du wirst es mir nicht glauben, aber ich habe mich gut gefühlt. Zumindest, soweit es Dayna betraf. Ich spürte, daß es ihr besser ging als all die Jahre zuvor. Ihre Entscheidung hatte sie irgendwie befreit. Ich war stolz, daß sie in der Lage gewesen war, sich zu dieser Entscheidung durchzuringen.« Er lehnt sich zurück und stützt sich auf seine Hände. »Natürlich hielt ich es für keine gute Idee, verheiratet zu bleiben. Ich versuche immer noch, sie zu einer Therapie zu überreden, aber sie sagt, sie sei jetzt glücklicher als je zuvor.«

»Vielleicht ist sie lesbisch?«

»Sie sagt, nein. Sie behauptet, Sex mit einer Frau sei für sie genauso uninteressant wie Sex mit einem Mann.«

Barcelona spielt an dem Ohrring herum, der sich zuvor in ihrer Bluse verfangen hatte. Sie nimmt ihn heraus und schiebt ihn kurz darauf wieder hinein. »Gab es zu Beginn eurer Beziehung denn keine Anzeichen für diese Entwicklung?«

»Nein. Wir trieben es wie die Hasen. Sie sagt, damals habe es ihr gefallen, aber irgendwann habe sie die Lust daran verloren. Da fragt man sich natürlich, was ich falsch gemacht habe, hm?«

Tatsächlich hat sich Barcelona gerade diese Frage gestellt. Er muß schon irgend etwas sehr Seltsames getan haben, um ihr die Lust auf Sex so gründlich zu vermiesen.

»Nein, bestimmt lag es nicht an dir.«

Er starrt sie an, ohne den Blick von ihr abzuwenden. »Jetzt weißt du, warum Männer nicht viel reden«, sagt er wütend. »Die Männer sollen den Frauen gegenüber offen sein, aber nur, wenn sie das sagen, was die

Frauen hören wollen. Ihr Frauen wollt gar nicht wirklich wissen, was in einem Mann vorgeht. Wir Männer spüren das und halten deshalb lieber den Mund.«

»Das ist doch lächerlich«, sagt Barcelona. Aber sie wünscht tatsächlich, sie hätte die Wahrheit nicht gehört.

Er steht auf und schlüpft in seine Schuhe. »Es ist schon ziemlich spät. Bist du soweit?«

Barcelona ist soweit. Sie ist sogar froh, daß sie gehen. Das aufreibende Gespräch mit Luna, die Unterhaltung mit Cory und die Tatsache, daß sie Dixie immer noch nicht erreichen kann, haben sie ziemlich ausgelaugt. Trotzdem kommt sie sich jetzt unsensibel und grausam vor. Erst entlockt sie einem Mann schmerzliche Geheimnisse, und hinterher zieht sie sich vor ihm zurück. Irgendwie weiß sie, daß Luna die Situation besser gemeistert hätte.

Sie hat sich entschlossen, heute nacht mit Cory zu schlafen. Er ist attraktiv, witzig und obendrein sehr sexy. Außerdem schuldet sie ihm ein bißchen Trost; sie hat das Gefühl, ihm beweisen zu müssen, daß sein Geständnis sie nicht schockiert hat. Sie möchte die Schuld auf seine Frau schieben, möchte glauben, daß solche Dinge einfach passieren. Sie steht auf und küßt ihn. Erst scheint er überrascht, aber dann erwiderte er ihren Kuß.

»Ein Mitleidskuß?« fragt er.

»Probleme damit?«

»Ich bin nur neugierig, wie weit dein Mitleid geht.«

»Du bist viel zu empfindlich«, sagt sie. »Wo ist das Bad?«

Er deutet den Flur hinunter. »Du kannst es gar nicht verfehlen.«

Barcelona geht ins Bad, läßt ihre Hose und ihren Slip herunter und zieht den Tampon heraus. Er ist nur leicht rosa, da ihre Periode praktisch zu Ende ist. Sie setzt sich aufs Klo. Während sie pinkelt, sieht sie sich nach einer Zeitschrift oder irgend etwas anderem zum Lesen um. Sie entdeckt nichts. Also nimmt sie die Tampax-Schachtel aus ihrer Tasche und liest den aufgedruckten Text: Für leichte bis mittelstarke Blutung. Hergestellt aus Zellwolle, Faden aus Baumwolle. Wird mit dem Toxic Shock Syndrome (TSS) in Verbindung gebracht. TSS ist eine seltene, aber ernstzunehmende Krankheit, die tödlich verlaufen kann.

Als sie fertiggepinkelt hat, tupft sie sich mit Toilettenpapier trocken. Sie beschließt, keinen neuen Tampon einzuführen. Sie geht davon aus, daß Cory und sie bald im Bett landen werden, so daß es sich nicht lohnt, einen weiteren Tampon zu verschwenden. Sie knöpft ihre Hose zu, betätigt die Spülung, wäscht sich die Hände und wirft dabei einen Blick in den Spiegel. Die häßliche gelbe Tapete des Raumes verleiht ihrer Haut einen Gelbstich. Sie bürstet sich zweimal durchs Haar und beläßt es dabei. Aber als sie gerade das Bad verlassen will, bemerkt sie, daß das Klo zu blubbern und zu gurgeln beginnt. Plötzlich kommt ihr Tampon wieder hoch, zusammen mit einer Menge gelbem Wasser. Die Kloschüssel ist schon fast voll, aber das Wasser steigt immer noch. Der Tampon wirbelt in der Schüssel herum.

Voller Panik betätigt sie noch einmal die Spülung, aber nichts passiert. »Oh mein Gott«, sagt sie. »Oh Gott!«

Schon läuft gelbes Wasser über den Rand auf den Boden.

»Cory!« schreit sie. »Cory!«

Sie hört ihn durch den Flur rennen und an der Tür rütteln. Sie hat vergessen, die Tür aufzusperren. Eine Mischung aus Wasser und Urin ergießt sich auf den Boden. Sie öffnet die Tür.

Cory wirft einen Blick auf die Toilette. Barcelonas rosafarbener Tampon gleitet über die Klobrille auf den Boden. Sie weiß vor Verlegenheit gar nicht, wo sie hinsehen soll. Cory läuft auf Zehenspitzen zu dem kleinen Schrank unter dem Waschbecken und nimmt eine Pumpe heraus. Er taucht sie in die Schüssel, wodurch noch mehr Wasser überläuft. Nachdem er ein paarmal gepumpt hat, beginnt das Wasser gurgelnd abzulaufen. Cory stellt die Pumpe in die Ecke.

»Das ist mir so peinlich«, sagt Barcelona, als er sie aus dem Bad führt. »Jetzt sind wir quitt.«

»Hoffentlich habe ich nichts kaputtgemacht. Angeblich kann man die Dinger runterspülen.«

»Das Klo ist schon uralt. Es ist nicht das erste Mal, daß so etwas passiert. Mach dir deswegen keine Gedanken. Setz dich lieber hin.«

Barcelona geht zu ihrem Stuhl. Sie hinterläßt dabei nasse Spuren auf dem Fußboden. Cory kommt mit einem blauen Badehandtuch zurück. Er kniet sich vor sie hin und trocknet ihre Füße. Plötzlich hält er inne, schiebt ihre Hosenbeine hoch und streift ihre kniehohen Strümpfe ab. Dann trocknet er weiter, wobei er auch die Zwischenräume zwischen den Zehen nicht vergißt. Als er fertig ist, meint er: »Fertig zum Aufbruch?«

Grinsend küßt sie ihn auf die Wange. »Ja.«

Während er durch die dunklen Straßen fährt, wechseln sie kaum ein Wort. Er greift nach ihrer Hand. Sie schmiegt sich an ihn und lehnt den Kopf an seine Schulter. Er drückt zärtlich ihren Oberschenkel.

»Ich mag Sex«, sagt sie, den Blick aus dem Fenster gerichtet.

»Das dachte ich mir.«

Sie fahren an der Universität vorbei. Dann über den Freeway. Selbst um diese Zeit ist auf dem Freeway ziemlich viel Verkehr.

Er bleibt vor ihrem Haus stehen und schaltet den Motor ab. Er küßt sie, die Hand züchtig um ihre Taille gelegt. Sie preßt ihren Busen gegen seine Brust. Seine Zunge leckt über ihre Zähne.

»Ich bringe dich zur Haustür.«

»Nicht nötig, es sind ja nur ein paar Schritte.« Sie gibt ihm einen schnellen Kuß und springt aus dem Wagen.

»Ich rufe dich morgen an. Dann wagen wir einen zweiten Versuch.«

»Dein Klo oder meins?« fragt sie.

Lachend und winkend fährt er davon. Barcelona geht die paar Meter bis zu ihrer Haustür. Sie hat ein gutes Gefühl wegen Cory Meyers, aber zugleich plagen sie Schuldgefühle wegen Eric. Sie ist dabei, ihn zu betrügen. Sie ist sich der Absurdität dieses Gedankens bewußt, aber sie empfindet trotzdem so. Sie beschließt erneut, sich nicht mehr mit Eric zu treffen. Das Wissen, daß Corys Interesse ihr diesen Entschluß erleichtert, trägt nicht gerade dazu bei, daß sie sich besonders nobel fühlt.

Sie geht in die Küche und hört ihren Anrufbeantworter ab. Es sind nur zwei Nachrichten auf dem Band. Die erste ist von Grief: »*Tut mir leid, meine Liebe, aber der Deal mit dem Drehbuch ist geplatzt. Komplikationen über Komplikationen. Wir sind aus der Sache raus. Rufen Sie mich morgen an, dann erkläre ich Ihnen alles.*«

Die zweite Nachricht ist von Trina. Ihre Stimme klingt vor Panik ungewohnt schrill: »*Barcy, Jesus! Ruf sofort meinen Telefonservice an. Man wird mich verständigen, und ich lasse dich wissen, wo ich bin. Jesus.*«

Pause. »*Ruf mich an, sobald du zu Hause bist. Dixies Mann ist verhaftet worden. Mordverdacht. Ich kann jetzt nicht . . .*« Pause. »*Ruf mich einfach an, dann erzähle ich dir den Rest.*«

Barcy zieht sich einen Stuhl ans Telefon und beginnt die Nummer von Trinas Telefonservice zu wählen. Vor Aufregung verwählt sie sich zweimal. Erst beim dritten Anlauf erwischt sie die richtige Nummer.

27 Dixie bekommt kaum Luft. Sie liegt mit dem Gesicht nach unten auf Brandons Bett. Ihre Arme und Beine sind an den vier Beinen des Betts festgebunden. Das Seil ist leuchtend gelb und sehr rauh. Ihre Handgelenke und Knöchel sind schon ganz wund.

Brandon und Joseph stehen neben ihr und betrachten sie wie ein modernes Kunstobjekt in einem Museum.

»Was machen wir jetzt?« fragt Joseph. Dixie kann die Panik in seiner Stimme hören.

»Ich weiß nicht. Ich habe mich noch nicht entschieden.« Brandons Stimme klingt seltsam ruhig, fast noch selbstsicherer als vorher. Aber da ist ein eigenartiger Unterton, wie bei einem Selbstmörder, der im zwölften Stock auf einem Mauervorsprung steht und mit dem Gedanken spielt, zu springen. Der das Ganze aber vorher noch richtig auskosten will und sich den freien Fall immer wieder vorstellt, bevor er tatsächlich den Schritt in den Abgrund tut. Brandon klingt, als würde er gerade über den Mauervorsprung spähen, und das macht Dixie mehr Angst als alles andere.

»Tut jetzt nichts Unüberlegtes«, sagt Dixie mit Nachdruck. »Ich bin ein Cop, in Gottes Namen! Bis jetzt habt ihr bloß ein bißchen mit Dope gedealt. Keine große Sache. Ich habe euch nicht einmal in flagranti erwischt, ich kann also nichts bezeugen. Das heißt, daß du aus dem Schneider bist, Brandon. Und was dich angeht, Joe, du weißt, daß ich wegen unseres körperlichen Kontakts sowieso nicht gegen dich aussagen kann. Ich habe also gegen keinen von euch etwas in der Hand. Das heißt, falls ihr mich jetzt sofort gehen laßt.«

»Sie hat recht, Mann«, sagt Joseph. »Sie hat überhaupt nichts gesehen.«

Brandon öffnet eine Schublade seines Schranks, nimmt ein T-Shirt heraus und zieht es an. Vorne ist das Logo der Sportfirma Puma aufgedruckt, der Name und eine springende Katze. Dixie sieht dasselbe Logo an der Wand neben dem Kühlschrank.

»Wir lassen sie gehen«, sagt Joseph drängend. »Sie hat nichts in der Hand.«

»Vergiß nicht, daß wir sie festgebunden haben. Sie könnte uns wegen Körperverletzung anzeigen, vielleicht sogar wegen Freiheitsberaubung oder Entführung. Cops können einem immer irgendwas anhängen, Kumpel.«

Dixie dreht den Kopf, bis sie ihn direkt ansehen kann. »Glaubst du, ich bin scharf darauf, daß alle erfahren, daß ich mich von zwei Teenagern habe fesseln lassen? Jesus, schon allein aus Stolz würde ich diesen Fall auf sich beruhen lassen.«

»Klingt plausibel«, meint Joseph.

Brandon antwortet nicht. Er geht zum Bett hinüber und setzt sich mit dem Rücken zu Dixie hin. Sie kann das Kokosnußöl seiner Sonnencreme riechen. »Ich weiß nicht«, sagt er und lehnt sich zurück, so daß sein Kopf auf ihrem Po zu liegen kommt. »Ich muß erst noch darüber nachdenken.«

»Da gibt es nichts nachzudenken«, sagt Joseph. Seine Stimme klingt jetzt wütend. Trotz Dixies Verrat betrachtet er sie offenbar immer noch als sein Mädchen. Alles, was Brandon ihr antut, wirft ein schlechtes Licht auf ihn.

»Da gibt es ziemlich viel nachzudenken«, entgegnet Brandon, wobei er den Kopf hebt und noch einmal auf Dixies Po niedersausen läßt. »Der Hintern dieser Mama ist härter als Granit. Entspann dich ein bißchen, Babe, ich mag keine Felsen als Kissen.« Da Dixie ihre Pobacken nicht entspannt, dreht er sich plötzlich um und verpaßt ihr einen harten Schlag mit der Hand. Ihre Haut brennt. »Ich hab gesagt, du sollst deine Arschbacken lockern!«

»Verdammt noch mal, Brandon«, sagt Joseph. »Hör endlich auf. Wir sollten versuchen, heil aus dieser Sache herauszukommen, anstatt die Dinge noch schlimmer zu machen.«

»Mir gefallen die Dinge, wie sie sind.« Grinsend schmiegt Brandon seinen Kopf gegen Dixies Po. »Ah, das ist schon besser.«

»Wir müssen sie gehen lassen.«

»Ach ja?«

»Was sollen wir sonst machen?«

Brandon lacht. »Sie behalten. Wie ein Haustier.«

Dixie kann Joseph nicht sehen. Sie versucht, ruhig zu atmen, weil sie sich bewußt ist, daß Brandon jede ihrer Bewegungen mitbekommt. Er soll nicht wissen, wie groß ihre Angst ist. Ihre einzige Hoffnung ist Joseph.

»Bist du jetzt völlig überschnappt, oder was?« meint Joseph. »Wir können sie nicht hierbehalten.«

»Wer soll uns daran hindern?«

»Die Cops, wer sonst. Sie wissen, daß sie undercover arbeitet. Sie muß ihnen von mir erzählt haben. Ich bin der erste, an den sie sich wenden werden.«

»Bleib ganz cool. Ohne sie haben sie nichts gegen dich in der Hand. Ihr seid an den Strand gegangen, habt ein bißchen die Brandung beobachtet, ein Eis gegessen und euch dann getrennt.«

»Damit werdet ihr nicht durchkommen«, sagt Dixie. »Sie werden ihn so lange löchern, bis er redet. Ihr beide seid miteinander gesehen worden. Sie werden euch auf die Spur kommen, und dann wandert ihr beide ins Gefängnis. Da kommt ihr erst wieder raus, wenn sie mich gefunden haben.«

Brandon rollt sich von ihr herunter und kniet sich neben das Bett. Er legt seinen Kopf auf die Matratze, nur ein paar Zentimeter von ihrem Gesicht entfernt. »Was, wenn sie dich nicht finden?«

»Warum sollen wir ein solches Risiko eingehen?« fragt Joseph. »Laß sie einfach gehen.«

Brandon steht auf. »Ich wollte schon immer eine Sklavin haben. So eine Chance bekomme ich vielleicht nie wieder.« Er klopft Joseph auf die Schulter. »Beruhige dich, Kumpel. Ich sorge schon dafür, daß uns nichts passiert.«

Joseph weicht vor ihm zurück. »Du bist verrückt, Brandon. Ich lasse mich nicht in so was hineinziehen.«

»Du wirst keine andere Wahl haben, Joey. Du kaufst deinen Shit von mir, aber ich kaufe direkt von ein paar knallharten Typen, die es nicht dulden würden, wenn ihnen jemand in die Quere kommt. Wenn ich denen sage, daß du Schwierigkeiten machst, fahren sie zu eurem Haus rüber und blasen dir und deinen Leuten das Gehirn aus dem Kopf. Und hinterher ficken sie euren Hund zum Dessert.«

Joseph antwortet nicht. Dixie kann ihn jetzt wieder sehen. Sie versucht ihre Handgelenke freizubekommen, aber die Knoten sind zu fest. Sie spürt, wie die Schnur ihre Haut aufreißt. Fieberhaft überlegt sie, was sie sonst noch tun kann, aber ihr fällt nichts ein. Ihre einzige Hoffnung ist und bleibt Joseph.

»Du dumme Kuh«, schreit Joseph sie an. Sie kann die Angst und die Wut in seinen Augen sehen. »Wie alt bist du?«

»Dreiunddreißig«, antwortet Dixie.

»Fuck«, sagt Joseph.

»Doppelt so alt wie ich«, lacht Brandon. Er fährt mit der Hand über ihren Po. »Dabei hat sie den Knackarsch einer Dreizehnjährigen. Wir könnten eine Menge Spaß damit haben.« Er beugt sich über sie und beißt durch den Jeansstoff in ihre linke Pobacke. Er beißt so fest zu, daß ihr die Tränen in die Augen schießen, aber sie gibt keinen Mucks von sich. Lachend richtet er sich auf. »*Yummy, yummy, yummy, I got love in my tummy.*‹ Kennst du diesen Oldie? Der ist aus deiner Generation.«

»Jesus, das ist wirklich nicht der Zeitpunkt für solchen Scheiß«, sagt Joseph.

»Du gehst mir allmählich auf die Nerven, Kumpel.« Brandon setzt sich aufs Bett und reibt sanft über die Stelle, in die er gerade gebissen hat. Dixie zuckt unter seiner Berührung zusammen. »Ooch, sind wir ein bißchen wund?« Er läßt seine Hand zwischen ihre Beine gleiten und preßt seine Finger gegen ihren Schritt. »Ist es so besser?«

»Jetzt reicht es aber«, sagt Joseph. Er kniet sich neben das Bett und beginnt, Dixie loszubinden. »Wir lassen sie gehen.«

Dixie wartet darauf, daß Brandon etwas sagt, daß er Joseph widerspricht, aber als sie sich zu ihm umdreht, sieht sie, daß er ruhig beobachtet, wie Joseph ihre linke Hand losbindet. Sein Gesicht wirkt seltsam heiter und konzentriert, als sähe er zum erstenmal, wie jemand einen Knoten löst. Nachdem Joseph ihre linke Hand befreit hat, läuft er um das Bett herum, kniet sich hin und beginnt, die rechte loszubinden.

Dixie schweigt bewußt, um zu verhindern, daß die Machtverhältnisse zwischen den beiden umkippen oder Joseph es sich anders überlegt.

»Ich setze sie bei ihrem Wagen ab«, murmelt Joseph vor sich hin. Auf seiner Oberlippe haben sich Schweißperlen gebildet. Er vermeidet es, Dixie anzusehen. »Dann kann sie den Cops erzählen, was sie will. Sie hat nichts in der Hand.«

Ihre linke Hand ist jetzt ebenfalls frei, und sie reibt sich die Gelenke, ohne die wunden Stellen zu berühren. Von ihrer rechten Hand hängt ein Hautfetzen. Sie reißt ihn ab und wirft ihn auf den Boden. Joseph lockert gerade das Seil an ihrem rechten Fuß.

Plötzlich spürt Dixie, wie sich das Gewicht auf dem Bett verändert. Als sie sich umdreht, sieht sie, daß Brandon aufgestanden ist, den Baseballschläger in der Hand hat, den er vorher gegen den Schrank gelehnt hatte, und damit ausholt. Dixie schreit »Nein!« Aber im selben Moment trifft der Schläger Josephs Kopf, direkt über dem rechten Ohr. Es klingt, als hätte jemand ein Brett über dem Knie zerbrochen. Joseph taumelt einen Moment lang seitwärts und verdreht die Augen. Stöhnend versucht er aufzustehen, schwankt gegen das Bett.

Brandon holt noch einmal aus.

Als der Schläger zum zweitenmal auf Josephs Kopf trifft, klingt es erst recht grausam. Statt eines dumpfen Schlages hört Dixie ein matschiges Geräusch, als wäre jemand mit beiden Füßen in zähen Schlamm gesprungen.

»Joseph!« schreit Dixie auf, als er über ihren Beinen zusammenbricht.

Brandon geht um das Bett herum und berührt Josephs Kiefer vorsichtig mit dem Baseballschläger. Warmes Blut sickert aus seinem gespaltenen Schädel auf Dixies Jeans. Brandon stochert ihm in die Rippen und macht einen Sprung nach hinten, als der Körper vom Bett zu rutschen beginnt. Joseph liegt zusammengekrümmt auf dem Boden.

Brandon kniet sich über ihn und fühlt seinen Puls. »So«, sagt er und sieht mit einem Schulterzucken zu Dixie auf. »Das war das.«

Den Rest des Samstags hatte sie mit dem Gesicht nach unten auf Brandons Bett verbracht, während er in einem Sessel von der Größe eines Sofas lümmelte und CDs abspielte, Radio hörte oder fernsah.

Etwa eine Stunde lang übte er auf seiner Gitarre »Hotel California«. Er suchte sich die Akkorde aus einem Gitarrenbuch heraus und wiederholte sie immer wieder. Gegen Mitternacht verspeiste er eine Portion Ritz-Cracker mit Erdnußbutter. Gegen vier Uhr morgens – er sah sich gerade *Reporter der Liebe* mit Clark Gable und Doris Day an – beschloß er, das Logo der Ritz-Cracker-Schachtel zwischen seinem Perrier-Logo und dem von Miller Lite zu verewigen.

Die Nacht über lag Josephs Leiche neben dem Bett, zusammengerollt wie ein Fötus und in zwei große schwarze Müllsäcke verstaut. Einer war von oben, und der andere von unten über seinen Körper gestülpt. In der Mitte waren die beiden Säcke sauber zusammengebunden. Brandon hatte sehr methodisch daran gearbeitet.

Dixie spürt Josephs getrocknetes Blut auf der Hinterseite ihrer Jeans. Der Stoff ist durch das Blut ganz starr geworden und scheuert auf ihrer Haut. Wenn sie den Hals verdreht, bis ihr ein stechender Schmerz durch den Muskel schießt, kann sie die Müllsäcke mit Josephs Leiche sehen, verschnürt wie eine Monatsration alter Zeitungen. Seltsamerweise riecht man noch gar nichts.

Am Sonntagmorgen, nachdem Brandon sein Ritz-Logo vollendet hat, zieht er die Leiche ins Bad.

»Es war gar nicht so schlimm, wie ich dachte«, sagt er zu Dixie, während er sich mit einem terpentingetränkten Lappen die gelbe und blaue Farbe von den Händen wischt. »Aber auch nicht so gut. Mord. Das große ›M‹. Ich hatte es mir irgendwie anders vorgestellt.«

»Anders?« fragt sie, weil sie will, daß er weiterredet.

»Ich weiß nicht, wie, einfach anders. Irgendwie aufregender.«

»Vielleicht solltest du sein Herz essen«, sagt sie. »Manche Stämme tun das, um sich dadurch die Stärke ihrer Feinde einzuverleiben.«

»Das ist mir viel zu blutig. Außerdem habe ich nicht mal eine richtige Kochgelegenheit.« Er setzt sich auf den Rand des Bettes. Es ist das erste Mal, daß er wieder mit ihr redet, seit er gestern Joseph umgebracht hat.

Der Terpentingeruch seines Lappens tut Dixie in der Nase weh, aber sie ist trotzdem froh über die Stimulation. Ihr schmerzt vom reglosen Daliegen jeder Knochen. Sie konzentriert sich darauf, ruhig zu sprechen und möglichst nicht aggressiv zu klingen. Die provozierende Bemerkung über das Herz war ein Fehler. Sie muß die Situation entschärfen und versuchen, etwas Rationalität ins Spiel zu bringen. Nur so kann sie Brandon davon überzeugen, daß es für ihn noch einen Ausweg gibt.

»Hör mal, Brandon, du bist doch erst sechzehn. Trotz Josephs Tod besteht immer noch die Chance, daß ein guter Anwalt die Geschworenen davon überzeugen kann, daß Joseph der Drahtzieher war und du nur sein Juniorpartner. Sein Komplize wider Willen.«

»Ja«, sagt er. »Aber ich habe ihn trotzdem umgebracht.«

»Notwehr. Ein Streit wegen Drogen. Er wollte, daß du weiterdealst, du wolltest aussteigen, dir war klar geworden, daß Drogen eine schlimme Sache sind, blah, blah, blah. Ein einigermaßen fähiger Anwalt kriegt das schon hin.«

»Es sei denn, du würdest etwas anderes aussagen.«

»Ohne zusätzliche Beweise hätte der Staatsanwalt wohl kaum eine Chance, den Fall zu gewinnen. Schätzungsweise würdest du freigesprochen, schlimmstenfalls mit Bewährung oder ein paar Monaten Jugendgefängnis davonkommen.«

Brandon nickt. »Wahrscheinlich hast du recht.« Er steht auf, bindet ihren linken Fuß los, geht um das Bett herum und bindet ihren rechten Fuß los.

Dixie versucht, sich ihre Nervosität nicht anmerken zu lassen. Sie bewegt ihre Beine ein bißchen, aber sie sind eingeschlafen, so daß sie das Gefühl hat, zwei Baumstämme einen Berg hinauf zu schleppen. Sie wartet darauf, daß er auch ihre Hände losbindet, aber er steht hinter ihr, ohne sich zu rühren.

Überrascht spürt sie plötzlich seine Hände an ihrer Taille. Er hebt sie ein bißchen hoch, um ihre Jeans besser aufknöpfen zu können. Sie windet sich und versucht verzweifelt, seinem Griff zu entkommen, aber er setzt sich auf ihre Beine und beginnt grob, ihr die Jeans herunterzureißen. Als er ihr die Hose über den Po gezogen hat, hält er lachend inne.

»Ein roter Slip«, sagt er. »Nett.« Er zieht ihr auch den Slip herunter und kneift sie in die Stelle, in die er gestern gebissen hat. Sie spannt die Muskeln an, um seine Berührung nicht zu spüren. »Verdammt, wo hast du bloß diese Muskeln her?«

»Laß das lieber bleiben, Brandon«, sagt Dixie ruhig. »Wenn du das tust, wird dir auch der gerissenste Anwalt nicht mehr helfen können. Du kannst dann nicht mehr den unschuldigen Trottel markieren. Auch dein Alter wird dabei keine Rolle spielen.«

Er beugt sich über sie, bis sein Gesicht an ihrem Haar, sein Mund an ihrem Ohr liegt. »Wen kümmert's?«

Er zieht die Jeans und den Slip über ihre Füße und bindet sie wieder an den Bettpfosten fest. Dann setzt er sich neben sie und fährt mit den Fingerspitzen zwischen ihren Pobacken entlang. »Schau, ich habe mir das gut überlegt. Ich habe gerade meine Monatsration Stoff gekauft, bin also bestens ausgerüstet, habe jede Menge Leckereien zu verkaufen – wenn nicht hier, dann anderswo. Hier wird es mir sowieso allmählich zu fad. Es langweilt mich, immer denselben Scheiß zu machen, jeden Tag dieselben Arschlöcher zu sehen und dieselben müden Muschis zu bumsen. Meine Leute wollen, daß ich wieder nach Hause komme. Ich bin reif für einen Tapetenwechsel. Ich brauche also nur noch ein bißchen Stoff zu verkaufen und dann auf Nimmerwiedersehen zu verschwinden.«

»Wohin willst du gehen? Die Cops werden überall nach dir suchen.«

Er zuckt mit den Achseln. »Suchen können sie ja, aber finden werden sie mich nicht. Shit, so schlau seid ihr Cops auch wieder nicht. Ich deale jetzt seit drei Jahren, und bin noch kein einziges Mal aufgeflogen.« Er unterstreicht seine Worte mit einem kräftigen Schlag auf ihren Po.

Dixie weiß nicht genau, welche Taktik sie jetzt anwenden soll. Mit Vernunft ist bei ihm nichts auszurichten, vor allem, weil er recht hat. Mit ein bißchen Geld in der Tasche könnte er tatsächlich auf Nimmerwiedersehen verschwinden. Er ist clever, gerissen und völlig gewissenlos. Sie spürt, wie sie die nackte Verzweiflung überfällt. Er hat vor, sie zu vergewaltigen, soviel steht fest. Die Frage ist jetzt nur noch, ob er auch vorhat, sie hinterher umzubringen.

Sie entspannt ihre Blase und läßt es laufen.

»Jesus fuck!« schreit Brandon und reißt seine Hand hoch.

Der warme Urin durchnäßt das ganze Bettzeug. Ihr exzessiver Vitaminkonsum verleiht ihm einen besonders scharfen Geruch.

Brandon lacht. »Mir war nicht klar, daß ich dir solche Angst eingejagt habe.«

Genau das soll er glauben. Dixie hofft, daß er sie losbinden wird, um das Bettzeug zu wechseln; sie hofft, daß sich dabei eine Gelegenheit ergeben wird, sich auf ihn zu stürzen und mit dem Baseballschläger so lange auf seinen Schädel einzuschlagen, bis sein Gehirn auf den Boden läuft und sie darauf herumtrampeln kann.

Er bindet ihre Beine los, aber nicht ihre Hände. Er reißt das Bettzeug unter ihr weg wie ein ungeschickter Zauberer, der ein Tischtuch unter einem kostbaren Porzellanservice wegzieht. Dabei zerrt er mit solcher Gewalt daran, daß ihr Bauch brennt. Anschließend bindet er ihre Knöchel wieder am Bett fest. »Beim nächsten Mal kannst du in deiner Pisse liegenbleiben. Mir ist das egal.«

Als sie sich zu ihm umdreht, steigt er gerade aus seinen Shorts. Sein Penis ist bereits hart und ragt kerzengerade nach oben. Er ist lang, dünn und rosiger als der eines erwachsenen Mannes. Sein Schamhaar ist feiner. Er nimmt Anlauf und springt auf das Bett, ihre Hüften zwischen seinen Füßen. Er springt ein paarmal auf und ab wie auf einem Trampolin. Die Matratze federt hart gegen Dixies Gesicht. Sie riecht nach Kokosöl, Terpentin und Urin. Brandon läßt sich auf die Knie fallen. Er streichelt über ihren Po und sagt: »Eenie, meenie, minie, moe.«

»Kann ich einen Schluck Wasser haben?« fragt sie.

»Klar.« Er nimmt einen Plastikbecher aus der Orangenkiste neben dem Kühlschrank und geht damit ins Bad hinüber. Sie hört, wie er den Wasserhahn aufdreht. Er kommt zurück und stellt sich in Höhe ihres Kopfes neben das Bett. »Wär' beinah über den alten Joey gefallen. Leg den Kopf zurück.«

Sie tut es, und er setzt das Glas an ihre Lippen und schüttet ihr das Wasser langsam in den Mund. Das meiste davon läuft über ihr Kinn auf die Matratze, aber sie schafft es, ein bißchen etwas zu schlucken.

Inzwischen ist sie völlig nackt. Er hat ihr Hemd und ihr T-Shirt mit einer Schere aufgeschnitten. Rund um ihre linke Brustwarze hat sie einen häßlichen Bluterguß. Die zackigen Abdrücke seiner Zähne sehen aus wie der Umriß eines Auges, mit der Brustwarze als Pupille.

In den letzten drei Stunden hat er sie fünfmal vergewaltigt, zweimal anal, zweimal vaginal, einmal oral. Er hatte Schwierigkeiten, anal in sie einzudringen, deswegen hat er auf ihren Po gespuckt und seinen Speichel in ihren Anus gerieben. Für Dixie war das der schlimmste Teil der ganzen Tortur: zu spüren, wie der Speichel dieses sechzehnjährigen Mörders auf ihre Haut traf. Immer noch spürt sie jede Stelle ihrer Haut, die mit seinem Speichel in Berührung gekommen ist. Sie ist davon überzeugt, daß er Spuren hinterlassen hat, wie die Blasen, die man von Säure bekommen kann.

Sie ist inzwischen so müde, daß sie nur noch schlafen will.

Dixie schließt die Augen. Sie ist sich ziemlich sicher, daß er vorhat, sie umzubringen. Hinterher wird er sie wahrscheinlich zu einem letzten Ritt besteigen, um zu sehen, ob das besser ist als Skateboard fahren. Irgendwo draußen hört sie das Geräusch von Hubschraubern, und sie stellt sich vor, daß ein Rettungstrupp der Marines nach ihr sucht. Die Rotorblätter klingen genauso wie die Spielkarten, die sie als Kind immer in die Speichen ihres Fahrrads steckte. *Thwacka-thwacka-thwacka.* Der Rhythmus lullt sie in den Schlaf.

Das Zischen von Kohlensäure weckt sie wieder auf. Brandon steht neben ihr und trinkt eine Dose Miller-Lite-Bier. »Du fängst allmählich an, ein bißchen zu riechen«, sagt er und gießt etwas von dem Bier über ihren Po. Die plötzliche Kälte auf ihrer Haut läßt Dixie zusammenzukken, aber als die Flüssigkeit zwischen ihre Beine läuft, tut ihr das tatsächlich gut.

Ihr Mund ist so trocken, daß sie kaum sprechen kann. Sie hat von den Terpentindämpfen Kopfschmerzen. »Hör jetzt auf«, sagt sie so leise, daß sie es selbst kaum hören kann.

»Ich kann dich nicht verstehen, Lady. Jesus, du siehst vielleicht aus. Und du stinkst wie ein Schwein.« Er lacht. »Halt aus, Babe. Ich muß noch ein paar Leute anrufen, ein bißchen Stoff verkaufen, vielleicht sogar ein paar Freier für dich organisieren. Typen, die ein paar Extra-Scheinchen drauflegen, wenn ich ihnen erzähle, daß du ein Cop bist. Kann allerdings sein, daß sie ein bißchen grob mit dir umgehen werden.« Er geht zur Tür. »Bin gleich wieder da.«

Er nimmt den Schlüssel zum Haus der Mendlesons und ein schwarzes Adreßbuch mit.

Kaum ist er draußen, beginnt Dixie an dem Seil zu zerren. Aber sie fühlt sich so schwach und schwindelig, daß sie schon nach knapp einer

Minute aufgibt. Zu ihrer eigenen Überraschung beginnt sie zu weinen. Eigentlich ist sie ein Mensch, der nicht leicht weint. Die Tränen machen sie wütend. Sie dreht den Kopf zur Seite und beißt sich in den Oberarm. Fest. Der Schmerz durchzuckt sie, und sie spürt, wie ein Adrenalinstoß durch ihren ganzen Körper schießt. Sie starrt auf das Seil an ihren Handgelenken. Sie hat doch nicht all die Jahre Tausende von Kilos gestemmt, um jetzt hilflos dazuliegen, an das Bett eines Sechzehnjährigen gefesselt, der gerade seine Freunde dafür bezahlen läßt, sie zu vergewaltigen.

Sie zerrt an ihren Fesseln. Erst versucht sie, das Seil zum Reißen zu bringen, aber das ist eine Hollywood-Phantasie. Sie ändert ihre Taktik und versucht, durch Drehen und Wenden ihres Handgelenks die Schlinge so weit zu lockern, daß sie die Hand herausziehen kann. Keine Chance.

Wieder eine andere Taktik. Sie versucht, mit dem Kopf nahe genug an das Seil heranzukommen, so daß sie es mit den Zähnen bearbeiten kann. Aber wie sehr sie sich auch anstrengt, es fehlen fünf Zentimeter. Sie überlegt, ob sie den Mut haben wird, sich durch ihr eigenes Handgelenk zu kauen. Tut sie es nicht, wird er sie umbringen. Wäre es da nicht besser, eine Hand zu opfern?

Sie will vorher noch eine andere Taktik ausprobieren. Sie spannt ihre Beinmuskeln an. Das ist genau die Position, in der sie beim Training immer ihre Wadenmuskulatur trainiert hatte. Einmal hatte sie dabei über zweihundert Pfund gehoben. Wie stark konnten die Beine dieses klapprigen Bettes im Vergleich zu ihren Beinen sein? Sie beginnt ihre Beine zu heben, indem sie sie an den Knien abwinkelt und nach hinten hochzieht. Das Seil strafft sich. Sie spannt ihre Bauchmuskeln an und konzentriert ihre ganze Energie auf die Beine; sie stellt sie sich als riesige mechanische Winde vor, die einen Unfallwagen aus dem Fluß ziehen muß. Sie sieht das Wasser aus der zerbrochenen Windschutzscheibe strömen, sieht, wie die Leichen nach vorne fallen, von den Sicherheitsgurten in ihren Sitzen gehalten.

Plötzlich bewegt sich das Bett. Die untere Hälfte senkt sich ein kleines bißchen. Die Metallbeine des Bettes geben nach. Sie beißt die Zähne zusammen und spannt ihre Muskeln ein zweites Mal an. Die Beine des Bettes geben wieder ein bißchen nach. Sie hat vor Anstrengung schon einen Krampf in den Beinen. Als sie sie noch einmal heben will, gehorchen sie ihr nicht mehr.

Dixie versucht erneut mit dem Kopf das Seil an ihrem rechten Handgelenk zu erreichen. Sie berührt es ganz knapp mit den Schneidezähnen. Eigentlich hatte sie gehofft, ihre Backenzähne benutzen zu können, aber jetzt ist sie froh, überhaupt eine Chance zu haben. Sie beginnt an dem Seil zu nagen. Die Fasern sind so steif und scharf wie die Haare eines Ebers. Immer wieder stechen sie ihr in die Lippen und ins Zahnfleisch. Sie schmeckt Blut in ihrem Mund. Trotzdem kaut sie weiter. Sie bemüht sich, nicht daran zu denken, wie lange Brandon für seine Telefonate brauchen wird. Sie beißt einfach in das Seil und bewegt ihren Kopf ruckartig vor und zurück, bis ihr die Fasern aus dem Mund rutschen. Dann fängt sie von neuem an. Jede Faser muß einzeln durchgebissen werden. Zwei ihrer Schneidezähne fühlen sich bereits locker an. Der Schmerz schießt durch ihren Gaumen geradewegs in die Augäpfel. Wieder schlägt sie die Zähne in das Seil und wirft den Kopf hin und her, während sie durch die widerspenstigen Fasern sägen.

Sie hat das Seil halb durch, als ihr einer der Schneidezähne aus dem Mund fällt. Blut fließt über ihre Lippe. Sie ignoriert es und nagt mit dem zweiten Schneidezahn am Seil.

Dann reißt es.

Innerhalb von zwei Minuten hat sie sich befreit. Sie springt auf, schnappt sich von einem Stapel auf der Kommode Shorts und ein T-Shirt, streift beides über und stürzt zur Tür.

Genau in dem Augenblick, als Brandon hereinkommt.

Sein feuchtes Haar ist zurückgekämmt, und er hat noch etwas Schaum im Ohr. Er hat drüben im Haus geduscht. Erst starrt er sie überrascht an, aber als er ihren wunden, blutenden Mund mit der Zahnlücke sieht, beginnt er zu grinsen.

»Ich schätze, ich weiß, was du dir zu Weihnachten wünschst.« Er geht auf sie zu.

Dixie fühlt sich ziemlich benebelt. Sie weiß, daß sie auf der Polizeiakademie und im täglichen Dienst gelernt hat, was in solchen Situationen zu tun ist. Aber sie kann sich kaum daran erinnern. Wenn sie jetzt jemand fragen würde, wäre sie nicht in der Lage, auch nur einen einzigen ihrer Kollegen beim Namen zu nennen. Sie weiß nicht einmal mehr den Namen des Jungen.

Aber sie weiß, daß sie leben will. Sie stürmt auf ihn zu, und als er die Hände ausstreckt, um sie zu packen, rammt sie ihm den Ellbogen in die Kehle. Er reißt die Hände hoch und schnappt nach Luft. Sie zielt mit demselben Ellbogen auf seine Nase und hört, wie es kracht. Sofort schießt ihm das Blut aus den Nasenlöchern. Er geht in die Knie. Sie versetzt ihm mit ihrem Knie einen solchen Kinnhaken, daß sein Kopf nach hinten schleudert. Er fällt um und greift im Fallen nach ihrem Knöchel. Sie stampft mit dem anderen Fuß auf sein Handgelenk; knirschend gibt der Knochen nach.

Sie rennt zur Tür hinaus.

Sie blickt sich nicht um.

Ihre nackten Füße klatschen auf den Asphalt. Scharfe Steinchen bohren sich in ihre Fußsohlen, aber sie bleibt nicht stehen. Sie rennt, so schnell sie kann. Sie sprintet eine schmale Gasse hinunter, dann quer über einen Hinterhof und über einen Parkplatz. Sie weiß, sie sollte stehenbleiben und um Hilfe schreien. Aber er könnte inzwischen hinter ihr und bewaffnet sein. Vielleicht hat er eine Pistole und zielt damit auf ihren Rücken, während sie läuft. Schließlich hält sie doch völlig außer Atem an einer Telefonzelle an. Sie keucht vor Erschöpfung. Ihre Beine weigern sich, noch weiter zu laufen. Da sie kein Geld bei sich hat, tippt sie die Nummer ihrer Telefonkarte ein. Dann beginnt sie zu wählen.

»Hallo?« fragt die Stimme.

Dixie ist überrascht. Es ist nicht das Polizeipräsidium. »Karl?« sagt sie zu ihrem Ex-Mann.

Fünfzehn Minuten später ist Karl bei ihr. Er lebt in Irvine. Eigentlich braucht man von dort zwanzig Minuten bis hierher, was bedeutet, daß Karl normalerweise dreißig bis vierzig Minuten brauchen würde. Aber nicht dieses Mal. Als er sie vor der Telefonzelle auf dem Bordstein sitzen sieht, parkt er in zweiter Reihe und springt aus dem Wagen, ohne die Wagentür zu schließen. Die anderen Autofahrer hupen und schreien ihn an. Er ignoriert es. Er kniet sich vor Dixie hin. »Mein Gott, bist du in Ordnung?«

Sie hatte ihm am Telefon nichts gesagt. Nur, daß sie ihn brauche, daß es ein Notfall sei. Sie wußte nicht, wieso sie überhaupt seine Nummer gewählt hatte. Warum hatte sie nicht gleich wieder aufgelegt und statt dessen ihre Freunde bei der Polizei angerufen? Oder sogar die Polizei hier am Ort? Sie hatte darüber nachgedacht, während sie auf dem Bordstein saß und auf ihn wartete. Sie war sich nicht sicher. Vielleicht brauchte sie einfach jemanden, von dem sie wußte, daß er auf ihrer Seite war. Sicher, die Kollegen würden auch auf ihrer Seite stehen. Sie können es nicht leiden, wenn jemand aus ihren Reihen so übel zugerichtet wurde. Aber sie waren trotzdem Männer. Sie würden Mitleid mit ihr haben, aber sie würden wissen, daß sie vergewaltigt worden war. Sie würden sie mit fragendem Blick ansehen, würden sich vorstellen, wie sie nackt und mit gespreizten Beinen dalag, und sie würde es jedesmal, wenn sie ihnen in die Augen sah, von neuem durchleben müssen. Irgendwann würde sie sicher dazu in der Lage sein. Aber nicht gleich bei dem ersten Gesicht, das sie sah. Vielleicht machte sie das zu einer schlechten Polizistin. Im Moment war ihr das ziemlich egal.

»Ich bringe dich in ein Krankenhaus«, sagt Karl und hilft ihr behutsam auf die Beine. »Mach dir keine Sorgen, Dixie, ich kümmere mich um dich.«

Gestern noch hätten diese Worte sie geärgert. Jetzt war es genau das, was sie hören wollte.

Er hilft ihr in den Wagen. Als die anderen Autofahrer sie sehen, hören sie auf, zu hupen und zu schreien. Sie glotzen nur noch. Sie läßt sich in den Autositz sinken, und er schließt die Tür hinter ihr.

»Ich bin vergewaltigt worden«, sagt sie, als er einsteigt.

Ohne etwas zu sagen setzt er den Blinker, sieht in den Rückspiegel und biegt auf die Gegenfahrbahn ein. »Es wird alles wieder gut, Dixie. Du stehst unter Schock.«

Seine Worte verblüffen sie. Sie fühlt sich müde, das schon, aber sie ist kein Zombie, steht nicht unter Schock. Um ihm zu beweisen, daß das nicht so ist, erzählt sie ihm, was geschehen ist, schildert ihm die Details, nennt ihm die Adresse. Er hört ihr mit grimmiger Miene zu, den Blick starr auf die Fahrbahn gerichtet. Als sie fertig ist, fragt er sie, ob sie die Polizei verständigt habe, damit sie Brandon festnehmen. Sie sagt, das habe sie vergessen.

Sofort wechselt er auf die linke Spur. Dabei behindert er ein paar andere Autofahrer, die wütend zu hupen beginnen. Karl biegt links ab und schießt die kleine Laguna Street hinauf. Er manövriert den Wagen durch den dichten Verkehr, bis sie plötzlich wieder in der Straße sind, in der Brandon wohnt. Dixie ist überrascht, Brandon den Gehsteig entlanglaufen zu sehen. Er trägt Jeans und eine Lederjacke und hat einen Rucksack über die Schulter gehängt. Wahrscheinlich sind darin seine restlichen Drogenbestände.

»Das ist er«, sagt sie ruhig.

Karl, der an keinem seiner Autos je einen Kratzer hatte, der sein Auto jeden Sonntag gründlich wäscht, reißt jetzt das Lenkrad herum und läßt den Wagen über den Bordstein, den Gehsteig und über ein Stück frischgemähten Rasen holpern. Fünf Meter vor Brandon kommt er zum Stehen.

Brandon sieht Dixie. Sein unverschämtes Grinsen ist verschwunden. Seine Nase ist krumm und geschwollen, beide Nasenlöcher sind blutverkrustet. Ein dunkler Bluterguß ziert seinen Unterkiefer. Als er sieht, daß Karl die Tür aufreißt und auf ihn zustürzt, dreht er sich um und läuft in die entgegengesetzte Richtung davon. Karl war noch nie in einen Kampf verwickelt, aber jetzt verfolgt er Brandon, als hätte er sein Leben lang nichts anderes getan. Dixie bleibt im Wagen und beobachtet die Verfolgungsjagd. Durch den Rahmen einer Windschutzscheibe kommt ihr das Ganze ein bißchen wie ein Film vor.

Karl hat Brandon eingeholt. Beide stürzen auf den Gehsteig, aber Brandon ist unten, und sein Gesicht schürft über den Asphalt. Karl setzt sich auf den Jungen und beginnt auf ihn einzutrommeln; treffsicher prasseln seine Fäuste auf ihn nieder. Er erinnert Dixie an die Typen auf den Sklavenschiffen, die immer auf einer großen Trommel den Rudertakt angeben. Erschöpft hält Karl schließlich inne, lehnt sich einen Augenblick nach vorne, um wieder zu Atem zu kommen, und steht dann auf.

Dixie steigt aus dem Wagen und geht zu ihm. Sie beugt sich zu Brandon hinunter und preßt ihre Fingerspitzen an seinen Hals. Kein Puls. »So«, sagt sie zu Karl. »Das war das.«

Vierter Teil

Gleichstrom

Worin Dixies Vergewaltigung
unerwartete Auswirkungen
auf das Leben
aller vier Frauen hat

28 Barcelona muß noch ein paar Minuten ihrer Sprechstunde absitzen, bevor sie nach Hause fahren kann, um zu duschen und sich umzuziehen. Sie sieht dem heutigen Abendessen mit gemischten Gefühlen entgegen. Es wird ihr erstes gemeinsames Essen sein, seit Dixie vor drei Wochen aus dem Krankenhaus entlassen wurde. Natürlich freut sich Barcy darauf, ihre Freundinnen zu sehen, aber irgendwie hat sie das Gefühl, daß sie sich seit Dixies Vergewaltigung voneinander entfernt haben. Es ist schon Wochen her, daß sie eine von den anderen gesehen hat. Sie hat Trina versprochen, sich etwas früher mit ihr zu treffen, damit sie vor dem Essen noch ein bißchen reden können. Das letzte Mal hat sie Trina in Dixies Krankenzimmer gesehen. Seitdem sind sie alle sehr beschäftigt gewesen. Aber schließlich hatten sie es doch geschafft, sich auf das heutige Abendessen zu einigen, das als eine Art Willkommensfeier für Dixie gedacht war. Barcelona hatte schon mehrmals den Versuch unternommen, sich mit Dixie zu treffen, zum Mittagessen oder zu einem Einkaufsbummel, aber Dixie hatte immer zu tun gehabt.

Barcelona ist in letzter Zeit auch sehr fleißig gewesen. Nachdem Roger Carlyle, Lynda Kramer und Hollywood im allgemeinen sie so gnadenlos im Regen stehen ließen, hatte sie beschlossen, sich auf das zu besinnen, was sie am besten konnte: Bücher über die Zukunft schreiben. Sich die Welt vorstellen, wie sie einmal sein wird – eine ergraute Widerspiegelung dessen, was sie heute ist. Knochen werfen, in Innereien lesen, sich die verschiedensten Möglichkeiten und Wahrscheinlichkeiten ausmalen. Die moderne Mathematik des Weissagens. Eine Kassandra der Paperbacks. Sie hat ihren neuen Roman letzte Woche angefangen und sich hineingekniet wie in keines ihrer vorherigen Bücher. Sie arbeitet jede freie Minute daran, feilt mit der zwanghaften Präzision einer Kunsthandwerkerin an jedem Wort.

Die Arbeit an diesem neuen Roman hat ihr außerdem geholfen, einen gewissen Abstand zu ihrem Privatleben zu gewinnen, das Ganze etwas distanzierter zu betrachten. Sie hat jetzt endlich alles im Griff. Eric gehört endgültig der Vergangenheit an; sie hat ihn unter der Rubrik »Ex-Freunde« abgelegt. Sie haben ein paarmal miteinander telefoniert, aber er gibt sich mit ihrer Begründung, warum sie ihn nicht mehr sehen will, nicht zufrieden. Ein Treffen hat sie jedoch bisher vermieden. Sie ist froh über ihre Entscheidung, obwohl er ihr fehlt.

Mit Cory liegt die Sache völlig anders. Nachdem sie seine Toilette überflutet hatte, war es ihr eine Weile lang ziemlich peinlich, ihn wiederzusehen. Er ruft sie jeden Tag an, und sie waren zweimal zusammen zum Mittagessen. Sie sind dabei aber weder seinem Haus in Corona del Mar noch ihrem Haus nahegekommen. Sie möchte ihn vorerst nur auf neutralem Boden treffen. Da es bloß noch zwei Wochen bis zur Wahl sind, nimmt der Wahlkampf den Großteil seiner Zeit in Anspruch, vor allem, seit die Meinungsumfragen überraschenderweise ergeben haben, daß er jetzt einen klaren Vorsprung vor Carla Bennington hat.

Barcelona weiß nicht, was sie von Cory halten soll. Sie genießt es, mit ihm zusammen zu sein, ist sich aber nicht sicher, ob sie für ihn nur eine Ablenkung vom Streß des Wahlkampfes ist oder ob mehr dahinter steckt. Vielleicht wird sie Trina heute abend danach fragen; mal sehen, ob er mit ihr über sie beide gesprochen hat.

Barcelona sieht auf die große Uhr an der Wand und beschließt, ihre Sprechstunde heute fünf Minuten früher zu beenden. Sie fängt an, Papiere in ihre Aktenmappe zu stopfen.

Das Telefon klingelt. Sie und ihre Kollegin teilen sich einen Apparat, so daß sie über beide Schreibtische greifen muß, um den Hörer abzunehmen.

»Hallo?« meldet sie sich.

»Barcelona Lee?« fragt eine Frauenstimme. »Die Schriftstellerin?«

»Ja.«

»Ah, gut. Ich habe es zuerst bei Ihnen zu Hause versucht, also ignorieren Sie bitte meine Nachricht auf Ihrem Anrufbeantworter.«

»Mit wem spreche ich?«

»Ach Gott.« Sie lacht. Ihr Lachen, das Barcelona seltsam bekannt vorkommt, klingt wie die ersten Takte des Beatles-Songs »Across the Universe«. »Bitte entschuldigen Sie«, sagt sie. »Es ist immer noch seltsam, eine Professorin anzurufen. Da werden ungute Erinnerungen an meine eigene College-Zeit wach. Ich fürchte, ich war keine besonders gute Studentin.«

»Mit wem spreche ich denn bitte?« fragt Barcelona noch einmal.

»Entschuldigen Sie. Ich lerne es wohl nie. Hier ist Lynda Kramer. Hi.«

Was sagt man bloß zu einem internationalen Bühnen- und Leinwandstar? fragt sich Barcelona. »Hi.«

»Ich hab's einfach mal auf gut Glück versucht«, sagt Lynda Kramer. »Ich weiß noch, daß die Professoren zu meiner College-Zeit nie in ihrem Büro zu erreichen waren. Aber vielleicht ist das nur in Princeton so.«

»Vielleicht.« Barcelona hat nicht das Gefühl, an diesem Gespräch teilzuhaben. Sie antwortet nur, wenn Lynda Kramer ihr das Stichwort dazu gibt.

»Nun, ich freue mich, daß Sie so pflichtbewußt sind. Sonst hätten wir uns womöglich tagelang verfehlt.«

»Ich wußte gar nicht, daß wir uns sprechen wollten.«

»Deswegen rufe ich an. Um Ihnen alles zu erklären.«

Lautes Klopfen läßt die Tür vibrieren. Es klingt wütend, dringend.

»Entschuldigen Sie mich einen Augenblick«, sagt Barcelona zu Lynda Kramer.

»Natürlich. Das gibt mir die Chance, den Kopf meiner Tochter aus dem Telefonkabel zu befreien.«

Barcelona hält die Luft an, tut, als wäre sie schon nicht mehr am Telefon, hört aber weiter zu. »Komm her, Sarah«, hört sie Lynda Kramer sagen. »Gib Mommy das Kabel wieder. Komm her, Liebes.«

Es klopft erneut. Barcelona legt den Hörer weg und geht zur Tür. Sie will sie gerade öffnen, als Eric in ihr Büro stürmt.

»Was zum Teufel ist eigentlich los?« fragt er. »Warum redest du nicht mehr mit mir, Barcy?« Er trägt ein Jeanshemd mit Druckknöpfen. Es ist neu, sieht aber genauso aus wie das, das er am College immer anhatte. Dasselbe gilt für seine Jeans und seine wildledernen Wanderschuhe.

»Wanderschuhe«, sagt sie in scharfem Ton. »Wo zum Teufel willst du denn hinwandern, Eric?«

Eric ist von ihrer Reaktion überrascht. Angesichts ihrer Wut verebbt seine eigene ein wenig. Er steht mitten im Büro und sieht auf seine Schuhe hinunter. »Wovon redest du eigentlich?«

»Egal. Sei so gut und warte draußen, bis ich mein Telefongespräch beendet habe.«

»Wir müssen miteinander reden«, sagt er beharrlich. »Wir müssen das klären.«

»Ich habe zu arbeiten, Eric. Hier ist wirklich nicht der geeignete Ort für so etwas.«

»Du rufst mich ja nie zurück.« Ein weinerlicher Unterton hat sich in seine Stimme geschlichen. »Ich liebe dich, Barcy. Und ich weiß, daß du mich auch liebst.«

»Warte draußen«, sagt sie, wie eine Lehrerin zu ihrem Schüler. Früher war es bei ihnen immer umgekehrt.

Er sieht sie traurig an, und die weiße Narbe, die seine Augenbraue spaltet, scheint zu pulsieren, als besäße sie ein eigenes Leben. Das milde, phosphoreszierende Weiß erinnert sie an seinen selbstlosen Einsatz für jene Frau. Daran, wie er sich vor sie gestellt und sie vor ihrem brutalen Ehemann beschützt hatte. Barcelona hat das Gefühl, daß sie ihm etwas schuldet – wenn schon nicht um ihrer selbst willen, dann wenigstens wegen jener mißhandelten Frau. »Bitte, Eric«, sagt sie sanft. »Laß mich dieses Telefongespräch beenden. Dann reden wir.«

Er nickt und geht hinaus. Sie kann ihn durch die Scheibe sehen. Er sitzt auf der Couch vor ihrem Büro neben einem vietnamesischen Mädchen, das die Zeitschrift *People* liest. Eric greift in die hintere Tasche seiner Jeans und zieht ein Taschenbuch heraus. Barcelona kann den Titel nicht entziffern, aber sie erkennt am Umschlag, um was für ein Buch es sich handelt: *Doktor und Seele: Von der Psychotherapie zur Logotherapie* von Viktor E. Frankl. Es ist eines der Bücher, die er besonders gerne in der Öffentlichkeit liest.

Barcelona setzt sich wieder hinter ihren Schreibtisch, holt tief Luft und nimmt den Hörer auf. »Hallo?«

»Scheint so, als hätte ich zu einem unpassenden Zeitpunkt angerufen«, sagt Lynda Kramer.

»Da ist bloß eine Sache noch nicht ganz ausgestanden.«

»Ich weiß, wovon Sie sprechen. Bei solchen Gelegenheiten muß ich immer an das Gedicht von Stephen Crane denken. Wo er die Liebe mit einem abgebrannten Streichholz vergleicht, das in einem Pissoir schwimmt.«

»Hart Crane«, verbessert Barcelona. Sie ist aber trotzdem beeindruckt.

»Oh, richtig. Ich weiß nicht, warum ich die beiden immer verwechsle. Hart wie ›heart‹ wie Herz wie Liebe. Ich habe mal einen Kurs besucht, wo einem beigebracht wurde, sich für alles Eselsbrücken zu bauen. Davor hatte ich immer Schwierigkeiten, mir meine Texte zu merken.«

»Hilft so ein Kurs? Ich spiele auch schon lange mit dem Gedanken, mal einen zu besuchen.«

»Warum? Sie müssen Ihre Texte doch nicht auswendig können.«

»Das nicht, aber ich muß mir viele Dinge merken. Jahreszahlen und solche Sachen. Von wann bis wann ein Autor gelebt hat, wann bestimmte geschichtliche Ereignisse stattgefunden haben, lauter solches Zeug. Was Lehrer eben so im Kopf haben müssen.« Nachdem sie es so ausführlich erklärt hat, findet sie, daß es irgendwie blöd klingt. Barcelona brennt darauf, den Grund für Lynda Kramers Anruf zu erfahren, aber sie scheut sich, sie direkt zu fragen, aus Angst, es könnte sich um ein Mißverständnis handeln. Sie kommt sich ein bißchen kindisch vor, weil sie es so aufregend findet, mit einem Filmstar zu sprechen. Sie sieht, daß Eric durch das Glas zu ihr hineinstarrt, und dreht den Kopf weg, damit er nicht merkt, wie zappelig sie ist.

»Zuerst einmal muß ich mich bei Ihnen entschuldigen«, sagt Lynda Kramer.

»Oh?«

»Wegen des Drehbuchs, das Sie geschrieben haben. Wir haben es nicht einmal gelesen. Um ehrlich zu sein, mein Agent hat davon abgeraten. Nicht wegen des Drehbuchs, er hat es auch nicht gelesen. Es war wegen Roger Carlyle.«

Barcelona fischt die Diet-Coke-Dose aus dem Müll und beginnt, die Lasche vor- und zurückzubiegen.

»Nachdem wir das erste Mal mit ihm gesprochen hatten, erklärten wir uns einverstanden, einen Blick auf das Drehbuch zu werfen, das er angeblich hatte. Dann sagte er, die Sache verzögere sich, weil Sie das Drehbuch noch einmal überarbeiten wollten.«

»In Wirklichkeit hatte ich es da noch gar nicht geschrieben.«

»Das überrascht mich nicht. Er war an Ihrem Drehbuch sowieso nicht übermäßig interessiert. Er versuchte bloß, aus seiner flüchtigen Bekanntschaft mit uns Kapital zu schlagen und sich bei uns einen Produzentenjob zu verschaffen. Er erzählte überall herum, daß er mit uns im Geschäft sei. Als wir das herausfanden, mußten wir jede Beziehung zu ihm abbrechen. Leider schloß das auch Sie mit ein.«

Barcelona biegt die Lasche erst auf die linke, dann auf die rechte Seite. »Also hat er meinen Roman beziehungsweise mein Drehbuch von Anfang an nur als Mittel zum Zweck betrachtet, um an einen Job zu kommen.«

»Im Prinzip ja. Obwohl natürlich durchaus die Chance bestand, daß Ihr Drehbuch einen Käufer finden würde.«

»Was genau ist der Grund Ihres Anrufs?« fragt Barcelona. »Interessieren Sie sich für mein Buch?«

»Leider hat Roger Carlyle für ein Jahr die Hand auf dem Drehbuch, und außerdem die Option für ein weiteres Jahr. Das heißt, die Sache liegt erst einmal zwei Jahre auf Eis. So lange kann ich mit meinem nächsten Projekt aber nicht warten.«

Die Lasche reißt ab. Barcelona steckt sie in die Dose. »Bestimmt können Sie unter Hunderten von Projekten wählen.«

»Das stimmt. Aber mir ist daran gelegen, mich in eine neue Richtung zu bewegen, mein Repertoir ein bißchen zu erweitern. Ehrlich gesagt, bin ich es leid, immer nur neurotische Treibhauspflanzen mit ausländischem Akzent und dunkler Vergangenheit zu spielen. Ich möchte beweisen, daß ich auch etwas anderes kann. Aber ich möchte etwas, das Klasse hat, etwas Anspruchsvolles, nicht den üblichen Schund.«

Barcelonas Herz klopfte wie wild. »Und was für eine Rolle spiele ich dabei?«

»Ich habe *Hochspannung* und ein paar von Ihren anderen Romanen gelesen. Ihre Bücher haben etwas, das mich wirklich anrührt. Ich bin kein großer Science-fiction-Fan, verstehen Sie mich nicht falsch. In den meisten Fällen nervt mich der ganze technische Jargon. Aber in Ihren

Büchern zählen vor allem die Menschen, und gerade das hat mich gefesselt. Ich bin davon überzeugt, daß Sie in der Lage sind, ein ausgezeichnetes Drehbuch zu schreiben.«

»Aber zu welchem Buch?«

»Tja, genau das ist die Frage. Ich habe sie nicht alle gelesen, und, ehrlich gesagt, besteht auch keine große Chance, daß ich in nächster Zeit dazu kommen werde. Deswegen habe ich mir gedacht, daß wir uns zu einem gemütlichen kleinen Essen treffen, bei dem Sie mir in groben Zügen die Handlung von jedem Ihrer Romane erzählen. Mal sehen, was dabei herauskommt.«

Ein Essen mit Lynda Kramer! Am liebsten würde Barcelona zur Tür gehen und Eric wieder hereinwinken, damit er das Gespräch mit anhören kann. Sie wünscht, es gäbe einen Weg, sich ins Lautsprechersystem des Colleges einzuklinken.

Andererseits steckt Barcelona gerade mitten in ihrem neuen Roman. Noch nie hat ihr das Schreiben mehr Spaß gemacht, noch nie konnte sie sich so gut in ihre Figuren hineinversetzen. Sie weiß nicht, ob sie bereit ist, dieses Gefühl der Erfüllung gegen ein weiteres unsicheres Projekt einzutauschen. Sie erklärt Lynda Kramer ihre Bedenken.

Lynda schweigt für einen Moment. »Erzählen Sie mir von Ihrem neuen Buch«, sagt sie dann. »Wie soll es heißen?«

»*Festmahl.*«

»*Festmahl?* Einfach nur *Festmahl*?«

»Einfach nur *Festmahl.*«

»Das klingt ein bißchen unheimlich, fast wie ein Titel von Stephen King. Es kommen doch hoffentlich keine Außerirdischen vor, oder? Ich habe kein Interesse daran, Sigourney Weaver ins Gehege zu kommen. Also bloß keine Aliens!«

»Nein, es kommen keine Aliens vor. Es geht um eine Frau, die etwa hundert Jahre nach uns lebt. Bis dahin wird man eine Droge entdeckt haben, ein Medikament, das das Leben verlängert. Die Lebenszeit sogar verdoppelt. Das Problem ist, daß die Droge nur bei Männern wirkt. Es hat etwas mit der Beschaffenheit ihrer Chromosomen zu tun.«

»Die Männer leben also doppelt so lang wie die Frauen?«

»Genau. Sie können sich sicher denken, welche sozialen Probleme das mit sich bringt, vor allem, wenn es um Liebe, Ehe und Kinder geht.«

»Ja. Was macht ein Typ mit seiner Frau, wenn sie alt ist, während er noch siebzig Jahre zu leben hat?«

»Genau.«

Lynda Kramer seufzt. »Okay, Sie haben mich am Haken. Erzählen Sie weiter.«

»Die Gesellschaft hat eine sehr kultivierte Lösung des Problems entwickelt. Wenn die Frauen das Alter von sechzig Jahren erreicht haben, begehen sie Selbstmord, um es ihrem Mann zu ermöglichen, sich eine neue Frau zu suchen und eventuell noch einmal Kinder großzuziehen. Das ›Festmahl‹ im Titel bezieht sich auf die ritualisierten Mahlzeiten, die die Frauen zubereiten – ihre letzte Mahlzeit, gewürzt mit einem Gift, das keine Schmerzen verursacht. Die ganze Familie versammelt sich, um ihr beim Essen zuzusehen und bei ihr zu bleiben, bis sie stirbt. Es läuft alles sehr liebevoll ab.«

»Irgendwie läßt mich das ein bißchen an Indien denken.«

»Ja«, gibt ihr Barcelona recht. »Das ist so beabsichtigt.«

»Was passiert mit der Heldin?«

»Sie ist eine Wissenschaftlerin, deren Mutter nur noch eine Woche bis zu ihrem sechzigsten Geburtstag hat. Während die Mutter damit beschäftigt ist, ihr letztes Festmahl vorzubereiten, versucht unsere Heldin eine Möglichkeit zu finden, in das pharmazeutische Labor vorzudringen, in dem die lebensverlängernde Formel aufbewahrt wird. Sie glaubt, daß es unter den Männern, denen die Firma gehört, eine Verschwörung gibt, die den Zweck hat, den Frauen die Droge vorzuenthalten. Sie ist davon überzeugt, daß sich die Formel so abändern ließe, daß sie auch bei Frauen wirken würde.«

Lynda Kramer lacht zufrieden. »Das gefällt mir. Spannung und Verschwörung. Ich hoffe, es gibt auch eine Romanze.«

Barcelona antwortet: »Eine Romanze gibt es bei mir immer. Diesmal mit einem Wissenschaftler-Kollegen, der versucht, ihr zu helfen.«

»Und es gelingt den beiden, die Verschwörung aufzudecken?«

»Nein. Sie entdecken, daß es gar keine Verschwörung gibt. Daß die Formel tatsächlich nur bei Männern wirkt und es trotz angestrengter

Forschung bisher nicht gelungen ist, ein Pendant für Frauen zu entwickeln.«

Lynda Kramer schweigt eine Weile. Dann sagt sie: »Ich verstehe die Pointe nicht. Das Ganze ist eine Art Antiklimax, finden Sie nicht?« Ihre Stimme klingt eine Spur enttäuscht.

»Eigentlich nicht. Im Grunde geht es gar nicht darum, ob es eine Verschwörung gab oder nicht. Das ist sogar völlig unwichtig. Der eigentliche Skandal besteht darin, daß die Männer das Serum einnahmen, obwohl sie wußten, daß es für Frauen keines gab – daß also die Frauen, die sie liebten, sterben würden. Sie akzeptierten den ritualisierten Selbstmord als Bestandteil ihrer Gesellschaft, statt selbst auf die Droge zu verzichten. So lange, bis eine entwickelt wurde, die bei allen wirkte. Genau das ist der Punkt.«

Wieder schweigt Lynda Kramer eine Weile. Barcelona hört, wie sie mit einem Stift gegen den Hörer trommelt, während im Hintergrund ein Baby kräht. Durch den Glaseinsatz sieht sie, daß Eric sich mit dem vietnamesischen Mädchen unterhält. In sein Heim für mißhandelte Frauen kommen in letzter Zeit immer mehr Vietnamesinnen. Sie sind inzwischen verwestlicht genug, um Schläge nicht mehr als normalen Bestandteil der Ehe zu akzeptieren. Um ihnen besser helfen zu können, hatte Eric angefangen, Vietnamesisch zu lernen. Er sprach es inzwischen schon erstaunlich flüssig. Das Mädchen vor dem Büro blickt lachend zu Eric auf, und Barcelona entdeckt eine Spur von Verliebtheit in ihren Augen. Barcelona spürt, wie ihre alte Zuneigung zu Eric wieder aufflammt, und sie fragt sich plötzlich, ob sie im Hinblick auf ihn nicht doch einen Fehler gemacht hat.

Lynda Kramer sagt: »Wenn Sie nichts dagegen haben, werde ich meinen Anwalt veranlassen, sich mit Ihrer Agentin in Verbindung zu setzen. Falls wir uns finanziell einig werden, würde ich gerne die Filmrechte für *Festmahl* erwerben. Natürlich möchte ich, daß Sie das Drehbuch schreiben, zumindest die erste Fassung.«

»Und über welche Summe reden wir hier?«

Lynda Kramer lacht. »Das sollen unsere Agenten entscheiden.«

»Mich interessiert nur die ungefähre Größenordnung«, sagt Barcelona.

»Ich will dazu wirklich nichts sagen. Sonst kann ich mich gleich darauf einstellen, abwechselnd von meinem Agenten, meinem Anwalt und meinem Buchhalter gewürgt zu werden.«

»Ich muß es aber wissen.«

Lynda Kramer schnalzt ein paarmal mit der Zunge, während sie nachdenkt. »Ich würde sagen, fünfzigtausend Dollar für die Filmrechte, und nochmal fünfzigtausend für die erste Fassung des Drehbuchs. Mehr, wenn der Film tatsächlich zustande kommt.«

Barcelona preßt die Handfläche gegen ihren Hefter und drückt ein paar verbogene Heftklammern heraus. Sie fegt sie von ihrem Schreibtisch auf den Boden. Hunderttausend Dollar. Liebe Studenten, ihr könnt mich mal.

Als sie sich verabschieden, sagt Lynda Kramer, wie aufgeregt sie wegen dieses Projekts sei, und daß sie bald wieder voneinander hören würden.

Nachdem sie aufgelegt hat, sitzt Barcelona wie gelähmt an ihrem Schreibtisch und starrt auf den Tisch von Susan Mesa hinüber, der längst nicht so ordentlich aussieht wie ihr eigener.

Barcelona versucht sich hunderttausend Dollar auf ihrem Bankkonto vorzustellen. Sie sieht schon ihren Kontoauszug vor sich, sieht die fein säuberlich gedruckten Zahlen in der Zeile mit dem aktuellen Kontostand. Barcelona ist hin- und hergerissen, ob sie sich eine neue Einrichtung für ihr Büro leisten oder lieber den Job aufgeben soll. Sie möchte zum South Coast Plaza hinüberfahren und sich Klamotten kaufen, egal welche, einfach nur Klamotten. Sie kann ihr Glück noch gar nicht fassen. So viel Glück auf einmal hat sie noch nie gehabt. Alles, was sie je erreicht hat, hatte sie sich hart erarbeiten müssen. Barcelona findet, daß es wesentlich mehr Spaß macht, einfach nur Glück zu haben.

Sie muß diese Neuigkeit mit jemandem teilen, es jemandem erzählen. Ihr fällt ein, daß Eric draußen auf sie wartet, aber als sie durch das Glas späht, kann sie ihn nirgendwo entdecken. Sie steht auf und öffnet die Tür. Das vietnamesische Mädchen liest immer noch in ihrer Zeitschrift. Eric ist verschwunden.

Barcelona nimmt ein leeres Blatt von ihrem Schreibtisch und schreibt mit einem roten Marker zwei Worte auf das Papier. Als sie ihr Büro verläßt, klebt sie den Zettel draußen an die Tür. Die Nachricht lautet: GONE HOLLYWOOD.

29 Trina beißt in ihren Hot Dog. Ketchup quillt aus dem Brötchen und tropft auf ihre Bluse. Sie sieht gerade in dem Augenblick nach unten, als die Elternschar auf der Tribüne schreiend aufspringt und applaudiert. Sie blickt auf und sieht, daß Karyn einem Ball entgegenläuft, der über das Center Field geholpert kommt. Karyn läuft mit ihren staksigen Beinen auf den Ball zu, den Handschuh knapp über dem Boden positioniert, bereit, den Ball aufzunehmen. Der Ball ist schnell; er hüpft und hopst über den unebenen Boden wie ein Kaninchen auf der Flucht. Karyn hat ihn fast erreicht, ihr Handschuh ist weniger als dreißig Zentimeter vom Ball entfernt. Sie stürzt sich auf ihn. Der Ball trifft auf etwas Unsichtbares, springt über ihren Handschuh und rollt weiter. Karyns Mannschaftskollegen feuern sie an, die Verfolgung aufzunehmen.

»Los, hinterher!« ruft Tommy, der geworfen hat.

Der Fänger steht an der Ausgangsbase und wartet auf die Ankunft der Läuferin von der zweiten Base. Nervös stößt er immer wieder mit der Faust in seinen Fanghandschuh.

Die Schlägerin ist langsam, aber schließlich hat sie es doch geschafft.

»Schnapp dir den Ball! Schnapp dir den Ball!« schreit Coach Lyle auf der Bank. Hektisch kaut er auf seinem Kaugummi und rudert wild mit den Armen.

Der Coach der gegnerischen Mannschaft ruft dem Schläger zu, zur dritten Base zu laufen.

Inzwischen trottet Karyn dem Ball hinterher, der unverdrossen weiterholpert, immer gerade so weit von Karyn entfernt, daß sie ihn nicht zu fassen bekommt. Schließlich wirft sie sich auf den Ball und begräbt ihn unter ihrem Körper. Sie packt ihn, steht auf und wirft ihn dem Shortstop zu, Billy Leader, der ihr ins Feld gefolgt ist.

Bis der Ball zum Fänger gelangt, einem rundlichen Jungen namens Axel, hat der Läufer bereits gepunktet, und der Schläger wartet an der dritten Base.

Karyn steht schmollend auf dem Center Field. Ihr Gesicht ist vor Anstrengung und Verlegenheit ganz rot. Wütend schlägt sie mit dem Handschuh gegen ihr Bein. Das war der erste Ball in vier Innings, der überhaupt in ihre Nähe gekommen ist. Trina weiß, daß Karyn jetzt wütend auf sich ist, mit dem Schicksal hadert und die blöden Bodenunebenheiten verflucht. Sie kann fast hören, wie sie vor sich hin murmelt. Es ist oft so, daß Karyn in Zeiten emotionaler Belastung leise brummelnd durchs Haus wandert und dazu extreme Grimassen schneidet. Manchmal folgt ihr Trina heimlich, nur um zu sehen, wie sie eines dieser seltsamen Gesichter macht – die Augen weit aufgerissen, die Nase gerümpft, den Mund mißmutig verzogen. Am Ende murmelt sich Karyn jedesmal selbst aus dieser Stimmung heraus. Sie ist kein Mensch, der lange Trübsal bläst.

Trina taucht einen Zipfel der Serviette, die sie um ihren Hot Dog gewickelt hatte, in ihr 7-Up und reibt damit über den Fleck auf der Flanellbluse. Der Fleck bleibt, aber die Reibebewegung läßt ihre linke Brust wackeln. Aus dem Augenwinkel sieht sie, daß ein paar Männer sie bei ihrer Reinigungsaktion beobachten. Sie lächelt über ihre verstohlenen Blicke und fragt sich, was daran so sexy sein soll, wenn ein geschwollener Klumpen Fettgewebe unter einer Bluse schwabbelt. Wieso kann eine Frau einen zu fetten Hintern und zu fette Beine haben, aber niemals zu fette Titten?

Sie hat ihre Hände und Lippen auf Carlas Brüste gelegt, hat die weiche Rundung gespürt und die vorwitzigen Brustwarzen geküßt. Aber sie hat dabei zu keinem Zeitpunkt Lust verspürt. Genau genommen, hat sie mit ihren Händen und Lippen jede Stelle auf Carlas Körper berührt, ohne dabei Lust zu empfinden. Sie hat Zuneigung empfunden, starke Zuneigung, aber niemals das tropfnasse, klebrige Reiß-mir-den-Slip-vom-Leib-Verlangen, mit dem sie sich nach manchen Männern verzehrt hat. Trotzdem, und das ist das Unglaubliche daran, unterscheiden sich die Empfindungen beim eigentlichen Sex kaum von denen, die sie mit Männern hatte, selbst mit Männern, die sie für Götter hielt, Männern, die sie liebte und die sie liebten. Das überrascht sie.

»Alles in Ordnung?« fragt Rob. Er sitzt neben ihr auf der Bank und ißt manierlich seinen Hot Dog mit Ketchup, Senf und Soße. Nichts davon ist heruntergetropft.

»Du kennst mich ja«, antwortet Trina und deutet auf ihre ausladenden Brüste. »Auf diesem Tablett hat ein ganzes Frühstück Platz.«

»Wenigstens fangen sie besser als Karyn.« Er grinst.

Sie müssen beide lachen. Er reicht ihr seine Reserveserviette. Im Gegensatz zu Trina vergißt Rob nie, eine zweite Serviette zu verlangen. Es gab eine Zeit, da beugte er sich einfach zu ihr herüber und wischte ganz automatisch Barbecue-Sauce aus ihrem Gesicht, fegte Brotkrümel von ihrem Schoß, tupfte Salatdressing von ihrer Bluse. Das hatte jedesmal etwas besonders Intimes; es waren Gesten der Liebe und Zuneigung. Heutzutage reicht er ihr seine Reserveserviette, als höfliche Geste der Freundschaft.

Trina hat keines der letzten sechs Spiele versäumt. Früher wechselte sie sich mit Rob ab, aber seit sie sich mit Carla trifft, haben sich ihre Schuldgefühle ins Unermeßliche gesteigert, weil sie meint, dadurch noch weniger Zeit für Karyn zu haben.

Am Tag nach Trinas Verfolgungsjagd war *The Candidate* fröhlich pfeifend in ihr Büro gekommen. Trina erkannte die Melodie als »The Jet Song« aus *West Side Story*. »Also«, fragte er, »was hast du herausgefunden?«

»Immer mit der Ruhe. Du stehst auf sicherem Boden. Kein Grund zur Panik.«

Er lachte und setzte sich auf den Rand ihres Schreibtisches. »Rede, oder ich lasse einen Furz, daß alle diese Blätter nur so durcheinanderwirbeln.«

Sofort legte Trina ihre Hände auf zwei Stapel mit Papieren. »Ich werde reden, Boß.« Sie lehnte sich in ihrem Stuhl zurück und starrte ihm in die Augen, auf der Suche nach Anzeichen, von denen sie nicht wußte, ob sie da waren. Sie würde es auf die harte Tour herausfinden müssen. »Ich habe herausbekommen, daß sie tough ist.«

»Das wußten wir schon.«

»Außerdem hat sie ziemlich viel Grips.«

»Komm zur Sache, Trina.«

Trina seufzte. »Was, wenn ich dir sagen würde, daß sie eine Affäre hat?«

The Candidate schwieg einen Augenblick und setzte sich anders hin.

»Geht es dabei auch um die Verschwendung öffentlicher Gelder?«

»Es geht dabei um Sahneeis, die *Cosmopolitan* und Erdnußbutter-Kekse.«

»Ich würde sagen, daß sie mehr auf dem Kasten hat, als ich dachte.«

»Nein, im Ernst, was würdest du sagen, Cory?«

»Ich würde sagen, daß das ihre Sache ist. Solange sie dabei nicht ihre Position mißbraucht.«

Trina stand auf und strich ihm mit der Hand über die Wange. »Du bist wirklich ein netter Junge.«

»Überrascht dich das?«

Trina küßte ihn auf die Wange und setzte sich wieder. »Es überrascht mich immer wieder.«

»Du bist eine unverbesserliche Romantikerin.« Er stand auf, ging breitbeinig zur Tür und schnippte dabei mit dem Finger. »Sag Tony, wir treffen uns in der Turnhalle. Und halt den Kopf hoch.«

Trina ging auf das Spiel ein. »Wir halten den Kopf immer hoch«, sagte sie. »Wir sind schließlich Jets, die Größten.«

Er dreht sich um und blinzelt ihr zu. »Einmal Jet, immer Jet.«

Trina beißt wieder in ihren Hot Dog. Sie beobachtet, wie Karyn ihre Kappe zurechtrückt. Kappen zurechtrücken ist das, was sie und ihre Mannschaft am besten können. Baseballspielen ist das, was sie am schlechtesten können. Sie rangieren an letzter Stelle, und es besteht nicht viel Hoffnung, daß sich daran je etwas ändern wird. Karyn hat schon mehrmals davon gesprochen, aus der Mannschaft auszusteigen. Während der Soccer-Saison ist sie einer der Stars in der führenden Mannschaft. Sie kauft es Trina nicht ab, daß Verlieren den Charakter festigt. Trina kauft es sich auch nicht ab.

Karyns Team spielt einen Double Play, und Rob winkt mit beiden Armen. Seine Lederjacke knirscht bei jeder Bewegung. Karyn hat ihr erzählt, daß Rob in seinem Bad ein paar Prospekte über Haartransplantationen herumliegen hat. Trina sieht zu ihm hinüber und versucht sich eines dieser schrecklichen Implantate auf seiner Kopfhaut vorzustellen. Am liebsten würde sie ihm sagen, daß er seine Haare lassen soll, wie sie sind; daß er mit den tiefen Geheimratsecken irgendwie sogar besser aussieht als früher. Aber es steht ihr nicht mehr zu, solche Bemerkungen zu machen. Zu leicht könnte er sie falsch verstehen. Sagt sie das, weil sie es tatsächlich so meint oder weil sie nicht will, daß ich für andere Frauen gut aussehe? Will sie damit sagen, daß ich auch mit mehr Haar nicht attraktiver sein werde? Will sie mich ärgern? Etcetera, etcetera.

Eigentlich versteht sich Trina in letzter Zeit recht gut mit Rob. Sie gehen herzlich, freundschaftlich, ja manchmal sogar zärtlich miteinander um. Aber was für Trina noch wichtiger ist, ihre körperlichen Beschwerden sind verschwunden. Keine Gedächtnislücken mehr, keine Orientierungsschwierigkeiten, keine von Hitzewallungen begleiteten Schwangerschaftsphantasien. Und außerdem hat *The Candidate* wie durch ein Wunder in den Meinungsumfragen die Führung vor Carla Bennington übernommen. Alles ist in den letzten drei Wochen also einfach großartig gelaufen.

Fast schon perfekt.

Die erste Woche nach der Nacht mit Carla ist jedoch schrecklich gewesen. Sie hatten erfahren, daß Dixie vergewaltigt und gefoltert worden war. Trinas eigene Schuldgefühle wegen Carla hatten ihren Magen zu Confetti zernagt. Und dazu immer noch der Wahlkampfstreß.

Irgendwann in dieser ersten Woche – sie kam gerade von einem Krankenbesuch bei Dixie zurück – legte Calvin, der Bürolaufbursche, die Hand über den Telefonhörer und sagte: »Ein Gespräch für Sie, Trina. Auf Apparat drei.«

»Wer ist es?«

Er zuckte mit seinen knochigen, neunzehnjährigen Schultern: »Irgendein Typ.«

»Was für ein Typ? Laß dir immer den Namen nennen.«

»Okay.« Er nickte, machte aber keine Anstalten nachzufragen.

Während Trina in ihr Büro hinüberging, bemühte sie sich, nicht mehr daran zu denken, wie Dixie in dem weißen Krankenhausbett lag und jedesmal vor Schmerz das Gesicht verzog, wenn sie versuchte, ihre

Hüften zu bewegen. Trina wollte gar nicht wissen, welche Wunden unter dieser steifen weißen Bettdecke verborgen lagen.

»Hallo?« meldete sie sich. »Hier spricht Trina Bedford.«

»Einen Augenblick, bitte«, sagte der Mann. Sie hörte am Klicken der Leitung, daß sie mit jemand anderem verbunden wurde.

»Hi«, sagte Carla Bennington. Sie hatten seit jener Nacht nichts mehr voneinander gehört.

»Hi«, antwortete Trina. Sie bemühte sich, cool und geschäftsmäßig zu sprechen. Ihre Haut kribbelte, ähnlich wie damals, als sie als kleines Mädchen ein Vierteldollarstück aus der Hose ihres Vaters stibitzt hatte. Das Kribbeln war wie eine unsichtbare zweite Haut, die Gefahr meldete und sie warnte, vorsichtig zu sein. Ihr schoß der Gedanke durch den Kopf, daß ihr Gespräch möglicherweise abgehört und aufgenommen wurde, um später irgendwie gegen *The Candidate* verwendet zu werden. Aber dann tat sie diesen Gedanken als albern ab.

»Überrascht?« fragte Carla.

»Ja.«

Carla lachte. »Bestimmt nicht halb so überrascht wie ich.«

Trina schwieg.

»Entschuldige das Agenten-Getue. Ich habe einen Helfer anrufen lassen, weil ich nicht wollte, daß jemand meine Stimme erkennt. Ich möchte dich nicht in Verlegenheit bringen.«

Nun folgte eine lange Pause. Keine von beiden sagte etwas. Nur ihr Atmen war zu hören.

Schließlich sprach Carla. »Ich würde dich gerne wiedersehen, Trina.«

»Ich glaube nicht, daß das eine gute Idee wäre.«

»Ich rede nicht über Hüftgürtel und sexy BHs. Nur von Essengehen oder so.«

»Ich habe ein ungutes Gefühl dabei. Schließlich habe ich eine Tochter im Teenageralter.«

»Nur zum Essen, Trina.«

»Okay.«

Sie aßen in Long Beach, wo sie nicht Gefahr liefen, von jemandem erkannt zu werden. Sie sprachen über ihr Leben. Die Meinungsumfragen hatten an diesem Morgen ergeben, daß *The Candidate* Carla dicht auf den Fersen war. Sie hatten darüber Witze gemacht. Carla schien das nichts auszumachen. Selbst später, als Cory die Führung übernommen hatte, lobte Carla lediglich Trinas Arbeit und bedauerte, sie nicht selbst engagiert zu haben. Trina tut es für Carla leid, aber sie freut sich für sich selbst. Ihr Erfolg hilft ihr, auf einer Stufe mit Carla zu bleiben, und mildert den Hauch von Konkurrenz, der immer über ihnen hängt. Beide mögen diesen Hauch.

Vor zwei Tagen haben sie zum erstenmal seit der Nacht im Hotel wieder miteinander geschlafen. Karyn war mit Rob bei einem Angels-Spiel. Trina und Carla mieteten ein Zimmer in einem Motel in Seal Beach, südlich der Stadt. Sie zogen sich aus und liebten sich. Die ganze Zeit über fühlte sich Trina wie eine Wissenschaftlerin auf geheimer Mission, die unter einer falschen Identität erforschte, worin sich Sex mit einem Mann von Sex mit einer Frau unterschied. Sie stellte sich ein Tagebuch oder Notizbuch vor, in dem sie ihre wissenschaftlichen Beobachtungen festhielt. Riecht anders und fühlt sich völlig anders an. Weich und einhüllend im Gegensatz zu hart und muskulös. In den Armen eines Mannes: sicher, beschützt. In den Armen einer Frau: offen, ehrlich, ohne Geheimnisse. Hinterher: Gespräch ohne Subtext, ohne unterschwellige Bedeutungen.

»Sind wir jetzt Lesben?« fragte Carla hinterher, den Arm über Trinas nackten Bauch gelegt.

»Ich weiß es nicht. Rein technisch gesehen schon, nehme ich an.«

»Ich fühle mich aber nicht wie eine Lesbe.«

»Wie fühlt man sich als Lesbe?«

Carla rollte sich auf den Rücken und starrte an die Decke. »Ich weiß es nicht. Ich habe so etwas vorher noch nie getan.«

»Nie?«

»Nur das eine Mal, von dem ich dir erzählt habe. Ich war acht, und das Nachbarmädchen versuchte mich zu küssen. Das sind meine einzigen Erfahrungen in Sachen Lesbenschaft. Lesbentum. Wie auch immer. Wir haben hauptsächlich gekichert.«

»Das Kichern fehlt mir«, hatte Trina gesagt.

Das Baseballspiel ist zu Ende. Karyns Team hat 15 : 1 verloren. Sie schleicht zu Trina und Rob herüber, sieht aber keinen von beiden an.

Rob lobt sie wegen ihres Einsatzes und erklärt ihr, daß es nicht so wichtig sei, ob man gewinne oder nicht. Die Hauptsache sei, daß man Spaß am Spielen habe. Dann küßt er sie auf die Wange und geht. Karyn hat ihn die ganze Zeit über nicht angesehen.

Auf der Heimfahrt starrt Karyn aus dem Fenster und murmelt vor sich hin. Trina versucht sie aufzuheitern. Erfolglos.

»Nächstes Mal zeigt ihr es ihnen«, sagt Trina.

»Das glaubst du doch selber nicht. Wir werden es ihnen nie zeigen. Sie sind einfach besser. Alle anderen Mannschaften sind besser als wir.«

Das stimmt, und es ist schwer, darauf etwas Positives zu antworten.

»Auch bessere Mannschaften kann man schlagen. Irgendwann werden sie unvorsichtig, und ein kluges Team weiß das für sich zu nutzen.«

Karyn dreht sich zu Trina um und starrt sie wütend an. »Das ist doch Blödsinn. Die müßten schon alle mit Handschellen aneinandergekettet sein, damit wir sie besiegen könnten. Alles andere kannst du vergessen.«

»Man darf nie aufgeben.«

»Was weißt du schon von Sport? Du hast doch noch nie Baseball gespielt. Alles, was du gemacht hast, war Ballett.« Sie spricht das Wort »Ballett« aus, als handle es sich um eine entstellende Krankheit.

»Hey, sag nichts gegen das Ballett. Versuch du mal, eine Stunde lang auf den Zehenspitzen herumzulaufen. Dann wirst du schon sehen, wie du dich fühlst.«

»Warum sollte ich? Das ist doch blöd. Was hat man davon, auf den Zehen zu stehen?«

Trina hat keine Lust, sich auf eine Diskussion mit ihr einzulassen. Als Trina in Karyns Alter war, war Ballett absolut in. Jedes kleine Mädchen wollte auf Zehenspitzen gehen und seine Beine so graziös heben können, daß alle anderen vor Neid erblaßten. Trina war gut gewesen, eine der besten Ballett-Schülerinnen an der Kirkland School. Seit sie drei war, glitt, schwebte, wirbelte und sprang sie durch ihre Kindheit. Oft gab sie kleine Stegreif-Vorführungen für die Freunde ihrer Eltern. Dann kam es zur Katastrophe. Mit zwölf blähten sich ihre Brüste plötzlich auf wie eine Schwimmweste. Die anderen Mädchen machten sich über sie lustig. Statt wie früher mit fröhlicher Lässigkeit die Arme auszubreiten, ließ Trina jetzt die Schultern hängen. Ihre früher so fließenden Bewegungen wurden verkrampft, weil sie ständig versuchte, ihren ausladenden Busen zu verbergen. Schließlich hörte sie auf, Ballettstunden zu nehmen. Statt dessen wurde sie Cheerleader, wo große Titten eindeutig ein Pluspunkt waren.

»Und die Jungs tun immer so gnädig, wenn sie einen mitspielen lassen«, sagt Karyn beim Aussteigen. »Als würden sie bloß deswegen verlieren, weil sie die blöden Mädchen im Team haben.«

»In der anderen Mannschaft waren doch auch Mädchen«, sagt Trina.

»Aber darum geht es doch gar nicht, Mom.« Von Trinas Unverständnis völlig genervt, verschwindet Karyn im Haus. Trina folgt ihr kopfschüttelnd.

Trina begibt sich direkt in die Küche und hört den Anrufbeantworter ab, während sie den Kühlschrank nach einer möglichen Speisenkombination durchforstet, die als Abendessen für Karyn durchgehen könnte.

Piep. »*Hi, Trina. Kannst du mich nach dem Essen heute abend heimfahren? Harley setzt mich im Restaurant ab. Bitte, bitte. Zum Dank pinsele ich mir dein Gesicht auf die Fingernägel.*« Diva. Keine anderen Anrufe.

Der Gedanke an das Essen mit den anderen macht sie ein bißchen nervös. Sie greift in den Kühlschrank und schnappt sich einen gelben Plastikkrug, der noch ein paar Milliliter von Wyler's zuckerfreiem Tropical Punch enthält. Sie schüttet sich das Zeug direkt aus dem Krug in den Mund. Es läuft ihr am Kinn hinunter und tropft auf ihre Bluse. Sie trinkt aus und stellt den Krug auf der Anrichte ab. Sie fragt sich, wie sie sich Dixie gegenüber verhalten soll, was sie sagen oder nicht sagen soll.

»Ich mache Abendessen«, schreit Trina, »also beeil dich mit dem Duschen.« Karyn gibt keine Antwort, aber Trina weiß, daß sie sie gehört hat.

30 Barcelona fragt die Bedienung nach der Uhrzeit. Die Bedienung hat drei bunte Swatch-Uhren am Handgelenk. Jede hat eine andere Farbe und ein anderes Design. »Achtzehn Uhr fünfzehn«, sagt die Bedienung. »Ich kann Ihnen auch sagen, wie spät es in Tokio ist. Oder in Sri Lanka.«

»Achtzehn Uhr fünfzehn?« wiederholt Barcelona, während sie auf ihre eigene Uhr sieht, die schon zwanzig nach sechs anzeigt.

»Noch sieben Monate als Bedienung, dann habe ich genug gespart, um nach Tokio zu fahren. Japan und Sri Lanka, das sind die Länder, die ich immer schon mal sehen wollte.«

Die Bedienung strahlt Barcelona an. Sie ist etwa neunzehn und hat kurzes blondes Haar. Nur am Hinterkopf ist es rot und fällt fedrig über ihren Nacken und Kragen. Wie alle anderen Bedienungen im Forty Carrots trägt sie eine weiße Bluse zu einer schwarzen Hose. Ihre Hose ist so eng, daß sich das V in ihrem Schritt deutlich abzeichnet. »Ich habe gehört, daß die japanischen Männer blonde Frauen vergöttern«, sagt sie. »Stimmt das?«

Barcelona fragt sich, wann sie das Alter erreicht hatte, in dem man so aussah, als wüßte man die Antwort auf derartige Fragen. »Ja, das stimmt. Sie sind ganz versessen auf Blondinen. Vor allem, wenn sie groß sind.«

»Ich bin eins achtundsechzig.«

»Für die ist das riesig.«

»Großartig! Von der Bedienung zur Göttin. So was gibt es nur in Amerika, nicht wahr?«

»Und in Japan.«

»Ach ja, stimmt.« Sie kichert. »Wollen Sie mit dem Bestellen noch warten, bis Ihre Freundin kommt?«

Barcelona wirft noch einmal einen Blick auf die Uhr. Trina hat sich schon zwanzig Minuten verspätet. »Bringen Sie mir inzwischen noch ein Glas Weißwein.«

»Aber sicher.« Die Bedienung stürmt davon, als müsse sie ihr Flugzeug erwischen.

Barcelonas Tisch steht im Freien, in einem Bereich des Einkaufszentrums, der auf Straßencafé gestylt ist. Ein Zaun und Grünpflanzen sollen die Gäste ein wenig abschirmen. Trotzdem ist es ein seltsames und leicht unangenehmes Gefühl, mitten in einem Einkaufszentrum zu sitzen, wo nur ein paar Meter entfernt unablässig schwer bepackte Kaufwütige vorbeilaufen und gierig auf das starren, was man gerade ißt oder trinkt.

Dies ist nicht das Restaurant, in dem sie heute zu Abend essen werden, aber Trina wollte sich hier mit Barcelona treffen, damit sie schon mal ein bißchen plaudern und sich noch vor dem Essen mit den anderen erzählen konnten, was sich in letzter Zeit in ihrem Leben getan hatte. Das andere Restaurant ist etwa zehn Fahrminuten entfernt. Dazu kommen noch die fünf Minuten, die sie bis zu ihrem Auto braucht, so daß nicht mehr viel Zeit für ein Gespräch mit Trina bleibt. Das ärgert sie, weil sie ihr doch die große Neuigkeit zu erzählen hat. Ein Anruf von Lynda Kramer, du liebe Güte! Sie war praktisch von einem berühmten Filmstar engagiert worden.

Ihren Eltern hat Barcelona die Neuigkeit schon erzählt. Natürlich waren sie aufgeregt und sehr stolz auf sie. Mit Grief hat sie ebenfalls darüber gesprochen, aber nur auf rein beruflicher Ebene. Grief wußte nur, was das für Konsequenzen für ihre Karriere hatte, nicht, was es für ihr Selbstwertgefühl bedeutete. Sie hatte versucht, Cory anzurufen, aber er war den ganzen Tag in Wahlkampfangelegenheiten unterwegs. Und nun saß sie hier, platzte fast vor wichtigen Neuigkeiten, und keiner war da, dem sie sie erzählen konnte.

Außer Eric.

Er hatte zu Hause auf sie gewartet, als sie vom College kam. Sie fuhr die Zufahrt zwischen den Garagen entlang und sah, daß sein Wagen ihr Garagentor blockierte. Er saß hinter dem Steuer und las ein Buch. Sie hupte ihn an. Sie sah, daß er den Kopf ein klein wenig bewegte, um in den Rückspiegel zu schauen. Zuerst rührte er sich nicht. Sie hupte noch einmal. Schließlich ließ er den Motor an und fuhr gerade so weit zurück, daß sie den automatischen Garagenöffner betätigen konnte. Sie fuhr hinein, parkte und verließ die Garage durch die Seitentür. Dort wartete er schon auf sie.

»Wir müssen das klären, Barcy«, sagte er.

»Es gibt nichts zu klären, Eric. Es ist schon alles geklärt.«

»Warum tust du mir das an? Was habe ich dir getan?«

Sie blieb stehen und sah ihm voller Mitgefühl ins Gesicht. »Du hast gar nichts getan. Es liegt an mir. Ich habe einfach das Gefühl, daß wir beide nicht mehr zusammenpassen.«

Er schnaubte. »Was soll das heißen? Hast du Schuldgefühle wegen Luna?«

»Ja, habe ich. Ein bißchen.«

»Darum geht es also. Du willst, daß ich Luna verlasse.«

Sie steckte den Schlüssel in das Haustürschloß, öffnete jedoch nicht. Sie drehte sich um und stellte sich mit dem Rücken zur Tür, um auf diese Weise klarzumachen, daß sie das Gespräch nicht drinnen fortsetzen würden. »Ich will nicht, daß du Luna verläßt. Sie liebt dich sehr. Und du liebst sie sehr.«

»Jaja, ich liebe dich, du liebst mich, sie liebt mich, ich liebe sie. Wenn so viel Liebe dabei ist, wie kommt es dann, daß wir uns alle so mies fühlen?«

Ich fühle mich nicht mies, hätte sie ihm am liebsten geantwortet. *Lynda Kramer hat mich heute angerufen, und mein Leben läuft beinahe perfekt. Ich treffe mich mit meinen besten Freundinnen zum Essen. Ich bin mit einem gutaussehenden Mann liiert, der außerdem noch klug und sexy ist. Endlich läuft in meinem Leben alles so, wie es soll. Also laß mich mit deinen Problemen in Ruhe.*

Laut sagte sie: »Ich habe jetzt keine Zeit mehr, Eric. Denk über das nach, was ich dir gesagt habe. Wir reden ein andermal darüber.«

Eric war ein paar Schritte zurückgetreten und hatte sie angesehen. Die Nachmittagssonne stand hinter den Eigentumswohnungen, direkt über dem Gemeinschafts-Swimmingpool, und warf gerade noch genug helle Strahlen quer über die Rasenfläche, um Eric mit einer schimmernden Aura zu umgeben. Einen Moment lang schien die Zeit stillzustehen, und Eric sah genauso aus, wie er damals ausgesehen hatte, als sie ihn auf dem Campus zum erstenmal sah. Er hatte neben dem Eingang zur Sproul Hall gestanden und mit einem anderen, zottelig aussehenden Studenten darüber diskutiert, ob Freud nun homosexuell gewesen sei oder nicht. Er hatte seinen Finger auf eine so graziöse und zugleich bestimmte Art vor dem Jungen durch die Luft sausen lassen, daß man den Eindruck hatte, daß er mit dieser abrupten Geste irgendwelche dunklen, verbotenen Mächte herbeizitierte und jeden Augenblick ein schwarzer Blitz aus seinem Finger fahren und den anderen Jungen zu Asche verbrennen würde.

Jetzt stand Eric auf dem Gehsteig vor ihrer Eigentumswohnung und deutete mit demselben Finger auf sie. »Das bist gar nicht du. So mies bist du nicht.« Er sagte das mit einer solchen Bestimmtheit, daß sich Barcelona einen Moment lang fragte, ob er vielleicht recht hatte.

Dann hatte er sich umgedreht und war davongegangen.

Barcelona sieht, wie Trina durch das Einkaufszentrum auf sie zukommt. Neben, vor und hinter ihr gehen Dutzende anderer Leute. Die Schuhe all dieser Leute klacken auf dem harten Betonboden. Aber Trinas Schuhe klacken lauter als die aller anderen. Sie klingen wie ein Metronom, das für alle anderen den Takt angibt, den richtigen Rhythmus, an dem die restliche Menschenmenge ihre Schritte ausrichten kann. Vielleicht bildet Barcelona es sich nur ein, aber sie hat das Gefühl, daß die Leute ringsum anfangen, ihren Gang dem von Trina anzupassen. Ohne ihre Gespräche zu unterbrechen, verfallen sie in Trinas Rhythmus, marschieren im Gleichschritt mit ihr und schwingen die Arme synchron zu ihren Bewegungen. Sie wirken wie zufriedene Soldaten, die ihre Heerführerin zu ihrem Ziel eskortieren. Trina scheint das nicht zu bemerken. Sie entdeckt Barcelona und winkt ihr fröhlich zu.

»Jesus, so viele Päckchen«, sagt sie, während sie sich setzt. Sie stöbert durch die Einkaufstüten, die sich unter dem Tisch stapeln – lauter Dinge, die Barcelona sich zur Feier des Tages geleistet hat. »Ich hoffe, daß für mich auch etwas dabei ist. Ein kleines Zeichen deiner Wertschätzung. Diamantohrringe zum Beispiel.«

Wie immer verpufft Barcelonas Ärger in Trinas Gegenwart sofort. »Ooooh, der sieht ja phantastisch aus!« ruft Trina. Sie zieht einen edel aussehenden Baumwollrolli heraus. »Fünfundachtzig Dollar! Es sieht dir gar nicht ähnlich, solche Summen für dich selbst auszugeben.«

»Das ist mein neues Ich. Ich habe ein Wort vernommen, und das Wort lautet *LUXUS*. Jetzt steck ihn wieder in die Tüte, bevor du was drüberschüttest.«

Trina schiebt den Pulli zurück in die Tüte.

Die Bedienung mit den drei Uhren bleibt an ihrem Tisch st⸺ »Möchten Sie schon bestellen?«

»Weißwein«, sagt Trina. »Und eine Portion Joghurteis. V⸺

»Wir essen doch bald zu Abend«, erinnert sie Barcelo⸺

»Was du nicht sagst, Mom.« Trina nickt der Bedienung zu, die daraufhin forteilt.

»Hast du gesehen, was für eine enge Hose das Mädchen anhat? Der steht mit Sicherheit eine Pilzinfektion ins Haus.«

Barcelona kann es kaum erwarten, ihr die gute Nachricht zu erzählen. Dennoch will sie nicht sofort damit herausplatzen. Sie möchte die Vorfreude noch ein bißchen genießen. Es Trina zu erzählen wird das Ganze irgendwie legitimieren, zu einer Realität machen. Aber als sie endlich anfangen will, lehnt sich Trina mit ernster Miene nach vorne. Erst jetzt fällt Barcelona auf, daß die Augen ihrer Freundin rot und ein bißchen geschwollen sind. Sie hat geweint. »Was ist los?« fragt Barcelona, plötzlich beunruhigt.

Trina wendet seufzend den Kopf ab. »Ich weiß nicht, ob ich es kann.«

»Was kann?«

»Es dir erzählen.«

»Um Himmels willen, Trina, spann mich nicht so auf die Folter. Was kannst du mir nicht erzählen?«

Trina starrt auf die vorbeihastenden Leute. Barcelona folgt ihrem Blick und starrt ebenfalls auf die vorübereilenden Menschen.

»Doch, ich werde dir jetzt etwas erzählen«, sagt Trina. »Etwas, das dich schockieren wird. Verdammt, es schockiert mich selbst.«

»Was denn, um Himmels willen?«

Trina beginnt zu sprechen, den Kopf über den Tisch gebeugt, die Schultern schützend nach vorne gezogen. Die Bedienung kommt, bringt den Wein und stürzt wieder davon. Barcelona lauscht Trinas Worten, konzentriert sich auf jedes einzelne, weil ihr der Sinn des Ganzen irgendwie entgeht. Die Worte stapeln sich wie Steuerbelege. Irgend etwas darüber, daß sie Carla Bennington gefolgt sei, mit ihr geschlafen habe, sich immer noch mit ihr treffe. Plötzlich hört Trina zu reden auf, lehnt sich zurück und nippt an ihrem Wein. Sie starrt Barcelona erwartungsvoll an. »Nun?«

Barcelona fühlt sich benommen, orientierungslos. Sie holt tief Luft, aber es kratzt in ihrem Hals. »Ich weiß nicht, was ich sagen soll.«

»Du bist wütend auf mich. Jesus, du bist ganz schön wütend.«

»Ich bin nicht wütend.«

»Du solltest dich mal sehen. Dein Gesicht ist ganz verkniffen, und du hast knallrote Ohren. Du bist stocksauer auf mich, stimmt's?«

Barcelona überlegt einen Moment und erkennt, daß sie tatsächlich wütend auf Trina ist. Trina hat Barcelona um einen bedeutenden Augenblick ihres Lebens gebracht und alles mit einem wirren Geständnis über Sex mit einer anderen Frau vermasselt.

Barcelona hat das Gefühl, daß sie Trina jetzt irgendwie beistehen sollte, daß sie Verständnis für ihr emotionales Chaos aufbringen sollte. Aber sie hat kein Verständnis. Am liebsten würde sie Trina ins Gesicht schlagen.

»Glaubst du, ich bin eine Lesbe geworden, um dich zu ärgern?«

»Du bist keine Lesbe«, widerspricht Barcelona schnell. »Man wird nicht so einfach lesbisch, wie man in einen anderen Bus umsteigt oder zum Katholizismus konvertiert. Homosexualität ist eine Neigung, etwas, womit man geboren wird, und keine bewußte Entscheidung. Lies erst mal die gottverdammte Fachliteratur, bevor du dem Club beitrittst, okay?«

»Du tust ja gerade so, als ob ich das getan hätte, um *en vogue* zu sein, Barcy.«

»Stimmt das etwa nicht?«

»Ich dachte, du würdest mich besser kennen.«

Barcelona weiß nicht, was sie darauf antworten soll. Inzwischen ist sie nicht mehr wütend, sondern verletzt, und sie beschließt, es Trina heimzuzahlen. »Anscheinend nicht«, sagt sie.

Trina rollt den Stiel ihres Weinglases zwischen Daumen und Zeigefinger hin und her. Der gelbliche Wein wirbelt im Glas umher. Der Anblick erinnert Barcelona an eine Toilette, bei der gerade die Spülung betätigt worden ist, und sie muß an das Zitat von Hart Crane denken, das Lynda Kramer benutzt hatte: »Liebe ist wie ein abgebranntes Streichholz, das in einem Pissoir schwimmt.«

»Ich bin überrascht«, sagt Trina. »Ich habe überhaupt nicht damit gerechnet, daß du so reagieren würdest. Ich dachte, du würdest mehr Verständnis zeigen. Auf meiner Seite sein.«

»Tut mir leid, daß ich deine Erwartungen enttäusche. Aber ich habe eben meinen eigenen Kopf.«

Das Paar am Nebentisch sieht zu ihnen herüber.

Barcelona senkt die Stimme. »Glaubst du wirklich, daß du eine Lesbe bist?«

Trina lacht. »Was für eine seltsame Frage. Ich wünschte, ich hätte eine Antwort darauf. Ich glaube nicht, daß ich eine bin, jedenfalls nicht im klassischen Sinn. Ich fühle mich sexuell nicht zu Frauen hingezogen. Ich verspüre nicht den Wunsch, über den Tisch zu springen und meine Zunge in deinen Mund zu stecken.«

Barcelona wendet sich stirnrunzelnd ab.

»Ich mag Carla. Und ich habe Sex mit ihr. Was ich für sie empfinde, ist so ähnlich wie das, was ich auch für dich empfinde. In erster Linie Freundschaft. Meistens unterhalten wir uns nur, und meistens haben wir dabei sogar unsere Klamotten an.«

»Mach dich nicht über mich lustig, okay? Das habe ich nicht verdient.«

Trina seufzt und blickt zu dem Spielzeuggeschäft auf der anderen Seite der Einkaufsstraße hinüber. Wieder folgt Barcelona ihrem Blick. Im Schaufenster sitzt ein riesiger Plüschgorilla mit einem winzigen Plüschkätzchen auf dem Schoß. Rund um den Gorilla sind mehrere Exemplare eines Kinderbuchs dekoriert. Der Titel des Buchs lautet *Koko's Kitten*.

»Ich bin ziemlich nervös«, sagt Trina, als sie sich wieder Barcelona zuwendet. »Ich fühle mich Karyn gegenüber schuldig und habe ihretwegen große Angst. Ständig rechne ich damit, daß sie nicht mehr da ist, wenn ich heimkomme, und Robs Anwälte mich mit Vorladungen bombardieren.«

»Das könnte durchaus passieren«, sagt Barcelona.

»Danke, daß du mich so aufbaust.«

Barcelona fühlt sich mies. Sie kann mit dieser Sache nicht umgehen. Jedenfalls nicht so, wie Eric es gekonnt hätte. Eric hätte seinen Arm um Trina gelegt, sie zum Lachen gebracht und ihr die Angst genommen. Sogar Luna hätte das geschafft. Sie selbst aber schafft es nicht. Trina ist ihre beste Freundin, und sie, Barcelona, macht alles nur noch schlimmer.

»Wir sollten aufbrechen«, sagt Trina mit einem Blick auf die Uhr. Ihre Stimme klingt kalt.

»Warte«, sagt Barcelona. Während sie langsam ihren Wein austrinkt, überlegt sie, was sie sagen soll. »Tut mir leid, daß ich so wütend reagiert habe. Vielleicht bin ich einfach nur eifersüchtig.«

Trinas Lächeln ist genauso kalt wie ihre Stimme. »Du hast mich schon nackt gesehen. Du hattest also deine Chance.«

»Du weißt, was ich meine. Deine Freundschaft mit Carla Bennington. Ich war deine beste Freundin, und jetzt ist es irgendwie sie.«

Trina streitet das nicht ab. »Auf einen Mann wärst du nicht eifersüchtig.«

»Natürlich wäre ich das.«

»Aber nicht so.«

Barcelona nickt. »Nein, nicht so. Weil Sex zwischen uns beiden nie ein Thema war. Und die Freundschaft zu einem Mann kann nie so sein wie die Freundschaft zwischen zwei Frauen. Ich will gar nicht darüber nachdenken, ob wir bessere Freundinnen gewesen wären, wenn wir Sex miteinander gehabt hätten. Daß wir keine besten Freundinnen mehr sind, bloß, weil wir nicht miteinander geschlafen haben.«

»Du nimmst das mit dem Sex viel zu wichtig. Glaub mir, daß ist nur ein ganz kleiner Teil meiner Beziehung zu Carla. Seit wir uns treffen, waren wir erst zweimal miteinander im Bett. Es war schön, mehr nicht. Eher eine Massage als richtiger Sex.«

»Und das reicht dir?«

Trina zuckt mit den Achseln. »Im Moment schon. Ich habe eine enge Freundin, mit der ich alles besprechen kann. Und mit der ich gelegentlich schlafe.«

»Ich weiß nicht. Irgendwie werde ich das Gefühl nicht los, daß du aufgegeben hast, weil du einfach noch nicht den richtigen Mann gefunden hast.«

Trina bricht in lautes Gelächter aus, und mehrere Gäste drehen sich zu ihr um. Sogar ein paar Passanten sehen zu ihr herüber. »Jesus, Barcy. Du idealisierst Beziehungen viel zu sehr, sogar die unsere. Ich habe das Gefühl, wenn wir nicht gerade zusammen sind, schreibst du flotte Dialoge für uns. Wahrscheinlich bist du von uns realen Menschen immer ein bißchen enttäuscht.«

»Jedenfalls weiß ich, was ich will.«

»So, weißt du das? Ich wußte es auch mal, aber inzwischen weiß ich es nicht mehr. In letzter Zeit habe ich immer mehr den Eindruck, daß ich mir eigentlich nur jemanden wünsche, der mir gelegentlich den Kopf tätschelt und sagt: ›Ist ja gut, Trina. Ist ja gut.‹«

»Es wird sich schon ein Mann finden, der das tut. Du mußt nur Geduld haben.«

Trina zieht ein Gesicht. »Mir hängt dieses ganze Gelabere und Gejammere über die perfekte Beziehung so zum Hals heraus. Alle laufen einem gottverdammten Phantom hinterher. Love is where you find it, okay? Das kommt in irgendeinem Song vor, glaube ich. Ich habe einen Menschen kennengelernt, den ich mag und der mich mag. Punktum. Sonst ist da nichts. Ich verzehre mich nicht nach anderen Frauen, und ich habe auch meine Vorliebe für Männer nicht aufgegeben. Bei einem knackigen Männerarsch werde ich immer noch feucht, okay? Ich sitze bloß nicht mehr mit diesem hungrigen Ausdruck in den Augen herum. Und es geht mir gut. So glücklich wie zur Zeit habe ich mich schon lange nicht mehr gefühlt. Und wenn du damit nicht leben kannst, dann werde ich eben ohne dich leben müssen.« Trina steht auf, wirft drei Dollarnoten auf den Tisch und stolziert davon.

Barcelona bezahlt den Rest der Rechnung, fügt fünfzehn Prozent für den Japan-Göttinnen-Fonds der Bedienung hinzu und verläßt das Restaurant. Sie geht durch die Menge der Kauflustigen, aber niemand paßt sich ihrem Schritt an.

Lesbe.

Ein seltsames Wort. Es erinnert sie an irgendwelche Mikroorganismen, über die sie an der High-School mal in einem Biologiebuch gelesen hat: »Die Lesben schwimmen angestrengt im Wasser umher. Für das menschliche Auge sind sie nicht wahrnehmbar.«

Dixie sitzt allein an einem Tisch und trinkt Rotwein. Barcelona winkt ihr schon von weitem. Dixie winkt wild zurück. Barcelona ist über Dixies Aussehen überrascht. Sie sieht phantastisch aus. Die blauen Flecken in ihrem Gesicht sind verschwunden, und sie ist viel modischer gekleidet als sonst. Sie trägt eine richtige Kombination: eine edle Strickjacke, die ihr bis zur Taille reicht, darunter eine elfenbeinfarbene

Seidenbluse mit gerüschtem Spitzenkragen, und einen mit Spitze eingefaßten Wildlederrock. Sie sieht aus wie ein Model.

»Wow«, sagt Barcelona und nimmt ihr gegenüber Platz. »Das ist vielleicht ein Outfit! Wo hast du die Sachen denn her?«

»Nordstrom. Ich hatte einen Termin bei einem ihrer Stilberater, die dir dabei helfen, eine passende Kombination auszusuchen.« Sie hält die Jacke auseinander, damit Barcelona die Bluse bewundern kann. »Die Sachen sind für die Verhandlung. Ich teste sie zuerst an euch.«

»Einfach toll.«

»Aber sieht es auch jungfräulich aus? Karls Anwalt will, daß ich jungfräulich aussehe.«

»Es sieht gut aus. Du siehst gut aus.«

»Ich fühle mich auch gut.«

Barcelona lächelt und mustert unauffällig Dixies Gesicht. Sie wirkt so glücklich, richtig positiv und strahlend. Fast wie eine Braut. Auf jeden Fall ganz anders, als Barcelona erwartet hat. Sie hat mit einem tapferen Lächeln gerechnet, mit zitternden Lippen, bleicher Haut, in Tränen schwimmenden Augen, abgekauten Fingernägeln und gelegentlichen Momenten der Abwesenheit. Die Frau war schließlich geschlagen und vergewaltigt worden. Barcelona hält nach den dunklen Abgründen in Dixies Augen Ausschau, nach einem Anzeichen für innere Aufruhr. Aber sie findet nichts. »Du siehst gut aus«, sagt sie noch einmal. »Dein Outfit, dein Haar. Einfach alles.«

Dixie nickt. »Danke.«

Trina stürmt wie ein Wirbelwind an ihren Tisch. »Mein Gott, Dixie! Wie du aussiehst! Bist du wieder undercover unterwegs, diesmal als Frau von Welt mit Sinn für schöne Klamotten?«

»Wenigstens schaffe ich es, die meinen sauber zu halten«, lacht Dixie.

Trina setzt sich und blickt sich nach der Bedienung um. »Ich sterbe vor Durst.«

»Das ist der Rauch von den Waldbränden«, sagt Barcelona. »Man bekommt einen ganz trockenen Hals davon.«

Trina ignoriert Barcelona, sie würdigt sie keines Blickes. »Jetzt erzähl, Dixie, wie geht es dir? Stemmst du schon wieder Gewichte?«

»Ein bißchen. Nicht viel.«

»Wie geht's Karl?«

Dixie lächelt. »Der Ärmste hängt immer noch in der Sache drin. Aber er ist härter im Nehmen, als ich dachte. Auf jeden Fall bläst er nicht Trübsal oder so. Wir haben mein Haus mit einer Hypothek belastet und dadurch die Kaution zusammenbekommen. Die meiste Zeit verbringen wir bei seinen Anwälten. Ansonsten arbeite ich.«

»Du willst doch wohl nicht sagen, daß du schon wieder als Cop arbeitest?« fragt Barcelona ungläubig.

»Am Schreibtisch. Akten bewegen.«

Von der anderen Seite des Raumes hören sie Divas Stimme: »Hey, Mädels!«

Alle drei drehen sich um und sehen Diva an Harleys Seite auf ihren Tisch zukommen. Barcelona weiß von Harley, daß sie sich seit ihrem ersten Rendezvous jeden zweiten Tag gesehen haben. Harley scheint hin und weg zu sein, was Barcelona nicht ganz nachvollziehen kann. Seine früheren Freundinnen waren alle klüger, hübscher und geistreicher als Diva und hatten viel mehr Sexappeal. Aber er benimmt sich, als würde er Diva wirklich lieben.

»Na, du alte Streunerin«, sagt Diva lachend zu Dixie. »Du siehst ja phantastisch aus. Ich habe gerade fünfzehn Pfund abgenommen, komme hierher, begierig, meinen neuen Körper bewundern zu lassen, und jetzt stiehlst du mir die Schau. Ich hasse dich.«

Diva beugt sich von hinten über Dixies Stuhl und umarmt sie. Dixie küßt sie auf die Wange.

Es stimmt, Diva hat abgenommen. Die Konturen ihrer Wangen treten ein bißchen deutlicher hervor, ihr Bauch ist nicht mehr ganz so dick. Es sind nur Kleinigkeiten, aber sie sieht insgesamt besser aus.

»Keine Angst«, sagt Diva zu den anderen. »Harley bleibt nicht zum Essen. Er hat mich nur hergebracht. Ich hoffe allerdings, daß Trina mich hinterher nach Hause fährt.«

»Trinas Transportservice steht ganz zu deiner Verfügung«, sagt Trina.

Alle Blicke richten sich auf Harley. Eine Weile sagt niemand ein Wort.

»Das erinnert mich an *Butch Cassidy and the Sundance Kid*«, sagt Harley schließlich. »Könnt ihr euch an die Szene erinnern, wo Redford als Betrüger bezeichnet wird? Newman versucht ihn aus dem Saloon zu schaffen, bevor es zu einer Schießerei kommt, aber Redford sagt, er werde erst gehen, wenn sie ihn zum Bleiben aufforderten.«

»Möchten Sie nicht bleiben, Harley?« fragt Dixie.

»Danke.« Er grinst. »Ich kann leider nicht.« Er geht zu Barcelonas Platz hinüber und legt ihr die Hand auf die Schulter. »Ich wollte nur schnell hereinschauen und Barcelona gratulieren.«

Barcelona blickt überrascht zu ihm auf.

»Weswegen?« fragt Dixie.

»Sie hat es euch noch nicht erzählt?«

»Was, um Himmels Willen?«

Diva klatscht in die Hände. »Lynda Kramer hat sie heute angerufen. Sie will, daß Barcy ein Drehbuch für sie schreibt. Und diesmal ist es definitiv.«

»Lynda Kramer hat *dich* angerufen?« fragt Dixie.

Trina starrt auf die Speisekarte, ohne etwas zu sagen. Barcelona würde sich am liebsten über den Tisch beugen, Trinas Hand nehmen, sie umarmen, an ihrer Schulter heulen und ihr sagen, daß ihr Streit ein großes Mißverständnis war, daß alles wieder gut wird. Aber sie tut es nicht. »Wie hast du das herausbekommen?« fragt sie Harley statt dessen.

»Evelyn hat einen Teil des Gesprächs durch deine Bürotür mitbekommen.« Evelyn Logue ist die Sekretärin ihres Fachbereichs. Ihr Schreibtisch steht gleich vor Barcelonas Büro. Harley beugt sich über Barcelona und küßt sie auf den Scheitel. »Herzlichen Glückwunsch, Barcy. Und weiterhin viel Erfolg.«

Er verabschiedete sich von den Frauen und geht.

»Das ist alles so unglaublich!« sagt Diva, während sie sich setzt. »Dixie sieht aus, als hätte sie im Lotto gewonnen. Trinas Kandidat liegt in den Meinungsumfragen weit vorne. Barcy ist mit einem Superstar im Geschäft. Und ich« – sie lächelt breit und hebt die linke Hand hoch, um ihren goldenen Ring zu zeigen – »ich habe geheiratet.«

Alle schreien überrascht auf.

»Möchten Sie etwas trinken, ehe Sie das Essen bestellen?« fragt die kleine japanische Serviererin. Barcelona hat sie überhaupt nicht kommen sehen.

»Wein?« fragt Dixie die anderen.

»Wißt ihr, worauf ich Lust hätte?« meint Diva. »Auf Bier. Laßt uns doch zur Feier des Tages ein paar Bierchen trinken.«

Sie bestellen eine Runde japanisches Bier.

»Bier ist sowieso gesünder als Wein«, sagt Diva. »Im Wein sind Sulfite enthalten. Ich habe irgendwo gelesen, daß schon ein paar Leute daran gestorben sind. Leute in unserem Alter.«

»Jesus, Diva«, sagt Trina. »Wir wollten doch feiern, oder?«

»Verheiratet«, sagt Dixie und tätschelt Divas Hand. »Wann ist es denn passiert?«

»Letzte Woche. Wir haben es niemandem erzählt. Nur meinen Eltern und seiner Mom. Wir wollten noch warten.«

»Worauf?« fragt Trina.

»Was aus unserem Song werden würde. ›Cocktail Waitress.‹ Wir haben ihn vor zwei Wochen fertig geschrieben und abgeschickt. Gestern haben wir von der Plattenfirma erfahren, daß sie den Song eventuell für Rod Stewart kaufen wollen.« Sie kreuzt ihre Finger.

»Rod Stewart«, sagt Dixie. »Das ist ja phantastisch.«

Divas Lächeln ist einer nachdenklichen Miene gewichen. »Wir hatten in den letzten Wochen alle so viel Glück. Das ist fast schon unheimlich.«

»Glück?« wiederholt Barcelona. »Nach all den Jahren harter Arbeit standen unsere Chancen einfach gut. Das ist das Gesetz der Wahrscheinlichkeit, nichts weiter.«

Trina schüttelt den Kopf. »Ich weiß nicht. Alle vier auf einmal. Das ist mehr als statistischer Durchschnitt.«

»Vielleicht steht der Mond im siebten Haus, und Jupiter steht neben Mars«, sagt Barcelona. »Jetzt hört aber auf. Wir sind einfach hart arbeitende Frauen. Die Flecken auf unseren Klamotten beweisen es. Endlich macht sich unsere Arbeit bezahlt, und ihr wollt die Lorbeeren an eine höhere Macht abtreten.«

»Vielleicht hat Barcy recht«, meint Diva. »Und so viel Glück hatten wir schließlich auch wieder nicht. Dixie bestimmt nicht.«

»Ich?« sagt Dixie lächelnd. »Ich hatte mehr Glück, als ihr denkt. Ich weiß, ihr habt irgendwie damit gerechnet, daß ich hier sabbernd ankommen und irgendwelche Stimmen hören würde, aber es geht mir wirklich gut. Da fällt mir gerade ein . . .« Sie greift in ihre Tasche und zieht einen Hardcover-Band heraus, verfaßt von einem Rabbi: *When Bad Things Happen to Good People*. »Ich habe bis jetzt sage und schreibe fünf Exemplare dieses Buchs von allen möglichen Freunden bekommen. Wollt ihr eins?« Sie wirft es auf den Tisch.

Diva nimmt es und blättert darin herum. »Ich habe irgendwo mal darüber gelesen.«

Dixie redet weiter: »Mein Leben ist wirklich besser geworden. Ich meine nicht nur besser als an jenem Tag, sondern besser, als es vor der Vergewaltigung war. Das soll nicht heißen, daß ich eine Vergewaltigung als Therapieform empfehle, versteht mich nicht falsch. Aber sie hat mich auch nicht zerstört. Sicher, das Ganze hätte ruhig ein paar Jahre eher passieren können, als Vergewaltigungen in der Öffentlichkeit noch mehr beachtet wurden. Damals wäre ich bestimmt in die Nachrichten gekommen. Heutzutage ist es nur noch Standard. ›Ich bin vergewaltigt worden.‹ Genausogut könnte ich sagen, ich habe mir die Grippe eingefangen.«

»Es ist schon zum Kotzen«, sagt Trina. »Heutzutage wird jede persönliche Katastrophe zum Klischee. Elisabeth Montgomery hat alles schon tausendmal im Fernsehen durchgehechelt.«

Die Bedienung kommt mit vier Gläsern Kirin-Bier zurück. Sie nimmt die Bestellung entgegen und geht wieder.

Niemand sagt ein Wort. Alle warten darauf, daß Dixie weiterspricht.

»Ich werde euch sagen, wie ich mich fühle«, beginnt Dixie. Sie sieht ihren Freundinnen nacheinander in die Augen und lächelt. »Ich bin als Kind mal sexuell belästigt worden. Nichts Weltbewegendes, kein Geschlechtsverkehr. Bloß ein bißchen heftiges Gegrabsche. Ein mit meinem Vater befreundeter Arzt, ebenfalls ein Chinese. Ich war sieben. Er sollte mich eigentlich untersuchen, aber ich wußte schon damals, daß das mehr war als eine Untersuchung. Ich merkte es an seinem Gesichtsausdruck, seinem schnellen Atem, seinem Geruch. Es ist nur dieses eine Mal passiert.«

»Hast du es deinem Dad erzählt?« fragt Barcelona.

Dixie schüttelt den Kopf. »Wozu? Er hätte mir das sowieso nicht geglaubt. Die Sache hat bei mir auch keinen bleibenden Schaden hinterlassen. Ich habe eigentlich kaum noch daran gedacht. Erst wieder in den letzten paar Wochen. Ich muß oft an das viele Training denken, an all die Stunden, die ich damit verbracht habe, Gewichte zu stemmen, meinen Körper zu stählen und so stark zu werden, wie es nur ging. Als ich jedoch an das Bett dieses sechzehnjährigen Jungen gefesselt war, fühlte ich mich wieder genauso hilflos wie damals, als siebenjähriges Mädchen.«

»Es gab nichts, was du hättest tun können«, wirft Diva ein.

»Ich weiß. Ich mache mir auch keine Vorwürfe. Ganz im Gegenteil – ich fühle mich sogar ein bißchen erleichtert. Vielleicht schockiert euch das ein bißchen. Aber ich stelle mir vor, wie sich ein junger Preisboxer fühlen muß, der mit irgendeinem knochenbrechenden Champ in den Ring steigt. Wie er mit zitternden Knien im Ring umhertänzelt und mit einem flauen Gefühl im Magen auf den legendären Schlag wartet. Wenn es dann schließlich soweit ist – und selbst wenn er dabei zu Boden geht –, ist der Schlag doch nie so schlimm, wie er erwartet hatte. Es muß doch eine Erleichterung für ihn sein, zu sich selbst sagen zu können: ›Und das war alles?‹ Ich glaube, so ähnlich fühle ich mich. Wenn das der schlimmste Schlag ist, den sie mir verpassen können, und ich stehe immer noch, dann fuck them. Ich brauche keine Angst mehr zu haben.«

Barcelona schenkt sich ihr restliches Bier ein. Sie würde gerne einen Toast auf Dixies Mut aussprechen, aber das wäre Dixie sicher nur peinlich. Außerdem macht es ihr ein bißchen zu schaffen, wie gut Dixie mit dem Ganzen klarkommt. Sie selbst fühlt sich dadurch irgendwie minderwertig.

»Und jetzt?« wendet sich Trina an Dixie.

»Jetzt helfe ich Karl bei seinem Prozeß. Ihr ahnt ja gar nicht, wie aufwendig das ist. Ich kenne das sonst ja nur von der anderen Seite, als Zeugin der Anklage. Meine Jura-Seminare erscheinen mit plötzlich um einiges interessanter.«

»Und Randy?«

»Der war der ganzen Sache nicht gewachsen.« Sie läßt sich nicht weiter über dieses Thema aus.

Trina schüttelt den Kopf. »Was ist mit dem Schuldirektor, der sich für dich interessierte? Peterson, hieß er nicht so?«

»Kevin Peterson.« Dixie starrt in ihr Bierglas. Sie sieht in diesem Augenblick asiatischer aus als je zuvor, aber vielleicht liegt das auch an ihrem Make-up. »Er hat mich angerufen und Blumen geschickt. Er hat mich sogar im Krankenhaus besucht. Er ist sehr nett.«

Diva sagt: »Ich habe im Krankenhaus kurz mit ihm gesprochen. Ich fand ihn süß.«

»Er ist in der Nationalgarde. Seine Einheit wurde vor ein paar Tagen zur Brandbekämpfung abberufen. Ich glaube, er ist im Moment oben in den San Bernadino Mountains.«

»Und wenn er zurückkommt?« fragt Trina.

»Jetzt braucht mich Karl erst einmal. Ich glaube, ich schulde ihm in dieser schweren Zeit ein bißchen Loyalität. Außerdem könnte ich schlecht von einem anderen Mann verlangen, daß er auf mich wartet, während ich ständig mit dem Fall meines Ex-Manns beschäftigt bin. Das sind nicht gerade die besten Voraussetzungen für eine romantische Liebesgeschichte. Im Moment geht es mir vor allem um Karl.«

»Und nach dem Prozeß?« fragt Barcelona.

Dixie zuckt mit den Schultern. »Alles zu seiner Zeit.«

Schweigend schlürfen sie ihre Suppe. Die Löffel schlagen gegen das Porzellan.

»Eines würde mich interessieren«, sagt Trina laut, während sie ihre leere Suppentasse wegschiebt. »Ich möchte wissen, ob wir uns in Zukunft überhaupt noch zum Essen treffen sollen, jetzt, wo wir alle von diesem außergewöhnlichen Glück heimgesucht worden sind. Auf die eine oder andere Weise« – sie wirft einen schnellen Blick zu Barcelona hinüber – »scheint uns alle die Liebe ereilt zu haben. Ich fände es aber wirklich schade, wenn unsere Runde deshalb auseinanderbrechen würde. Oder war die Tatsache, daß wir alle solo waren, das einzige, was uns zusammengehalten hat? Wie bei diesen schwachsinnigen Clubs?«

»Um Himmels willen, nein!« widerspricht Dixie. »Ich bin vor allem wegen des Klatsches gekommen!«

»Ich will euch auch weiterhin treffen«, meint Diva. »Obwohl ihr vielleicht Schwierigkeiten haben werdet, mich beim nächsten Mal zu erkennen. Harley will diese Woche einen größeren Einkaufsbummel mit mir machen. Neue Klamotten, neue Frisur, einfach alles. Eine komplette Verwandlung für den großen Auftritt.«

»Welchen großen Auftritt?« fragt Trina.

Strahlend reibt sich Diva die Hände. »Ich bin gerade dabei, eine eigene Gruppe zu gründen. Ich möchte mit einer kleinen Backup-Group als Barsängerin auftreten, in Restaurants hier in der Stadt. Vielleicht sogar in Vegas.«

Barcelona freut sich über Divas Enthusiasmus, ärgert sich aber zugleich ein bißchen, als sie von dem Einkaufsbummel hört. Vor allem, weil Diva die zweitausend Dollar, die sie ihr seit fast einem Monat schuldet, noch mit keinem Wort erwähnt hat.

Das Essen wird gebracht. Ruhig und anmutig verteilt die Serviererin die großen Platten mit Tempura und die schwarzen Gefäße voll Sushi. Bei jeder Frau stellt sie eine Schale Reis ab. »Guten Appetit«, wünscht sie, ehe sie mit einer leichten Verbeugung davoneilt.

Ungeschickt klemmt Diva ein Stück Sushi zwischen ihre Stäbchen. »Am Anfang hat Harley versucht, mir das mit dem vegetarischen Essen auszureden. Er sagt, es ist egal, was man ißt, weil sowieso alles zum Kreislauf des Lebens gehört, oder so ähnlich.«

Trina meint: »Genau dasselbe habe ich dir auch gesagt, als du mit diesem ganzen Veggie-Trip angefangen hast.«

»Er meint, wir sollten uns nicht als Individuen sehen, die andere Individuen essen«, fährt Diva fort, ohne Trina zu beachten. »Eher wie Geschwister, die untereinander mit Baseballkarten handeln. Jedes Kind besitzt die Karte nur kurze Zeit, dann geht sie in den Besitz eines anderen Kindes über, und so weiter. Und trotzdem liegen alle Karten immer in derselben Schublade. Harley möchte, daß ich so ein Buch von Robert Heinlein lese. Kennst du ihn, Barcy?«

»Ich habe einiges von ihm gelesen, ja. Er ist sehr gut.«

»Ja, das sagt Harley auch. *Stranger in a Strange Land*. Er sagt, darin gehe es um die Schönheit des Kannibalismus. Stimmt das?«

»Unter anderem«, antwortet Barcelona.

»Oh Gott, *Stranger in a Strange Land*«, seufzt Trina wehmütig. »Das haben wir in der High-School gelesen. Wir waren alle schwer beeindruckt. Junge, daran hatte ich schon seit Jahren nicht mehr gedacht.«

Diva scheint zu fürchten, daß ihr das Gespräch entgleitet. Die Stimme leicht erhoben, meldet sie sich wieder zu Wort. Sie redet jetzt sehr schnell. »Also gut, ich werde es lesen, aber ich bleibe trotzdem Vegetarierin. Seht doch, wie ich dadurch schon abgenommen habe. Und ich fühle mich richtig gut dabei. Und wißt ihr, was?« Sie lehnt sich vor und spricht im Flüsterton weiter: »Sogar meine Muschi riecht jetzt anders. Irgendwie süßer. Allen Ernstes.«

Trina sagt: »Ja, wenn man den Geruch von Rosenkohl mag.«

Dixie lacht.

»Lacht ruhig über mich«, sagt Diva. »Aber ich habe kürzlich einen Artikel gelesen, in dem nachgewiesen wurde, daß der Geruch darüber entscheidet, wen wir lieben.«

»Oh Gott!« Barcelona verdreht die Augen.

»Aber es stimmt. Wir haben Geruchsmoleküle, die Pheromone heißen, und der Teil unseres Gehirns, der Gerüche registriert, gibt seine Informationen an den Teil weiter, der für Gefühle und Erinnerungen zuständig ist. Demnach ist das, was wir riechen, der genetische Code des jeweiligen Menschen.«

»Wie kann sie sich diesen Mist nur merken?« fragt Trina.

»Einige Wissenschaftler haben Tests mit Mäusen gemacht. Wenn sie die Wahl haben, suchen sich Mäuse als Partner eine Maus mit einem ganz anderen Gen-Code aus, damit ihre Nachkommen widerstandsfähiger werden.«

»Ich glaube, ich habe im Krankenhaus auch etwas darüber gelesen«, sagt Dixie.

»Vielleicht habe ich es sogar dort gelesen«, sagt Diva. »Als ich dich besucht habe.«

»Ja, dem Artikel zufolge gibt es Studien, die beweisen, daß es bei Paaren mit ähnlichen Genen öfter zu Fehlgeburten kommt.«

Barcelona nimmt ein Stück einer Tempura-Garnele und taucht es in die braune Sauce. »Also entscheiden wir nicht selbst darüber, wen wir lieben, sondern reagieren einfach nur auf Gerüche?«

»Das behauptet zumindest der Artikel«, antwortet Diva.

»Ich schätze, es hängt davon ab, wo die Betreffenden riechen«, meint Trina, und Dixie und Diva lachen.

Barcelona stellt sich vor, wie die Garnele in ihrer Hand schnüffelnd nach ihrem Partner sucht, und legt sie zurück auf den Teller. Ihr ist der Appetit vergangen. Außerdem ist sie leicht verärgert, weiß aber nicht genau, warum.

»Wo wir gerade bei diesen Themen sind«, sagt Diva und senkt grinsend die Stimme. »Harley hat in seiner Garage eine bombastische Sammlung von Pornoheften liegen.«

Barcelona ist überrascht. Sie kennt Harley nun schon seit Jahren, hat mit ihm geschlafen und in seinem Haus übernachtet, aber von einer Porno-Sammlung weiß sie nichts. Sie ist plötzlich ein bißchen eifersüchtig auf Diva, so ähnlich, wie sie es heute schon einmal war, als Trina ihr von Carla erzählte. »Er hat ein halbes Dutzend Kartons da rumstehen, die voll sind mit dem Zeug. Seine Ex-Frau hat sie für irgendeine Kampagne gesammelt, die sie organisierte, um die Getränkeläden in Irvine von schmutzigen Zeitschriften zu säubern. Sie pflegte das Zeug bei Sitzungen des Stadtrats auf den Tisch zu knallen. Allem Anschein nach war sie ein ziemliches Original. Sie hat auch Kampagnen für Radwege und gegen Luftverschmutzung organisiert.«

»Und was macht er mit dem Zeug?« fragt Dixie.

»Das habe ich ihn auch gefragt. Angeblich nichts.«

»Na klar. Er behält es aus sentimentalen Gründen.«

»Na ja.« Diva grinst kokett. »Er hat mir erzählt, daß seine Ex-Freundin ihm manchmal die Leserbriefe vorgelesen hat. Das turnte sie beide an.«

Schon wieder ist Barcelona erstaunt und verärgert. Erstaunt über diese Neuigkeit und verärgert, weil Harley Diva intime Dinge erzählt, die er ihr nie erzählt hat.

»Er hat mir außerdem gestanden, daß er damit onaniert. Ich habe ihn gefragt, warum. Er antwortete: ›Wie meinst du das? Weil es mich anturnt, darum.‹«

Trina lacht. »Gute Antwort.«

»Ich fragte: ›Ja, aber warum turnt euch Männer so etwas an? Ihr wißt doch, daß diese Briefe alle von einem ekligen Typen mit Aknenarben, gelben Zähnen und Bremsspuren in der Unterhose erfunden werden, der sie sich in einem verrauchten, nach Hundekotze riechenden Raum aus den Fingern saugt.‹ Er sagte: ›Ja, ich weiß.‹ Ich fragte ihn: ›Ist e vielleicht gerade das, was dich anmacht – dieses Wissen?‹ Er sagte nein.« Diva schüttelt den Kopf. »Ich sagte, daß ich das nicht verstehen könne. Wißt ihr, was er mir geantwortet hat?«

Trina nickt. »Er hat gesagt: ›Und du wirst es auch nie verstehen.‹«

»Genau!« ruft Diva erstaunt. »Woher weißt du das?«

»Das sagen sie doch immer.«

Nach dem Essen schlägt Trina vor, noch durch ein paar Bars zu ziehen, um Dixies Genesung und ihrer aller Glück zu feiern. Alle sind einverstanden. Barcelona folgt Dixies Mustang, obwohl sie in Wirklichkeit gar keine Lust auf eine Kneipentour hat. Sie hofft aber, daß die gute Laune der anderen auf sie abfärben wird.

Sie fühlt sich an diesem Abend überhaupt nicht so, wie sie es sich vorgestellt hatte. Sie hatte gedacht, sie würde sich mit Trina treffen, ihr die gute Neuigkeit über Lynda Kramer erzählen, und sie würden sich beide darüber freuen und wie Teenager kichern. Sie hatte erwartet, daß Dixie still und in sich gekehrt sein würde, und hatte sich darauf eingestellt, den ganzen Abend auf sie einzureden, um sie aufzumuntern. Sie hatte geglaubt, Diva würde wie immer ihre schwarzen Zigaretten rauchen und über ihr Gewicht/ihre Karriere/ihr Liebesleben jammern. Nichts war so, wie sie es sich vorgestellt hatte.

Dixie folgt Trinas Wagen auf einen Parkplatz neben einem heruntergekommenen Kino im alten Teil von Costa Mesa. Barcelona biegt in die Parklücke neben ihnen. Der Parkplatz ist nur schwach besetzt.

Die Bar hinter dem Kino ist Barcelona noch nie aufgefallen. Das Gebäude ist dunkel und niedrig, mit schwarzen Fenstern und einem pinkfarbenen Neonschild, auf dem der Name der Bar steht, THE USUAL SUSPECTS.

»Großartiger Schuppen«, meint Dixie sarkastisch, während sie das Gebäude argwöhnisch mustert. »Wo ist denn die Entlausungsdusche?«

»Es ist wirklich ein toller Schuppen«, sagt Diva. »Mit Crawler bin ich seinerzeit dauernd hier gewesen.«

»Welcher war nochmal Crawler?« fragt Barcelona.

»Du weißt schon, der mit der Augenklappe. Der sich für Dr. Hook hielt. Er trug sie sogar beim Sex. Die einzige Gelegenheit, bei der er sie nicht trug, war, wenn er auf dem Klo saß. Dann klappte er sie hoch, damit er besser lesen konnte.«

Alle vier lachten, einschließlich Barcelona. Es funktioniert. Sie fühlt sich schon besser. Später wird sie Trina beiseite nehmen und sich bei ihr entschuldigen. Sie wird wie in alten Zeiten nach L. A. fahren und sich mit ihr zum Mittagessen treffen. Sie wird alles tun, um ihre Freundschaft zu erhalten. Der heutige Abend verspricht doch noch lustig zu werden. Sie weiß nicht einmal mehr, warum sie vorher so wütend war.

Das Lokal ist lang und schmal wie ein Trailer und riecht nach verschüttetem Bier. Ein paar kleine Tische stehen in dem Raum verteilt. Als Tischbeleuchtung dienen verschiedene Neon-Bierreklamen. Entlang der linken Seite des Raumes ist die traditionelle Theke, an der drei gesichtslose Gestalten schweigend über ihre Drinks gebeugt sitzen. Sie gehören nicht zusammen. Gegenüber der Hauptbar befindet sich eine Piano-Bar. Eine fette Frau Mitte Vierzig sitzt am Klavier und spielt und singt. Sie trägt ein pinkfarbenes Chiffonkleid und eine Perlenkette. Ihre Frisur erinnert an einen haarsprayglänzenden Bienenstock. Sie sieht aus, als hätte man sie vor fünfundzwanzig Jahren anläßlich des Schulabschlußballs dort abgesetzt und nicht wieder abgeholt. Seitdem sitzt sie hier und spielt melancholische Lieder.

»*You are the sunshine of my life*«, singt sie, »*that's why I'll always be around.*«

»Sie ist gut«, stellt Barcelona überrascht fest.

»Ja«, antwortet Diva. »Jo hat früher mit mir Radiowerbungen gesungen. Aber dann wurde ihre Tochter krank, irgendeine seltene Krankheit, die einen für ein paar Jahre lähmt. Sie muß tagsüber zu Hause sein, damit sie sich um sie kümmern kann.«

Jo singt: »*You are the apple of my eye*«, und nickt Diva zur Begrüßung zu.

Diva und Trina setzen sich gegenüber von Jo an die Pianobar. Dixie setzt sich neben Trina, Barcelona neben Diva.

»Wirklich, Diva«, sagt Trina, »du kennst die tollsten Schuppen.«

»Hey, dieser Laden ist vielleicht ein bißchen ungewöhnlich, abe dafür lustig.«

Barcelona gefällt es hier. Die drei Männer an der Bar scheinen sicl noch keinen Millimeter bewegt zu haben. An den kleinen Tischen sitzen einige Pärchen. Insgesamt hat man aber das Gefühl, daß hier der geeignete Ort ist, um eine Affäre zu beginnen oder zu beenden.

Diva geht zur Bar hinüber, holt ihre Drinks und stellt vor jeder ihrer Freundinnen das richtige Getränk ab.

»Jemand sollte einen Toast ausbringen«, sagt Dixie. »Barcy, du bist die Sprachkünstlerin unter uns.«

»Und die Älteste«, fügt Diva lachend hinzu.

Barcelona hält ihren Rum mit Cola hoch. »Jedesmal, wenn ich wehmütig auf die Zeit zurückblicke, als ich in eurem zarten Alter war, fällt mir ein, was mein Vater in Zeiten wie diesen zu mir zu sagen pflegte...«

»Jesus.« Dixie lacht.

»Er sah mich mit einem traurigen, aber zugleich wissenden Ausdruck an, und manchmal hing eine einsame Träne wie ein Zeichen der Hoffnung in seinem Augenwinkel, wenn er mit zitternder Stimme zu mir sprach: ›Barcy‹, sagte er. ›Schmiede das Eisen, solange es heiß ist!‹« Barcelona hebt ihr Glas noch höher.

»Hört, hört«, sagt Dixie.

Alle trinken. Barcelona sieht Trina an, die ebenfalls trinkt, aber ihrem Blick ausweicht.

»Ich möchte noch etwas hinzufügen«, sagt Diva. »Ich finde, wir sollten auf das Glück trinken. Ich meine, es ist doch irgendwie unheimlich, wie toll alles in den letzten paar Wochen für uns gelaufen ist. Ich meine, seit...« Sie zögert. »Seit Dixie aus dem Krankenhaus entlassen wurde.«

Barcelona stellt ihren Drink ab. »Das ist doch Schwachsinn, Diva.«

»Warum ist das Schwachsinn? Es stimmt.«

»Weißt du überhaupt, was du da behauptest?«

»Ich behaupte überhaupt nichts. Ich stelle etwas fest.«

»Du quasselst wie eine Idiotin.« Barcelona spürt, daß ihr Hals ganz heiß wird. Ihre Augen brennen, und ihre Kehle ist staubtrocken. »Du tust ja gerade so, als ob das, was Dixie passiert ist, eine Art Katalysator wäre, von dem wir alle profitiert haben.«

»Das hat sie nicht gesagt«, widerspricht Trina.

»Ach nein?«

»Aber irgendwie stimmt es«, mischt sich Dixie ein. »Seit dem Tag, an dem ich vergewaltigt wurde, haben sich in unserem Leben ein paar Dinge auf verblüffende Weise zum Guten gewendet. Sogar in meinem Fall.«

»Das ist doch pervers«, sagt Barcelona. »Die Dinge, die passiert sind, waren seit langem fällig. Wir sind talentierte, intelligente Frauen, die sich jahrelang den Arsch aufgerissen haben, und jetzt zahlt sich das endlich aus.«

»Niemand spricht hier von Voodoo, Barcy«, sagt Trina. »Wir stellen doch nur fest, daß es sich um eine seltsame Anhäufung von Zufällen handelt.«

Dixie nickt. »Es ist wirklich seltsam.«

Barcelona würde ihnen am liebsten ins Gesicht schreien, aber in dem Moment beginnt Jo einen neuen Song.

Barcelona sieht zu Dixie und Trina hinüber. Sie lauschen gebannt Jos Gesang. Alle drei lächeln und bewegen sich im Takt der vertrauten Melodie.

Plötzlich ruft Diva: »Hey, gib mir das Mikrophon, Jo. Meine Freundinnen und ich wollen für dich singen.«

»Oh nein!« ruft Dixie. »Ich singe nicht mal unter der Dusche. Meine Stimme läßt die Rohre verrosten.«

»Ich singe die Leadstimme, und ihr macht den Background-Chor«, sagt Diva, die sich von ihrem Vorhaben nicht abbringen läßt. »Das wird ein Spaß.«

»*Diva Klosterman and the Supremes*«, sagt Trina. »Klingt nicht schlecht.«

Diva beginnt zu singen, und Jo setzt schnell mit den richtigen Akkorden ein:

> »*When I'm with my guy and he watches*
>   *all the pretty girls go by.*
> *And I feel so hurt deep inside*
>   *I wish that I could die.*
> *Not a word do I say*
> *I just look the other way* . . .«

Diva deutet auf die anderen, und Dixie, Trina und Barcelona setzen ein: »*Cause that's the way boys are. That's the way booyyys are.*«

Sie singen noch andere Songs, alte Party-Songs, die sie aus ihrer Teenager-Zeit in Erinnerung haben. Nachdem sie »Angel Baby« gesungen haben, drückt Barcelona Diva eine Zwanzig-Dollar-Note in die Hand und sagt, daß sie gehen müsse. Sie ist zu dem Schluß gekommen, daß ihr das alles nicht soviel Spaß macht, wie sie gehofft hatte. Dixie und Diva versuchen sie zum Bleiben zu überreden, während Trina schweigend zuhört, am Rand ihrer Cocktail-Serviette herumzupft und stur geradeaus blickt.

»Ich muß wirklich los«, sagt Barcelona und geht durch den schmalen Gang zur Tür. Sie spürt die Blicke der anderen im Rücken. Der Abschied ist brüsk, steif und ein bißchen unterkühlt ausgefallen. Sie hat es tatsächlich geschafft, an einem einzigen Abend ihre drei besten Freundinnen zu verprellen. Soviel zu deren Theorie vom großen Glück.

31 Barcelona sitzt am Küchentisch und macht eine Liste. Sie hat ein gelbes Blatt vor sich liegen, auf das sie oben in sauberer Schrift die Worte Fuck-You-Frauen geschrieben und zweimal unterstrichen hat. Sie starrt einen Augenblick auf die drei Worte und unterstreicht sie noch einmal. Dann fügt sie ein Ausrufezeichen hinzu.

Seit dem katastrophalen Abendessen im Fuji-Kan und dem verrückten Gesinge im *The Usual Suspects* sind drei Tage vergangen. Sie hat seitdem mit keiner ihrer Freundinnen gesprochen. Dixie hat einmal angerufen und eine Nachricht auf dem Anrufbeantworter hinterlassen, aber Barcelona hat sie nicht zurückgerufen. In jener Nacht hatte sie sich auf der Heimfahrt geschworen, Trina anzurufen und sich mit ihr zu versöhnen. Auch das hat sie bisher nicht getan.

Heute ist sie im College Harley in die Arme gelaufen. Er läßt sich einen Bart wachsen. Ständig kratzt er sich im Gesicht, und die schwarzen Stoppeln lassen seine Zähne weißer aussehen als sonst. Aus irgendeinem Grund, den sie nicht benennen konnte, ärgert sie der Bart. Sie hätte Harley gerne gefragt, warum er ihr nie von seiner Porno-Sammlung erzählt hat, aber sie wollte Diva nicht in Verlegenheit bringen. Es fiel ihr schwer, nett zu ihm zu sein.

Grief hat gestern angerufen und gesagt, daß Lynda Kramer sich bereit erklärt habe, einen Vorschuß von fünfzigtausend Dollar zu zahlen und weitere fünfzigtausend nach Fertigstellung des Drehbuchs. Das ist mehr Geld, als sie bisher mit all ihren Büchern zusammen verdient hat. Grief war sehr aufgeregt. Jetzt ist Barcelona die heiße neue Autorin ihrer Agentur. Grief bereitet eine regelrechte Kampagne vor, Mittagessen mit Produzenten, Studiobossen und Regisseuren. »Wir müssen herausholen, was herauszuholen ist«, hatte sie gesagt, »solange du noch die Attraktion der Woche bist.«

Heute morgen hat Lynda Kramer angerufen. Ihr Baby weinte fast während des ganzen Gesprächs, deswegen faßten sie sich kurz. Barcelona stellte sich vor, daß Lynda ganz in Weiß gekleidet dasaß, ihr Baby auf dem Arm, eine Tasse duftenden Kräutertee neben dem Telefon, eine Vase mit exotischen Schnittblumen auf dem Tisch. Barcelona stellt überrascht fest, daß sie es diesmal überhaupt nicht mehr aufregend fand, mit Lynda Kramer zu sprechen. Sie war nicht einmal wegen des vielen Geldes aufgeregt, das sie ja ohnehin erst in ein paar Wochen bekommen würde. Sie sprachen eigentlich nur darüber, daß Barcelona den Titel des Drehbuchs ändern sollte. »›Festmahl‹ klingt einfach zu unheimlich, fast wie ein Vampirfilm oder so was. Wir wollen das Publikum doch nicht verwirren.« Spaßeshalber schlug Barcelona vor, den Titel in *The Usual Suspects* abzuwandeln. Lynda Kramer war begeistert. »Das hat Witz, verheißt aber gleichzeitig Spannung. Die Anspielung auf *Casablanca* ist wunderbar. Mein Gott, das wird alles ganz großartig! Ich wußte doch, daß ich mir mit Ihnen die Richtige ausgesucht habe.«

Barcelona sieht auf die Uhr am Herd. Fast zehn Uhr abends. Cory wird bald hier sein. Er hatte in Los Angeles irgendeinen späten Termin, ein Abendessen mit der Jugendgruppe eines Sportvereins, wollte Barcelona danach aber unbedingt noch sehen. Die beiden telefonieren jeden Tag miteinander. Mittlerweile haben sie es sogar geschafft, in seinem Haus in Corona del Mar einmal miteinander zu schlafen. Das war an einem Nachmittag gewesen, und beide mußten gleich danach wieder weg, so daß es schwierig war, irgend etwas darüber zu sagen, außer daß es gut war. Sehr gut sogar. Barcelona war jedenfalls nichts aufgefallen, was erklärt hätte, wieso seine Frau Dayna dem Sex für immer entsagen wollte. Barcelona vermutet, daß sie heute abend wieder miteinander schlafen werden, und hat deshalb das Bett frisch bezogen und einen brandneuen Slip angezogen.

Es klingelt an der Tür.

Sie sieht auf die Uhr. Cory kommt früher als erwartet. Sie tappt barfuß über den grauen Teppich zur Haustür und späht durch den Spion. Sie spürt plötzlich einen Druck auf der Brust.

»Hi«, sagt sie, als sie die Tür aufmacht.

Diva und Harley spazieren herein.

»*Angel baby*«, singt Diva. »*My angel baby.*« Sie führt einen kleinen Freudentanz auf, während Harley ihr amüsiert zusieht und sich seinen stoppeligen Bart kratzt. »Mein Gott, Barcy, es ist einfach phan-fuck-tastisch!«

»Was denn?«

»Wir haben ihn verkauft. Wir haben ihn doch tatsächlich verkauft. Den Song. ›Cocktail Waitress‹ wird auf Rod Stewarts nächstem Album herauskommen!«

Barcelona nimmt Diva in den Arm. In diesem Augenblick fühlt sie sich ihr sehr nahe. »Ich freue mich so für dich, Diva. Für euch beide.«

Diva windet sich wie ein Kind aus ihren Armen und wirbelt durchs Wohnzimmer. »Jesus, Jesus, Jesus, ich kann es noch gar nicht fassen. Ich muß dir gestehen, daß ich nie wirklich geglaubt habe, daß sie es kaufen würden, nicht in einer Million Jahren. So viel Glück habe ich einfach nicht. Nie gehabt. Es ist, als ob wir alle verzaubert wären.«

Barcelona umarmt Harley. Seine Jacke riecht erdig, aber gut. Sein Bart kratzt über ihre Wange. »Da hast du ja ein schönes Reibeisen im Gesicht, Harley«, sagt sie, während sie sich an die Wange faßt.

»Nicht wahr?« pflichtet Diva ihr bei. »Er hat mir schon fast die ganze Haut weggekratzt, und nicht nur im Gesicht.« Sie lacht herzlich und küßt ihn auf die Wange. Harley kratzt sich lächelnd am Hals. »Oh, Shit«, sagt Diva plötzlich. »Fast hätte ich vergessen, warum wir hergekommen sind.« Sie öffnet ihre Tasche und schiebt ihre Finger hinein. Ihre Fingernägel sind grün grundiert und mit winzigen Musikinstrumenten bemalt. Die Daumen zieren Gitarren, die Zeigefinger Trompeten, gefolgt von Hörnern, überkreuzten Schlagzeug-Sticks und winzigen Becken auf den kleinen Fingern. Sie klemmt einen gefalteten Scheck zwischen die Gitarre und die Trompete und reicht ihn Barcelona. »Ich kann dir gar nicht sagen, wie sehr du mir damit geholfen hast.«

Barcelona wirft einen Blick auf die Summe: $ 2.200. »Ich will keine Zinsen, Diva. Das war ein zinsloses Darlehen unter Freundinnen.«

»Dasselbe habe ich ihr auch gesagt«, meint Harley.

»Ich weiß«, sagt Diva. »Aber ich habe eine solche Wahnsinnssumme damit verdient. Du hast mir geholfen, als niemand sonst mir helfen wollte oder konnte. Ich möchte, daß du weißt, wieviel mir das bedeutet. Daß du ausnahmsweise mal in eine Gewinnerin investiert hast.«

Barcelona nickt. Sie weiß, was Diva meint. Beschämt muß sie daran denken, daß sie Diva noch vor kurzem für eine Versagerin gehalten hat. Sie beschließt, von den zusätzlichen zweihundert Dollar ein Hochzeitsgeschenk für die beiden zu kaufen.

»So, das war's auch schon.« Diva verabschiedet sich mit einer schnellen Umarmung von Barcelona und öffnet die Tür. »Die Plattenfirma will noch ein paar weitere Songs sehen. Da müssen John Lennon und ich schnell wieder ans Zeichenbrett. Wir haben uns einen tollen Synthesizer gekauft, der bis auf einen Büffelfurz so ziemlich jeden Sound zuwege bringt. Wir können praktisch unser eigenes Demo damit machen.«

»Und das ist für euch beide erst der Anfang. Ich spüre es genau.« Barcelona lehnt sich gegen die offene Tür.

»Wir sehen uns im College«, sagt Harley und tritt in die Nacht hinaus. Draußen laufen die Rasensprenger. Ein bißchen Wasser sprüht auf Harleys Hosenbeine, und er weicht dem Nieselregen aus.

Diva rennt auf den Rasen hinaus. Sie trägt einen Jeansminirock, und die Sprenger machen ihre Knie und Schienbeine naß. »Ooooh.« Sie lacht. »Das fühlt sich gut an.«

Zwischen den Rasensprengern hindurch rennen sie zu ihrem Wagen hinüber. »*Cocktail Waitress ain't got an easy life*«, singt Diva laut. »*Gotta talk like the devil and listen like a wife.*«

Ein paar Hunde fangen wütend an zu bellen, und Divas Lachen dringt durch die Dunkelheit bis zu Barcelonas offener Tür.

»Das ist schön«, sagt Cory.
Barcelona nickt.
»Findest du nicht?«
»Ich habe genickt.«
»Ach so.«
Sie liegen auf dem Bett und sehen fern, die letzten paar Minuten eines Remakes von *D.O.A. – Dead on Arrival*, wo der Held vergiftet wird und vor seinem Tod noch versucht, seinen Mörder zu entlarven. Sie sind beide angezogen. Cory hat nur seine Schuhe und seine Jacke ausgezogen. Er trägt immer noch seine Krawatte. Seine Hand liegt auf Barcelonas nacktem Oberschenkel. Ein Hosenbein ihrer Shorts ist hochgerutscht, so daß der weiße Stoff der Tasche hervorlugt. Barcelona wartet darauf, daß seine Hand ihren Oberschenkel hinaufkriecht und unter ihr Hosenbein gleitet. Das fände sie schön. Sie muß aber zugeben, daß sie es genauso schön findet, hier mit ihm zu liegen und einfach nur fernzusehen. Sie weiß, daß sie später miteinander schlafen werden, und genießt die Vorfreude.

Sie sieht zu ihm hinüber und ertappt ihn dabei, wie er sie mit einem dämlichen Grinsen im Gesicht anstarrt.
»Was ist?« fragt sie.
»Was soll sein?« fragt er.
»Ist irgendwas?«
»Nein.«
»Warum starrst du mich dann so an?«
»Du gefällst mir eben.«
»Ach?«
Eine Minute vergeht.
»Wie würdest du mein Aussehen beschreiben?« fragt sie.
Er macht ein ernstes Gesicht und preßt nachdenklich die Lippen usammen. »Ich weiß nicht recht.«
»Würdest zu sagen, daß ich einen Fuck-You-Look habe?«
Er lacht. »Jesus.«

»Würdest du?«

»Nicht direkt. Eher einen John-Henry-Look.«

Sie schiebt seine Hand von ihrem Oberschenkel. »Das war die falsche Antwort, Froschkönig.«

Er küßt ihren Hals, und sie lacht. »Du weißt schon, wie in dem Folk-Song: ›John Henry was a steel-driving man.‹ Erinnerst du dich?«

»Hmm. Ich sehe also aus wie ein großer, schwarzer Schienenarbeiter?«

»Du machst es einem aber wirklich nicht leicht.«

Sie lächelt.

Er holt tief Luft. »Ich meine folgendes: John Henry wollte etwas beweisen. Er wollte beweisen, daß er die Schienennägel schneller in den Boden treiben konnte als ein dampfbetriebener Bohrer. Das war natürlich unmöglich, aber er forderte den Dampfbohrer zu einem Kräftemessen heraus, bei dem sich zeigen sollte, wer die Nägel schneller hineinbekam.«

»Ich kenne den Song. Wo komme ich ins Spiel?«

»Nun, er besiegte den Bohrer und wurde ein Held. Nur leider war das Ganze zuviel für sein Herz, und er starb.«

Barcelona runzelt die Stirn. »Ich glaube nicht, daß mir diese Analyse gefällt.«

»Ich will damit nur sagen, daß du keinen Fuck-You-Look hast, sondern eher einen Euch-werd-ich's-schon-zeigen-Look. Das ist ein großer Unterschied.« Er lehnt sich zu ihr hinüber und küßt sie auf die Lippen. Seine Hand gleitet an ihrem Oberschenkel hinauf und spielt mit dem Saum ihrer Shorts. Dann lehnt er sich wieder zurück und zieht seine Hand fort. »Okay?«

»Ich werde darüber nachdenken«, sagt sie.

»Das ist das Problem mit euch Frauen«, sagt Cory. »Ihr seid mit keinem Kompliment zufrieden.«

»Oh, ist das eine von euren männlichen Binsenwahrheiten?«

»Eine von unseren Beobachtungen. Eine von den vielen, die wir Männer untereinander austauschen.«

»Wirklich? Was gehört denn noch so dazu?«

»Sag bloß, du bekommst die Clubzeitung nicht!«

Sie knufft ihn spielerisch in die Rippen. »Los, sag schon, was noch?«

»Zum Beispiel: Schlafe nie mit einer Frau, die mehr Probleme hat als du selbst.«

»Das ist nicht schwer. Es gibt doch gar keine Frauen, die mehr Probleme haben als die Männer. Und außerdem: Wenn ein Mann erst einmal in Stimmung ist, ist es ihm doch völlig egal, ob sie die halbe Stadt umgebracht hat oder nicht, solange sie ihn nicht umbringt, bevor er fertig ist.«

Er lehnt sich zu ihr hinüber und zieht sie an sich. Sie küssen sich. Dann greift sie nach unten und faßt an seinen Penis. Sie spürt, daß er sich hart gegen seine Hose drängt. »Da kann ich dir nicht widersprechen«, sagt Cory.

»Ich hasse es, wenn Männer über Frauen reden«, sagt sie.

»Warum? Frauen reden doch auch über Männer, oder etwa nicht?«

»Sicher, aber wir halten uns an die Fakten. Männer reden meistens über junge Mädchen, feste Titten, Oberschenkel, die sich beim Gehen nicht berühren. Das ist alles so kindisch, als wollten sie ihre Jugend zurückholen, die so heiß wahrscheinlich auch nicht war.«

»Das siehst du völlig falsch.« Cory dreht sich zur Seite, damit er ihr ins Gesicht sehen kann. Seine Miene ist ernst. »Den Männern geht es nicht darum, ihre Jugend zurückzuholen. Sie denken bloß an die Zeit zurück, als sie noch in Rudeln unterwegs waren, wie Wölfe, und mit ihren Freunden auf Spielplätzen und Parkplätzen umherstreiften. An die Zeit, als die Luft noch spannungsgeladen war und Abenteuer nicht nur möglich, sondern unvermeidlich waren. Jede noch so kleine Aktion, und wenn es nur eine Wanderung auf den Eisenbahnschienen war, hatte eine mythische Dimension. Große Dimensionen, wie auf der riesigen Kinoleinwand. Vielleicht lag es wirklich daran, daß man im Rudel unterwegs war.«

Barcelona betrachtet sein Gesicht, fasziniert von der Intensität in seinen Augen.

»Jemand sagte so etwas wie: ›Hey, laßt uns jemanden vermöbeln‹, und alle sagten: ›Yeah, okay‹, und vielleicht vermöbelte man dann irgendeinen Jungen, der einem über den Weg lief, oder man fand kein geeignetes Opfer und verlor irgendwann das Interesse. Das spielte keine

Rolle. ›Laßt uns jemanden vermöbeln‹ war gleichbedeutend mit ›Laßt uns nach Mädels Ausschau halten‹. Der Tag verhieß ein Abenteuer nach dem anderen. Nichts war vorhersehbar. Alles war möglich.« Er lehnte sich erneut zu ihr hinüber und küßte ihr Haar. »Aber sobald man Frauen ins Spiel bringt, geht die Sache schief.«

Sie schiebt ihn weg. »Fuck you, John Henry.«

»Die Mädchen waren immer so ordentlich. So sauber. Sie fürchteten sich vor Dreck. Dreck ist der Treibstoff des Abenteuers, die Währung der Jungs. Wenn Mädchen dabei waren, folgte auf ›Laßt uns zu den Bahngleisen gehen‹ meistens: ›Nein, da wird man so schmutzig‹. Und das ist auch okay so, weil die Männer irgendwann einer Frau zuliebe auf das Abenteuer verzichten. Aber von da an fehlt dem Mann etwas. Es ist nicht wirklich die Jugend, und es geht dabei auch nicht um die Midlife Crisis oder irgend so einen Mist. Was ihm fehlt, ist das Gefühl der Meute, der Geruch des Drecks. Und damit meine ich nicht die Erde, die man sich nach dem Rasenmähen oder Mulchen von den Klamotten klopft. Ich meine richtigen Dreck. Das Unvorhersehbare. Und irgendwie ist ein Sonntagnachmittag im Einkaufszentrum nicht das richtige, um dieses Bedürfnis zu befriedigen.«

»Auch wir Frauen schätzen das Abenteuer«, sagt Barcelona. »Wir sind nicht bloß Hausklavinnen.«

»Ich weiß. Trotzdem ist das etwas anderes. Es hat gar keinen Sinn, darüber zu reden. Jedesmal, wenn eine Seite die Unterschiede zur Sprache bringt, fängt die andere Seite an, sich zu verteidigen.«

Barcelona hat tatsächlich das Gefühl, sich verteidigen zu müssen. Irgendwie hat er sie gerade als eine Art Spielverderberin hingestellt, als böse Mutter, die den kleinen Johnny vom Spielen hereinruft, damit er sein verkochtes Gemüse und seine stinkenden Fischstäbchen ißt. Sie selbst sieht sich überhaupt nicht so.

Der Film ist inzwischen zu Ende. Irgendwann während ihres Gesprächs haben die Elf-Uhr-Nachrichten begonnen. Cory setzt sich auf und starrt auf den Fernseher. »Ich möchte das sehen«, sagt er.

»Warum?« fragt sie. »Gibst du heute bekannt, daß du für das Amt des Präsidenten kandidierst?«

»Psst.«

Erst kommt eine der Hauptnachrichten: eine weitere spontane Freeway-Schießerei, glücklicherweise ohne Verletzte. Dann eine nette Nebenstory über eine Firma, die die passenden Aufkleber herstellt: »Bitte nicht schießen, ich wechsle bloß die Spur« und »Bitte nicht schießen, mein Wagen läuft nicht schneller«.

Kater Larry schleicht ins Zimmer, den Kopf wie eine sprungbereite Raubkatze gesenkt. Cary klopft ein paarmal aufs Bett, um ihn zu ermuntern, zu ihnen heraufzuspringen, aber Larry starrt ihn nur einen Augenblick an und wandert dann weiter ins Bad. Eine Minute später hören sie, wie er aus der Kloschüssel trinkt.

Es folgen ein paar Beiträge über die Brände, Bilder von schwarzer Erde, verkohlten Häusern und Leichen, die in Plastiksäcken abtransportiert werden. In vierundzwanzig der achtundfünfzig kalifornischen Counties ist vom Gouverneur der Notstand ausgerufen worden.

»Und deswegen verpasse ich die Wiederholung von ›Taxi‹?« neckt Barcelona.

»*Stadtratskandidat Cory Meyers hat heute eine überraschende Erklärung abgegeben*«, sagt die Nachrichtensprecherin plötzlich.

Barcelona setzt sich auf. Man sieht Cory bei einer Pressekonferenz. Dayna steht lächelnd neben ihm.

»*Kandidat Meyers erklärte den Reportern, daß er und seine Frau Dayna Meyers, geborene Chruchton, sich nach zehn Jahren Ehe getrennt haben. Die Vorbereitungen für die Scheidung laufen bereits.*«

»Jesus, Cory«, sagt Barcelona.

»*Mr. Meyers wurde gefragt, warum er sich entschlossen habe, diesen Schritt gerade jetzt bekanntzugeben, zehn Tage vor der Wahl.*« Die Kameras zeigen eine Großaufnahme von Cory vor einem knorrigen Kaktus aus Mikrophonen. »*Meine Frau und ich trennen uns in aller Freundschaft. Ich wollte, daß die Wähler über alles Bescheid wissen, bevor sie mich wählen.*« Schnitt. Dann eine Großaufnahme von Dayna Meyers' makellos schönem, zuversichtlich lächelndem Gesicht. Dazu die Stimme der Nachrichtensprecherin: »*Mrs. Meyers erklärte, sie unterstütze nach wie vor die Kandidatur ihres Mannes und werde weiterhin in seinem Wahlkampfteam arbeiten. Sie beide seien immer noch eng befreundet und würden es auch nach der Wahl und der Scheidung bleiben.*«

Barcelona sieht Cory schockiert an. »Warum hast du das getan?«

»Was, wenn ich dir sagen würde, daß ich es für uns getan habe?«

»Ich würde dir antworten, daß mir das Angst macht. Ich würde sagen, daß wir uns noch nicht gut genug kennen. Daß ich mich schrecklich mies fühle, wenn du die Wahl verlierst, nur weil du für mich einen solchen Stunt vom Stapel lassen mußtest.«

»Okay«, sagt er grinsend. »Ich habe es nicht für uns getan.«

Sie berührt sein Gesicht mit den Fingerspitzen, streichelt über sein Kinn. »Ich meine es ernst, Cory. Ich mag dich. Vielleicht ist zwischen uns beiden sogar ein bißchen mehr. Etwas, aus dem etwas werden könnte. Jesus, wo sind die Worte, wenn man sie braucht?« Sie holt tief Luft. »Aber wir kennen uns noch nicht gut genug.«

»Jetzt können wir uns kennenlernen, ohne uns dauernd verstecken zu müssen. Ich wollte, daß du weißt, wieviel mir diese Beziehung bedeutet.«

»Welche Beziehung?« fragt sie. »Wir haben ziemlich viel telefoniert, ein paarmal miteinander gegessen und einmal miteinander geschlafen.«

»Das läßt sich ändern«, sagt er und streckt die Arme nach ihr aus. Seine gute Laune ärgert sie.

Sie wehrt ihn ab. »Ich versuche dir gerade klarzumachen, daß es mich ein bißchen erschreckt, wieviel du für mich riskierst, ohne mich richtig zu kennen. Das weist nicht gerade auf eine stabile Persönlichkeit hin. Ein Mann, der sich unter Kontrolle hat, tut so etwas nicht.«

»Ich habe dir keinen Heiratsantrag gemacht, Barcy. Ich habe nur die Trennung von meiner Frau bekanntgegeben. Jetzt weißt du, daß ich nicht nur auf eine Affäre aus bin. Außerdem bin ich froh, noch vor der Wahl reinen Tisch gemacht zu haben. Ich fühle mich jetzt besser.«

»Wie hat Trina es aufgenommen?«

»Zwischen euch beiden ist irgendwas im Gange, nicht wahr?«

»Wie kommst du darauf?«

»Sie verhält sich so komisch, wenn ich deinen Namen erwähne. Al ginge sie das alles nichts an.«

»Wir hatten eine Meinungsverschiedenheit. Wir werden uns schor wieder zusammenraufen.«

Cory zuckt mit den Achseln. »Eure Sache. Auf jeden Fall war sie nicht begeistert. Sie hat sogar versucht, es mir auszureden. Auf die zehn Tage kommt's doch auch nicht mehr an, hat sie immer wieder gesagt.« Er lacht. »Sie will wirklich, daß ich gewinne.«

»Das will ich auch.«

»Ich auch«, sagt er.

Er rollt zu ihr hinüber und nimmt sie in den Arm. Er küßt sie, und sie genießt es, seine Lippen auf ihren zu spüren, seine Hand unter ihrem Po, seine Zunge in ihrem Mund. Im Hintergrund laufen jetzt Sportnachrichten. Beim Baseball hat es auffallend viele Homeruns gegeben, und man diskutiert über die Gründe.

Schnell ziehen sie sich aus. Corys viele Knöpfe widersetzen sich eine Weile. Aber schließlich hat sie ihn doch von seinem Hemd und seiner Hose befreit. Dann zieht er ihr die Hose aus, und den Slip gleich damit. Als er beides bis auf die Knöchel heruntergezogen hat, hält er inne und betrachtet ihren Körper. Er küßt ihre Schamhaare. Dann ziehen sie sich weiter aus.

Seine Hände sind sanft und dennoch zupackend. Er faßt sie hier und dort an, am Oberschenkel, am Busen, am Po. Sein Penis drängt sich gegen ihren Bauch, und sie faßt nach unten, um ihn in die Hand zu nehmen. Er fühlt sich gut an, groß und schwer. Seine Haut liegt heiß in ihrer Hand. Sie drückt ihn, und Cory seufzt vor Lust. Es ist so leicht, den Männern eine Freude zu machen, denkt sie, aber so schwer, sie zufriedenzustellen.

Er beugt sich über ihren Nabel und schiebt seine Zunge hinein. Sie windet sich lachend. »Das kitzelt!«

»Gut«, sagt er, hört aber auf. Er läßt seine Zunge zwischen ihre Beine gleiten.

Barcelona sieht zu, wie sich Corys Kopf hebt und senkt. Bei jeder seiner Bewegungen strömt heißt Lava in ihren Bauch. Er weiß, was er tut. Aber er geht dabei nicht so mechanisch ans Werk wie Harley: Führen Sie Zunge A in Schlitz B ein und drehen Sie sie um neunzig Grad. Corys Bewegungen scheinen ihm selbst genausoviel Vergnügen zu bereiten wie ihr. Sie packt seinen Kopf mit beiden Händen und drängt sich gegen seinen Mund. Als sie die Augen schließt, sieht sie ein endloses Flammenmeer. Dicke Rauchschwaden ersticken das Sonnenlicht. Ihr Atem geht schnell und keuchend. Der immer dunkler und dichter werdende Rauch läßt sie nach Luft schnappen. Schließlich kommt sie, erst zaghaft, dann so stark, daß sie die Zähne aufeinanderbeißen muß.

Cory legt sich auf sie und läßt seinen Penis in sie hineingleiten. Es ist ein Gefühl, als würde sie ein Treppengeländer hinunterrutschen – aber ein Treppengeländer, das sich im Inneren ihres eigenen Bauches befindet. Anfangs bewegt er sich nicht viel, sondern läßt ihr Zeit, wieder zu Atem zu kommen. Er liegt auf ihr, stützt sich ein wenig mit den Armen ab und genießt es einfach, in ihr zu sein. Barcelona schlägt die Augen auf. Sie hat das Gefühl, einen Moment lang ohnmächtig gewesen zu sein, das Bewußtsein verloren zu haben. Aber er liegt immer noch auf ihr, sein Penis ist immer noch in ihr, hart und geschwollen. Falls sie tatsächlich ohnmächtig war, hat sie nichts versäumt. Er beginnt sich langsam zu bewegen. Rein und raus. Rein und raus. Sie zieht ihre Beine an, um ihn besser spüren zu können. Bei jedem Stoß schnappt sie nach Luft. Seine Hüften klatschen gegen ihren Po. Sein Penis trifft auf einen Knopf, der direkt in ihrem Gehirn eine Sirene auslöst und sämtliche Lichter anknipst. Jedesmal, wenn er ihn zurückzieht, fühlt es sich an, als würden alle Eingeweide aus ihrer Vagina gesaugt.

Schließlich beschleunigt er sein Tempo. Sie gräbt ihre Finger in seinen Rücken, ermutigt ihn. Sie möchte, daß er kommt. Als es soweit ist, beißt er die Zähne zusammen. »Oh fuck!« stöhnt er. Sein Rücken ist gekrümmt, und er preßt sich so fest an sie, als wolle er noch tiefer in sie eindringen, obwohl das gar nicht mehr möglich ist. Erschöpft läßt er sich auf sie sinken. Dann fängt er an zu lachen. Ein warmes, herzhaftes Lachen, mit zurückgeworfenem Kopf und speichelglänzenden Zähnen.

»Was ist daran so lustig?« fragt sie.

Er rollt von ihr herunter, und sie streckt die Beine aus. Er lacht immer noch.

Sie lächelt ihn an. »Warum lachst du?«

»Ohne besonderen Grund. Es war bloß ein so gutes Gefühl. Manchmal lache ich, wenn ich glücklich bin.«

»Seltsam.«

»Es werden noch viel seltsamere Dinge auf dich zukommen.« Er knabbert an ihrem Hals.

Sie sehen eine Weile fern und schlafen dann noch einmal miteinander. Hinterher dösen beide ein. Irgendwann schreckt Barcelona hoch. Sie wirft einen Blick auf den Radiowecker neben dem Bett. 0.37 Uhr. Ihr Herz pocht wie wild, und sie fragt sich, ob sie gerade einen Herzinfarkt hat. Sie kann es unter ihrer Haut pochen sehen. Sie überlegt, ob sie Cory wecken soll, und beschließt dann, es nicht zu tun. Sie hat irgendwo gelesen, daß es bei einem Herzinfarkt ratsam sei, Koffein zu sich zu nehmen. Sie schiebt sich vorsichtig aus dem Bett. In ihrem Kopf dreht sich alles, und ihre Knie fühlen sich schrecklich wackelig an. Sie läßt sich aufs Bett zurückfallen. Cory rührt sich nicht.

»Mein Gott!« stöhnt sie und steht wieder auf. Dieses Mal kann sie stehen. Sie schafft es bis in die Küche, indem sie sich beim Gehen an der Wand abstützt. Sie öffnet den Kühlschrank, und wieder schlägt ihr dieser ranzige Geruch entgegen. Sie nimmt eine Dose Diet Coke, reißt sie auf und trinkt. Nackt sitzt sie auf dem Holzboden vor dem offenen Kühlschrank und läßt die kalte Luft über ihre Haut streichen. Sie fühlt sich schon besser. Kein Herzinfarkt.

Sie geht wieder nach oben und beugt sich über das Bett. Cory murmelt im Schlaf vor sich hin. Sie kann nicht verstehen, was er sagt, aber er lächelt dabei, und das ist ein gutes Zeichen. Er hat die Bettdecke abgeworfen, und Barcelona bewundert eine Weile seinen Körper. Er ist fest, leicht gebräunt und zeigt nur den Hauch eines Bauchansatzes. Cory ist ein guter, aufmerksamer Liebhaber. Er ist warmherzig und klug. Er ist ein Ehrenmann. Und er ist verrückt genug, sich ihretwegen zehn Tage vor der Wahl von seiner Frau zu trennen.

Ihr Herz beginnt wieder zu pochen, und sie bekommt kaum Luft. Sie geht ins Badezimmer hinüber und schaltet das Licht an. Barcelona öffnet das Arzneischränkchen, aber sie findet nichts Passendes.

Barcelona verläßt das Bad und geht den Flur hinunter zu ihrem Arbeitszimmer. Der Raum ist in einem leuchtenden Rot gestrichen, damit sie sich bei der Arbeit besser konzentrieren kann. Sämtliche Wände sind mit überfüllten Bücherregalen vollgestellt. Das, was nicht mehr hineinpaßt, ist in ordentlichen Stößen auf dem Boden gestapelt.

Barcelona setzt sich an ihren Computer und starrt auf den dunklen Bildschirm. Sie wundert sich über ihr Glück. Schon vor dem heutigen Abend war so viel Wundervolles passiert: das Geld, ihr zukünftiger Ruhm, ihr Status als Griefs heiße neue Autorin, ihre Berühmtheit am College. Das einzige, was noch gefehlt hatte, um ihr Glück zu vollenden, war Corys Ungebundenheit. Jetzt war er ungebunden. Jetzt war alles perfekt.

Sie mußte verzaubert sein.

Trotzdem fühlt sie sich nicht verzaubert. Sie fühlt sich, als sei sie gerade von zwei großen, schweigsamen Polizisten in einem Streifenwagen nach Hause gebracht worden. Als seien ihre Kleider hoffnungslos zerrissen; als röche ihr Körper nach getrocknetem Blut und Desinfektionsmittel. Sie kann die Kratzer in ihrem Gesicht und an ihren Oberschenkeln spüren. Aber das ist doch gar nicht sie, oder doch?

Sie schaltet den Computer an, lädt das Drehbuch zu *The Usual Suspects* und liest, was sie zuletzt geschrieben hat. Dann beginnt sie, eine neue Szene zu tippen. Das Geräusch der Tastatur scheint ihr Herz zu beruhigen. Bald schlägt es wieder in normalem Tempo. Als sie den Text fertiggeschrieben hat, macht sie eine Sicherungskopie, schaltet den Computer aus und geht wieder ins Schlafzimmer hinüber.

Während Cory weiter schläft, zieht Barcelona sich leise an, packt ein paar Dinge ein, setzt sich in ihren Wagen und fährt den Rest der Nacht bis nach Las Vegas.

32 Der Kartengeber trägt klaren Nagellack. Graziös mischt er die Karten und beginnt sie zu verteilen. Seine lackierten Nägel schimmern im hellen Casino-Licht. »Der Lack verhindert, daß meine Nägel brechen«, erklärt er Barcelona, obwohl sie ihn nicht danach gefragt hat. Die anderen Spieler ignorieren seinen Monolog und studieren ihre Karten. »Das ständige Mischen, die trockene Wüstenluft, das schmutzige Geld. Das alles macht die Nägel brüchig.« Er klopft mit seinen makellosen Fingernägeln auf den grünen Filz vor einer alten Dame, die eine Kreuz-Zwei vor sich liegen hat. »Die Zwei beginnt meine Liebe. Die Zwei verliert nie.«

Die alte Dame setzt zwei Vierteldollar-Chips. Barcelona paßt. Andere Spieler gehen mit oder passen ebenfalls. Der Geber gibt jedem Spieler eine weitere Karte. »Manche Leute sehen den Nagellack«, sagt er zu Barcelona, »und halten mich für eine Tunte. Nur weil ich mir die Nägel lackiere, denken sie, ich sei eine Tunte. Aber ich bin keine.« Er blinzelt ihr zu. »Zumindest noch nicht.«

Barcelona spielt schon seit vier Stunden ununterbrochen Stud Poker. Sie sitzt an einem Ein-Dollar-/Drei-Dollar-Tisch: Der Mindesteinsatz ist ein Dollar, der Höchsteinsatz drei Dollar. Im Moment ist sie mit siebenundachtzig Dollar im Plus. Ihr Wagen und ihr Gepäck befinden sich auf dem Casino-Parkplatz. Sie hat sich noch nicht einmal um ein Hotelzimmer gekümmert. Die ganze Nacht lang ist sie mit ihrer Kutsche durch die kühle Wüstenluft gefahren. Nur einmal hat sie angehalten, um zu tanken und sich aus dem Automaten einen Snickers-Riegel zu ziehen. Während der ganzen Fahrt hat sie nur Nachrichtensender gehört, obwohl sie immer wieder dieselben Stories brachten. Das war untypisch für Barcelona, denn normalerweise hört sie immer ihre Kassetten oder Oldies-Sender. Aber sie sagte sich, daß das keine Vergnügungsfahrt war, sondern eine Art Mission. Sie brauchte einen steten kalten Guß Realität, um einen klaren Kopf zu behalten und sich besser auf die bevorstehende Aufgabe konzentrieren zu können. Sie brauchte Nachrichten, Fakten.

»Wo ist das nächste Telefon?« fragt sie den Geber.

Er deutet mit dem Arm in die Richtung. »Gleich bei dem Hologramm.«

Sie verläßt den Tisch, läßt aber ihre Chips liegen. Sie steuert durch das Labyrinth der Spielautomaten auf das Hologramm eines Kobolds zu, der vor einem Spielautomaten in einem Topf Gold sitzt. Es ist ein sehr unruhiges Hologramm. Barcelona kann nicht genau erkennen, ob sich der Kobold vor Freude auf dem Rücken wälzt und die Goldmünzen in die Luft wirft oder ob die Goldmünzen auf ihn herabregnen und ihn umgeworfen haben.

Sie findet das Telefon, verlangt die Auskunft für Orange County, merkt sich die Nummer, und ruft ihren Nachbarn an. Er ist nicht zu Hause, deswegen hinterläßt sie eine Nachricht auf seinem Anrufbeantworter: »Hi, Dave, hier ist Barcelona. Könnten Sie mir einen großen Gefallen tun und Larry heute abend und morgen füttern? Ich mußte unerwartet aus der Stadt und bin nicht sicher, wann ich zurück sein werde. Ich rufe Sie noch einmal an, wenn ich Genaueres weiß. Der Zweitschlüssel liegt unter dem ersten Pflasterstein neben meiner Garage. Notfalls können Sie mich im Caesar's Palace in Las Vegas erreichen. Danke, Herr Nachbar.« Sie legt auf und kehrt an den Poker-Tisch zurück. Sie stellt sich Daves pausbäckiges Gesicht vor, wenn er die Nachricht abhört, in der einen Hand die Leine, in der anderen die braune Papiertüte.

Barcelona stellt fest, daß sich neben ihr ein neuer Spieler niedergelassen hat. Er ist klein und füllig, mit einem Dreifachkinn, das sich wie ein Akkordeon vor seinem Hals faltet. Er trägt ein Namensschild aus Plastik, auf das die Worte HALLO, MEIN NAME IST eingedruckt sind, gefolgt von seinem mit Schreibmaschine getippten Namen: Dr. Earl Downey.

»Na, Doc«, sagt der Geber, während er die Karten verteilt, »sind Sie hier auf dem Ärztekongreß?«

»Ja, bin ich.«

»Was für eine Sorte Arzt sind Sie denn? Gynäkologe?« Der Geber grinst und klopft mit seinen lackierten Fingernägeln auf den Filz vor Barcelonas oberster Karte, einer Herz-Vier. »Die niedrigste Karte beginnt, Ma'am. Wieviel setzen Sie?«

Barcelona wirft zwei Vierteldollar-Chips auf den Tisch.

»Fünfzig Cents«, verkündet der Geber. »Ein richtiger Großeinsatz.

Barcelona riskiert einen vorsichtigen Blick auf ihre darunter liegende Karten, eine Fünf und eine weitere Vier. Nicht genug, um mehr z setzen, aber genug, um mitzuziehen und sich eine weitere Karte gebe zu lassen. Ihre nächste Karte ist eine Sechs. Ein anderer Spieler, bei de zwei Buben obenauf liegen, setzt zwei Dollar. Barcelona geht mit. A Ende hat sie einen Straight bis hoch zur Acht und gewinnt weite vierundzwanzig Dollar. Sie schiebt dem Geber fünfzig Cents Trinkge hinüber.

»Vielen Dank, vielen Dank«, sagt er. Er schlägt die Münzen gegen d Metallrand des Münztabletts, bevor er sie in seine Hemdtasche schieb

Das machen die Geber bei jedem Trinkgeld, das sie bekommen, um auf diese Weise anzuzeigen, daß sie kein Casino-Geld stehlen. Die Decke über jedem Tisch ist mit einem komplizierten Glitzer-Gebilde aus grellen Lichtern und Spiegeln verkleidet. Hinter den Spiegeln sind Kameras angebracht, die jeden Tisch des Casinos überwachen. Barcelona sieht nach oben und starrt in die verborgene Kamera. Das grelle, durch die Spiegel noch verstärkte Deckenlicht blendet sie. Obwohl vor ihren Augen bereits alles zu verschwimmen beginnt, versucht sie angestrengt, die Kamera hinter dem Spiegel zu entdecken, aber alles, was sie sieht, ist ihr eigenes verschwommenes Spiegelbild, das immer mehr dem unruhigen Hologramm des Kobolds ähnelt.

Barcelona sitzt nackt auf dem Bett und ißt Kentucky Fried Chicken, extra knusprig. Dabei beugt sie sich über den Behälter, den sie zwischen ihren gekreuzten Beinen plaziert hat, um das Bett nicht vollzubröseln. Manchmal fallen trotzdem ein paar Brösel daneben und landen auf ihrem Schoß, wo sie vom Dickicht ihrer Schambehaarung verschluckt werden. Zu ihrer Rechten liegt eine Ausgabe von *USA Today*. Sie hat die Seite aufgeschlagen, auf der die wichtigsten Nachrichten aus sämtlichen Bundesstaaten kurz zusammengefaßt werden. Links von ihr liegen die Reste eines Six-Packs Diet Coke. Drei volle Dosen stecken noch in dem Plastikträger. Zwei leere liegen hinter ihr auf der Bettdecke; eine davon ist ein Stück heruntergerollt und lehnt an ihrer linken Pobacke. Eine weitere Dose ist noch halb voll. Gelegentlich nimmt Barcelona einen Schluck und stellt die Dose dann wieder auf die Bettdecke, wo sie gefährlich schwankt.

Im Fernsehen läuft eine Talk-Show.

Auf der Kommode liegt gestapelt ihr Gewinn: $ 376.

Barcelona hat ihre Lesebrille auf und liest in der Zeitung. Ab und zu blickt sie hoch, um ein paar Sekunden lang auf den Bildschirm zu starren, dabei einen Bissen von dem Huhn zu nehmen, einen Schluck Diet Coke zu trinken und sich dann wieder ihrer Zeitung zuzuwenden. Ihr Hals ist immer noch ein bißchen rauh. Vegas-Halsweh nennen sie es hier, verursacht durch die kalte, vollklimatisierte Casino-Luft und das unfreiwillige Mitrauchen von Millionen von Zigaretten.

Barcelona setzt sich an den Fünf-Dollar-Blackjack-Tisch. Sie ist die einzige an diesem Tisch. «Ein bißchen wenig Betrieb heute«, sagt sie zu der Geberin.

»Ein bißchen.« Die Frau nickt und zieht die Kartenstöße zu sich hin. Sie mischt einen Stoß nach dem anderen. Dann reicht sie Barcelona eine rote Plastikkarte und fordert sie auf, sie irgendwo zwischen die Karten zu schieben. Barcelona tut es, und die Geberin hebt die Karten ab. »Bitte machen Sie jetzt Ihren Einsatz, Ma'am«, sagt sie mit schleppender Stimme. Ihr blondiertes Haar wirkt genauso steif wie die Karten.

Barcelona hat beim Poker über vierhundert Dollar gewonnen. Sie nimmt zwanzig Fünf-Dollar-Chips aus ihrer Tasche und stapelt sie auf dem Filztisch. Sie legt einen Chip auf das rechteckige Feld vor ihr. Die Geberin wirft Barcelona ihre aufgedeckten Karten hin; sich selbst gibt sie eine aufgedeckt, eine verdeckt. Barcelona hat eine Neun und einen König. Sie bleibt. Die aufgedeckte Karte der Geberin ist eine Acht. Sie deckt eine Zehn auf und zahlt Barcelona ihren Gewinn.

Barcelona ist noch nicht entmutigt. Sie legt einen weiteren Chip auf das Feld. Wieder gewinnt sie. Sie bemüht sich, die Hoffnung nicht aufzugeben.

»Hi, Evelyn?« spricht Barcelona ins Telefon. »Hier ist Barcelona. Ich wollte Sie bitten, meinem Kurs Bescheid zu sagen. Ich kann heute nicht kommen ... Nein, nichts Ernstes.« Evelyn Logue, die Sekretärin ihres Fachbereichs, fragt beharrlich nach Einzelheiten, nach Krankheitssymptomen. Barcelona verweigert die Aussage. »Sie können Ben Lawrence für mich einspringen lassen, er weiß, wie ich meine Seminare halte. Danke.«

Sie legt auf und geht an die Kasse. Sie hat ein schlechtes Gewissen, weil sie ihren Kurs abgesagt hat. Das tut sie sonst nur, wenn sie ernstlich krank ist. Aber diesmal ging es nicht anders.

Sie kippt ihre Chips auf den Counter und schiebt sie unter der Glasscheibe durch. Der Junge auf der anderen Seite des Counters beginnt sie zu stapeln und zu zählen.

»Fünfhundertfünfundsechzig Dollar«, sagt er. »Wie möchten Sie es

»Groß«, antwortet sie.

Er zählt ihr fünf Hundertdollarscheine, einen Fünfziger, einen Zehner und einen Fünfer hin.

»Danke«, sagt sie. »Wo ist bitte das Mittagsbüffet?«

Er deutet in die Richtung. »An dem Hologramm vorbei und dann links.«

Das Büffet steht in dem Saal, in dem abends die vom Casino engagierten Top-Entertainer auftreten.

Barcelona schiebt sich an den Abfallbehältern vorbei und häuft sich eine Riesenportion Essen auf ihren Teller: Roastbeef, Truthahn, verschiedene Salate, Brötchen, Aspiktörtchen, Obst, Kartoffelbrei. Sie setzt sich an einen freien Tisch und ißt gierig, bis auf ihrem Teller kein Krümelchen mehr zu finden ist. Das Essen schmeckt fad, aber sie war noch nie so hungrig. Sie geht noch einmal ans Büffet, holt sich eine zweite Portion und verschlingt auch die noch.

Ein schwarzes Mädchen im Minirock kommt auf hohen Absätzen angestöckelt und fragt Barcelona, ob sie Fünfzigtausend-Dollar-Keno spielen will. Barcelona schüttelt den Kopf, und das Mädchen eilt davon, um anderen Gästen dieselbe Frage zu stellen.

Keno gehört nicht zu Barcelonas Plan. Die Chancen sind zu unberechenbar. Beim Keno zu gewinnen oder zu verlieren würde nichts beweisen. Sie hat sich alles genau überlegt. Es ist wichtig, jedes Spiel auf Gewinn zu spielen, und das Gesetz der Wahrscheinlichkeit nicht durch gewagte Aktionen zu stören. Bei der ganzen Sache kann nur dann etwas herauskommen, wenn sie die Spiele, die sie kennt, so gut wie möglich spielt. Je länger sie spielt, desto größer wird die Wahrscheinlichkeit, daß das Casino gewinnt. Demnach ist es unvermeidlich, daß es irgendwann gewinnen wird. Wenn am Gesetz der Wahrscheinlichkeit etwas dran ist, wird sie ihr ganzes Geld verlieren. Und wenn das geschehen ist, wird sie die Richtigkeit ihrer These ein- für allemal bewiesen haben.

Vier Stunden später beträgt Barcelonas Gewinn bereits achthundertzweiundzwanzig Dollar. Manchmal verliert sie ein Spiel, aber kurz darauf gewinnt sie alles zurück und noch mehr dazu. Sie setzt sich auf einen anderen Platz, weil sie befürchtet, einen dieser Dusel-Plätze erwischt zu haben, wo man immer gewinnt. Schließlich wechselt sie sogar den

Tisch. Sie gewinnt weiterhin. Der Zigarettenqualm ist inzwischen so schlimm, daß sie sich aus lauter Selbstschutz auch eine anzündet.

Sie kommt zu dem Schluß, daß es daran liegt, daß sie nicht genug riskiert. Ihre Einsätze sind zu klein. Sie muß mehr Geld setzen. Viel mehr. Ihre mickrigen Einsätze reichen nicht, um die Gesetze der Mathematik herauszufordern.

Sie geht an einen Pokertisch mit höherem Einsatz. Der Mindesteinsatz beträgt vierzig Dollar, der Höchsteinsatz achtzig.

»Frisches Blut«, sagt einer der Spieler zu ihr. Er trägt sein langes braunes Haar zu einem Pferdeschwanz zusammengebunden und ist gekleidet wie ein Bandit aus dem Wilden Westen, mit Lederweste, Stiefeln und allem Drum und Dran. Er hat sich schon seit ein paar Tagen nicht mehr rasiert.

»Herzlich willkommen«, sagt die Geberin. Die Frau ist so dünn, daß ihr die Wangenknochen spitz aus dem Gesicht stehen. Ihre Augen sind eingefallen, so daß man kaum erkennen kann, welche Farbe sie haben. »Ich gehe davon aus, daß Sie mit dem Spiel vertraut sind. Ma'am?«

»Ja«, sagt Barcelona. Sie spielt Poker, seit sie alt genug war, die Karten zu unterscheiden. Ihre Eltern sind beide leidenschaftliche Poker-Spieler, die in ihrem Haus jeden Freitag einen Spielabend veranstalten. Ihr Vater spielt mit kleinen, regelmäßigen Einsätzen. Milan ist eher der risikofreudige, intuitive Typ.

Barcelona stapelt ihre Chips vor sich. Verglichen mit den riesigen Stapeln der übrigen Spieler, ist der ihre peinlich klein.

»Das nenne ich Zuversicht«, sagt ein anderer Spieler, ein alter Mann, der bestimmt schon über Siebzig ist. An den billigeren Tischen sitzen viele alte Männer und Frauen, aber bei diesem Einsatzniveau sind es nur noch wenige.

Mit Barcelona sitzen jetzt acht Spieler am Tisch, die Geberin nicht mitgerechnet. Der ganze Raum ist vom ständigen Klicken der Chips erfüllt, die von den nervösen Spielern immer wieder gestapelt, umgeworfen und neu aufgerichtet werden.

»Jetzt geben Sie schon, Lady«, sagt der Pferdeschwanz zur Geberin.

Sie folgt seiner Aufforderung. Die Karten fliegen durch die Luft u landen vor jedem Spieler. Die Einsätze werden gemacht. Barcelona verliert in der ersten Runde achtzig Dollar. Eine Asiatin Ende Zwanzig gewinnt das Spiel. Sie trägt einen blauen Jogginganzug und an jedem Finger einen Ring.

Beim nächsten Spiel steigt Barcelona schon früh aus. Nach der vierten Karte sind nur noch der alte Mann und der Pferdeschwanz übrig. Der alte Mann setzt achtzig Dollar. »Raus aus meinem Pot«, knurrt er. Pferdeschwanz geht mit. Der alte Mann setzt noch einmal achtzig Dollar und sagt erneut: »Raus aus meinem Pot!«

Der alte Mann muß schließlich aussteigen, und Pferdeschwanz kassiert die Chips.

»Jetzt ist es mein Pot, Jim«, sagt er. Der alte Mann zuckt mit den Achseln.

Vier Stunden später ist Barcelona mit zweitausendsiebenhundertfünfundachtzig Dollar im Plus. Sie spielt gut, aber nicht besser als die anderen. Also kann es nur daran liegen, daß sie immer noch nicht genug riskiert. Bis jetzt hat sie nur mit ihren Gewinnen gespielt. Sie muß einen großen, einen *wirklich* großen Einsatz machen. So groß, daß sie es sich eigentlich nicht leisten kann zu verlieren.

Von der Kasse aus begleitet man Barcelona zu einem Manager, der für Kredite zuständig ist. Kurze Zeit später sitzt sie in seinem Büro. Er ist jung, höchstens fünfundzwanzig, trägt aber einen sagenhaften Anzug. Er sieht noch dazu extrem gut aus, obwohl er an der Oberlippe ein großes Muttermal hat. Irgendwie sieht er durch das Mal sogar noch besser aus. Er ist Barcelona gegenüber sehr höflich und respektvoll, aber in seinen Augen liegt eine Spur von Mitleid oder Verachtung. Die meisten Leute, die in Las Vegas arbeiten, haben diesen Blick; anscheinend halten sie jeden, der hierherkommt, für einen geborenen Verlierer.

Er notiert sich alle relevanten Informationen auf einem Block, steht auf und sagt: »Ich bin gleich wieder zurück, Ms. Lee. Natürlich müssen wir das durch ein paar Computer laufen lassen und ein paar Telefonate tätigen. Und anschließend muß ich es noch von meinem Vorgesetzten genehmigen lassen.«

»Natürlich«, sagt sie.
»Hunderttausend Dollar, haben Sie gesagt?«
»Ja.«
»Machen Sie es sich bequem, es kann ein paar Minuten dauern.«
»Bequemer geht es nicht.«

Er verläßt den Raum. Sie nimmt sich eine Ausgabe des *Esquire* vom Tisch und blättert die Zeitschrift durch. Sie hat dem jungen Mann Griefs Privatnummer gegeben, damit er den Deal mit Lynda Kramer überprüfen kann. Und natürlich ist sie auch sonst kreditwürdig, schließlich hat sie die Eigentumswohnung, ein regelmäßiges Gehalt und ein paar zusätzliche Einnahmen aus den Buchverkäufen.

Eine halbe Stunde später kommt er zurück. Er stellt sich hinter seinen Schreibtisch und sagt: »Mehr als fünfzigtausend können wir Ihnen nicht geben.«

»In Ordnung«, sagt sie. Aber das ist nicht genug. Nicht annähernd genug.

»Hallo?« flüstert die schläfrige Stimme. »Hallo?«

Barcelona preßt den Hörer fest ans Ohr und lauscht der müden Stimme ihrer Mutter. Sie will ihre Eltern um Geld bitten, um ein Darlehen, abgedeckt durch die Summe, die sie für das Drehbuch bekommen wird. Sie hat sich von ihnen noch nie etwas ausgeliehen, nicht einmal während ihrer College-Zeit. Sie könnten ihr das Geld am Morgen telegraphieren. Sie braucht weitere fünfzigtausend Dollar, um die Hunderttausend voll zu machen. Ein Einsatz von hunderttausend Dollar wird die Sache ein- für allemal klären. Diesmal wird genug auf dem Spiel stehen.

»Hallo?« fragt ihre Mutter wieder. »Mit wem spreche ich bitte? Es ist schon spät.«

Barcelona bringt kein Wort heraus. Ihre Lippen sind wie zugeklebt. Schließlich zieht sie den Bund ihres Pullovers über die Sprechmuschel und will gerade etwas Obszönes hineinflüstern, als sie ein leises Schluchzen hört. Ihre Mutter weint. »Ist schon gut«, sagt ihre Mutter zwischen zwei Schluchzern. »Ist schon gut.«

In diesem Augenblick wird Barcelona klar, daß ihre Mutter Bescheid weiß, daß sie von Anfang an gewußt hat, daß sie, Barcelona, für diese Anrufe verantwortlich ist.

Barcelona legt sofort auf. Ihre Hände zittern.

Barcelona sitzt in der Cocktail Lounge und nippt an einem dunklen Bier. Auf der kleinen Bühne hinter ihr singt ein Zwillingspaar im Cowgirl-Outfit »Desperado«.

Das auffallendste Merkmal der Menschen in Las Vegas, denkt Barcelona, ist ihr Haar. Man sieht die verschiedensten Frisuren, und alle wirken sorgfältig gestylt, gesträhnt, gewellt und anschließend mit so viel Schaum, Gel und Spray fixiert, daß sie den Ausbuchtungen auf den Motorhauben von Oldtimern ähneln. Das Platinblond der Zwillinge ist zu einer Frisur gefriergetrocknet, die stark an die von Patsy Cline erinnert.

»Hallo«, sagt eine nervöse Stimme hinter ihr.

Als sie sich umdreht, sieht sie den kleinen, untersetzten Mann, der neben ihr am Tisch Poker gespielt hatte. Der Doktor vom Ärztekongreß. Er sitzt am Nachbartisch. Sie lächelt freundlich.

»Die beiden sind ziemlich gut«, sagt er und deutet mit seinem Drink auf die Zwillinge auf der Bühne.

»Ja, das stimmt.«

Er steht auf und kommt mit seinem Glas an ihren Tisch herüber. »Ich bin Dr. Earl Downey«, sagt er, während er neben ihr Platz nimmt. »Wir haben zusammen Poker gespielt.«

»Ich weiß.«

»Eigentlich haben nur Sie gespielt. Ich habe eine Spende gemacht.« Er lacht.

»Das nenne ich wahre Nächstenliebe«, sagt sie. »Geben, bis es weh tut.«

»Gewinnen Sie immer noch?« fragt er.

»Ich bin ein paar Dollar im Plus.«

»Ich bin tief im Minus.« Er sagt das in prahlerischem Ton, als wäre das Verlieren eine bewundernswerte Sache, solange man im großen Stil verlor. »Aber deswegen komme ich ja her.«

»Um zu verlieren?«

»Um zu spielen. Um meine Chancen wahrzunehmen.« Er sieht zu Barcelona hinüber, um festzustellen, ob sie den zweideutigen Unterton seiner letzten Worte registriert hat. Mit unschuldiger Miene erwidert sie seinen Blick. Er starrt auf die Bühne, während er weiterspricht. »Sind Sie alleine hier?«

»Warum fragen Sie?«

Er rutscht unbehaglich auf seinem Stuhl hin und her. »Aus reiner Neugier. Eine schöne Frau wie Sie, ganz allein in Las Vegas. Das muß Sie doch nervös machen.«

»Warum sollte es?«

Er zuckt mit den Achseln. »Ich meinte ja nur.«

»Oh, jetzt verstehe ich. Sie glauben, man könnte mich irrtümlicherweise für eine Nutte halten. Ist es das, was Sie gemeint haben?«

Mit so viel Direktheit hatte er offenbar nicht gerechnet. Er wirft einen sehnsüchtigen Blick zu seinem alten Tisch hinüber. »N-nein, nicht unbedingt.«

»Schon gut. Bestimmt haben Sie es als Kompliment gemeint.«

»Nun ja, natürlich, ich . . . ich wollte Sie nicht beleidigen.«

Barcelona trinkt ihr Bier aus. »Waren Sie jemals bei einer Prostituierten?«

Empört weist er diese Verdächtigung zurück. »Nein, natürlich nicht.«

Barcelona sieht auf die Uhr. Es ist schon nach Mitternacht. Sie hat letzte Nacht nicht geschlafen, und sie hat auch nicht vor, heute nacht zu schlafen. Schlaf würde das Experiment ruinieren, die Gleichung verfälschen. Sie muß das ohne Schlaf durchziehen, muß weiterspielen, ohne die Augen zu schließen. Durchhaltevermögen und körperliche Kondition sind ebenfalls Teil des Experiments. Aber sie braucht mehr Geld. Bargeld. Die Kredite, die sie auf ihre Master- und Visa Cards hatte, sind bereits voll ausgeschöpft. Außerdem hat sie mit einem Scheck ihr gesamtes Bankkonto geräumt. Und sie hat einen Fünfzigtausend-Dollar-Kredit beim Casino aufgenommen. Trotzdem reicht es immer noch nicht aus, das Risiko ist noch nicht groß genug. Sie braucht mehr Geld. Unter hunderttausend Dollar hat es gar keinen Sinn.

Dr. Earl Downey weicht Barcelonas Blick aus, während er an seinem Drink nippt. Er sieht zu den beiden Cowgirls hinüber, die gerade

»Candy Man« singen. Seine Finger klopfen im Takt der Musik auf die Tischplatte.

»Trotzdem«, sagt Barcelona, »würde es mich interessieren, wieviel eine Nutte hier in Vegas verdient. Was meinen Sie?«

Im Aufzug versucht er sie zu küssen. Er ist so klein, daß sie sich zu ihm hinunterbeugen muß. Seine Lippen sind dick und gummiartig, und sie schmecken nach bitteren Zigarren und billigem Scotch. Er versucht ihr die Zunge in den Mund zu schieben, aber sie dreht den Kopf weg. Sie sind auf dem Weg in sein Zimmer, und er ist sehr aufgeregt. Er hat ihr den Arm um die Taille gelegt und läßt seine Hand nach unten rutschen, bis er unter seinen Wurstfingern die Rundung ihrer Hüften spüren kann. Sie läßt ihn.

Barcelona fühlt sich ein wenig benommen, während der Fahrstuhl himmelwärts fährt. Dr. Earl Downey ist der Meinung, daß Barcelona für Geld mit ihm schlafen wird. Von zweihundert Dollar war die Rede, wenn auch nur sehr indirekt. Barcelona hat noch nicht entschieden, was sie tun wird, wenn sich die Fahrstuhltür öffnet. Sie braucht mehr Geld, um ihre These zu beweisen. Sie steckt mitten in einem großen Experiment, und ihr ist die wichtigste Ingredienz ausgegangen: Bargeld. Außerdem erscheint es ihr irgendwie angemessen, das Geld auf diese Weise zu beschaffen, durch eine schnelle Nummer mit Dr. Earl Downey. In gewisser Weise verleiht das dem Experiment Einheit, Tiefgang und Allgemeingültigkeit.

Dr. Earl Downey küßt sie noch einmal, sein fülliger Körper gegen den ihren gepreßt. Er versucht erneut, mit seiner Zunge ihre Zähne auseinanderzuschieben, aber sie beißt sie fest zusammen. Währenddessen reibt er seine Lenden an ihrem Oberschenkel. Er reibt so schnell und wild, daß der Stoff ihrer Jeans langsam heiß wird. Plötzlich stöhnt er hell auf und macht einen Satz nach hinten. Sein Körper zuckt, und einen Moment lang glaubt sie, er habe einen Herzinfarkt. Aber dann bemerkt sie, daß nur sein Unterleib zuckt. Sie sehen beide auf seinen Schoß hinunter, wo sich rund um den Reißverschluß allmählich ein nasser Fleck ausbreitet.

»Oh Gott, nein!« sagt er mit starrem Blick.

»Oops!« meint Barcelona.

Die Fahrstuhltür geht auf, und Dr. Earl Downey rennt ohne sie hinaus. Mit der einen Hand durchwühlt er seine Jackentasche nach seinem Zimmerschlüssel, mit der anderen bedeckt er seinen Schoß. Nachdem Barcelona den Lobby-Knopf gedrückt hat, schließt sich die Tür wieder, und der Fahrstuhl fährt nach unten. Sie fragt sich, ob das Restaurant wohl noch offen hat.

Barcelona steht unter der Dusche, als es an ihrer Tür klopft. »Moment!« schreit sie. Sie dreht den Wasserhahn zu und wickelt sich in ein Handtuch.

Es klopft weiter. Fest, aber nicht ungeduldig.

»Moment, ich komme gleich.« Schnell trocknet sie sich ab und schlüpft in ihren Slip, die Jeans und ein Sweatshirt. Die Sachen riechen nach Rauch, aber sie hat nur eine Garnitur Unterwäsche zum Wechseln eingepackt. Sie geht zur Tür hinüber und frottiert sich währenddessen das Haar. »Wer ist da?«

»Autrey St. James«, antwortet eine Stimme.

Barcelona öffnet die Tür. »Sie sind früh dran.«

»Ich bin gern pünktlich«, sagt er und tritt ein.

»Zwanzig Minuten zu früh ist nicht pünktlich, sondern aufdringlich.«

»Tut mir leid«, sagt er, obwohl nichts in seiner Stimme darauf hindeutet, daß er es ehrlich meint. Er ist um die Fünfundzwanzig, etwa so alt wie der junge Mann vom Casino, der ihr den Kredit bewilligt hat. Autrey St. James ist im gleichen Geschäft tätig, er gibt ebenfalls Kredite, aber ohne ein Casino im Rücken. Genaugenommen ist er Privatunternehmer. Er hat einen großspurigen Gang, steif, aber energisch. Mit großen Schritten durchquert er den Raum, als wolle er ihn abmessen. Seine Kleidung ist eine Spur zu modisch: Unter einem weißen Leinenjackett mit hochgekrempelten Ärmeln trägt er ein pfirsichfarbenes, weit aufgeknöpftes Hemd. Seine Uhr ist mehr wert als ihr Auto. Dasselbe gilt für seine Schuhe. Er setzt sich auf die Bettkante und lächelt sie an.

»Reden wir also übers Geschäft, okay?«

»Okay«, antwortet sie. Sie nimmt das Tablett des Zimmerservice vom Schreibtischstuhl und setzt sich.

»Sie müssen ja einen ganz schönen Hunger gehabt haben«, sagt er und deutet auf den Stapel leerer Teller.

»Kartenspielen macht mich immer hungrig«, antwortet sie. Sie hatte mehrere Buttermilchpfannkuchen gegessen, außerdem ein Denver-Omelette aus drei Eiern mit Toast, Saft und Kaffee. Was sollte sie mitten in der Nacht auch anderes tun als fernsehen, Zeitung lesen und essen. Sie ist fest entschlossen, keinen einzigen Cent mehr zu setzen, bevor sie nicht die ganze Summe zusammen hat, hunderttausend Dollar. Da das Casino ihr nur fünfzigtausend gewährt hat, braucht sie weitere fünfzigtausend. Ein paar kurze Gespräche mit verschiedenen Hotelpagen, ein paar großzügige Trinkgelder, und schon hatte sie eine Telefonnummer.

»Ich habe ein paar Erkundigungen über Sie eingeholt, Ms. Lee.« Autrey St. James lächelt, aber sein Gesicht scheint diese Übung nicht zu mögen. »Sie genießen einen gewissen Ruf.«

»Einen gewissen Ruf?« Sie lächelt über seine Ausdrucksweise.

Sein Gesicht wird hart. Er hat das Gefühl, daß sie ihn auf den Arm nimmt, ist sich aber nicht sicher. »Sie sind zwar nicht gerade berühmt, aber wenn ich von meinen Quellen richtig informiert wurde, haben Sie durchaus eine gewisse Leserschaft. Ich erwähne das nur, weil ich will, daß Sie sich wohlfühlen. Unter meinen Kunden sind viele Prominente. Sie würden mir wahrscheinlich gar nicht glauben, wenn ich Ihnen verriete, welche berühmten Namen dazugehören. Bekannte Fernsehstars, Sänger und Sängerinnen, Filmstars.«

»Und denen leihen Sie Geld?«

»Natürlich, Geld. Soviel sie wollen.«

Barcelona beobachtet ihn. Alles an ihm ist einstudiert, sogar sein Lächeln und die Art, wie er die Lippen schürzt. Jede Geste ist berechnet. Er erinnert sie an all die dynamischen, zielorientierten Jungmanager in den großen Firmen, die von Anfang an auf einen Platz im Direktorium hinarbeiten.

Er schlägt die Beine übereinander und zieht die Falten in seiner Hosenkehle glatt. »Fünfzigtausend Dollar sind eine Menge Geld.«

»Sie wären nicht hier, wenn Sie nicht wüßten, daß ich kreditwürdig bin.«

Sein Lächeln wird breiter. Im Licht der Lampe glitzern seine Zähne wie die Fingernägel des Gebers. »Ja, Sie sind kreditwürdig. Aber ich weiß auch, daß Sie vom Casino bereits einen Kredit in derselben Größenordnung bekommen haben. Wenn Sie beide verlieren, sind Sie ruiniert. Ich weiß alles über Ihr Drehbuch für Lynda Kramer, aber wenn Sie den Anteil Ihrer Agentin und die Steuer abziehen, bleibt Ihnen nicht viel von dem Geld, vielleicht gerade mal die Hälfte. Als erstes werden Sie Ihr Haus verlieren. Das Casino hat rechtliche Möglichkeiten, sein Geld einzutreiben. Ich nicht. Sie verstehen?«

Barcelona muß gähnen. »Entschuldigen Sie.«

Sein Gesicht gefriert zu einer grimmigen Maske. »Ich langweile Sie doch nicht etwa?«

»Nein, bitte entschuldigen Sie. Ich habe einfach zu wenig geschlafen.«

Er entspannt sich wieder. »Sie haben mich verstanden, nicht wahr? Ich gewähre nur dann einen Kredit, wenn der Kunde sich voll und ganz darüber im klaren ist, welche Verpflichtungen er mir gegenüber eingeht und wie ernst ich diese Verpflichtungen nehme. Ohne Verantwortungsgefühl sind wir nicht besser als Tiere. Erst unsere Verpflichtungen machen uns zu zivilisierten Menschen.«

Barcelona findet es lustig, daß sie hier sitzt und mit einem Mann Geschäfte macht, der im Grunde ihr Leben bedroht, der ihr in Aussicht stellt, ihr etwas anzutun, falls sie nicht zahlt – genau wie im Film. Barcelona ist nicht wirklich besorgt, sie hat wichtigere Dinge im Kopf. Eigentlich kommen ihr seine Drohungen sogar gelegen, weil sie ihr Risiko noch erheblich steigern, das Ganze realer machen. Jetzt wird sie mit ihren vollen hunderttausend Dollar spielen können, und wenn sie verliert, verliert sie alles. Genau das muß auf dem Spiel stehen, damit ihr Plan funktioniert.

Alles.

»Haben Sie das Geld dabei?« fragt Barcelona.

»Nicht so schnell. Verstehen wir uns, was die Konditionen angeht?«

»Ja, ich bin mir über den Zinssatz und die Zahlungsbedingungen im klaren. Und ich weiß auch, was mir blüht, wenn ich zu spät zahle.«

Er lächelt zustimmend. »Sie sind eine sehr kluge Frau.«

»Um herauszufinden, ob das so ist, bin ich hier.«

Er greift in seine Jackentasche und zieht einen Packen Couverts heraus. »Sie sind bereits frankiert und adressiert. Diese Couverts verwenden Sie für Ihre Ratenzahlungen. Die Termine, zu denen das Geld fällig ist, stehen jeweils auf der Innenseite. Als kleine Gedankenstütze. Schicken Sie eine Zahlungsanweisung, keinen Scheck. In jedem Couvert steckt ein Zettel mit dem Namen, auf den Sie die Anweisung ausstellen sollen. Es ist jedesmal ein anderer Name.«

»Sehr effizient«, sagt sie.

»Ich mache das nicht erst seit gestern.«

»Sie sind noch so jung.«

»Und schon so reich.«

Sie legt das Handtuch weg, das sie um ihr feuchtes Haar gewickelt hatte. »Haben Sie das Geld dabei?«

Er lehnt sich auf dem Bett zurück. Wieder lächelt er, bemüht, möglichst lässig und weltmännisch zu wirken. Er bringt eine Art Haifischlächeln zustande. »Als Schriftstellerin haben Sie wahrscheinlich gewisse Vorstellungen, wie ich mein Geschäft betreibe. Wahrscheinlich stellen Sie sich vor, daß ich ein paar Schläger vorbeischicke, die Sie erst mal richtig aufmöbeln, um Ihnen hinterher noch eine letzte Chance zu geben. Oder daß Sie irgendwann nach Hause kommen und Ihren Kater mit durchgeschnittener Kehle in Ihrem Kleiderschrank vorfinden.«

Als er Larry erwähnt, läuft es Barcelona kalt den Rücken hinunter. Daß Autrey St. James auch über so persönliche Dinge Bescheid weiß, hat sie nicht erwartet. Sie selbst hat ihm nur von ihren Finanzen erzählt, nichts Persönliches.

»Aber das sind Hollywood-Märchen«, sagt er. »Ich bin da viel praktischer. Ich komme nicht vorbei, und ich schicke auch niemanden. Angenommen, Sie versäumen eine Zahlung« – er hält einen Finger hoch –, »nur eine einzige. Sie versäumen eine einzige Zahlung, und ehe Sie sich's versehen, fahren Sie mit Ihrem Wagen die Straße entlang und sind plötzlich in einen größeren Unfall verwickelt. Der Anwalt des Opfers, ein Geschäftspartner von mir, wird Sie und Ihre Versicherung auf eine große Summe Geld verklagen, denn glauben Sie mir, der Unfall wird Ihre Schuld sein. Zeugen werden das bestätigen. Das läßt sich leicht arrangieren. Weitaus schwieriger ist es, die Verletzungen im Rahmen zu halten. Das läßt sich nie so genau kalkulieren. Aber so oder so, ich bekomme mein Geld.«

Barcelona steht auf, schnappt sich ein restliches Stück kalten Pfannkuchen vom Zimmerservice-Tablett und ißt es. »Haben Sie das Geld dabei?«

Er lacht. »Ich mag es, wenn eine Frau weiß, was sie will.« Er steht auf und öffnet den Reißverschluß seiner Hose. »Solange sie auch weiß, was ich will.«

Barcelona starrt mit ausdrucksloser Miene auf seinen Reißverschluß.

Autrey St. James faßt sich in den Hosenschlitz und zieht ein Bündel zusammengerollter Geldscheine heraus, die mit einem roten Gummiband an seiner Hose befestigt sind. Er faßt noch einmal hinein und zieht ein zweites Bündel heraus. »Ziemliches Gedränge da drin«, meint er grinsend. Dann macht er seinen Reißverschluß wieder zu.

Plötzlich klopft es an der Tür, und jemand fragt: »Barcy? Bist du da drin?«

Barcelona antwortet nicht.

»Komm schon«, sagt Cory. »Das Zimmermädchen hat mir gesagt, daß du in deinem Zimmer bist.«

Autrey St. James wirft einen fieberhaften Blick auf die Tür. Er packt die zwei Bündel mit den Hundertdollarscheinen und stopft sie in seine Jackentasche. »Ich hoffe für Sie, daß das kein abgekartetes Spiel ist«, zischt er zwischen zusammengebissenen Zähnen hervor.

»Mein Freund«, erklärt sie. Sie weiß, daß sich das anhört, als sei sie gerade beim Flirt mit einem Jungen aus einer rivalisierenden Schule erwischt worden. Aber sie will nicht, daß ein Mann wie Autrey St. James Corys Namen erfährt.

Barcelona öffnet die Tür, und Cory stürmt herein. Er wirft einen Blick auf Autrey St. James, der wieder auf dem Bett sitzt und anzüglich grinst. »Alles in Ordnung?« wendet sich Cory an Barcelona.

»Natürlich. Wie hast du herausbekommen, daß ich hier bin?«

»Über deinen Nachbarn mit dem Hund. Ich war noch in deiner Wohnung, als er rüberkam, um Larry zu füttern. Was geht denn hier vor?«

»Wonach sieht es denn aus, Kumpel?« mischt sich Autrey St. James ein.

Cory würdigt ihn keines Blickes. »Bist du in Ordnung?«

»Ich habe dir doch gesagt, daß es mir gutgeht. Das hier ist rein geschäftlich.«

»Und worum geht es bei dem Geschäft?«

»Um Recherchen. Ich sammle Material für ein Buch.«

Cory wendet sich an Autrey St. James. »Danke, daß Sie vorbeigeschaut haben. Ms. Lee wird sich später mit Ihnen in Verbindung setzen.«

»Ms. Lee hat sich bereits mit mir in Verbindung gesetzt«, antwortet er mit einem anzüglichen Grinsen.

»Dann dürften ihre Recherchen damit wohl beendet sein«, meint Cory. »Ms. Lees neues Buch handelt offensichtlich von widerlichen Typen mit Mikroschwänzen, die so lange onanieren, bis sie jeden Anstand und jeden Geschmack in Sachen Mode verlieren.«

Autrey St. James steht langsam auf, den starren Blick unverwandt auf Cory gerichtet. Seine Stimme klingt plötzlich tiefer, kehliger. »Warum fragen wir die Lady nicht einfach, wer bleiben darf?«

Beide drehen sich zu Barcelona um. »Jesus«, seufzt sie. »Cory, könnest du bitte unten auf mich warten?«

Autrey St. James tritt ganz nahe an Cory heran und grinst. »Bye bye, Baby.«

Cory rammt seine Faust so fest in Autrey St. James' Magen, daß der Sich mit schmerzverzerrtem Gesicht zusammenkrümmt. Die Hand gegen seinen Magen gepreßt, sinkt er auf die Knie und ringt hustend nach Luft. »Du Hurensohn«, keucht er. »Du verdammter Wichser.«

»Jesus, Cory«, sagt Barcelona und läuft zu Autrey St. James hinüber, um ihm auf die Beine zu helfen. »Ich weiß, was ich tue. Ich brauche einen Leibwächter.«

Autrey St. James zieht ein langes Klappmesser heraus und läßt es aufschnappen. Langsam steht er auf, die Klinge des Messers auf Cory gerichtet. Er sagt kein Wort. Keine Drohungen, keine Schimpfworte mehr. Er konzentriert sich nur noch auf sein Messer, wie ein Billardprofi vor einem schwierigen Stoß.

Cory weicht zurück. Er wirkt inzwischen leicht nervös. »Hey, okay, ich habe schon begriffen«, sagt er. »Jetzt stecken Sie Ihr Messer wieder weg.«

Aber Autrey St. James reagiert nicht. Er kommt Cory immer näher.

Barcelona greift nach einem Teller vom Zimmerservice-Tablett und wirft ihn wie eine Frisbee-Scheibe. Der Teller trifft Autrey St. James an der Schulter. Mit einem Schmerzenslaut fährt er zu ihr herum. »Du hinterhältige Fotze!« schreit er.

In diesem Augenblick stürzt Cory sich auf ihn. Mit beiden Händen umklammert er Autrey St. James' Handgelenk und versucht, ihm das Messer aus der Hand zu schütteln. Barcelona greift ebenfalls nach seinem Handgelenk. Da versetzt ihr Autrey St. James mit seiner freien Hand einen solchen Schlag gegen die Schläfe, daß sie zurücktaumelt, rückwärts über einen Stuhl fällt und auf dem Boden landet. Ihr Kopf dröhnt. So ein Schlag tut mehr weh, als sie gedacht hat.

Cory schafft es, Autrey St. James das Messer aus der Hand zu schlagen und mit dem Fuß unters Bett zu kicken. Daraufhin versetzt Autrey St. James Cory einen Kinnhaken und schleudert ihn gegen die Wand. Cory reibt sich den Kiefer. »Damit wären wir quitt. Okay?«

Autrey St. James starrt ihn an, die Fäuste wie ein Boxer in Angriffsposition.

Aber Cory rührt sich nicht von der Stelle, er lehnt einfach nur an der Wand und wartet. Es beeindruckt Barcelona, daß Cory keine Angst zu haben scheint. Autrey St. James bleibt lange in seiner Boxerhaltung stehen, den starren Blick unverwandt auf Cory gerichtet. Schließlich holt er tief Luft, streicht die Falten aus seiner Jacke und geht zur Tür. »Ich bin Geschäftsmann, kein Schläger. So mache ich keine Geschäfte.«

Er verläßt den Raum.

»Bist du in Ordnung?« fragt Cory Barcelona, während sie sich vom Boden aufrappelt.

»Wie oft wirst du mich das eigentlich noch fragen?«

»Bis ich eine Antwort bekomme, die ich glauben kann.«

Sie geht zu ihm hinüber und berührt seinen blutunterlaufenen Kiefer. »Hat es sehr weh getan?«

Er zuckt zusammen. »Ja.«

»Gut. Das kommt davon, wenn man seine Nase in die Angelegenheiten anderer Leute steckt.«

Cory geht ins Bad hinüber und macht einen Waschlappen naß. Als er zurückkommt, preßt er den kalten Waschlappen gegen Barcelonas lädierte Schläfe. Das tut gut. Nicht nur die Kälte des Frotteestoffes, sondern auch die Wärme seiner Fürsorge. Sie lehnt sich gegen ihn und spürt, wie er seine Arme um sie legt. Sie schließt die Augen und riecht das Kerosin in seinem Hemd. Ein schönes Gefühl. »Weißt du, daß du jetzt alles verdorben hast?« fragt sie leise. »Ich hätte das Geld doch so dringend gebraucht.«

»Warum wendest du dich nicht an mich, wenn du Geld brauchst? Ich könnte dir etwas leihen.«

Sie lacht an seiner Brust. »Fünfzigtausend Dollar?«

»Wenn du soviel brauchst.«

Sie überlegt, schüttelt dann aber den Kopf. »Nein, das würde nicht funktionieren. Wenn ich es verliere und meine Schulden nicht zurückzahlen kann, würdest du nichts gegen mich unternehmen. Du würdest mich nicht gerichtlich belangen oder einen Unfall arrangieren.«

»Jesus, Barcy, wovon redest du eigentlich? Was für einen Unfall?«

»Ich rede über meine Arbeit, mein Leben. Ich rede über die Frage, wer das verdient. Über solche Dinge.«

»Das ergibt doch keinen Sinn.«

»Nein. Für dich nicht.« Sie gähnt.

»Du brauchst dringend Schlaf.«

Sie löst sich von ihm. »Das wäre Schummeln. Es würde das ganze Experiment wertlos machen.«

»Welches Experiment denn?« fragt er frustriert.

Sie beginnt, im Zimmer auf- und abzugehen. Sie kann es ihm nicht erklären, er würde es sowieso nicht verstehen. Er betrachtet sein Glück so gegeben. »Ich brauche Geld.«

»Ich habe dir doch gesagt, daß ich dir etwas leihen werde.«

»Und ich habe dir gesagt, daß das nicht zählen würde.«

Er sieht sie mit traurigen Augen an. »Du willst, daß es zählt? Dann sorgen wir eben dafür, daß es zählt.«

Barcelona geht an den Hunderttausend-Dollar-Blackjack-Tisch. Niemand sitzt an diesem Tisch, die meisten Spieler sind an den Fünf-Dollar-Tischen. Die Geberin ist eine große rothaarige Frau mit bleicher Haut und einem kleinen Pflaster über einem Nasenloch. Sie hat die Arme vor der Brust verschränkt. Die Karten sind in mehreren Fächern auf dem Tisch ausgebreitet.

»Ist dieser Tisch offen?« fragt Barcelona.

»Ja, Ma'am«, antwortet sie und setzt sich aufrecht hin. Sie schiebt die Karten zusammen und beginnt zu mischen.

»Noch nicht viel los heute.«

Die Geberin, auf deren Namensschild Billie Jo steht, blickt sich im Casino um. »Es ist noch früh. In einer Stunde können Sie sich hier drin nicht mehr bewegen. Dann könnten fünf gute Bekannte durch diesen Raum irren und sich trotzdem kein einziges Mal über den Weg laufen.«

Barcelona lacht. Sie ist guter Dinge, aufgeregt und zappelig, aber tief drinnen trotzdem ruhig. Wie einer dieser mexikanischen Klippenspringer, die sich vorher über den Rand der Klippe hängen und hinuntersehen. Wenn man erst einmal beschlossen hat zu springen, ist der Rest einfach.

Sie leert den Inhalt ihrer Tasche auf den filzüberzogenen Tisch. Hundertfünfzig Chips purzeln heraus. Jeder Chip ist tausend Dollar wert.

Billie Jo wirft einen Blick auf die Chips, zeigt aber keine Reaktion. Sie fährt fort, die Karten zu mischen. »Keine gute Idee, mit soviel Geld in der Tasche durch die Gegend zu laufen.«

»Ich dachte, alle Gangster wären aus Vegas verschwunden.«

Billie Jo lacht. »Ja, das denken viele Leute. Aber dem ist nicht so.«

»Keine Angst«, sagt Barcelona. »Ich verlasse diesen Tisch entweder mit der doppelten Summe oder mit gar nichts.«

Billie Joe sieht Barcelona direkt ins Gesicht. Barcelona entdeckt in ihren Augen wieder diese Mischung aus Mitleid und Verachtung. »Viel Glück, Ma'am«, sagt sie.

Barcelona beginnt die Chips zu stapeln. Es hat den ganzen Tag gedauert, aber Cory ist es gelungen, weitere hunderttausend Dollar aufzutreiben. Sie sind bei mehreren Banken gewesen, und er hat von ihrem Hotelzimmer aus ein paarmal telefoniert. Als Sicherheit setzte er seine eigenen Ersparnisse ein, außerdem sein Haus und ein paar Dinge, von denen er ihr nichts erzählte. Aber am Ende hatte er das Geld. Den ganzen Tag über versuchte er kein einziges Mal, sie von ihrem Vorhaben abzubringen. Sie aßen keinen Bissen, sie schliefen nicht miteinander, faßten sich nicht einmal an. Als er ihr schließlich das Geld überreichte, berührte er sie leicht am Arm und fragte: »Ist es das, was du wolltest?«

»Ja«, sagte sie. »Es ist sehr wichtig für mich.«

»Das Risiko sollte jetzt wohl hoch genug sein. Wenn du verlierst, verliere ich alles. Reporter werden vor meiner Tür stehen, und am Ende wird herauskommen, daß ich in Las Vegas war. Die Öffentlichkeit wird ihre eigenen Schlüsse daraus ziehen.«

»Ich habe dich nicht darum gebeten, das alles für mich zu tun. Ich wäre auch allein zurechtgekommen.«

Er küßte ihre Wange. »Ich möchte nicht dabei zusehen«, sagte er. »Ruf mich hinterher an, wenn du willst.« Dann verließ er ihr Zimmer.

Sie hielt ihn nicht zurück.

Barcelona stapelt fünfundzwanzig Chips. Sie wird mit einem Einsatz von fünfundzwanzigtausend Dollar anfangen, um sich erst mal nasse Füße zu holen. Um das Glück ein bißchen zu provozieren.

»Fünftausend Dollar Maximum«, sagt Billie Jo.

»Ich könnte an allen sechs Plätzen setzen«, sagt Barcelona. »Aber ich will nicht ständig um den Tisch herumlaufen müssen.«

Billie Jo dreht sich um und spricht mit dem Mann im Anzug, der hinter ihr steht. Ihr Boß. Er ist um die Fünfzig und hat lockiges braunes Haar, das sich seiner Frisiercreme hartnäckig zu widersetzen scheint. Mehrere Strähnen stehen ihm vom Kopf ab wie kaputte Sprungfedern, die aus einer Matratze ragen. Er schiebt seine Brille über die Stirn und mustert Barcelona mit einem abschätzenden Blick, während Billie Jo ihm etwas zuflüstert. Als sie fertig ist, nickt er.

»Okay«, sagt Billie Jo. Sie reicht Barcelona die rote Karte, mit der die gemischten Karten abgehoben werden. Barcelona steckt sie in die Mitte, und Billie hebt ab.

Ein paar Zuschauer versammeln sich um den Tisch, angezogen

durch den hohen Turm Chips vor Barcelona. Sie unterhalten sich leise murmelnd.

Barcelona sieht zu, wie die erste Karte vor ihr auf dem Filz landet. Eine Drei.

Die Geberin hat eine Acht.

Barcelonas nächste Karte ist eine Sieben.

Die Karte der Geberin ist noch verdeckt.

Billie Jo wartet. »Lassen Sie sich Zeit«, sagt sie. »Bisher haben Sie zehn.«

Barcelona ist über die Freundlichkeit in Billie Jos Stimme gerührt. Diese Freundlichkeit macht ihr Mut. »Ich verdopple«, sagt sie. Die Menge flüstert aufgeregt, während sie weitere fünfundzwanzig Chips neben ihren ersten Stapel schiebt. Damit hat sie auf die nächste Karte fünfzigtausend Dollar gesetzt.

Billie Jo gibt.

Eine Sieben.

Billie Jo dreht ihre Karte um: ein Bube.

Barcelona verliert.

Sie lächelt. Endlich tritt das Gesetz der Wahrscheinlichkeit in Kraft. Ihr Herz hat sich in ihrer Brust auf die Größe einer Erbse zusammengezogen. Aber sie ist stark genug, noch einmal fünfundzwanzig Chips auf den Tisch hinauszuschieben.

Billie Jo gibt: eine Sechs und eine Zwei für Barcelona, eine Sechs für sich selbst. Barcelona verdoppelt auch diesmal den Einsatz, schiebt weitere fünfundzwanzigtausend Dollar hinaus. Billie Jo dreht ihre Karte um. Eine Fünf. Damit ist sie bei fünfzehn angelangt. Ihre nächste Karte ist eine Sieben. Zweiundzwanzig.

»Pech für mich«, sagt Billie Jo fast erleichtert. Sie zählt fünfzig Chips ab und stapelt sie neben Barcelonas beiden Chips-Türmen.

Barcelona starrt auf die vier Stapel. Sie hat ein Spiel verloren und eins gewonnen. Das nächste Spiel würde alles entscheiden. Es würde den endgültigen Beweis für ihre These liefern, auch wenn sie ihre eigene Argumentation inzwischen kaum mehr nachvollziehen kann. Sie weiß plötzlich gar nicht mehr ganz genau, was sie eigentlich zu beweisen versucht. Trotzdem sitzt sie hier, ist sie bereits so weit gegangen.

Sie schiebt alle ihre Chips auf den Tisch hinaus. In die Zuschauermenge kommt Bewegung, aufgeregt stoßen die Leute sich an.

Billie Jos Boß kommt herüber, schiebt wieder seine Brille hoch und starrt Barcelona an. Eine eigensinnige Locke über seiner Stirn zeigt genau auf sie.

Billie Jo fängt an, die Chips zu ordentlichen Stößen aufzurichten. Drei Stöße zu jeweils fünfzigtausend Dollar. Sie hebt den Kopf, und Barcelona glaubt für den Bruchteil einer Sekunde einen warnenden Ausdruck in ihren Augen zu sehen.

»Der Einsatz beträgt hundertfünfzigtausend Dollar«, sagt Billie Jo.

»Ich hätte gerne neue Karten«, sagt Barcelona.

Billie Jo sieht ihren Boß fragend an. Er nickt.

Sie zieht vier neue Spiele heraus, entfernt die Verpackung, schiebt sie aufgedeckt zu Fächern auseinander und zählt jedes Spiel durch. Dann wirft sie sie alle auf einen Haufen und beginnt zu mischen.

Die Menge ist inzwischen noch größer geworden. Barcelona sieht die Leute nicht an. Es ärgert sie, daß sie sich – wenn auch nur am Rande – in ihre Schlacht einmischen. Ein griechischer Chor aus Zuschauern. Eine Herde Vieh, das durch einen Zaun das Leben auf der anderen Seite beobachtet. Sie können unmöglich verstehen, worum es ihr geht. Inzwischen versteht Barcelona es ja selbst nicht mehr. Ihr bleibt jetzt nur noch ihr Instinkt.

»Möchten Sie einen Cocktail?« fragt Billie Jo. Neben Barcelona wartet eine Bedienung mit einem Tablett voller Cocktails.

»*Gotta talk like the devil and listen like a wife* – Sie müssen reden wie der Teufel und zuhören wie eine Ehefrau, stimmt's?« fragt Barcelona sie.

»Sie sagen es, Honey«, antwortet die Bedienung.

»Danke, ich möchte nichts«, sagt Barcelona, legt aber trotzdem einen Dollar Trinkgeld auf ihr Tablett. Der Bedienung ist es egal, wie das nächste Spiel ausgeht, denkt Barcelona, sie interessiert sich nur dafür, wie hoch ihr nächstes Trinkgeld ausfällt.

Billie Jo reicht Barcelona die rote Karte.

Barcelona schiebt sie in die Mitte des Spiels. Billie Jo hebt ab.

Zum erstenmal verstummt die Menge.

Barcelona schläft.

Sie wacht auf, blickt sich um. Die schweren Vorhänge sind zugezogen. Sie weiß nicht, ob es Tag oder Nacht ist. Es ist ihr auch völlig egal. Sie schläft wieder ein.

Barcelona schläft.

Sie wacht auf, blickt sich um. Ein Tablett mit Orangensaft und Gebäck steht auf dem Boden neben dem Bett. Sie kann sich nicht daran erinnern, etwas bestellt zu haben, sie weiß nicht, wie das Tablett hier hergekommen ist.

Barcelona schläft.

Ihr Schlaf ist traumlos. Sie läßt die letzten Tage nicht im Traum Revue passieren.

Sie wacht auf, blickt sich um. Auf dem Boden neben dem Bett steht ein Eiskübel. Darin stecken drei Dosen Diet Coke. Das Eis ist fast geschmolzen. Sie fischt eine Dose aus dem Kübel, reißt sie auf und trinkt. Ein paar Tropfen laufen über ihr Kinn und auf das Bettlaken. Sie schläft wieder ein.

»Kannst du dich erinnern?« fragt er.

Sie setzt sich im Bett auf und reibt sich die Augen. »Ja.«

Besonders deutlich erinnert sie sich an Billie Jos Hände, daran, wie sie mischen und die Karten dann so vorsichtig abheben, als handle es sich dabei um ein neugeborenes Baby.

Sie erinnert sich daran, wie sie selbst die Arme nach ihren ordentlich gestapelten Chips ausstreckt, die Hand um die geraden Türme legt und sie sanft zu sich herüberzieht. Ohne einen einzigen umzuwerfen. Sie erinnert sich daran, wie sie sagt: »Ich habe es mir anders überlegt.«

Sie erinnert sich an die lauten Protestschreie der Zuschauer, die über ihre Entscheidung erbost waren. Sie erinnert sich an den erleichterten Ausdruck auf Billie Jos Gesicht. Ihr Boß ließ seine Brille herunter, ohne eine Miene zu verziehen, und schlenderte davon, um an einem anderen Tisch zuzusehen.

Barcelona weiß noch, daß sie den Tisch mit ihrer Tasche voll Chips verließ, und sie erinnert sich an den Mann in der Menge, der sie am Arm packte, als sie vorbeiging, sie an sich zog und fest auf die Lippen küßte. Sie erinnert sich daran, daß sie seinen Kuß erwiderte, daß sie den Geschmack erkannte, den Geruch seiner Haut, den Duft seines Rasierwassers, das Gefühl, in seinen Armen zu liegen. Das alles erkannte sie mit geschlossenen Augen. Sie weiß noch, daß er hinterher sagte: »Bekomme ich jetzt mein Geld zurück?«

Barcelona nimmt sich ein Kissen und stopft es hinter ihren Rücken. »Ich kann mich an alles genau erinnern. Wie lange habe ich geschlafen?«

»Zwei Tage«, antwortet Cory.

Sie nimmt diese Information nickend zur Kenntnis, denkt eine Weile darüber nach. »Bin ich verrückt?«

»Nur, wenn du nicht mit einem so großartigen Typen wie mir zusammenbleibst.«

»Ach, wirklich? Was, wenn ich dir sagen würde, daß alle Orgasmen, die ich bei dir hatte, nur gespielt waren?«

»Das ist okay. Meine waren auch nur gespielt.«

Sie lacht und bedroht ihn mit einem Kissen. »Okay, sie waren nicht gespielt. Aber sie hätten rein theoretisch gespielt sein können. Dann hättest du deinen ganzen Wahlkampf für eine Lüge aufs Spiel gesetzt. Für eine Fehleinschätzung.«

»Für mich lag die Wahrheit nicht in dem, was du für mich empfunden hast, sondern in dem, was ich für dich empfunden habe. Und das war keine Fehleinschätzung.«

Sie denkt einen Moment lang über seine Worte nach. Er sitzt auf der Bettkante, und sie legt seine Hand auf die Bettdecke über ihrem Bein. Durch die Decke hindurch spürt sie seine Wärme.

Sie lehnt sich vor und küßt ihn. Dann schließt sie die Augen und entspannt sich in seinen Armen. In der Dunkelheit hinter ihren geschlossenen Augen treibt sie auf einen Ort zu, der Schlaf oder Traum ist, spürt dabei aber immer noch seine schützenden Arme um sich, die sie davor bewahren werden, für immer dort umherzutreiben. An diesem Ort sieht sie den Laden ihrer Eltern, die Treppe, die in den Keller führt, die Küche, die Toilette. Und sie sieht das handgeschriebene Schild über der Tür, die leicht europäisch anmutende Schrift, die unheilverkündende Warnung: ACHTUNG! KOPF EINZIEHEN!

33

»Wie war Vegas?« fragt Diva.
»Vegas war Vegas. Laut, verraucht. Du weißt ja, wie es ist.« Barcelona sticht mit der Gabel in ihren Käsekuchen.

»Hast du was gewonnen?« fragt Dixie.

»Nichts gewonnen, nichts verloren.«

»Letzteres kann ich von mir leider nie behaupten, wenn ich nach Vegas fahre«, meint Diva.

Die drei sitzen im Garden Café und essen ihre Nachspeise. Es ist keines ihrer regelmäßigen Abendessen. Bloß ein spontanes Mittagessen, um zu feiern, daß Divas Song von Rod Stewart angenommen wurde. Trina hat zu Dixie gesagt, sie wolle versuchen, ebenfalls zu kommen, aber die letzten Tage vor der Wahl seien besonders anstrengend und würden ihr kaum Zeit für etwas anderes lassen. Obwohl das natürlich auch eine Ausrede sein kann. Barcelona hat immer noch nicht mit Trina gesprochen, seit sie aus Las Vegas zurück ist. Sie hat sie zweimal angerufen und eine Nachricht hinterlassen, aber Trina hat nicht zurückgerufen.

Barcelona hat die letzte Nacht mit Cory in seinem Haus in Corona del Mar verbracht. Nachdem sie miteinander geschlafen hatten, tanzte er im Zimmer herum und schmetterte Songs aus verschiedenen Musicals. Er kannte alle Songs aus *Man of La Mancha, West Side Story, Camelot, Oklahoma* und ein paar andere, die sie noch nie gehört hatte. Es klang schrecklich, aber er sang mit einer solchen Begeisterung, daß sie es trotzdem genoß, ihm zuzuhören. Außerdem schien er davon überzeugt zu sein, daß seine Stimme ganz in Ordnung war.

Sie sprachen nicht über Vegas, das Geld, die Gründe, warum sie hingefahren war oder was sie damit beweisen wollte. Inzwischen verstand sie es selbst nicht mehr so ganz. Aber auf der Hinfahrt war sie von ihrer Idee so besessen gewesen, daß ihr alles ganz klar erschien, wie eine Art Erleuchtung. Auch während der schlaflosen Tage, die folgten, hat dieses Gefühl angehalten. Inzwischen war es nur noch etwas, das vor langer, langer Zeit passiert war. Das Ganze tat ihr nicht leid, und sie hatte auch nicht das Gefühl, sich zum Narren gemacht zu haben. Es war bloß alles so weit weg, als wäre die Geschichte einer Ur-Ur-Ur-Großtante von ihr passiert und von einer Generation an die nächste weitererzählt worden, immer weiter, bis aus der Wahrheit fast schon ein Mythos geworden war.

»Wir fahren nach Hawaii«, verkündet Diva, während sie auf ihrem Apfelkuchen herumkaut. »Vielleicht verhelfen uns Sand und Meer zu ein paar neuen Song-Ideen.«

»Klingt großartig«, meint Barcelona.

»Hier lassen die Songs in letzter Zeit ein bißchen auf sich warten. Wahrscheinlich wegen der ganzen Aufregung und allem, plus der Tatsache, daß Harley und ich noch dabei sind, uns überhaupt richtig kennenzulernen. Schließlich haben wir gerade erst geheiratet, von allem anderen ganz zu schweigen. Ich glaube, das ist unserer Kreativität im Moment nicht gerade zuträglich.«

»Fahrt weg«, rät Dixie. »Dasselbe werde ich auch machen, wenn dieser verdammte Prozeß endlich vorbei ist. Mit einem Rafting-Boot den Colorado hinunter, irgend so was Aufregendes.«

»Mit Karl?« fragt Barcelona.

Dixie sticht in ihren Karottenkuchen. »Mal sehen.«

Barcelona ißt das letzte Stückchen ihres Käsekuchens und steht auf. »Ich muß mal zum Klo. Könntet ihr die Bedienung bitten, mir noch einen Kaffee zu bringen?«

Auf der Toilette angekommen, setzt sich Barcelona, obwohl sie gar nicht muß. Der Sitz ist wackelig und unbequem. Sie genießt das Mittagessen mit den anderen, aber ihr fehlt Trina. Trina war bei diesen Treffen immer ihr Gegenpol. Nicht nur bei diesen Treffen. Eigentlich bei allem. Sie liest die Graffiti auf der Klotür. MÄNNER SIND WICHSER ist in die Farbe gekratzt. Darunter ist eine Antwort eingeritzt: WENN SIE ES WÄREN, BRÄUCHTEN SIE UNS NICHT. Barcelona steht auf und öffnet die Tür.

Neben dem Waschbecken steht Trina. »Vergiß nicht, dir die Hände waschen«, sagt sie.

Barcelona starrt sie an.

»Wann bist du gekommen?«

»Vor ein paar Minuten. Ich habe dich hier reingehen sehen und bin dir gefolgt.«

Die Tür geht auf und zwei Frauen kommen herein. Sie unterhalten sich über ihre Arbeit. »Der Typ ist ein richtiges Arschloch«, sagt die größere Frau. »Und seine Sekretärin ist noch schlimmer. Sie hält sich für Nixons Sekretärin, wie hieß sie nochmal – die, die das Band vernichtet hat.«

»Rose Soundso«, sagt die andere Frau.

»Egal. Jedenfalls werden die beiden ganz schön auf die Schnauze fallen, wenn Phillips dahinterkommt, wie sie die Abteilung führen.« Die größere der beiden geht in eine der Kabinen und pinkelt, während die kleinere sich die Hände wäscht und ihr Make-up erneuert. Als die beiden Frauen die Toilette verlassen, werfen sie Trina und Barcelona seltsame Blicke zu.

»Tja«, meint Trina, »jetzt ist dein guter Ruf dahin.«

»Hast du meine Nachrichten auf deinem Anrufbeantworter gehört?«

Trina nickt. Sie nimmt ihren Lippenstift heraus und beginnt ih[n] aufzutragen. Beide starren sich im Spiegel an. Barcelona wirft eine[n] Blick auf ihr eigenes Gesicht und wundert sich, wie gut ihr Make-up de[n] blauen Fleck an ihrer Schläfe kaschiert, den Autrey St. James' Faus[t] hinterlassen hat.

»Wie ich höre, liegt Cory in den Meinungsumfragen immer noc[h] vorn«, sagt Barcelona.

»Er wird gewinnen.«

»Was hat Carla dann vor?«

»Es gibt genügend andere Ämter, um die sie sich bewerben kan[n]. Vielleicht nimmt sie sogar einen Lehrauftrag an der Uni an. Was ist m[it] dir? Hast du deinen Job schon aufgegeben?«

Barcelona lehnt sich gegen die Wand. »Noch nicht. Wahrscheinli[ch] werde ich es auch nicht tun.«

»Gut. Diese jungen Leute brauchen dich.«

Barcelona schüttelt den Kopf. »Nein, tun sie nicht. Ich brauc[he] *sie*.«